장자강의

장자 강의

대한민국 리더들의
필독서 —— 장자

김해영 지음

안티쿠스
ANTIQUUS

머리말

무하유지향을 꿈꾸며

끊임없이 전쟁이 일어났습니다. 춘추시대를 지나 전국시대로 접어들었습니다. 춘추시대 땐 형식적이나마 주나라 왕실에 대한 권위가 살아 있었으나, 전국시대에는 그 권위마저 사라져 버렸습니다. 혼란이 극에 달했죠. 농민들은 제때 농사를 지을 수 없었고, 상인들은 물론 공업기술자들까지 제대로 된 직무에 종사할 수 없었습니다. 동사(凍死)하거나 아사(餓死)한 시체들이 길에 즐비했죠. 이를 지켜본 지식인들은 고민하지 않을 수 없었습니다. 고민 끝에 다양한 구제책이 나왔습니다. 사상(思想)이 그 가운데 하나였죠. 혼란한 시대일수록 사상가가 많이 배출된다는 말이 빗나가지 않았습니다. 춘추와 전국시대에 가장 많은 사상가가 배출된 것은 그 시대가 가장 혼란했던 시대였음을 말해줍니다.

장자(莊子)는 지금의 하남성 귀덕부 상구현 부근인 송나라 몽(蒙)이란 곳에서 태어났습니다. 성(姓)은 장(莊)이고, 이름은 주(周)입니다. 생몰연대는 정확치 않으나 대략 기원전 370년경에 태어나 300년경까지 살았던 것으로 보입니다. 즉 공자보다 150여 년 정도 늦고, 맹자와 동시대 사람입니다. 양 혜왕(梁惠王)과 제 선왕(齊宣王)과도 같은 시대 사람입니다. 그는 일찍이 고향인 몽(蒙)의 칠원(漆園)에서 공직자, 즉 관료(官僚) 생활을 했습니다. 탁월한 문장 감각으로 세상사와 사람의 마음을 살피고 그에 어울리는 비유와 풍자를 통해 유가(儒家)와 묵가(墨家)를 비판했습니다. 또한 학문이 무르익은 학자들도 장자의 비판을 피해갈 수 없었습니다. 그의 말은 거센 물결처럼 자유롭고 호탕했습니다.

왕공(王公)과 대인(大人)들이 정치를 함께 도모코자 했습니다. 초(楚)나라 위왕(威王)은 천금(千金)의 예물과 함께 재상 자리를 제안했으나 실패했습니다. 장자는 위왕의 사신에게 이렇게 말했습니다. "천금이란 막대한 이익이고, 재상이란 높은 벼슬이지요. 그대는 어찌 교제(郊祭 : 고대의 제왕이 해마다 동짓날에 도성 남쪽 교외에서 하늘에 올리는 제사)를 지낼 때 희생물로 바쳐지는 소를 보지 못했소? 그 소는 여러 해 동안 잘 먹여지다 화려한 비단옷이 입혀져 결국 종묘로 끌려 들어가게 되오. 그때 그 소가 몸집이 작은 돼지가 되겠다고 한들 그렇게 될 수 있겠소? 그대는 돌아가시오. 나는 차라리 더러운 시궁창에서 노닐며 살지언정 제후들에게 얽매여 살고 싶지 않소. 죽을 때까지 마음대로 살겠소."

장자는 득실(得失)에 연연하지 않고, 정(情)에도 얽매이지 않았습니다. 이름이 없었기에 허영(虛榮)을 찾지 않았고, 자신에 대해 무관심 했기에 자연에 순응(順應)할 수 있었으며, 인위(人爲)가 없었기에 성명(性命)의 정을 잃지 않았습니다. 시비(是非)가 없었기에 도(道)를 잃지 않았고, 피차(彼此) 구별이 없었기에 만물을 동일시(同一視) 할 수 있었으며, 귀천이 없었기에 때에 편안했고, 생사의 관념이 없었기에 애락(哀樂)의 감정이 없었습니다. 무심(無心)에서 시작하여 천균(天均)에 이르는 장자의 도는 그래서 무위자연(無爲自然)으로 표현됩니다. 이런 도(道)가 세상에 행해질 때 혼탁한 세상은 가고 참 세상인 무하유지향(無何有之鄕), 즉 '어떤 인위도 없는 자연 그대로의 세계'가 도래할 것입니다.

2020년 8월

우만동 승영철학사상연구소에서

차례

내편

內篇

소요유(逍遙遊)

소요유란 속된 세상을 초월(超越)한, 즉 구속이 없는 자유로운 경지에서 노니는 것을 뜻합니다. 눈만 뜨면 이욕에 눈이 멀어 날뛰는 그런 삶이 아닙니다. 명예와 계급, 도덕적 권위 등을 초월한 절대자[자유인]의 삶을 강조합니다.

01

소요유 북쪽 바다에 물고기가 있다. 그 이름을 곤이라 한다. 곤의 크기는 몇천 리가 되는지 알 수 없다. 물고기가 변신해서 새가 되면 그 이름을 붕이라 한다. 붕의 등 넓이는 몇천 리가 되는지 알 수 없다. 힘차게 날아오르면 그 날개가 하늘에 드리운 구름 같다. 이 새는 바다 기운이 요동하면 남쪽 바다로 옮겨간다. 남쪽 바다는 천지(天池)다. 제해란 괴이한 것을 기록한 것이다. 제해의 기록에 이르기를, "붕이 남쪽 바다로 옮겨갈 때는 물결치는 것이 삼천 리, 회오리바람을 타고 오르는 것이 구만 리나 된다. 그리고 여섯 달을 날아가서 쉰다."고 하였다.

원문 北冥有魚. 其名爲鯤. 鯤之大, 不知其幾千里也. 化而爲鳥, 其名爲鵬. 鵬之背, 不知其幾千里也. 怒而飛, 其翼若垂天之雲. 是鳥也, 海運則將徙於南冥. 南冥者, 天池也. 齊諧者, 志怪者也. 諧之言曰, 鵬之徙於南冥也, 水擊

三千里, 摶扶搖而上者九萬里. 去以六月息者也.

자해 • 북명(北冥) : 북쪽 바다, 즉 북해를 의미. 곤(鯤) : 전설의 물고기 이름. 화(化) : 변화, 변신 혹은 산 사람이 죽는다거나 알이 새가 되는 등의 질적인 변화를 뜻함. 붕(鵬) : 전설의 영조(靈鳥). 노(怒) : 온몸의 힘을 다함. 수천지운(垂天之雲) : 하늘에 드리운 구름. 사(徙) : 옮기다.

• 제해(齊諧) : 인명(人名)이란 설과 서명(書名)이란 설이 있다. 여기선 서명으로 해석했다. 지(志) : 기록. 단(摶) : 타다, 여기서 '단'이란 발음을 '박'으로 쓰기도 한다. 부요(扶搖) : 회오리바람. 유월식(六月息) : 붕이 한번 날면 여섯 달을 날아 쉰다, 여섯 달에 한 번 숨을 쉰다, 유월에 부는 큰 바람 등으로 해석한다.

해영

전설의 물고기, 상상의 물고기로 시작합니다. 그리고 크기를 알 수 없을 만큼 확대시킵니다. 물고기가 갑자기 새로 변합니다. 새의 크기와 움직임은 또 상상을 초월합니다. 장자는 이처럼 사람들이 지니고 있는 가치 기준을 한방에 무너뜨립니다. 즉 상대적 세계관을 통해 '나'라는 의식을 가볍게 무력화 시킵니다. 동시에 무한한 상상의 나래를 펼칠 수 있는 능력의 소유자들을 자극시켜 대붕(大鵬)의 세계로 안내합니다.

02

소요유 물의 쌓임이 두텁지 않으면 큰 배를 띄우는 데 힘이 없다. 한 잔의 물을 마루의 패인 곳에 엎지르면 작은 풀잎[티끌]은 배가 될 수 있지만, 잔을 놓으면 바닥에 닿는다. 물은 얕고 배는 크기 때문이다. 마찬가지로 바람의 쌓임이 두텁지 않으면 큰 날개를 띄우는데 힘이 없다. 그러므로 구만 리를 올라야 충분한 바람이 아래에 있다. 그런 뒤에야 비로소 바람을 타고, 푸른 하늘을 등지며, 아무런 거리낌이 없다. 그런 이후라야 바야흐로 남쪽으로 향할 수 있는 것이다. 그런데 매미와 비둘기가 비웃으며 말한다. "우리는 힘써 날면 느릅나무와 다목[박달]나무에 도달하여 멈추지만, 때론 도달하지 못하고 땅바닥에 떨어질 뿐이다. 그런데 어찌하여 구만 리를 올라 남쪽으로 가려는가?" 교외의 풀밭에 가는 사람은 세끼의 식사만 하고 돌아와도 여전히 배가 부르지만, 백 리를 가는 사람은 하룻밤 걸려 곡식을 찧어야 하고, 천 리를 가는 사람은 석 달 동안 양식을 준비해야 한다. 저 두 벌레들이 어떻게 대붕(大鵬)의 비상(飛翔)을 알겠는가!

원문 且夫水之積也不厚, 則其負大舟也無力. 覆杯水於坳堂之上, 則芥爲之舟, 置杯焉則膠. 水淺而舟大也. 風之積也不厚, 則其負大翼也無力. 故九萬里, 則風斯在下矣. 而後乃今培風, 背負靑天而莫之夭閼者. 而後乃今將圖南. 蜩與學鳩笑之曰, 我決起而飛, 搶楡枋, 時則不至而控於地而已矣. 奚以之九萬里而南爲. 適莽蒼者, 三飡而反, 腹猶果然, 適百里者, 宿舂糧, 適千里者, 三月聚糧. 之二蟲又何知.

자해 • 복(覆) : 엎지르다. 요(坳) : 오목한 곳, 움푹 패인 곳. 개(芥) : 티끌, 겨자. 교(膠) : 아교, 닿다, 붙다. 익(翼) : 날개. 내금(乃今) : '이에 지금'이란 의미지만, 여기선 부드럽게 해석하기 위해 '비로소'로 해석했다. 배(培) : '북돋다'의 뜻이지만, 승(乘)과 같은 의미로 '타다'로 해석하는 것이 부드럽다. 막지요

알자(莫之夭閼者) : 알(閼)은 '가로막다'란 뜻, 따라서 '아무런 거리낌이 없다'로 해석. 도(圖) : 향하다, 시도하다.

● 조(蜩) : 매미. 학구(學鳩) : 비둘기처럼 생긴 작은 새. 결기(決起) : 힘껏 일어나다, 둑이 터져 세차게 흐르는 물줄기의 모습. 창(搶) : 이르다, 도달하다. 유방(楡枋) : 느릅나무와 다목[박달]나무. 공(控) : 떨어지다, 던지다. 이이의(而已矣) : '~일 뿐이다'라는 뜻의 종결어미. 해(奚) : 어찌. 적(適) : 가다. 망창(莽蒼) : 푸른 풀이 있는 교외. 손(飡) : 저녁밥, 밥을 먹다. 과연(果然) : 배부른 모양. 숙(宿) : 하룻밤을 지내다. 용(舂) : 찧다, 절구질하다.

해영

큰 배를 띄우려면 그만한 물이 필요합니다. 큰 새가 높이 날기 위해선 그만한 바람이 존재해야 합니다. 매미나 비둘기의 삶과 붕새의 삶은 분명 다릅니다. 우열을 논하는 게 아닙니다. 매미와 비둘기는 그들 나름의 역할이 있고, 붕새는 붕새 나름의 역할이 따로 존재합니다. 사람도 마찬가지입니다. 세끼 식사만으로 문제없는 삶이 있다면, 하루를 숙박해야 하는 삶, 석 달 동안 양식을 준비해야 하는 삶도 존재합니다.

주변을 둘러보십시오. 눈만 뜨면 세상과 전쟁하듯 움직입니다. 살아남기 위해 경쟁의 장에서 벗어나지 못합니다. 경쟁에서의 패배는 곧 죽음을 의미하기 때문에 자신을 둘러볼 겨를이 없습니다. 그저 세끼 식사면 만족하며 하루하루를 버텨내기 바쁩니다. 매미나 비둘기의 삶과 다르지 않습니다. 피곤한 삶입니다. 벗어나기 위해선 누군가 길을 터주어야 합니다. 대붕(大鵬)의 존재 이유는 바로 그것을 내주는 것입니다.

03

소요유 작은 지혜는 큰 지혜에 미치지 못하고, 짧은 수명은 긴 수명에 미치지 못한다. 어떻게 그것을 아는가? 아침 버섯은 그믐과 초하루를 알지 못하고, 쓰르라미나 씽씽매미는 봄과 가을을 알지 못한다. 이것은 수명이 짧기 때문이다. 초나라의 남쪽에 명령(冥靈)이란 나무가 있는데, 오백 년을 봄으로 삼고 오백 년을 가을로 삼는다. 상고엔 대춘(大椿)이란 나무가 있었는데, 팔천 년을 봄으로 삼고 팔천 년을 가을로 삼았다. 그런데 팽조[1]는 지금 오래 산 것으로 특히 소문이 나 있어 뭇 사람들이 그처럼 되려 한다. 이 어찌 슬픈 일이 아니겠는가.

원문 小知不及大知, 小年不及大年. 奚以知其然也. 朝菌不知晦朔, 蟪蛄不知春秋. 此小年也. 楚之南有冥靈者, 以五百歲爲春, 五百歲爲秋. 上古有大椿者, 以八千歲爲春, 八千歲爲秋. 而彭祖乃今以久特聞, 衆人匹之, 不亦悲乎.

자해 • 조균(朝菌) : 아침에 잠시 생겼다 사라지는 버섯. 회삭(晦朔) : 그믐과 초하루. 혜고(蟪蛄) : 쓰르라미와 씽씽매미. 명령(冥靈) : 나무이름, 일설에는 명해(冥海)에 사는 거북이 이름이라고도 함. 필(匹) : 짝, 부러워 그렇게 되려 하다.

---

1 팽조(彭祖)는 요(堯)임금 때부터 주(周)나라 초까지 칠백 또는 팔백 세를 살았다는 전설적인 인물이다.

해영

작은 지혜의 소유자는 큰 지혜의 소유자를 넘어서지 못하고, 작은 경험자는 큰 경험자를 넘어서지 못합니다. 매미나 비둘기 따위는 구만 리를 오르는 대붕의 생각을 이해하지 못합니다. 여기 낮은 산이 있습니다. 그 산을 올라 본 경험이 없다면 더 높은 산은 상상조차 못합니다. 쉬운 시험이라도 치러본 경험이 없다면 더 난해한 시험이 존재한다는 걸 이해하지 못합니다. 우열이 아닌 진리를 인식해야 하는 이유입니다.

04

소요유 만약 천지의 바른 기운을 타고, 여섯 기운의 변화를 부리며, 무궁한 경지에서 노니는 사람이 되면 그는 또 무엇을 기대하겠는가? 그러므로 이르기를, "지인(至人)은 사심(私心)이 없고, 신인(神人)은 공적(功績)이 없으며, 성인(聖人)은 명예가 없다."고 하였다.

원문 若夫乘天地之正, 而御六氣之辯, 以遊無窮者, 彼且惡乎待哉. 故曰, 至人無己, 神人無功, 聖人無名.

자해 • 어(御) : 부리다. 육기(六氣) : 음양풍우회명(陰陽風雨晦明), 즉 자연의 여섯 가지 기운. 변(辯) : 변(變)과 통용. 유(遊) : 노닐다. 지인(至人) : 충분히 덕을 쌓은 사람, 즉 지극한 사람. 신인(神人) : 신묘한 능력을 갖춘 사람. 성인(聖人) : 자득통달(自得通達)한 사람.

도(道)를 충분히 닦아 덕(德)이 지극해지면, 누구나 신묘한 능력의 소유자가 될 수 있습니다. 신묘한 능력의 소유자가 되면, 세상 이치에 통달하여 걸림이 없는 삶이 될 것입니다. 즉 자기를 의식(意識)함이 없기 때문에 사사로운 마음이 들지 않아 어떤 공적(功績)을 쌓았다거나, 속세에서 논하는 명예 따위에 전혀 관심이 없습니다. 오로지 자연의 여섯 가지 바른 기운, 즉 육기(六氣) 속에서 거리낌 없이 노닐 뿐입니다.

05

소요유 요(堯)임금[2]이 천하를 허유(許由)[3]에게 양보하면서 이르기를, "해와 달이 나왔는데 횃불이 꺼지지 않으면 그 빛을 내는데 어렵지 않겠습니까? 단비가 내렸는데 여전히 물을 대면 그 물은 소용없지 않겠습니까? 선생께서 즉위하시면 천하가 잘 다스려질 터인데 내가 여전히 다스리고 있습니다. 내 스스로 돌아봐도 부족합니다. 청컨대 천하를 맡아 주십시오." 허유가 이르기를, "그대가 천하를 다스려 천하가 이미 잘 다스려지고 있네. 그런데도 내가 그대를 대신한다면 나더러 장차 천자라는 명예를 구하란 말인가? 명예란 실

---

2 고대 당(唐)나라의 임금으로, 유가(儒家)에서 이상으로 삼는 성군(聖君)이다.

3 요(堯)임금 시대의 현인으로 이른바 은자(隱者)로 불린다. 진대(晋代)에 편찬된 『고사전(高士傳)』에 따르면, 허유는 양성(陽城) 괴리(槐里) 사람으로 품행이 단정했다. 패택(沛澤)에 숨어 살았는데, 요임금이 자리를 물려주려 하자, 기산(箕山) 아래 영수(潁水) 북쪽으로 이주했다. 어느 날, 요임금이 다시 자리를 물려주려 하자, 허유는 그 말을 들은 귀가 더렵혀졌다고 여겨 영수에서 씻었다. 마침 소를 끌고 영수에서 물을 먹이려 했던 소보(巢父)가 더러워진 영수 물을 먹일 수 없다며 상류 쪽으로 올라갔다.

질의 손님[껍데기]이네. 나더러 장차 비본질적인 손님이 되란 말인가? 뱁새는 깊은 숲에 둥지를 틀어도 나뭇가지 하나에 지나지 않고, 두더지가 황하수를 마셔도 배를 채우는데 지나지 않네. 돌아가 쉬라 그대여. 나에게 천하는 아무 쓸모가 없네. 제사 때 요리하는 사람이 비록 요리를 잘 못하더라도 시동이나 축관이 제기(祭器)를 넘어가서 요리를 대신하지 않는 법이네."

원문 堯讓天下於許由曰. 日月出矣, 而爝火不息, 其於光也, 不亦難乎. 時雨降矣, 而猶浸灌, 其於澤也, 不亦勞乎. 夫子立而天下治, 而我猶尸之. 吾自視缺然. 請致天下. 許由曰, 子治天下, 天下旣已治也. 而我猶代子, 吾將爲名乎. 名者實之賓也. 吾將爲賓乎. 鷦鷯巢於深林, 不過一枝, 偃鼠飮河, 不過滿腹. 歸休乎君. 予無所用天下爲. 庖人雖不治庖, 尸祝不越樽俎而代之矣.

자해 • 양(讓) : 양보하다, 사양하다. 작화(爝火) : 횃불. 시우(時雨) : 때 맞춰 오는 비, 즉 단비. 침관(浸灌) : 논밭에 물을 대는 것. 노(勞) : 헛되다, 소용없다. 시(尸) : 시동(尸童), 주관하다. 고대엔 시동이 제사 때 주인 노릇을 했기 때문에 '주관하다'라는 뜻이 나왔다. 결연(缺然) : 부족하다, 결함이 있는 모양.

• 빈(賓) : 손님, '껍데기'로 해석해도 무방. 초료(鷦鷯) : 뱁새, 혹은 굴뚝새로 불리기도 함. 소(巢) : 새집. 언서(偃鼠) : 두더지와 쥐. 음하(飮河) : 황하수를 마시다. 포(庖) : 푸주, 요리하다. 포인(庖人) : 푸주에서 일하는 사람, 즉 주방에서 요리하는 사람. 시축(尸祝) : 시동과 축관. 준조(樽俎) : 술잔과 제기(祭器).

요임금의 삶과 허유의 삶은 완전히 다릅니다. 요임금이 속세의 삶이라면, 허유의 삶은 철저히 자연의 삶입니다. 허유의 눈으로 보는 속세는 모두가 가식(假飾)이고 허위(虛僞)이며 껍데기 삶이라 여깁니다. 이러한 모습은 동양에만 존재하지 않습니다. 서양의 디오게네스[4] 삶이 유사합니다. 그는 견유학파(犬儒學派)의 시조로 불리는 철학자로, '탁월한 지혜'를 통해서만 사람들이 희구하는 행복을 찾을 수 있다고 강조합니다.

탁월한 지혜는 다름 아닌 '적게 소유한 삶'[5]으로부터 시작됩니다. 그의 삶은 당시 권력자인 알렉산더(Alexander : B.C. 356~B.C. 323)까지 알려집니다. 호기심이 발동한 알렉산더는 보고 싶었습니다. 사신을 통해 초대했으나 거절당하자, 고관대작들을 대동하여 디오게네스 거처를 찾습니다. 위세 당당하게 자신을 소개하고, 필요한 게 무엇인질 묻습니다. 디오게네스는 '없다'고 잘라 말하고, 일광욕 중이니 피하라고 했습니다.

디오게네스는 무소유 정신이 강했습니다. 재물이라곤 물을 떠 마시는 표주박이 전부였습니다. 그러던 어느 날, 개[犬]가 웅덩이에서 혀로 물을 떠 마시

---

4 디오게네스(Diogenes : B.C.412?~B.C.323?)는 그리스 철학자로, 키니코스(Kynikos) 학파의 대표적 인물이며, 견유학파(犬儒學派) 시조(始祖)다. 흑해 남부의 시토페 출신이지만 아테네로 나와 안티스테네스(Antisthenes)의 제자가 되었다. 그는 금욕적 자족을 강조하고 향락을 거부하는 견유학파의 생활방식을 처음으로 도입했다. 또한 대부분의 인습(因習)과 믿음이 잘못된 것임을 밝히고, 자연의 삶으로 돌아갈 것을 강조했다.

5 철학을 공부하고 그대로 실천하면 철인(哲人)으로 불린다. 반면 철학을 배웠음에도 실천이 결여되면 철학자로 불린다. 디오게네스는 철학을 공부하고 실제로 구현했다는 점에서 '철인'이라 할 수 있다.

는 것을 목격한 이후, 지니고 있던 표주박마저 내던져 버립니다. 이후 디오게네스의 삶은 더 자연과 가까워졌습니다. 견유학파 명칭[6]이 여기서 비롯된 것은 널리 알려진 사실입니다. 그가 강조한 탁월한 지혜와 가르침은 '욕망을 줄이는 것'과 '분수를 아는 것'이었습니다.

06

소요유 혜자(惠子)[7]가 장자에게 말했다. "위(魏)나라 왕[8]이 나에게 큰 박씨를 주길래 그것을 심었더니 자라서 다섯 석이 들어갈 정도의 열매가 열렸네. 물이나 장을 담으면 무거워 들 수 없고, 쪼개 표주박을 만들면 납작하여 담을 수가 없었네. 엄청나게 크기는 하지만 쓸 데가 없어 깨버렸네." 장자가 말했다. "그대는 큰 것을 쓰는데 참으로 졸렬하도다. 송나라 사람 중에 손이 트지 않는 약을 잘 만드는 사람이 있어서, 대대로 솜을 빠는 일[세탁]을 업으로 삼았네. 한 나그네가 소문을 듣고 그 비방(秘方)을 백금(百金)에 구매하려 했네. 그러자 가족을 모아 의논하기를, '우리는 대대로 빨래를 해도 몇 금(金)에 불

---

6 디오게네스가 어느 날, 자연의 삶을 확인했다. 개[犬]를 통해서였다. 개는 아무것도 갖지 않고, 남의 눈치도 보지 않으며, 주는 대로 먹고 아무데서나 잠을 잔다. 그러한 생활이야말로 그가 추구하는 이상적인 삶이었다. 때문인지 그는 큰 통 속이나 개집에서 살았다. 처음 몸담았던 '키니코스' 학파의 키니코스(Kynikos)는 키온(Kyon), 즉 견(犬)이라는 그리스어에서 유래한다.

7 이른바 논리철학자[명가(名家)]로 성(姓)은 혜(惠), 이름은 시(施)다. 위(魏)나라[오늘날은 하남성 대량(大梁)]의 재상(宰相)을 역임했다.

8 양(梁)의 혜왕(惠王)을 지칭. 본래 위(魏)나라 도읍은 산서성 안읍(安邑)에 있었으나, 후일 진(秦)나라의 동진(東進) 정책에 영향을 받아 도읍을 하남성 대량으로 옮겼다. 따라서 위(魏)나라 혜왕으로 불리거나 양(梁)나라 혜왕으로 불린다.

과했는데, 이제 하루아침에 기술을 백금에 팔 수 있게 되었으니 주어버리자'는 결론을 내렸네."

"나그네는 그 비방을 얻어 오나라 왕을 찾아가 설득했네. 월나라가 오나라를 침략하자, 오나라 왕은 그 나그네를 장군으로 썼는데, 겨울에 월나라와 수전(水戰)을 하여 월나라를 크게 패배시켰네. 그리하여 오나라 왕은 공적을 인정하여 그에게 땅을 나누어 주었네. 손을 트지 않게 하는 약은 하나였지만, 어떤 사람은 영주(領主)가 되고, 어떤 사람은 솜을 빠는 일을 면하지 못했으니, 쓰는 용도가 달랐기 때문이네. 지금 그대에게 다섯 석이나 들어가는 큰 박이 있다면, 어찌 큰 통[배]을 만들어서 강이나 호수에 띄울 생각은 하지 않고, 납작하여 담을 수 없다고 걱정하는가? 그대는 쑥대 같은 마음을 가지고 있도다."

원문 惠子謂莊子曰. 魏王貽我大瓠之種, 我樹之, 成而實五石. 以盛水漿, 其堅不能自擧也, 剖之以爲瓢, 則瓠落無所容. 非不呺然大也, 吾爲其無用而掊之. 莊子曰, 夫子固拙於用大矣. 宋人有善爲不龜手之藥者, 世世以洴澼絖爲事. 客聞之, 請買其方百金. 聚族而謀曰, 我世世爲洴澼絖, 不過數金, 今一朝而鬻技百金, 請與之. 客得之, 以說吳王. 越有難, 吳王使之將, 冬與越人水戰, 大敗越人. 裂地而封之. 能不龜手一也, 或以封, 或不免於洴澼絖, 則所用之異也. 今子有五石之瓠, 何不慮以爲大樽而浮乎江湖, 而憂其瓠落無所用. 則夫子猶有蓬之心也夫.

자해 • 이(貽) : 주다. 대호(大瓠) : 큰 박. 수(樹) : 심다, 기르다. 수장(水漿) : 물과 초. 견(堅) : 견은 본래 '견실함'을 뜻하며, 견실함은 '무겁다'는 의미가 있다. 부(剖) : 쪼개다. 표(瓢) : 표주박, 바가지. 호락(瓠落) : 평퍼짐한 것, 납작한 모양. 효연(呺然) : 텅 빈 모양, 큰 모양. 부(掊) : 부수다, 격파하다, 치다.

● 고(固) : 진실로, 참으로. 졸(拙) : 옹졸하다. 균(龜) : 트다. 병(洴) : 빨래하다. 벽(澼) : 빨래하다. 광(絖) : 솜. 육기(鬻技) : 기술을 팔다, 재능을 팔다. 세(說) : 설득하다, 유세하다. 난(難) : 난리를 일으키다, 침략하다. 준(樽) : 배의 일종. 강호(江湖) : 양자강과 동정호. 봉지심(蓬之心) : 쑥대 같은 마음, 쑥은 곧게 자라지 못하므로 막히고 옹졸함을 비유.

해영

동일한 물건이라도 어떻게 쓰이느냐에 따라 가치는 천양지차(天壤之差)입니다. 여기 한 장의 종이가 있습니다. 이것이 불쏘시개로 쓰이면 작은 에너지에 불과합니다. 하지만 진리의 말씀을 담으면, 수많은 사람들이 깨달음을 얻을 수 있는 방편이 됩니다. 사람은 누구나 자신의 의지와 상관없이 태어납니다. 부귀(富貴)와 빈천(貧賤)은 물론 부모조차 마음대로 선택할 수 없습니다. 그야말로 세상에 내던져진 존재[9]입니다.

그러나 태어나 어떤 일에 종사하여 어떤 가치를 창출할 것인지는 온전히 자신의 의지에 달려있습니다. 그것이 1차 산업이든 2차 산업이든 혹은 요즘 뜨겁게 달아오르고 있는 4차 산업이든 관계없습니다. 또 철학이나 정치, 종교, 법률과 같은 업에 종사하든, 경제나 과학, 기술 같은 업에 종사하든 순전히 자신의 의지로 가치를 높이기도 하고 낮추기도 합니다. 존재를 어떻게 인식

---

9 이른바 '피투성(被投性)'이라 한다. 독일 철학자, 마르틴 하이데거(Heidegger : 1889~1976)가 도입한 개념으로, 사람은 누구나 세상에 '던져진[投]' '존재[被]'로 보았다.

할 것인지는 오로지 자신의 몫입니다.

제물론(齊物論)

「제물」은 만물을 가지런히 한다는 의미입니다. 장자는 현실에서 흔히 논하는 시비(是非)와 선악(善惡), 미추(美醜), 화복(禍福), 길흉(吉凶), 생사(生死) 등은 모두가 둘이 아닌 하나임을 깨닫지 못해 드러낸 어리석음이라 진단합니다. 절대자[자유인]의 삶에 동참하기 위해선 분별하는 의식부터 초월해야 함을 강조합니다.

01

제물론 크게 지혜로운 사람은 한가하고 너그러우나, 조금 지혜로운 사람은 사소한 일을 따진다. 큰 말을 하는 사람은 담담하지만, 작은 말을 하는 사람은 수다스럽다. 세속적인 사람은 잠들면 혼령이 교차하고, 깨어나면 형체가 열려 남과 접하고 얽혀서, 날마다 마음은 다툰다.

원문 大知閑閑, 小知閒閒. 大言炎炎, 小言詹詹. 其寐也魂交, 其覺也形開, 與接爲搆, 日以心鬪.

자해 • 대지(大知) : 대지(大智)와 통용, 큰 지혜 혹은 훌륭한 지혜. 한한(閑閑) : 한가하고 너그러움. 소지(小知) : 소지(小智)와 통용, 보잘 것 없는 지혜. 한(閒) : 간(間)과 통용, 사소한 일을 따지다. 담(炎) : 담(淡)과 통용, 담담하다. 첨(詹) : 수다스럽다. 매(寐) : 잠자다. 혼교(魂交) : 혼령과 교차하다, 즉 잠들면 꿈꾸는 모양. 교(覺) : '깨닫다'는 뜻으로 쓸 때는 음이 '각'이지만, '잠에서 깨다'라는 뜻으로 쓰일 때는 음이 '교'다. 접(接) : 접하다. 구(搆) : 끌다, 얽히다. 투(鬭) : 다투다.

해영

어떤 사람은 지혜로운 언행으로 세상에 임하고, 어떤 사람은 보잘 것 없는 잔꾀로 일관합니다. 자연의 삶은 늘 한가하고 너그러우며 담담합니다. 그렇지 않은 삶은 마음이 불안한 상태에서 벗어나지 못합니다. 잘 때나 깨어 있을 때나 현실과 다툽니다. '구별하는 의식'에서 탈피하지 못한 결과입니다. 자연과 속세의 삶이 둘이 아닌 하나임을 깨닫지 못해섭니다. 마음이 안정될 때까지 투쟁은 멈추지 않을 것입니다.

02

제물론 우유부단하게 다투는 사람도 있고, 음흉하게 다투는 사람도 있고, 치밀하게 다투는 사람도 있다. 두려움이 작을 때는 깜짝깜짝 놀라지만, 두려움이 커지면 우유부단해 기운을 못 차린다. 활에서 화살이 모질게 나가듯 하는 것은 시시비비를 말하는 것이고, 맹세한 듯 마음이 움직이지 않는 것은 승리를 지켜나가려는 질긴 고집을 말하는 것이며, 가을과 겨울에 낙엽처럼 쇠퇴해 가는 것은 날마다 소멸되는 것을 말하는 것이다. 일단 탐욕에 빠져 버리면 본래의 모습으로 되돌릴 수 없다. 마음을 봉함한 것처럼 덮어두는 것은 늙어서 욕심이 넘침을 말하는 것이고, 죽음에 가까운 마음은 다시 살려낼 수 없다.

원문 縵者, 窖者, 密者. 小恐惴惴, 大恐縵縵. 其發若機栝, 其司是非之謂也. 其留如詛盟, 其守勝之謂也. 其殺若秋冬, 以言其日消也. 其溺之所爲之, 不可使復之也. 其厭也緘, 以言其老洫也. 近死之心, 莫使復陽也.

자해 • 만(縵) : 우유부단하다, 늘어지다. 교(窖) : 음흉하다, 깊은 마음. 밀(密) : 치밀하다. 췌(惴) : 두려워하다, 깜짝 놀라다. 기(機) : 활. 괄(栝) : 화살. 사(司) : 주재하다. 조맹(詛盟) : 맹세하다. 쇄(殺) : 덜다. 익(溺) : 욕망에 빠지다, 탐욕에 빠지다. 복(復) : 되돌리다. 염(厭) : 막다, 억누르다. 함(緘) : 봉하다. 혁(洫) : 넘치다, 바른 길에서 벗어나다. 부양(復陽) : 다시 살려내다. 양(陽) : 소생하다, 살려내다.

해영

사람들 삶의 양태는 다양합니다. 다투는 모습도 천차만별입니다. 느릿느릿 다투는 이가 있고, 음흉하게 다투는 이도 있으며, 치밀하게 다투는 이도 있습니다. 다툼의 근원은 대체로 욕망으로부터 비롯됩니다. 다툼이 시작되면 온갖 수단을 동원합니다. 마치 쏜 살처럼 빠릅니다. 승리하기 위해선 입을 닫기도 합니다. 자연 상태에선 둘이 결코 아님에도 끊임없이 가립니다. 근원과 지향이 다르지 않음을 잊은 결과입니다.

03

제물론 기쁨과 성냄, 슬픔과 즐거움, 걱정과 한탄, 변덕과 고집, 아첨과 방자, 개방과 꾸밈 등의 마음 작용은 음악 소리가 텅 빈 공간에서 나오고, 수증기가 버섯을 성장시키는 것과 같다. 갖가지 감정 변화가 밤낮으로 서로 교대하며 앞에 나타나지만, 그 감정이 어디서 생겨나는지[萌]는 모른다. 그만두자. 그만두자. 아침저녁으로 이것을 얻으니, 그로 말미암아 살아가는 삶이여.[10] '저것'이 아니면 '나'란 존재는 없고, 내가 아니면 취할 것이 없다.[11] 이것이야말로 진실에 가깝지만 그렇게 하도록 시키는 것이 무엇인지는 알 수 없다. 참된 주재자가 있는 것 같으나 그 조짐은 알 수 없다. 마음이 행해지고 있음은 분명하지만, 그 형태는 볼 수 없으며, 실상은 있으나 형체는 없다.

원문 喜怒哀樂, 慮嘆變慹, 姚佚啓態, 樂出虛, 蒸成菌. 日夜相代乎前, 而莫知其所萌. 已乎. 已乎. 旦暮得此, 其所由以生乎. 非彼無我, 非我無所取. 是亦近矣, 而不知所爲使. 若有眞宰, 而特不得其眹. 可行已信, 而不見其形, 有情而無形.

자해 • 여(慮) : 염려하다. 탄(嘆) : 한탄하다. 변(變) : 변덕스럽다. 집(慹) : 집(執)과 통용, 집착 혹은 고집이 세어 움직이지 않음. 요(姚) : 예쁘게 꾸밈, 요염한 모습으로 사람을 매혹시킴. 일(佚) : 일(逸)과 통용, 방자하다. 계(啓) : 개방적, 마음을 드러냄. 태(態) : 태(怠)와 통용, 겉으로 꾸미거나 나태한 모습. 증(蒸) : 수증기, 찌다. 균(菌) : 버섯. 맹(萌) : 싹트다, 근원.

• 부지소위사(不知所爲使) : 그렇게 하도록 시키는 것이 무엇인지 알 수 없다. 사(使) : 부리는 자, 사(使)가 되는 바를 알지 못한다는 의미. 진재(眞

---

10 일각에선 '조석(朝夕)으로 이런 감정의 변화가 일어나는 건 본래부터 원인이 있어서 그런 것인가'로 해석하기도 한다. 안동림(2001), 『莊子』, 현암사, 53쪽.

11 전호근은 "내가 아니면 희로애락(喜怒哀樂)의 감정이 나타날 수 있는 주체가 없어진다."고 해석했다. 안병주·전호근(2002), 『莊子 1』, 전통문화연구회, 77쪽.

宰) : 참된 주재자, 우주의 지배자, 조물자. 특(特) : 다만, 단지. 진(眹) : 조짐, 눈동자. 가행(可行) : 참된 주재자의 작용이 드러남. 정(情) : 실정, 실상. 형(形) : 형태, 형체.

해영

사람의 감정은 참으로 복잡다단합니다. 기쁨과 성냄, 슬픔과 즐거움, 걱정과 한탄, 변덕과 고집, 아첨과 방자, 개방과 꾸밈 등 나열하기도 벅찰 지경입니다. 또 나란 존재는 만물과 함께 할 때 의미가 있습니다. 내가 아니면 저것도, 저것이 아니면 나도 의미가 없습니다. 그러면서 주재자가 누구인지 일러주진 않습니다. 의문을 품게 합니다. 하지만 확장하면 보입니다. 하늘[天]이고, 도(道)이며, 자연(自然)이 그것입니다.

04

제물론 사람의 몸은 백 개의 뼈, 아홉 개의 구멍, 여섯 개의 내장이 모두 갖춰져 존재한다. 나는 누구와 친해야 할까? 그대는 그 모두를 좋아하는가? 아니면 특별히 좋아하는 것이 있는가? 그렇다면 그 모든 것이 신첩(臣妾)이 될 수 있을까? 신첩이 될 수 있다면, 서로 다스릴 수 없는 것일까? 그들은 서로 번갈아가며 임금이 되기도 하고 신첩이 되기도 하는 것일까? 아마도 참된 주재자[眞君]는 존재할 것이다. 그 실상을 구하여 알든 모르든 그 참모습에는 아무런 영향이 없다.

원문 百骸, 九竅, 六藏, 賅而存焉. 吾誰與爲親. 汝皆說之乎. 其有私焉. 如

是皆有爲臣妾乎. 其臣妾不足以相治乎. 其遞相爲君臣乎. 其有眞君存焉. 如求得其情與不得, 無益損乎其眞.

자해 • 해(骸) : 뼈. 구규(九竅) : 눈, 코, 귀, 입의 일곱 구멍과 소, 대변 구멍. 육장(六藏) : 여섯 내장, 즉 심(心), 간(肝), 비(脾), 폐(肺)와 신장(腎臟) 둘. 해(賅) : 갖추다. 사(私) : 사적, 한 가지만 특별히 사랑함. 신첩(臣妾) : 신(臣)은 남성 하인, 첩(妾)은 여성 하인. 체(遞) : 번갈아, 교대로. 진군(眞君) : 참된 주재자, 참된 지배자, 자연 생명력.

해영

일반적으로 '마음'을 설명할 때, 존재하지 않는 것이라고도 합니다. '마음'은 그저 하나의 인식체계일 뿐입니다. 마치 얼굴과 같습니다. 눈이 얼굴인가요? 아닙니다. 그럼 코가 얼굴일까요? 역시 아닙니다. 눈과 코, 귀, 입, 머리 피부 등등이 구성된 것으로, 하나의 인식체계로써 얼굴이라 규정합니다. 마찬가지입니다. 수많은 뼈와 구멍, 장기 등은 각기 존재하면서 서로를 보완하고 있습니다. 각자 역할을 수행할 따름입니다.

헤겔(Hegel)[12]이란 철학자는 '주인과 노예'의 관계를 통해 '노동의 자의식'을 이끌어냈습니다. 그에 따르면, 인간이 자의식(自意識)을 갖는 것은 '욕망' 때

---

12 헤겔(Friedrich Hegel : 1770~1831)은 독일 관념론을 체계적으로 완성한 철학자다. 예나(Jena)와 하이델베르크 등에서 강의했으며, 만년엔 베를린대학의 교수로 활동했다. 그의 철학적 입장은 역시 절대적 관념론이다. 이는 그의 철학이 피히테의 주관적 관념론과 셸링의 객관적 관념론의 모순 대립을 매개하여 통일한 것이며, 두 관념론의 입장을 하나의 체계로 구성했다.

문입니다. 욕망은 타인으로부터 인정받는 것입니다. 때문에 세속에선 서로 인정받으려 투쟁도 불사합니다. 인정받기 위한 투쟁의 결과, 승자는 주인[지배 계급]이 되고, 패자는 노예[피지배 계급]가 됩니다. 노예는 자신을 살려준 대가로 주인에게 노동력을 제공합니다.

주인은 노예의 노동 산물을 향유(享有)해도 문제될 것이 없습니다. 베짱이처럼 살아도 됩니다. 하지만 노예는 끊임없이 주인으로부터 죽음의 공포를 경험합니다. 게으름은 곧 죽음입니다. 고대 노예제에서 주인이 노예에게 가하는 죽음의 공포는 채찍질 같은 물리력이었으나, 오늘날의 공포는 해고라는 딱지입니다. 헤겔은 죽음의 공포 속에서 이뤄지는 '노동이야말로 자립적인 의식을 확립하는 계기'란 것을 밝혀냈습니다.

노예는 노동과정에서 노동대상의 객관적 법칙을 인식하고 그 대상을 자기 의지에 종속시킬 수 있음을 깨닫습니다. 그 깨달음은 자신의 잠재 능력에 대한 확인입니다. 이제 노예는 주인이 없더라도 창조적 노동을 통해 스스로의 삶을 해결합니다. 이에 반해 주인은 물질생활 전체를 노예에게 의존함으로써 오히려 자립성을 잃습니다. 노예가 없으면 주인은 물질생활을 영위할 수 없고, 나아가 생존마저 위협을 받게 됩니다.

이쯤 되면, 주인과 노예의 처지가 역전됩니다. 주인이 노예가 되고, 노예는 오히려 주인이 됩니다. 죽음의 공포를 경험하며 자의식을 확립한 결과입니다. 헤겔의 노동관은 후일 마르크스(Karl Marx : 1818~1883)에게 영향을 미칩니다. 하지만 마르크스는 새로운 유물론적 해석방식을 통해 체용(體用)[13]의 반역적인 과정 속에서 나타나는 착취의 구조를 밝혀냅니다. 이처럼 삶의 구조는 참된 주재자[自然]에 의해 움직입니다.

05

제물론 한번 이뤄진 몸을 받은[成形][14] 이상, 손상되는 일 없이 그것이 다하길 기다려라. 주변 사물과 서로 해치고 서로 마찰을 일으키는 것이 일생을 말달리듯 하면서도 멈출 수 없으니, 또한 슬프지 아니한가. 종신토록 골몰해도 성공을 보지 못하고, 지쳐서 늘어져도 자연으로 돌아갈 곳[죽음]을 알지 못하니 애처롭지 아니한가. 사람들이 죽지 않았다고 한들 무슨 보탬이 되겠는가. 그 몸이 늙으면 그 마음도 따라 그렇게 되니, 큰 슬픔이라 말하지 않을 수 있겠는가. 사람의 삶이란 본래 이렇듯 멍청한 것인가? 아니면 나만 홀로 멍청하고 남들은 멍청하지 않은 것인가?

원문 一受其成形, 不亡以待盡. 與物相刃相靡, 其行進如馳, 而莫之能止, 不亦悲乎. 終身役役而不見其成功, 苶然疲役而不知其所歸, 可不哀邪. 人

---

13 체용(體用)은 사물의 본체와 작용을 뜻한다. 불가(佛家)에서도 쓰는 용어지만 유가(儒家)에선 송대(宋代)로부터 사용된 철학개념이다. '체'는 본체적 존재로 형이상적(形而上的) 세계에 속하고, '용'은 그것의 작용 및 현상으로 형이하적(形而下的) 세계에 속한다. 하지만 양자는 표리일체(表裏一體), 불가분의 관계로 체를 떠나 용이 있을 수 없고, 용이 없는 체 또한 존재할 수 없다.

14 백 개의 뼈와 아홉 개의 구멍, 여섯 개의 내장이 모두 갖춰진 존재, 즉 사람을 뜻한다.

謂之不死, 奚益. 其形化, 其心與之然, 可不謂大哀乎. 人之生也, 固若是芒乎. 其我獨芒, 而人亦有不芒者乎.

자해 • 성형(成形) : 고정된 형태, 즉 사람의 몸을 뜻함. 불망(不亡) : 몸을 손상시키지 않음. 대진(待盡) : 생명이 자연스럽게 죽게 되길 기다리다. 미(靡) : 마(摩)와 통용, 즉 마찰을 일으키다. 치(馳) : 달리다. 역역(役役) : 골몰하다. 날(茶) : 고달프다. 날연(茶然) : 지친 모습. 형화(形化) : 몸이 늙어감. 망(芒) : 어둡다, 멍청하다.

해영

하이데거(Heidegger)가 언급한 것처럼, 사람은 선택하여 태어날 수 없습니다. 그저 '던져진 존재'입니다. 던져진 존재란 자연입니다. 자연의 삶은 작위(作爲)가 없는 삶입니다. 하지만 성장하면서 삶의 의미를 부여하는 순간, 가치를 논하기 시작합니다. 가치를 논하기 시작하면 어떻게 높일까를 고민합니다. 삶은 어느새 욕망 덩어리로 바뀝니다. 이제 인위(人爲)의 삶이 지속됩니다. 가치를 더욱 높이기 위해 안달합니다.

사람들은 그렇게 영원한 삶이 지속될 거라 착각합니다. 주위 사물이 어떻게 움직이는지, 사람들은 또 어떻게 사는지 안중에 없습니다. 몸이 피로에 지쳐 쓰러질 때까지 아랑곳 않고 전진 또 전진합니다. 그러다 어느 때가 되면 몸이 부하를 견디지 못하고 신호를 보냅니다. 질병이 그것입니다. 마음도 따라 갑니다. 슬픈 일이 아닐 수 없습니다. 죽음이 눈앞에 있기 때문입니다. 자연의 삶을 잊지 말아야 하는 이유입니다.

06

제물론 모든 사물[존재]은 저것 아닌 것이 없고, 또 모든 사물[존재]은 이것 아닌 것이 없다. 저것의 입장에선 저것이 보이지 않고, 스스로 알고자 하면 [상대의 입장에서 보면 자신이 저것] 그것을 알 수 있다. 그러므로 "저것은 이것에서 나오고, 이것은 또한 저것에서 말미암는다."고 하는 것이다. 이는 저것과 이것이 함께 생겨난다는 방생의 설이다. 비록 그러나 상대적 개념의 삶이 있으면 상대적 개념의 죽음이 있고, 상대적 개념의 죽음이 있으면 상대적 개념의 삶도 있다. 또 상대적 개념의 가(可)함이 있으면 상대적 개념의 불가(不可)함도 있고, 상대적 개념의 불가(不可)함이 있으면 상대적 개념의 가(可)함도 있다. 옳음에 말미암아 그름이 있고, 그름에 말미암아 옳음이 있으며, 그름에 말미암아 옳음이 있고, 옳음에 말미암아 그름이 있다.

그래서 성인(聖人)은 이런 방법에 의하지 않고 그것을 자연[天]에 비추어 본다. 이것이 또한 상대적인 옳음이 아닌 절대적인 옳음에 말미암는 것이다. 이처럼 옳음과 그름의 구분이 없는 상태에선 이것이 저것이고, 저것이 또한 이것이다. 또 저것이 하나의 시비(是非)가 되고, 이것 또한 하나의 시비(是非)가 된다. 과연 저것과 이것의 구분이 있는 것인가? 과연 저것과 이것의 구분이 없는 것인가? 이렇듯 저것과 이것이란 상대를 얻지 못하는 것, 이를 도추(道樞)라 한다. 도추[지도리]가 비로소 고리 중심의 효용을 얻으면, 무궁(無窮)한 변화에 대응할 것이다. 그래서 옳음도 역시 무궁한 변화의 하나이고, 그름도 또한 무궁한 변화의 하나이다. 그러므로 "명석한 지혜[明]로 판단하는 것이 가장 좋다."고 하는 것이다.

원문 物無彼, 物無非是. 自彼則不見, 自是則知之. 故曰, 彼出於是, 是亦因彼. 彼是方生之說也. 雖然, 方生方死, 方死方生. 方可方不可, 方不可方可. 因是因非, 因非因是. 是以聖人不由, 而照之於天. 亦因是也. 是亦彼也, 彼亦是也. 彼亦一是非, 此亦一是非. 果且有彼是乎哉. 果且無彼是乎哉. 彼是莫得其偶, 謂之道樞. 樞始得其環中, 以應無窮. 是亦一無窮, 非亦一無窮也. 故曰, 莫若以明.

자해 • 물(物) : 사물, 존재. 방생지설(方生之說) : 나란히 함께 생긴다는 말. 방(方) : 모가 난 것으로 '구별성'과 '상대성'을 상징한다. 가령 동(東)은 서(西)가, 남(南)은 북(北)과 상대를 이룬다. 따라서 여기선 '상대적 개념'으로 해석했다.

• 우(偶) : 짝. 도추(道樞) : 도(道)가 세상일의 중추가 된다는 뜻에서 도추라 함. 추(樞) : 지도리, 어처구니, 문을 여닫을 때 가장 중심 부분. 환중(環中) : 둥근 고리의 중심. 명(明) : 밝은 지혜, 보통 사람들의 시시비비를 초월한 지혜.

해영

존재를 존재로 규정하는 것은 불가능합니다. 보는 각도에 따라 다르게 인식되기 때문입니다. 어제와 오늘 보았을 때가 다르고, 여기서 보는 것과 십 미터쯤 떨어진 곳에서 보는 것이 다릅니다. 주장도 마찬가집니다. 지금은 옳은 주장이었으나, 때와 장소에 따라 그른 주장이 되기도 합니다. 상대성 때문입니다. 더구나 '의식이 개입'되면 혼란은 더욱 가중됩니다. 자연과 융화된 밝은 지혜만이 제물(齊物)에 부합될 것입니다.

07

제물론 신명(神明)을 통일하려고 수고롭게 하면서도 모든 것이 하나임을 알지 못하는 것을 조삼(朝三)이라 한다. 무엇을 '조삼'이라 하는가? 저공(狙公)이 도토리를 원숭이들에게 나눠주면서, "아침에 세 개, 저녁에 네 개를 주겠다."고 하자, 원숭이들이 모두 성을 냈다. 다시, "그렇다면 아침에 네 개, 저녁에 세 개를 주겠다."고 하자, 원숭이들이 모두 기뻐했다. 명(名)과 실(實)에 있어 달라진 것이 없는데도 기뻐하고 성내는 마음이 작용했다. 이런 잘못을 저지르지 않으려면 역시 대자연의 옳음[15]에 따라야 한다. 이 때문에 성인(聖人)은 시비(是非)를 조화해서 천균(天鈞)[16]에서 편안히 쉰다. 이를 양행(兩行)이라 한다.

원문 勞神明爲一, 而不知其同也, 謂之朝三. 何謂朝三. 曰狙公賦芧曰, 朝三而暮四, 衆狙皆怒. 曰, 然則朝四而暮三, 衆狙皆悅. 名實未虧而喜怒爲用. 亦因是也. 是以聖人和之以是非, 而休乎天鈞. 是之謂兩行.

자해 • 노(勞) : 애쓰다, 수고하다. 신명(神明) : 마음, 정신, 노신명위일(勞神明爲一)은 어리석은 사람들이 헛되이 애를 써서 치우친 생각을 주장하는 것. 즉 한쪽에 치우쳐 전체를 잊어버리는 것을 의미한다. 저공(狙公) : 원숭이 사육사. 부(賦) : 주다. 저(芧) : 도토리. 휴(虧) : 일그러지다, 모습이 변하다.

• 천균(天鈞) : 자연, 여기서 균(鈞)은 균(均)과 통용, 즉 시비가 사물에

---

15 인시(因是)를 설명하는 것으로, 즉 '크나큰 긍정[大是]'을 의미한다.

16 '자연의 균형'을 뜻한다. 즉 만물을 하나로 가지런히 한다는 의미다.

구애되지 않음. 양행(兩行) : 양(兩)은 물(物)과 아(我)를 뜻하고, 행(行)은 장애가 없는 것, 즉 시비에 구애되지 않고 사물을 사물에 맡겨두기 때문에 사물과 자아 사이에 아무런 장애가 일어나지 않음을 의미한다.

해영

사람들은 만물을 있는 그대로 받아들이지 않습니다. 무엇이든 이름 짓고 구별합니다. 구별이 시작되면 선악(善惡), 미추(美醜), 화복(禍福), 길흉(吉凶) 등을 따져 조화를 깨뜨리는 결과를 초래합니다. 이는 어리석은 사람이 한쪽에 치우쳐 전체를 잊어버리는 경우와 같습니다. 결과적으로 조삼모사(朝三暮四)와 같은 삶입니다. 명실(名實)에 있어 달라진 것이 없음에도 기뻐하고 성냅니다. 외물(外物)에 끌려간 결과입니다.

08

제물론 시작이 있다면 그 앞에 아직 시작되지 않음이 있고, 또 그 앞에 아직 시작되지 않음의 이전이 있을 것이다. '있음'이 있고, '없음'이 있다면, 그 앞에 '있음', '없음'의 이전도 있을 것이다. [사물의 기원을 따지면 끝이 없지만, 현상세계에선] 갑자기 '있음', '없음'의 대립이 존재하게 된다. 그리고 그 '있음'과 '없음'의 대립은 상대적으로 과연 어느 것이 '있음'이고, 어느 것이 '없음'인지 알 수 없다. 지금 나는 이미 이론이 있다. 그러나 내가 전개한 논리 중에 과연 이론이 존재하는 것일까? 과연 이론이 존재하지 않는 것일까? 그것도 모르겠다.

원문 有始也者, 有未始有始也者, 有未始有夫未始有始也者. 有有也者, 有無也者, 有未始有無也者. 有未始有夫未始有無也者, 俄而有無矣. 而未知有無之果孰有孰無也. 今我則已有謂矣. 而未知吾所謂之其果有謂乎, 其果無謂乎.

자해 • 시(始) : 처음, 시작하다. 미시(未始) : 아직 시작조차 없음. 미시유시(未始有始) : 시작이 되지 않았을 때. 미시유부미시유시(未始有夫未始有始) : 시작이 되지 않았을 때 이전, 좀 더 진보하면 '시작 이전의 이전', '시작 이전의 이전의 이전' 등이 있게 됨. 아(俄) : 갑자기. 과(果) : 과연. 숙(孰) : 누구, 어느. 위(謂) : 이론(理論).

해영

현상세계는 의식 속에서 살아갑니다. 시비(是非)와 선악(善惡), 미추(美醜), 시종(始終) 등 끝도 없이 구별하며 살아갑니다. 하지만 혼돈(渾沌)[17]의 본래세계는 구별하지 않습니다. 옳고 그름이나 시작과 끝이 존재하지 않습니다. 이처럼 현상세계(現象世界)와 본래세계(本來世界)의 차이점은 의식이 동반된 삶과 의식 없는 삶일 것입니다. 의식의 속박에서 벗어나면, 현상세계는 본래세계로 바로 바뀝니다. 이론이나 진리를 논할 필요가 없습니다.

---

17 장자의 혼돈(渾沌)은 본래의 세계이고, 도(道)의 세계이며, 참된 인간의 세계를 의미한다.

09

제물론 천하에 추호(秋毫)의 끝보다 더 큰 것이 없지만 태산(泰山)[18]은 오히려 작다. 상자(殤子)[19]보다 더 오래 산 것이 없지만 팽조(彭祖)[20]는 요절했다. 천지는 나와 함께 생겨났고 만물은 나와 하나이다.

원문 天下莫大於秋毫之末, 而大山爲小. 莫壽於殤子, 而彭祖爲夭. 天地與我竝生, 而萬物與我爲一.

자해 • 추호(秋毫) : 가을 짐승의 가는 털. 호(毫) : 가는 털. 대(大) : 태(泰)와 통용, 따라서 대산(大山)은 태산(泰山)으로 쓰며, 중국 산동성에 있는 큰 산 이름이다. 수(壽) : 오래 살다. 상(殤) : 일찍 죽다, 어려서 죽다. 팽조(彭祖) : 장수로 유명한 전설의 이름. 요(夭) : 일찍 죽다. 병(竝) : 나란히 하다, 함께.

해영

짐승의 가을에 나는 털, 즉 추호(秋毫)의 끝보다 가는 것은 없을 법한데 가장

---

18 태산(泰山)은 예로부터 신령한 산으로 여겼다. 진시황제(秦始皇帝)나 전한(前漢)의 무제(武帝), 후한(後漢)의 광무제(光武帝) 등이 천하가 평정되었음을 정식으로 하늘에 알리는 봉선(封禪) 의식을 거행한 장소로 유명하다. 도가(道家)의 주요 성지 중 하나이기도 하다.

19 19세 이하의 죽음을 상(殤)이라 한다. 즉 상자(殤子)는 일찍 죽은 아이를 가리킨다. 『상복전(喪服傳)』에 따르면, 16세에서 19세 사이에 죽는 것을 장상(長殤), 12세에서 15세 사이에 죽는 것은 중상(中殤), 8세에서 11세 사이에 죽는 것은 하상(下殤)이라 한다. 또 7세 이하에 죽는 것은 무복(無服)의 상(殤)이라 하고, 3개월 전에 죽는 것은 상(殤)이라 하지 않는다.

20 칠백 세 또는 팔백 세를 살았다는 전설의 인물이다.

크다고 표현합니다. 산동성에 위치한 태산은 의식적으론 가장 큰 산 가운데 하나임에도 오히려 작다고 말합니다. 성년이 되기도 전에 죽은 아이를 장수했다고 하고, 팔백 세를 산 전설의 인물, 팽조(彭祖)는 오히려 요절했다고 합니다. 추호는 미립자에 비하면 태산 같을 수 있고, 태산을 에베레스트에 비하면 뒷동산과 같은 산에 불과합니다.

또 일찍 죽었다고 하는 상자를 하루살이에 비하면 장수한 것이고, 팔백 세를 산 전설의 인물, 팽조를 우주의 나이에 비하면 티끌 같은 삶입니다. 보는 입장과 처지에 따라 평가는 크게 달라집니다. 모두가 의식 속에서 만들어낸 상대적 결과입니다. 크다. 작다. 길다. 짧다. 끝도 없습니다. 세속적 관점으론 해답을 얻을 수 없습니다. 천지와 일체(一體)요, 만물과 동체(同體)임을 인지해야 자연과 동화(同化)될 수 있습니다.

10

제물론 도(道)는 본래 한계가 없고, 말[言]은 본래 고정된 것이 없다. 그 때문에 말로 표현함으로써 구별이 생겼다. 구별에 대해 말해보자. 말엔 왼쪽이 있고, 오른쪽이 있으며, 질서라는 것이 있고, 의리라는 것도 있다. 분수라는 것이 있고, 분별이란 것도 있으며, 겨룸과 다툼도 있다. 이것을 팔덕(八德)이라 한다.

원문 夫道未始有封, 言未始有常. 爲是而有畛也. 請言其畛. 有左, 有右, 有倫, 有義. 有分, 有辯, 有競, 有爭. 此之謂八德.

자해 • 시(始) : 본래, 본시. 봉(封) : 경계, 한계. 상(常) : 변함없이 일정한 것, 항상성(恒常性)이 없는 것. 진(畛) : 논두렁, 밭두렁, 경계, 구별. 윤(倫) : 관계, 질서. 변(辯) : 변(辨)과 통용, 분별하다. 경(競) : 재주를 겨루다, 능력을 겨루다. 쟁(爭) : 다투다, 경쟁하다, 투쟁하다.

해영

도(道)의 세계는 자연의 세계, 본래의 세계입니다. 애초부터 이름이 존재할 리 없습니다. 그러다 인류[표현]에 의해 도의 세계가 나눠지고 말았습니다. 좌측과 우측이 생겼으며, 질서와 의리란 개념도 생겼습니다. 또 분수가 생기고, 분별과 다툼이란 말까지 나타났습니다. 나누기 시작하면서 이젠 '너'와 '나'란 인식이 확장되면서 경쟁과 투쟁의 시대가 도래(到來)하고 말았습니다. 올바른 도를 제대로 알지 못한 결과입니다.

11

제물론 위대한 도(道)는 명칭으로 나타나지 않고, 위대한 변론은 말로 나타나지 않는다. 위대한 사랑은 사랑하지 않는 듯하고, 위대한 청렴은 겸양(謙讓)하지 않으며, 위대한 용기(勇氣)는 남을 해치지 않는다.

원문 夫大道不稱, 大辯不言. 大仁不仁, 大廉不嗛, 大勇不忮.

자해 • 칭(稱) : 명칭, 칭하다. 변(辯) : 변론하다. 염(廉) : 청렴하다. 겸(嗛) : 겸손하다. 기(忮) : 해치다, 거스르다, 거역하다.

해영

진리의 말씀은 드러나지 않습니다. 의식하지 않고 물 흐르듯 움직일 뿐입니다. 사랑도 마찬가집니다. 부모가 자식을 사랑하는데 조건이 있을 수 없듯 큰 사랑은 의식이 없습니다. 만일 위대한 사랑과 반대되는 사랑이라면 그 사랑은 욕심이 개입된 사랑입니다. 그런 사랑을 받고 자란 사람은 빚을 갚아야 하는 부담을 갖고 삽니다. 노(魯)나라에서 아내를 죽이고 장군이 되었다가 배척당한 오기(吳起)란 사람이 있었습니다.

그는 위(魏)나라 문후(文侯)의 명성을 듣고 궁리 끝에 찾았습니다. 위 문후가 오기를 면담한 이후, 재상 이극(李克)에게 물었습니다. "오기는 어떤 사람이오?" 이극이 답하길, "오기는 탐욕스럽고 호색하지만 병법에 있어서는 사마양저(司馬穰苴)도 그를 따를 수 없습니다." 문후는 오기를 장군으로 임명하여 진(秦)을 쳐 성(城) 다섯 개를 빼앗았습니다. 장군으로서의 오기는 신분이 낮은 사졸(士卒)과 의식(衣食)을 함께하고, 잘 때도 자리를 깔지 않았으며, 행군할 때도 말이나 수레에 타지 않고, 식량을 손수 짊어지는 등 사졸들과 노고를 함께했습니다. '한번은 병졸 가운데 종기를 앓는 자가 있자, 오기가 고름을 빨아 주었습니다. 병졸의 어머니가 그 말을 듣고 통곡을 하자, 어떤 사람이 그 까닭을 물었습니다. "병졸인 당신 아들의 고름을 장군이 빨아 주었는데, 어찌하여 그리 우시오?" 어머니가 대답했습니다. "그게 아닙니다. 지난날에 장군이 저 아이 아버지의 종기를 빨아 주었습니다. 저 아이 아버지가 전쟁에서 뒤로 물러설 줄을 모르더니 적에게 죽고 말았습니다. 이번에는 장군이 또 아들의 종기를 빨아 주니 나는 저 애도 언제 죽을지 몰라서 우는 것입니다."[21]

이와 같은 인위(人爲)적 사랑은 상대로 하여금 부담을 갖게 합니다. 부담만 갖는 정도가 아니라 가장 소중한 목숨까지도 잃게 합니다. 청렴은 어떻습니까? 본래 청렴한 사람은 청렴이란 어휘 자체를 모릅니다. 때문에 경찰(警察)[22]이나 검찰, 법원, 교도소의 존재를 모릅니다. 용기도 다르지 않습니다. 의식하는 순간 자신은 물론 불특정 다수의 생명을 해칠 수도 있습니다. 인위가 배제된 자연스러움이 미덕(美德)의 원천입니다.

12

제물론 설결(齧缺)이 왕예(王倪)[23]에게 물었다. "선생님께서는 사물[존재]이 다 같이 옳게 여기는 것을 알고 계십니까?" 왕예가 답했다. "내가 어찌 그것을 알겠는가?" "선생님께서는 자신이 모른다는 것을 아십니까?" "내가 어찌 그것을 알겠는가?" "그렇다면 모든 사물에 대해 아무 것도 모른단 말씀입니까?" "내가 어찌 그것을 알겠는가? 비록 그렇지만 시험삼아 말해 보자. 내가 이른바 안다고 하는 것이 알지 못하는 것이 아님을 어찌 알겠으며, 내가 이

---

21 『사기(史記)』, 「손자오기열전(孫子吳起列傳)」: 卒有病疽者, 起爲吮之. 卒母聞而哭之. 人曰, 子卒也, 而將軍自吮其疽, 何哭爲. 母曰, 非然也. 往年吳公吮其父, 其父戰不旋踵, 遂死於敵. 吳公今又吮其子, 妾不知其死所矣. 是以哭之.

22 경찰(警察)의 경(警)은 동적(動的)인 것을 살핀다는 뜻이고, 찰(察)은 정적(靜的)인 것을 살핀다는 의미다.

23 「외편(外篇), 천지(天地)」에 보면, 피의(被衣) → 왕예(王倪) → 설결(齧缺) → 허유(許由) -〉 요(堯)로 사제관계[계보]가 이어진다. 물론 가공의 인물들이다.

른바 알지 못한다고 하는 것이 아는 것이 아님을 어찌 알겠는가?"

원문 齧缺問乎王倪曰, 子知物之所同是乎. 曰, 吾惡乎知之. 子知子之所不知邪. 曰, 吾惡乎知之. 然則物無知邪. 曰, 吾惡乎知之. 雖然嘗試言之. 庸詎知吾所謂知之非不知邪, 庸詎知吾所謂不知之非知邪.

자해 • 설결(齧缺) : 요임금 시대의 현인[은자]으로 왕예(王倪)의 제자. 소동시(所同是) : 다 같이 옳다고 여김. 오(惡) : 어찌. 용(庸) : 어찌. 거(詎) : 어찌. 소위(所謂) : 이른바.

해영

공자(孔子)[24]가 제자에게 이런 말씀을 한 적이 있습니다. "유(由)야, 너에게 안다는 것이 무엇인지 가르쳐 줄까 보다. 아는 것을 안다고 하고, 모르는 것을 모른다고 하는 것, 이것이 아는 것이다."[25] 굳어져 있던 인식론이 장자의 위와 같은 언급으로 사상계에 큰 반향을 불러왔습니다. 그렇습니다. 안다는 것은 모르는 것이 무엇인지를 다 알아야 하고, 모른다는 것은 무엇을 모르고 있는지 명확히 하는 것부터 시작합니다.

24 공자(孔子 : B.C.551~B.C.479)의 본명은 공구(孔丘), 춘추시대 노나라 사람이다. 사상가이자 정치가다. 어록인 『논어(論語)』가 있다.

25 『논어(論語)』, 「위정(爲政)」 : 子曰, 由, 誨女知之乎. 知之爲知之, 不知爲不知, 是知也.

13

제물론 사람은 습한 곳에서 자면 허리가 아프고 반신불수(半身不隨)로 죽지만, 미꾸라지도 그런가? 사람은 나무 위에 있으면 떨면서 두려워하지만, 원숭이도 그러한가? 이 셋 가운데 누가 올바른 거처를 아는가? 사람은 소와 양, 개와 돼지를 먹고, 순록은 풀[꼴]을 먹으며, 지네는 뱀을 달게 먹고, 올빼미는 쥐를 좋아한다. 이들 넷 가운데 누가 올바른 맛을 아는가? 원숭이는 편저(猵狙)를 자신의 짝으로 여기고, 고라니는 사슴과 교미를 하며, 미꾸라지는 물고기와 어울려 논다. 모장과 여희는 사람들이 미인이라 하지만, 물고기는 그를 보면 물속으로 깊이 들어가고, 새는 그를 보면 하늘 높이 날아가며, 순록은 그를 보면 힘껏 달아난다. 이 네 가지 가운데 누가 천하의 올바른 아름다움을 아는가? 내 입장에서 살펴본다면 인의(仁義)의 단서와 시비(是非)의 길이 복잡하게 얽혀 어수선하고 어지럽다. 그런데 내가 어찌 그 구별을 알겠는가?"

원문 民溼寢則腰疾偏死, 鰌然乎哉. 木處則惴慄恂懼, 猨猴然乎哉. 三者孰知正處. 民食芻豢, 麋鹿食薦, 蝍蛆甘帶, 鴟鴉耆鼠. 四者孰知正味. 猨猵狙以爲雌, 麋與鹿交, 鰌與魚游. 毛嬙麗姬, 人之所美也, 魚見之深入, 鳥見之高飛, 麋鹿見之決驟. 四者孰知天下之正色哉. 自我觀之, 仁義之端, 是非之塗, 樊然殽亂, 吾惡能知其辯.

자해 • 민(民) : 인(人)과 통용, 즉 사람들. 습(溼) : 습(濕)과 통용, 즉 습하다, 축축하다. 습침(溼寢) : 습한 곳에 살다. 편사(偏死) : 말라 죽다, 반신불수가 되다. 추(鰌) : 미꾸라지. 췌률순구(惴慄恂懼) : 두려워 벌벌 떠는 모양. 원(猨) :

원숭이. 후(猴) : 원숭이. 추환(芻豢) : 추(芻)는 '소'나 '양' 같은 가축, 환(豢)은 '개'나 '돼지' 같은 가축. 미(麋) : 고라니. 록(鹿) : 사슴. 천(薦) : 꼴, 부드러운 풀. 즉(蝍) : 지네. 저(蛆) : 구더기. 대(帶) : 띠처럼 생긴 짐승, 즉 뱀을 뜻함. 치(鴟) : 올빼미. 아(鴉) : 큰 부리 까마귀. 기서(耆鼠) : 쥐를 즐기다.

• 원(猨) : 원(猿)과 통용, 원숭이. 편(猵) : 수달. 저(狙) : 긴 팔 원숭이. 유(游) : 놀다. 모장(毛嬙) : 춘추시대 월왕(越王)의 미희(美姬)라고도 하고, 송나라 평공(平公)의 아내로도 불림. 여희(麗姬) : 춘추시대 진(晉)나라 헌공(獻公)의 아내. 결취(決驟) : 후다닥 달아나다, 힘껏 달아나다. 단(端) : 서(緖)와 통용. 도(塗) : 도(道)와 통용. 번(樊) : 어수선하다. 효(殽) : 섞이다. 난(亂) : 어지럽다. 변(辯) : 변(辨)과 통용.

해영

연비어약(鳶飛魚躍)이란 말이 있습니다. '솔개는 하늘을 날고, 물고기는 물에서 뛴다.'는 얘깁니다. 즉 자연의 삶이라 할 수 있습니다. 『시경(詩經)』에 나오는 이야기고 율곡(栗谷)[26]도 언급한 바 있습니다. 율곡이 어머니 신사임당을

26 율곡의 본명은 이이(李珥 : 1536~1584)로 조선 중기의 철학자이자 정치가다. 아버지는 이원수(李元秀), 어머니는 사임당 신씨(師任堂申氏)다. 1548년(명종 3) 13세 때 진사 초시에 합격하고, 1551년 16세 때 어머니가 세상을 떠났다. 이후 금강산에 들어가 불가(佛家)를 공부하다 하산해 다시 유학에 전념했다. 1558년 「천도책(天道策)」을 지어 장원했다. 총 아홉 차례 장원해 '구도장원공(九度壯元公)'이란 별칭을 얻었고, 1561년 아버지가 돌아가셨다. 1564년 호조좌랑을 시작으로 예조좌랑과 이조좌랑 등을 역임하고, 1572년 파주 율곡리에서 성혼(成渾)과 이기(理氣)·사단칠정(四端七情)·인심도심(人心道心) 등을 논했다. 1574년 우부승지에 임명되고, 재해로 인해 「만언봉사(萬言封事)」를 올렸다. 1575년 『성학집요(聖學輯要)』를 편찬했고, 1577년 아동교육서인 『격몽요결(擊蒙要訣)』을 지었으며, 1580년 기자의 행적을 정리한 『기자실기(箕子實記)』를 편찬했다. 1582년 이조판서에 임명되고, 1583년 「시무육조(時務六條)」를 올려 외적의 침입을 대비해 십만 양병을 주청하였다. 1584년 서울 대사동(大寺洞)에서 영

여의고 금강산에 들어가 생활하던 중, 노승(老僧)과의 대화 가운데, "유가(儒家)에 비공비색(非空非色)과 같은 뜻의 법어가 있는가?" 율곡이 답합니다. "연비어약이 비공비색과 같은 말입니다."

즉 솔개가 하늘을 날고 물고기가 물에서 뛰는 그 이치가 바로 공(空)이요, 색(色)인 것입니다. 다시 말해 솔개는 솔개대로, 물고기는 물고기대로 서로 간섭하지 않는 것입니다. 구분하지 않고 자연의 섭리대로 사는 것이 조화로운 삶입니다. 사람 삶도 다르지 않습니다. 빈부(貧富)와 귀천(貴賤)을 구별하거나 인식하지 않고 각자에게 주어진 사명(使命)을 다하는 것이 조화로운 삶입니다. 그것이 상대가 아닌 절대세계입니다.

14

제물론 보통 사람들은 부지런히 힘쓰는데, 성인(聖人)은 어리숙하다. 하지만 성인은 만세(萬歲)를 살아가면서 한결같이 순수함을 이룬다. 만물이 다 그러한데, 이로써 서로 감싼다.

원문 衆人役役, 聖人愚芚. 參萬歲而一成純. 萬物盡然, 而以是相蘊.

자해 • 중인(衆人) : 일반 사람들, 보통 사람들. 역(役) : 골몰하다. 우둔(愚芚) : 흐리멍덩하다, 어리석다. 참(參) : 섞이다, 참여하다. 참만세(參萬歲) : 영원히

면했다.

자연변화에 참여하다. 만물(萬物) : 모든 것. 진(盡) : 다하다. 온(蘊) : 감싸다.

해영

일반적으로 세속의 사람들은 이익을 찾아 움직입니다. 분주하기 이를 데 없습니다. 그리하여 큰 부(富)를 형성하기도 합니다. 하지만 몸을 돌볼 겨를 없이 움직이다 병(病)이 들면 건강 회복을 위해 축적한 재물을 탕진합니다. 성인(聖人)의 삶은 이와 다릅니다. 이익을 좇지 않습니다. 때문에 멍청하거나 어리석어 보입니다. 물이 흐르는 것과 바람이 부는 것처럼 움직입니다. 인위(人爲)가 아닌 자연(自然)의 삶을 삽니다.

15

제물론 "삶을 기뻐하는 것이 미혹된 일이 아님을 내 어찌 알겠는가? 죽음을 싫어하는 것이 어려서 고향을 떠나 돌아갈 길을 잃은 자가 아님을 내 어찌 알겠는가? 여희는 애(艾)라는 땅에 봉해진 관리의 딸이었다. 진(晉)나라가 처음 그녀를 데려왔을 땐 슬픔에 옷깃이 젖도록 눈물을 흘렸다. 하지만 왕의 처소에 이르러 왕과 침상을 같이 쓰고 맛있는 고기를 먹게 되자, 처음에 오지 않으려 울었던 일을 후회했다. 이를 본다면 죽은 사람이 처음에 살려고 발버둥 쳤던 사실을 후회할지 내 어찌 알겠는가?"

원문 予惡乎知說生之非惑邪. 予惡乎知惡死之非弱喪而不知歸者邪. 麗之姬, 艾封人之子也. 晉國之始得之也, 涕泣沾襟. 及其至於王所, 與王同筐牀, 食芻豢, 而後悔其泣也. 予惡乎知夫死者不悔其始之蘄生乎.

자해 • 여(予) : 나. 오(惡) : 어찌. 열(說) : 열(悅)과 통용, 즉 기뻐하다. 익상이부지귀(弱喪而不知歸) : 어린 아이가 부모와 길을 나섰다가 부모를 잃고 어찌할 줄 모르는 모양. 체(涕) : 눈물, 울다. 읍(泣) : 눈물, 울다. 첨(沾) : 적시다. 금(襟) : 옷깃. 광상(筐牀) : 평상. 추환(芻豢) : 추(芻)는 '소'나 '양' 같은 가축, 환(豢)은 '개'나 '돼지' 같은 가축. 즉 이 같은 짐승 고기를 의미한다. 기(蘄) : 바라다.

해영

세속의 삶은, 사는 것을 좋아하고 죽는 것을 싫어합니다. 서양에선 삶의 본능[eros][27]과 죽음의 본능[thanatos][28]으로 이해하기도 합니다. 삶의 본능은 생동적인 삶과 종족번식 등의 힘을 의미하고, 죽음의 본능은 인간행동의 부정적 혹은 파괴적인 힘을 뜻합니다. 하지만 이와 같은 양태의 의식구조는 모두 고정관념에 불과합니다. 양이 있으면 음도 존재하기 마련입니다. 삶과 죽음의 의식을 초월한 삶이 곧 자연입니다.

16

제물론 "꿈속에서 술을 마시며 즐기던 사람이 아침이 되면 곡(哭)을 하는 경

---

27 '삶의 본능'은 생동적인 삶과 종족 번식 등의 힘을 뜻한다. 배고픔, 갈증 해소, 성적 충동 등은 삶의 본능 특성들이다. 삶의 본능 에너지를 리비도(libido)라 하며, 성적(性的)에너지와 동일시하기도 한다.

28 '죽음의 본능'은 인간 행동의 부정적 혹은 파괴적인 힘을 뜻한다. 공격, 자살, 살인, 전쟁 등이 주요 특성들이다.

우도 있고, 꿈속에서 곡을 하며 울던 사람이 아침이 되면 사냥을 나가는 경우도 있다. 꿈을 꿀 때는 그것이 꿈인 줄을 모른다. 꿈 가운데서 또 꿈을 꾸기도 하지만, 그 꿈에서 깨어난 뒤에 그것이 꿈인 줄을 안다. 마찬가지로 참된 깨어남이 있고 난 뒤에야 그것이 큰 꿈이었던 것을 알 수 있다. 그럼에도 어리석은 사람은 스스로 깨어 있다고 생각해 똑똑한 체하면서 지혜롭다고 여겨 '임금'과 '목동'이라 말하니 참으로 고루하다. 공구(孔丘)와 그대도 모두 꿈이고, 내가 그대에게 꿈꾼다고 말하는 것도 역시 꿈이다."

원문 夢飮酒者, 旦而哭泣. 夢哭泣者, 旦而田獵. 方其夢也, 不知其夢也. 夢之中又占其夢焉, 覺而後知其夢也. 且有大覺, 而後知此其大夢也. 而愚者自以爲覺, 竊竊然知之, 君乎, 牧乎, 固哉. 丘也與女, 皆夢也. 予謂女夢, 亦夢也.

자해 • 단(旦) : 아침. 곡(哭) : 소리가 동반된 울음. 읍(泣) : 소리 없는 울음. 엽(獵) : 사냥하다. 점(占) : 점치다, 꿈의 내용을 분석, 해몽하는 것. 교(覺) : 잠깨다. 우자자이위교(愚者自以爲覺) : 어리석은 사람은 스스로 깨어 있다고 여김. 절(竊) : 몰래, 훔치다. 절절연(竊竊然) : 아는 체하는 모양. 목(牧) : 목동. 고(固) : 고루하다.

해영

'삶과 죽음'을 꿈으로 비유합니다. 누구나 꿈꾸는 동안은 그것이 진실한 삶입니다. 하지만 꿈에서 깨면 진실이 아니었음을 인지합니다. 좀 더 진보시켜 봅니다. 이런 이야길 논하는 순간조차 진실한 삶이라 여기지만, 영원의 세계에서 보면 이 또한 꿈일 수 있습니다. 즉 슬픔과 기쁨이 따로 존재하지 않고,

우열(優劣), 생사(生死) 또한 따로 존재하지 않음을 일러줍니다. 의식에서 벗어나면 '지금 여기'가 절대세계입니다.

17

제물론 "만일 나와 그대가 논쟁을 했다고 가정하자. 그대가 나를 이기고 내가 그대를 이기지 못했다면, 그대가 과연 옳고 나는 과연 그른 것인가? 내가 그대를 이기고 그대가 내게 졌다면, 내가 과연 옳고 그대는 과연 그른 것인가? 아니면 어느 한쪽이 옳고 또 다른 한쪽이 그른 것인가? 아니면 모두가 옳거나 모두가 그른 것인가? 이러한 일은 나와 그대가 서로 알 수 없다면 다른 사람들도 참으로 어둠 속에 빠지고 말 것이다. 그러면 나는 누구로 하여금 바로 잡게 할 수 있겠는가? '그대와 의견이 같은' 사람에게 바로잡게 한다면, 이미 그 사람은 '그대와 의견이 같아' 어찌 공정할 수 있겠는가? '나와 의견이 같은' 사람으로 하여금 바로잡게 한다면, 이미 그 사람은 '나와 의견이 같아' 어찌 공정할 수 있겠는가? '나와 그대의 의견이 다른' 사람으로 하여금 바로잡게 한다면, 이미 '나와 그대의 의견이 달라' 어찌 공정할 수 있겠는가? '나와 그대의 의견이 같은' 사람으로 하여금 바로잡게 한다면, 이미 '나와 그대의 의견이 같아' 어찌 공정할 수 있겠는가? 그렇다면 나와 그대, 다른 사람들이 모두 알 수 없는 것이니, 또 다른 누군가를 기다려야 하겠는가?"

원문 旣使我與若辯矣. 若勝我, 我不若勝, 若果是也, 我果非也邪. 我勝若, 若不吾勝, 我果是也, 而果非也邪. 其或是也, 其或非也邪. 其俱是也, 其俱非也邪. 我與若不能相知也, 則人固受黮闇. 吾誰使正之. 使同乎若者正之,

既與若同矣, 惡能正之. 使同乎我者正之, 既同乎我矣, 惡能正之. 使異乎我與若者正之, 既異乎我與若矣, 惡能正之. 使同乎我與若者正之, 既同乎我與若矣, 惡能正之. 然則我與若與人, 俱不能相知也, 而待彼也邪.

자해 • 기(既) : 이미, 가령, 만일. 약(若) : 너, 그대. 변(辯) : 말 잘하다, 논쟁하다. 구(俱) : 모두. 인(人) : 사람들. 고(固) : 진실로, 참으로. 담암(黮闇) : 어둡다, 흐리멍덩하다, 헤아릴 수 없는 어둠, 여기선 '헤아리기 어려운 문제'를 뜻함.

해영

사람들은 본질적인 것보단 말단적인 것을 가지고 논쟁하길 좋아합니다. 따져 보면 들어줄 만한 논리도 약합니다. 상대의 견해는 그르고 자신의 주장만 옳다고 강변하는 경우가 다반사입니다. 제3자적 입장에서 판단해도 이 같은 대립은 끊이질 않습니다. 이쪽 주장이 옳다고 말하면 저쪽이 인정하지 않고, 저쪽 주장에 힘을 실어주면 이쪽이 수긍하지 않습니다. 이런 논쟁은 한정된 주관(主觀)이 낳은 아집일 뿐입니다.

18

제물론 망량(罔兩)[29]이 그림자에게 물었다. "조금 전엔 그대가 걷다가 지금은 멈췄소. 조금 전엔 그대가 앉아 있다가 지금은 일어서 있소. 어찌 그다지도

---

29 그림자 바깥에 생기는 엷은 그림자를 말한다.

일정한 지조가 없소?" 그림자가 답했다. "내가 무언가 의지하는 것이 있어서 그러한가? 내가 의지하고 있는 것도 또 무언가 의지하고 있는 것이 있어서 그렇게 되는 것인가? 나는 뱀의 비늘이나 매미의 날개와 같은 무엇에 의지하는가? 어찌 그런 줄 알며, 어찌 그렇지 않을 줄 알겠는가?"

원문 罔兩問景曰. 曩子行, 今子止. 曩子坐, 今子起. 何其無特操與. 景曰, 吾有待而然者邪. 吾所待又有待而然者邪. 吾待蛇蚹蜩翼邪. 惡識所以然, 惡識所以不然.

자해 • 망(罔) : 도깨비, 어둡다. 영(景) : 영(影)과 통용, 즉 그림자를 뜻함. 낭(曩) : 접때, 지난번. 자(子) : 그대. 특조(特操) : 특별한 절도, 일정한 지조. 사(蛇) : 뱀. 부(蚹) : 비늘. 조(蜩) : 매미, 쓰르라미. 익(翼) : 날개. 오(惡) : 어떻게, 어찌. 소이(所以) : 까닭, 어떤 일을 하게 된 이유.

해영

그림자는 스스로 움직이지 않습니다. 그림자를 만드는 본체[體]를 따라 작용[用][30]할 따름입니다. 사람의 그림자는 사람의 움직임에 따라 움직일 따름이

30 체(體)는 사물의 본체, 즉 근본적인 것을 가리키고, 용(用)은 사물의 작용 혹은 현상, 파생적인 것을 가리키는 개념이다. 체용론(體用論)의 연원은 한대(漢代)까지 올라간다. 정현(鄭玄)은 『예기(禮記)』, 「서(序)」에서 "마음을 통제하는 것을 체(體)라 하고, 그것을 실천하고 행하는 것을 용(用)이라 한다."고 하였다. 하지만 '체용론'적인 사고방식이 제대로 정립된 것은 삼국시대 위(魏)나라의 하안(何晏)과 왕필(王弼)에 의해서다. 그들은 비록 '체용'이란 말을 구체적으로 쓰진 않았지만, 그들이 사용한 본말(本末)의 개념은 '체용론'의 중국적 원형이라 할 수 있다. 그들은 도가(道家)의 무(無)와 유(有)에 관한 설명을 '본말론'으로 체계화하여, 변화가 무궁한 천지만물에 대해 그 본체인 무(無)는 적연부동(寂然不動)이라 했고, 본체[體]가 있어야만 개개의 현상[用]이 존재한

고, 그 사람은 그 마음의 움직임에 따라 또 움직입니다. 그 마음은 또 그 무엇인가에 따라 움직일 뿐입니다. 뱀이 비늘을 움직여 가는 것도, 매미가 날갯짓하며 날아가는 것도 그렇게 하도록 한 그 무엇이 존재합니다. 궁극의 원인을 따져 올라가면 결국 '자연'입니다.

19

제물론 옛날에 장주(莊周)가 꿈에 나비가 되었다. 훨훨 날아다니는 나비가 스스로 유쾌하고 뜻에 만족스러워 자기가 장주인 줄 몰랐다. 그러다 문득 꿈에서 깨어 보니 엄연히 장주였다. 장주가 꿈에 나비가 되었던 것인지, 나비가 꿈에 장주가 되어 있는 것인지 알 수 없다. 세속의 입장에서 보면 장주와 나비는 반드시 분별이 있으니, '이처럼 장주가 나비가 되고, 나비가 장주가 되는' 이것을 물의 변화[物化]라 한다.

원문 昔者, 莊周夢爲胡蝶. 栩栩然胡蝶也, 自喩適志與, 不知周也. 俄然覺, 則蘧蘧然周也. 不知周之夢爲胡蝶, 胡蝶之夢爲周與. 周與胡蝶, 則必有分矣, 此之謂物化.

자해 • 석자(昔者) : 옛적, 자(者)는 시기를 나타내는 접미사. 호접(胡蝶) : 호

다고 하였다. 이러한 '본말론'이 뒤에 불가사상(佛家思想)을 수용하는 과정에서 '체용론'으로 발전했다. 불가에서의 체용논리는 인과(因果)의 논리와 대비되는 것으로, '원인과 결과'의 관계가 '바람과 파도'의 관계로 비유된다면, 체용(體用)의 관계는 '물과 파도'의 관계다.

접(蝴蝶)과 통용, 즉 나비를 뜻함. 허허연(栩栩然) : 훨훨 날아다니는 모양. 유(喩) : 유쾌하다. 적지(適志) : 기분이 좋은 모양. 아(俄) : 잠시. 거거연(蘧蘧然) : 엄연히 어떤 형체가 존재하는 것. 물화(物化) : 한 물건이 다른 물건으로 변화하는 것, 자연물로 바뀐 상태.

해영

꿈은 참으로 다양합니다. 나비가 되고 꽃이 되고 사슴이 되기도 됩니다. 절벽에서 발을 헛디뎌 떨어지기도 하고, 높은 나무 위에 올라갔다가 떨어지는 꿈도 꿉니다. 또 위대한 사람이 되어 환대를 받기도 하고, 가난한 사람이 되어 구걸하는 처지가 되기도 합니다. 자연에서 보면 나비든 사람이든 하나의 물(物)일 뿐입니다. 즉 자연물의 입장에선 나비와 사람의 존재가 다르지 않습니다. 어떤 분별도 할 이유가 없습니다.

양생주(養生主)

생명이 존재해야 몸과 마음도 존재합니다. 양생주란 말 그대로 생명을 길러주는 주인입니다. 생명을 기른다는 건 정신적인 것과 육체적인 것을 포괄합니다. 어떻게 자연의 법칙에 따라 움직이면서 삶을 누릴 것인지에 대해 논합니다.

01

양생주 우리 생명은 끝이 있지만 지식은 무한하다. 끝이 있는 것을 가지고 끝이 없는 것을 추구하면 위태로울 뿐이다. 그런데도 지식(知識)를 추구하는 것은 더더욱 위태로울 뿐이다. 선(善)을 행하되, 명예에 가까이 가지 말고, 악(惡)을 행하되 형벌에 가까이 가지 말라. 중(中) 따르는 것을 원칙으로 삼으면 몸을 보전할 수 있고, 삶을 온전히 할 수 있으며, 부모를 봉양할 수 있고, 천수를 다할 수 있다.

원문 吾生也有涯, 而知也無涯. 以有涯隨無涯, 殆已. 已而爲知者, 殆而已矣. 爲善無近名, 爲惡無近刑. 緣督以爲經, 可以保身, 可以全生, 可以養親, 可以盡年.

자해 • 애(涯) : 끝, 한계. 태이(殆已) : 위태로울 뿐이다. 수(隨) : 따르다, 추구하다. 이이(已而) : 그런데도. 근명(近名) : 이름 내는 일에 근접하는 것, 명예나 명성을 가까이 하는 것. 연(緣) : 묶다, 따르다. 독(督) : 등의 중간에 뻗은 혈관, 중간, 중도. 경(經) : 법도, 기준. 진년(盡年) : 자기 목숨대로 다 사는 것.

해영

도(道)의 입장에서 지식이란 허망한 것입니다. 따라서 지식을 추구하는 것은 양생(養生)에 도움이 되지 않습니다. 선악(善惡)도 마찬가집니다. 선한 행위를 하거나 악한 행위를 하거나 인식되지 않아야 합니다. 선행에 따른 기대심리가 발동하면 잠을 제대로 이룰 수 없고, 악행에 따른 되먹임[31]심리가 발동하면 형벌이 두려워 역시 잠을 이룰 수 없습니다. 인위(人爲)가 배제된 삶이라야 참된 삶을 유지할 수 있습니다.

02

양생주 포정이 문혜군(文惠君)[32]을 위해 소를 잡았다. 손을 대고, 어깨를 기울이고, 발로 밟고, 무릎을 구부리는 동작에 따라 [살과 뼈가 갈라지는] 살과 뼈가 떨어졌다. 칼을 움직일 때마다 내는 쓱싹쓱싹 하는 소리들이 음절에 맞지 않는 것이 없었다. 그의 동작은 상림(桑林)의 춤에 부합하였으며, 그 절도는 경

---

31 일반적으로 피드백(feedback)이라 한다. 피드백은 어떤 반응의 최종산물이 다시 그 생물반응을 조절함을 의미한다. 이 용어는 '되먹임'이라 하여 수학이나 통신이론의 몇몇 분야에서 널리 사용되고 있다.

32 전국시대(戰國時代) 위(魏)나라 혜왕(惠王)이라 주장하는 학자도 있으나 불분명하다. 참고로 춘추전국시대에서의 군(君)은 제후(諸侯)보다 한 단계 아래 지위에 있던 사람들을 일컫던 명칭이다.

수(經首)의 음절에 꼭 맞았다. 문혜군이 감탄하며 말했다. "아! 훌륭하도다! 기술이 어찌하면 이런 경지에 이를 수 있단 말인가!" 포정이 칼을 놓으며 말했다. "제가 좋아하는 것은 도(道)입니다. 재주[기술]보다 훨씬 진보한 것입니다. 처음 제가 소를 잡을 때는 보이는 것이 소 아닌 것이 없었습니다. 그러나 삼 년 뒤엔 완전한 소가 보이지 않았습니다. 요즘 저는 정신으로 소를 대하지, 육체의 눈으로 보지 않습니다. 감각기관의 작용이 멈추니 정신의 자연스런 작용만 남습니다. 자연의 결에 따라 큰 틈을 치고, 커다란 공간에서 칼을 인도하되, 본래 그러한 대로 따를 뿐입니다. 제 기술의 미묘함은 아직 한 번도 [칼질의 실수로] 살이나 뼈를 다친 일이 없습니다. 하물며 큰 뼈이겠습니까?"

"훌륭한 백정이 일 년에 한 번 칼을 바꾸는 것은 살을 베기 때문이고, 보통의 백정이 한 달에 한 번 칼을 바꾸는 것은 자르기 때문입니다. 그러나 지금 제 칼은 십구 년이 되어 수천 마리의 소를 잡았지만, 칼날은 금방 숫돌에서 갈아낸 것 같습니다. 저 뼈의 마디는 틈이 있고 칼날은 두께가 없으니, 두께가 없는 것으로 틈새에 넣으니, 넉넉하여 칼을 놀리는 데도 여유가 있습니다. 이 때문에 십구 년이 지났어도 칼날은 금방 숫돌에서 갈아낸 것 같습니다. 비록 그렇지만, 근육과 뼈가 모인 곳에 이를 때마다 저는 그것을 처리하기 어려움을 느낍니다. 두려움을 가지고 경계하며, 시선은 거기에 멈춰 움직임이 느려지며, 칼놀림은 매우 미세합니다. 재빠르게 소를 다 가르고 나면, 고기와 뼈들이 마치 흙이 땅에 쌓여있는 듯합니다. 그러면 칼을 들고 일어나 일이 잘 되었는지 사방을 둘러보고 잠시 머뭇거리다 마음이 흐뭇해지면, 칼을 잘 손질하여 보관합니다." 문혜군이 말했다. "훌륭하도다! 나는 포정의 말을 듣고 양생의 도(道)를 터득했도다!"

원문 庖丁爲文惠君解牛. 手之所觸, 肩之所倚, 足之所履, 膝之所踦, 砉然

嚮然. 奏刀騞然, 莫不中音. 合於桑林之舞, 乃中經首之會. 文惠君曰, 譆, 善哉, 技蓋至此乎. 庖丁釋刀對曰, 臣之所好者道也, 進乎技矣. 始臣之解牛之時, 所見無非牛者. 三年之後, 未嘗見全牛也. 方今之時, 臣以神遇而不以目視. 官知止而神欲行. 依乎天理, 批大郤, 導大窾因其固然. 技經肯綮之未嘗, 而況大軱乎. 良庖歲更刀, 割也, 族庖月更刀, 折也. 今臣之刀十九年矣, 所解數千牛矣, 而刀刃若新發於硎. 彼節者有閒, 而刀刃者無厚, 以無厚入有閒, 恢恢乎, 其於遊刃, 必有餘地矣. 是以十九年而刀刃若新發於硎. 雖然, 每至於族, 吾見其難爲. 怵然爲戒, 視爲止, 行爲遲, 動刀甚微. 謋然已解, 如土委地. 提刀而立, 爲之四顧, 爲之躊躇滿志, 善刀而藏之. 文惠君曰, 善哉, 吾聞庖丁之言, 得養生焉.

자해 • 포정(庖丁) : 소 잡는 사람, 즉 백정(白丁)을 뜻함. 해우(解牛) : 소를 해체하다, 소를 가르다. 촉(觸) : 닿다. 견(肩) : 어깨. 의(倚) : 기대다. 이(履) : 밟다. 슬(膝) : 무릎. 기(踦) : 무릎을 구부리다. 획(砉) : 뼈 바르는 소리. 획연(砉然) : 가죽과 뼈가 서로 떨어지는 소리. 향연(嚮然) : 살과 뼈가 서로 떨어지는 소리. 주(奏) : 아뢰다, 나아가다. 주도(奏刀) : 칼을 움직이는 것이 음악을 연주하듯 한다. 획(騞) : 칼로 고기를 베는 소리. 획연(騞然) : 획연(砉然)보다 소리가 더 큼. 중음(中音) : 음률에 맞음.

• 상림(桑林) : 은나라 시조인 탕(湯)임금이 작곡한 춤 이름. 경수(經首) : 하늘에 제사지낼 때 연주하는 함지(咸池) 중의 한 악장으로, 황제(黃帝)가 만들고 요(堯)임금이 수정했다는 설이 있다. 회(會) : 절주(節奏), 즉 리듬을 뜻함. 희(譆) : 감탄사. 기(技) : 재주. 개(蓋) : 어찌. 석도(釋刀) : 칼을 놓다. 신우(神遇) : 정신으로 대하다. 관지지(官知止) : 감각기관의 작용이 알아서 멈춰지다. 눈의 작용이 멈춰지다. 천리(天理) : 소가 가지고 있는 본래의 결. 비(批) : 치다,

밀다. 각(郤) : 틈. 대관(大窾) : 큰 구멍. 긍경(肯綮) : 긍(肯)은 뼈에 붙은 살, 경(綮)은 근육이 뭉쳐있는 곳. 고(軱) : 큰 뼈.

• 양포(良庖) : 훌륭한 백정. 경도(更刀) : 칼을 바꾸다. 할(割) : 살을 자르다. 족포(族庖) : 보통 백정, 가끔 소나 돼지를 잡는 사람. 절(折) : 뼈를 자르다. 형(硎) : 숫돌. 한(閒) : 사이, 틈. 회회(恢恢) : 넓은 모양, 넉넉하다. 지어족(至於族) : 근육과 뼈가 뒤엉켜 있는 곳에 이르다. 족(族) : 근육과 뼈가 뒤엉켜 있는 곳. 난위(難爲) : 손을 대기 어려운 곳. 출연(怵然) : 두려운 모양. 지(遲) : 더디다, 느려지다. 심미(甚微) : 더욱 미묘하다, 더욱 세밀하다. 획(謋) : 재빠른 모양. 획연(謋然) : 몸통이 분해되는 모양. 제도(提刀) : 칼을 들다. 위(委) : 버리다, 쌓다. 주저(躊躇) : 머뭇거리다. 만지(滿志) : 마음이 흐뭇하다.

해영

소 잡는 과정에서 양생의 도(道)를 얻었습니다. 처음엔 소만 보였으나 후엔 소가 보이지 않았습니다. 수천 마리의 소를 잡았으나 칼은 그대롭니다. 리듬에 따라 움직였기 때문입니다. 자연에도 리듬이 있습니다. 사계절이 순환하고 밤낮이 정확하게 교차합니다. 사람들 삶도 마찬가집니다. 밤엔 자고 낮에 활동합니다. 그것이 리듬에 알맞기 때문입니다. 칼을 일찍 바꾸거나 단명(短命)한 것은 리듬을 타지 못한 결과입니다.

03

양생주 못가의 꿩은 열 걸음 걸어야 한 번 모이를 쪼고, 백 보를 움직여야 한 모금 마시지만, 새장 속에서 길러지길 바라진 않는다. 정신은 비록 편할지 모르지만 즐겁지 않기 때문이다.

원문 澤雉十步一啄, 百步一食, 不蘄畜乎樊中. 神雖王, 不善也.

자해 • 택(澤) : 못. 치(雉) : 꿩. 탁(啄) : 쪼다. 기(蘄) : 바라다, 구하다. 휵(畜) : 기르다. 번(樊) : 우리, 새장. 왕(王) : 왕(旺)과 통용, 왕성하다, 편하다.

해영

먹이를 구하기 위해 수천 리를 이동하는 새들이 있고, 동면(冬眠)하기 위해 부지런히 가을에 살을 찌워야 하는 동물들도 있습니다. 고통이 동반돼도 부지런히 움직입니다. 자연이기 때문입니다. 사람의 삶도 다르지 않습니다. 주어진 영역에서 자의식을 통해 개척해 나갑니다. 과정에서 온갖 갈등과 고통이 수반됩니다. 하지만 포기하지 않습니다. 새장에 갇히거나 수동적인 삶이 아닌 '자연의 삶과 부합'하기 때문입니다.

인간세(人間世)

우리가 아는 장자는 늘 무위자연에서 소요하는 삶으로 각인되어 있습니다. 하지만 사람이 함께 살아가기 위해선 세속의 삶을 이해하지 않을 수 없습니다. 인간세에서 그것을 일러줍니다. 사회생활을 원만하게 하기 위해선 욕심을 비우는 자세가 필요합니다. 즉 쓸모없는 것이 쓸모있다는 무용지용의 방법을 제시합니다.

01

인간세 안회(顔回)가 공자[중니][33]를 뵙고 떠나겠다고 청했다. 공자가 말했다. "어디로 가려는가?" 안회가 말했다. "위나라로 가려 합니다." 공자가 말했다. "무엇을 하려는가?" 안회가 말했다. "제가 듣기로 위나라 임금은 나이가 젊음에도 그 행동은 독단적이고, 경솔하게 국권을 남용하고도 잘못을 알지 못해 함부로 민중을 죽게 합니다. 그래서 죽은 자들이 나라의 단위로 계량하면 못에 무성한 잡초와 같습니다. 민중은 어찌할 바를 모른 답니다. 저는 일찍이 선생님으로부터 '잘 다스려지고 있는 나라에서는 떠나고, 어지러운 나라에는 나아가는 것이니, 의사 집에는 환자가 많은 법이다.'하셨습니다. 원컨대 선생님에게서 들은 것을 실천하려고 생각합니다. 그러면 아마도 그 나라는

33 이 문장을 포함한 공자(孔子)와 관련된 논의는 모두 허구다. 즉 장자(莊子)가 하고 싶은 말을 공자의 입을 빌린 것뿐이다.

치유될 수 있을 것입니다."

공자가 말했다. "아! 너는 아마도 가서 형벌을 받을 것이다. 도(道)란 복잡하길 바라지 않는다. 복잡하면 따질 것이 많아지고, 따질 것이 많아지면 어지럽고, 어지러우면 근심이 생기고, 근심이 생기면 구제할 수 없다. 옛날의 지극한 사람[至人]은 먼저 도(道)를 자기 안에 보존한 뒤에 남에게 도(道)를 보존케 했다. 자기 안에 보존되어야 할 도(道)가 아직 불안정한데, 어느 겨를에 포악한 사람의 소행을 바로잡는데 이를 수 있겠는가!"

원문 顔回見仲尼, 請行. 曰, 奚之. 曰, 將之衛. 曰, 奚爲焉. 曰, 回聞衛君, 其年壯, 其行獨, 輕用其國, 而不見其過, 輕用民死. 死者以國量乎澤若蕉. 民其無如矣. 回嘗聞之夫子曰, 治國去之, 亂國就之, 醫門多疾. 願以所聞, 思其[所行][34]則. 庶幾其國有瘳乎. 仲尼曰, 譆. 若殆往而刑耳. 夫道不欲雜. 雜則多, 多則擾, 擾則憂, 憂而不救. 古之至人, 先存諸己而後存諸人. 所存於己者未定, 何暇至於暴人之所行.

자해 • 안회(顔回) : 안(顔)은 성(姓), 회(回)는 이름, 노(魯)나라 사람으로 공자가 가장 아끼던 제자다. 중니(仲尼) : 공자(孔子)의 자(字). 혜(奚) : 어디, 어느 곳. 지(之) : 가다, 목표가 확실한 곳을 가는 것. 장(將) : 장차. 위군(衛君) : 위나라 임금, 출공(出公) 첩(輒)을 가리킨다. 장(壯) : 왕성하다, 나이 삼십 세를 지칭하기도 함. 독(獨) : 독단적으로 행동하다. 경(輕) : 가볍게 여기다. 과(過) : 잘못하다. 양(量) : 차다, 계량하다. 초(蕉) : 물에서 자라는 풀, 잡초.

---

34 보통 이 두 문구[所行]가 빠져 있는 판본이 많다.

• 상(嘗) : 일찍이. 거(去) : 떠나다, 지금 여기서 떠나는 것. 의(醫) : 의원. 질(疾) : 환자. 소행(所行) : 행하다, 실천하다. 서기(庶幾) : 거의, 아마도. 추(瘳) : 병이 낫다. 희(譆) : 감탄사. 약(若) : 너. 태(殆) : 아마도. 왕(往) : 가다, 확실한 목적 없이 가는 것. 잡(雜) : 복잡하다. 요(擾) : 어지럽다. 우(憂) : 근심하다. 구(救) : 구제하다, 구원하다. 저(諸) : 지어(之於)와 같음. 가(暇) : 겨를. 폭인(暴人) : 포악한 사람.

해영

장자가 '공자와 그의 제자 안회'의 논의를 통해 세상사를 논합니다. 안회는 위나라의 임금 자격을 문제 삼습니다. 가서 공자의 가르침을 행하면 밝아질 것으로 생각합니다. 하지만 공자는 생각이 다릅니다. 도(道)를 행함에 자기부터 보존한 뒤에 남에게로 확산됨을 일러줍니다. 즉 코드(Code)[35]가 맞아야 함

35 기호학(記號學)의 한 분야다. 일반적으로 Code의 의미는 '미리 정해진 규약'을 뜻한다. 언어도 하나의 정교한 코드다. 가령 '산토끼'를 '집토끼'로 받아들이면 어긋나고, '산 토끼'를 '판 토끼'로 받아들여도 어긋나며, '산 토끼'를 '죽은 토끼'로 받아들여도 어긋난다. 빨간 신호등인데 진행하는 것도 어긋나는 일이며, 해골이 그려진 농약(農藥)을 마시는 것도 어긋나는 일이다. 또한 인재를 등용하는 것에서도 확인할 수 있다. 『송사(宋史)』에 따르면, 송나라의 명재상이었던 조보(趙普)는 어느 날 태조 조광윤(趙匡胤 : 재위 960~976)에게 인물을 한 사람 등용하라고 추천했다. 태조는 등용하지 않았다. 조보는 다음날 다시 추천했으나 태조는 듣지 않았다. 조보는 그 다음날 다시 추천했고 태조는 또 거절했다. 조보는 물러서지 않고 또 다시 추천하자, 화가 난 태조가 추천서를 갈기갈기 찢어 버렸다. 조보는 차분하게 찢겨진 추천서를 일일이 주워 집으로 가져가 본래대로 깨끗하게 붙인 다음, 다시 태조에게 추천했다. 태조는 더 이상 거부할 수 없어 조보의 추천을 받아들였다. 또한 평소 직무를 충실하게 수행하는 이가 있었다. 승진시켜야 마땅한 인물이었다. 하지만 태조는 마음에 들지 않아 승진에 대한 결재를 하지 않고 미루었다. 조보가 결재할 것을 강력 주장하자, 화가 난 태조는 "승진시켜주지 않겠다면 어쩔 셈이오?"라고 고함을 질렀다. 조보는 당당하게 맞섰다. "벌(罰)은 잘못을 응징하기 위한 것이고, 상(賞)은 공(功)에 대한 보답이라는 것은 고금의 당연한 이치입니다. 벌과 상은 천하의 것이지, 폐하 혼자의 것이 아닙니

을 강조합니다. 도(道)를 간절히 설명해도 도량이 부족하다면, 결국 갈등만 커집니다. 화(禍)를 당하기 십상입니다.

02

인간세 "또한 너는 덕이 어떻게 흐려지고, 지식이 어디에서 나오는지 아는가? 덕은 명예 때문에 흐려지고, 지식은 다툼에서 나온다. 명예란 것은 서로 마찰을 일으키고, 지식이란 투쟁의 무기다. 이 두 가지는 흉기니 극진히 행할 만한 것이 아니다. 또 너는 덕이 두텁고 신의가 꿋꿋하지만, 아직 남의 기분과 통하지 않고, 남과 명예를 다투진 않지만, 아직 남의 마음과 통하진 않는다. 그런데 억지로 인의와 예법에 관한 말로 포악한 사람 앞에서 늘어놓는다면, 이것은 남의 악을 이용해서 자신의 아름다움을 뽐내는 것이다. 이런 사람을 일컬어 '남을 해치는 사람'이라 한다. 남을 해치는 사람은 남들도 반드시 그를 해친다. 너는 아마도 남에게 해를 당할 것이다."

원문 且若亦知夫德之所蕩, 而知之所爲出乎哉. 德蕩乎名, 知出乎爭. 名也者, 相軋也, 知者也, 爭之器也. 二者凶器, 非所以盡行也. 且德厚信矼, 未達人氣, 名聞不爭, 未達人心. 而强以仁義繩墨之言, 術暴人之前者, 是以人惡有其美也. 命之曰菑人, 菑人者, 人必反菑之, 若殆爲人菑夫.

다. 어찌 좋고 싫음에 따라 처리할 수 있단 말입니까?" 태조는 더욱 화가 나 문을 박차고 나갔다. 조보는 태연하게 태조의 뒤를 따라 다니면서 압박했다. 결국 조보의 추천을 받아들였다.

자해 • 탕(蕩) : 흐려지다, 동요하다. 출(出) : 나오다, 여기선 지나치게 나오는 것. 알(軋) : 삐걱거리다, 기울어지다. 흉(凶) : 흉하다. 기(器) : 그릇. 진행(盡行) : 지나치게 행사하다, 극진히 행하다. 강(矼) : 굳세다, 단단하다. 강(强) : 억지로. 승묵(繩墨) : 목수가 쓰는 먹줄, 여기서 뜻이 발전하여 '올바르다', '바로잡다', '도덕', '기준'으로 쓰였다. 술(術) : 술(述)과 통용. 유(有) : 육(育)과 통용. 재(菑) : 재(災)와 통용, 여기선 '해침'으로 썼다. 약(若) : 너. 태(殆) : 아마도. 위(爲) : 당하다.

해영

세속에서 이른바 코드가 맞지 않는 상황에서 자신의 덕(德)이나 지식(知識)을 내세우는 것은 굉장히 위험할 수 있습니다. '명예'나 '다툼'을 전제로 하기 때문입니다. 특히 포악한 사람 앞에서 자신의 장점을 구사하다 보면, 자칫 단점이 많은 그들의 마음을 자극하게 되어 오히려 해를 당할 수 있습니다. 물론 이심전심일 경우엔 하등의 문제가 될 이유가 없습니다. 하지만 세상엔 자신만 존재하지 않는다는 사실입니다.

03

인간세 "또 진실로 위나라의 임금이 현명한 사람을 좋아하고 어리석은 사람을 싫어한다면, 어찌 너를 써서 특이한 정치를 추구하겠는가? 너는 결코 말해선 안 된다. 말하면 왕공[36]들이 반드시 권세로 누르고 말솜씨로 이기려 할

36 왕공(王公)은 권력자의 자식[왕자]이나 대부(大夫) 등을 일컫는다.

것이다. 그렇게 되면 너의 눈은 어지러워지고, 안색은 굳어지며, 입은 변명을 하게 되고, 용모는 거짓으로 꾸며서 마침내 마음이 상대방의 악을 이루어 줄 것이다. 이는 불로 불을 끄려 하고, 물로 물을 구제하는 것과 같아서, 이름하여 악을 더 보태주는 것이라 한다. 처음부터 순종하면 끝이 없을 것이다. 너는 아마 신임을 받지 못한 상태에서 말을 많이 하면, 반드시 포악한 사람의 앞에서 죽게 될 것이다."

원문 且苟爲悅賢而惡不肖, 惡用而求有以異. 若唯無詔, 王公必將乘人而鬪其捷. 而目將熒之, 而色將平之, 口將營之, 容將形之, 心且成之. 是以火救火, 以水救水, 名之曰益多. 順始無窮. 若殆以不信厚言, 必死於暴人之前矣.

자해 • 구(苟) : 진실로. 열(悅) : 좋아하다, 기뻐하다. 오(惡) : 미워하다, 싫어하다. 오불초(惡不肖) : 어리석은 사람을 싫어하다. 오(惡) : 어찌. 조(詔) : 부르다, 가르치다. 승인(乘人) : 권세로 남을 누르다. 투(鬪) : 다투다. 첩(捷) : 민첩하다. 형(熒) : 아찔하다, 현혹하다. 평(平) : 굳어지다. 영(營) : 변명하다. 형(形) : 꾸미다. 성(成) : 상대방의 악을 이뤄주다.

해영

권력자가 관료들과 소통에 문제가 없다면, 굳이 외부에서 인재[참모]를 찾을 이유가 없습니다. 필요하면 내부에서 양성하면 되기 때문입니다. 문제는 소통이 안 되는 경우입니다. 측근에 충실한 참모가 즐비하더라도 독단과 아집에 사로잡히기 십상입니다. 혼란은 불가피합니다. 민중들이 편안한 정치를 기대할 수 없습니다. '혼란의 책임은 지도층'입니다. 이런 정사를 바로잡는다는 것은 자칫 위태를 자초할 수 있습니다.

04

인간세 “또한 옛날 걸왕(桀王)[37]은 관용봉(關龍逄)[38]을 죽이고, 주왕(紂王)[39]은 왕자 비간(比干)[40]을 죽였다. 이들[관용봉·비간]은 모두 스스로 몸[덕]을 닦아 아랫사람으로서 다른 사람의 민중을 어루만졌으니, 아랫사람으로서 그 윗사람을 거역한 사람들이다. 그러므로 그 임금은 그들이 수양한 것을 빌미로 삼아 도리어 그들을 물리쳤으니, 이들은 명예를 좋아한 [때문에 죽임을 당한] 사람들이다. 옛날 요임금은 총(叢)과 지(枝)와 서오(胥敖)를 공격했고, 우임금은 유호(有扈)를 공격했다. 그래서 그 나라들은 폐허가 되고 임금들은 처형되었다. 이는 군대 동원하기를 그치지 않고, 실리 추구하기를 그치지 않았으니, 이들은 모두 명예와 실리를 추구한 [때문에 죽임을 당한] 사람들이다. 너는 다만 듣지 않았는가? 명예와 실리는 성인(聖人)도 감당할 수 없는 법이다. 하물며 너에 있어서랴. 비록 그렇지만 너도 반드시 까닭이 있을 것이다. 시험 삼아 내게 말해 보거라.”

---

37 하(夏)나라의 마지막 왕으로, 폭정을 일삼다 은(殷)나라의 탕왕(湯王)에게 멸망되었다.

38 걸왕(桀王)의 어진 신하로, 걸의 폭정을 간(諫)하다 죽임을 당했다. 관(關)은 성(姓)이고, 용봉(龍逄)은 자(字)다.

39 은(殷)나라의 마지막 왕으로, 폭정을 일삼다 주(周)나라의 무왕(武王)에게 멸망되었다.

40 주왕(紂王)의 숙부로 주왕의 폭정을 간하다 죽임을 당했다. 주왕이 숙부 비간을 죽일 때, 성인(聖人)의 심장엔 구멍이 일곱 개가 있다는데, 정말 그런지 확인하자며 가슴을 찢어 죽였다.

원문 且昔者桀殺關龍逢, 紂殺王子比干. 是皆修其身, 以下傴拊人之民, 以下拂其上者也. 故其君因其修以擠之, 是好名者也. 昔者堯攻叢枝胥敖, 禹攻有扈. 國爲虛厲, 身爲刑戮. 其用兵不止, 其求實無已, 是皆求名實者也. 而獨不聞之乎. 名實者, 聖人之所不能勝也. 而況若乎. 雖然, 若必有以也. 嘗以語我來.

자해 • 구부(傴拊) : 위해 주다, 어루만져 주다. 불(拂) : 뜻을 어기다. 제(擠) : 배척하다, 제거하다. 공(攻) : 공격하다. 총(叢) : 오랑캐 국명. 지(枝) : 오랑캐 국명. 서오(胥敖) : 오랑캐 국명. 유호(有扈) : 오랑캐 국명. 허려(虛厲) : 고장에 사는 사람이 없고[虛], 죽어서 후손이 없어지는 것[厲], 곧 폐허를 뜻함. 형륙(刑戮) : 형벌로 죽임을 당하는 것. 이(而) : 너. 독(獨) : 다만. 불능승(不能勝) : 어찌 할 수 없다, 감당할 수 없다. 약(若) : 너. 유이야(有以也) : 까닭이 있을 것이다.

해영

안회가 위(衛)나라에서 온갖 지식과 말솜씨로 권력자를 설득한다 해도 쉽지 않음을 일러줍니다. 그 때문에 자칫 죽임을 당할 수도 있음을 보여줍니다. 특히 독선과 아집에 사로잡힌 권력자 아래서는 인재들이 오히려 해침을 당하기 십상입니다. 도(道)가 있을 때 나아가고, 도가 없을 땐 물러나 숨어사는 이유가 여기에 있습니다. 무도(無道)한 권력자 앞에서 자신의 현명함은 오히려 독(毒)이 될 수 있음을 알아야 합니다.

05

인간세 안회가 말했다. "단정하면서도 마음을 비우며, 부지런하면서도 한결같으면 되겠습니까?" 공자가 말했다. "아! 어찌 되겠는가? 그는 사나운 기(氣)가 속에 가득하고, 그것이 밖으로 크게 드러나며, 안색도 일정치 않고, 사람들이 어기지 않는 것을 즐기며, 사람들이 느끼는 것을 억누르고, 자기 마음대로 할 것을 추구한다. 이런 사람을 일러 '날마다 조금씩 쌓는 덕도 이루지 못할 사람이라 하는데, 하물며 큰 덕을 쌓는 경우에 있어서랴.'라고 하는 것이다. 그런 사람은 자기 생각에 집착하여 감화되지 않는다. 겉으론 합치되지만, 안으론 반성하지 않는다. 어찌 될 리가 있겠는가?"

원문 顔回曰, 端而虛, 勉而一, 則可乎. 曰, 惡, 惡可. 夫以陽爲充, 孔揚, 采色不定, 常人之所不違, 因案人之所感, 以求容與其心. 名之曰日漸之德不成, 而況大德乎. 將執而不化, 外合而內不訾. 其庸詎可乎.

자해 • 단(端) : 단정하다. 허(虛) : 마음을 비우다. 면(勉) : 힘쓰다, 부지런하다. 오(惡) : 아, 감탄사. 오가(惡可) : 어찌 되겠는가? 양(陽) : 양기, 왕성한 기(氣), 뽐내다. 충(充) : 가득 차다. 공(孔) : 크다. 양(揚) : 드러나다. 채색(采色) : 얼굴빛이 교만하다. 상인(常人) : 일반 사람, 보통 사람. 안(案) : 안(按)과 통용, 억누르다. 용여(容與) : 쾌락, 유쾌하다. 집(執) : 집착하다. 자(訾) : 생각하다, 반성하다. 용거(庸詎) : 어찌.

해영

단정(端正)이란 기본적으로 '남이란 대상'이 전제됩니다. 그러한 대상 속에서 드러난 단정은 결국 자신을 '의식'하지 않을 수 없습니다. 안회(顔回)는, '마음을 비우고, 성실함이 한결 같으면 가능할 것'으로 생각합니다. 공자는 포악한 사람 앞에선 그런 가치들이 별 소용없음을 일러줍니다. 사나운 기가 가득한데다 뽐내기를 좋아하는, 그런 사람에겐 덕(德)을 많이 쌓은 사람이 도리어 화(禍)가 될 수도 있기 때문입니다.

06

인간세 안회가 말했다. "그렇다면 저는 안으론 강직함을 지키고, 겉으론 저의 뜻을 굽혀 제 의견을 말하더라도 옛사람들의 말에 붙여 인용하도록 하겠습니다. 안으로 강직한 사람은 하늘과 한 무리가 됩니다. 하늘과 한 무리가 된 사람은 천자(天子)나 자신이나 모두 하늘이 자식으로 삼고 있다는 것을 압니다. 그런데 유독 자기의 말을 남들이 좋게 평가하기를 바라고, 자기의 말을 다른 사람들이 좋지 않게 평가하기를 바라겠습니까? 이와 같은 사람을 사람들은 동자(童子)라 부르고, 이것을 일러 하늘과 한 무리가 되었다고 합니다. 겉으로 자신의 뜻을 굽히는 사람은 다른 사람들과 한 무리가 된 사람입니다. 손을 높이 들어 무릎을 꿇고 몸을 굽혀 절하는 것은 신하로서의 예의입니다. 사람들이 모두 그렇게 하는데 나만이 감히 하지 않겠습니까?"

"사람들이 하는 대로 하면 사람들도 헐뜯지 않을 것입니다. 이것을 일러 사람들과 한 무리가 되었다고 합니다. 자기 의견을 말하더라도 옛사람의 말을 붙여서 하는 사람은 옛사람과 한 무리가 된 것입니다. 그러한 사람의 말은 비록 옛 가르침이지만, 실은 상대방을 꾸짖는 것입니다. 그러면서도 그것은 옛사람의 것이지 제가 지어낸 것이 아닙니다. 이렇게 하면 비록 강직한 발언을 해도 해롭지 않을 것입니다. 이것을 일러 옛사람과 한 무리가 되었다고 합니다. 이와 같이 하면 되겠습니까?" 공자가 말했다. "아! 어찌 되겠는가? 바로잡는 방법이 너무 많아 마땅치 않다. 비록 견고하여 죄가 되진 않겠지만, 비록 그러하나 그 정도에 그칠 뿐이다. 어찌 상대를 감화시키는 데까지 미칠 수 있겠는가? 여전히 성심(成心)[41]을 스승으로 삼기 때문이다."

원문 然則我內直而外曲, 成而上比. 內直者, 與天爲徒. 與天爲徒者, 知天子之與己皆天之所子. 而獨以己言, 蘄乎而人善之, 蘄乎而人不善之邪. 若然者, 人謂之童子, 是之謂與天爲徒. 外曲者, 與人爲徒也. 擎跽曲拳, 人臣之禮也. 人皆爲之, 吾敢不爲邪. 爲人之所爲者, 人亦無疵焉. 是之謂與人爲徒. 成而上比者, 與古爲徒. 其言雖教, 讁之實也. 古之有也, 非吾有也. 若然者, 雖直而不病. 是之謂與古爲徒. 若是則可乎. 仲尼曰, 惡, 惡可. 大多政法而不諜. 雖固亦無罪, 雖然, 止是耳矣. 夫胡可以及化. 猶師心者也.

자해 • 비(比) : 견주다. 기(蘄) : 바라다, 구하다. 선(善) : 좋게 여기다. 동자(童子) : 어린 아이, 아직 진리를 모르는 아이. 경(擎) : 들다, 홀(笏) 잡은 손을 높이 들다. 기(跽) : 꿇어앉다. 곡(曲) : 몸을 굽히다. 권(拳) : 구부려 절하다. 자(疵) : 흉보다, 헐뜯다. 적(讁) : 적(謫)과 통용, 꾸짖다, 견책하다. 대(大) : 태(太)와 통용, 너무. 정(政) : 정(正)과 통용, 바로잡다. 모(諜) : 염탐하다, 도모하다.

---

41 자기 의견에만 따르는 사람, 즉 자기 생각을 먼저 굳히고 그 생각에 상대방이 따르도록 만드는 사람을 의미한다. 장자(莊子)는 이런 사람을 자연에 거스르는 사람으로 여겨 배척한다.

호(胡) : 어찌. 사심(師心) : 가공의 진리를 가지고 있는 마음.

해영

안회의 설득 방법이 변화됩니다. 공손한 마음으로 선현들의 지혜를 동원하면 상대가 움직일 것으로 봅니다. 즉 사람은 모두 시공(時空)을 초월한 한 무리의 존재입니다. 한 무리의 사람은 내 마음이 곧 상대의 마음입니다. 더구나 자신의 주장보다 선현들의 교훈(教訓)을 가지고 접근하면 상대가 감화될 것으로 추측[42]하는 것입니다. 하지만 공자는 여전히 미온적입니다. 포악한 사람이 그 정도론 감화되지 않는다고 봅니다.

07

인간세 안회가 말했다. "저는 더 나은 방법이 없습니다. 감히 그 방법을 여쭙니다." 공자가 말했다. "재계(齋戒)[43]를 하라. 그런 뒤에 내 너에게 말해 주겠다. 사심을 가지고 재계하면 그게 쉽겠는가? 그것을 쉽게 여기는 사람은 밝은 하늘이 마땅하게 여기지 않을 것이다." 안회가 말했다. "저희 집은 가난하

---

42 조선 후기의 최한기(崔漢綺 : 1803~1877)는 추측(推測)의 방법으로 '현상적 존재를 통하여 본질을 추측하는 것(推氣測理)'과 '드러난 정(情)을 통하여 본성을 추측하는 것(推情測性)', '움직임을 보고 정지 상태를 알아내는 것(推動測靜)', '자기 자신을 미루어 남을 알아보는 것(推己測人)', '사물을 바탕으로 그 일을 짐작하여 아는 것(推物測事)' 등을 제시했다.

43 몸과 마음을 깨끗이 하여, 부정한 일을 멀리하는 것을 뜻한다. 참고로 불가(佛家)에서는, 불살생(不殺生), 불투도(不偸盜), 불사음(不邪淫), 불망어(不妄語), 불음주(不飮酒), 부좌고광대상(不坐高廣大牀), 불착화만영락(不着華蔓瓔珞), 불습가무기악(不習歌舞妓樂)을 팔재계(八齋戒)라 한다.

여 술이나 자극성 있는 야채를 먹지 못한 지 여러 달입니다. 이만하면 재계를 한 것이라 할 수 있습니까?"

공자가 말했다. "그것은 제사지낼 때 재계지, 마음의 재계가 아니다." 안회가 말했다. "감히 마음의 재계에 대해 여쭙니다." 공자가 말했다. "너는 뜻을 한결같이 해야 한다. 귀로 듣지 말고, 마음으로 듣도록 해야 한다. 마음으로 듣지 말고, 기(氣)로 들어야 한다. 귀는 감각적인 소리를 듣는데 그치고, 마음은 사물에 응하는데 그치며, 기(氣)는 마음을 비워서 사물을 기다리는 것이다. 도(道)는 오직 마음을 비우는 곳에 응집된다. 마음을 비우는 것이, 마음을 재계하는 것이다."

원문 顔回曰, 吾無以進矣. 敢問其方. 仲尼曰, 齋. 吾將語若. 有而爲之, 其易邪. 易之者, 皞天不宜. 顔回曰, 回之家貧, 唯不飮酒, 不茹葷者, 數月矣. 若此, 則可以爲齋乎. 曰, 時祭祀之齋, 非心齋也. 回曰, 敢問心齋. 仲尼曰, 若一志. 無聽之以耳, 而聽之以心. 無聽之以心, 而聽之以氣. 聽止於耳, 心止於符, 氣也者, 虛而待物者也. 唯道集虛. 虛者, 心齋也.

자해 • 재(齋) : 재계(齋戒)하다. 약(若) : 너. 이(易) : 쉽다. 호(皞) : 밝다. 의(宜) : 옳다, 마땅하다. 여(茹) : 먹다. 훈(葷) : 맵다, '파'와 '마늘' 등의 매운 채소. 부(符) : 신표(信標), 부절(符節), 마음으로 느낌을 받아들이다, 밖의 움직임에 부합하다. 허(虛) : 비다, 마음을 비우다. 집(集) : 응집되다.

해영

안회가 인위(人爲)로 돌파하고자 한다면, 공자는 마음 비우는 것[虛]부터 강조합니다. 인위는 의식이 개입된 상태입니다. 아무래도 부자연스럽습니다. 하지만 마음을 비우면 자연스러워집니다. 자동차 운전할 때를 생각합니다. 초기엔 의식하지 않을 수 없습니다. 감각기관이 총동원됩니다. 그래도 불안합니다. 하지만 숙련되면 무의식(無意識) 상태와 같은 수준이 됩니다. 상대를 설득하는 것도 마찬가집니다. 비우는 것부터입니다.

사람을 아는데 세 가지가 있습니다. 첫째, 귀로 들어 아는 것이고 둘째, 마음으로 파악하는 것이며 셋째, 몸으로 익혀 아는 것이 그것입니다. 귀로 들어 알기 위해선 수없이 들어야 알 수 있습니다. 피곤할 수밖에 없습니다. 마음으로 알면 더 쉽게 이해할 수 있습니다. 하지만 몸으로 아는 것만은 못합니다. 몸으로 익혀 아는 것이야말로 참으로 아는 것입니다. 인위가 배제된 상태로 움직여도 전혀 문제없기 때문입니다.

08

인간세 안회가 말했다. "제가 아직 마음을 재계하지 않았을 때는 실로 제 자신에게 얽매여 있었습니다. 지금 그렇게 하고 보니, 아예 제 자신이 존재하지도 않게 되었습니다. 이 정도면 마음을 비웠다고 할 수 있겠습니까?" 공자가 말했다. "극진하다. 내 너에게 말해 주겠다. 네가 그 나라에 들어가 자유로이 노닐면서도 명예 따위엔 흔들리지 말 것이며, 들어주면 말하고, 들어주지 않으면 그만두어라. 자기 마음에 출입문을 만들지 말고 남을 해치지도 말 것이며, 도(道)를 거처로 일정하게 하여 부득이 할 때만 응하면 거의 가까울 것이다. 자취를 끊기는 쉽지만, 세속에서 땅 위를 걷지 않기는 어렵다. 사람에게 부림을 당할 때 사람을 속이긴 쉽지만, 하늘의 부림을 당할 때 하늘을 속이긴 어렵다."

"날개가 있어 난다는 이야기는 들었어도, 날개 없이 난다는 이야기는 아직 들은 적이 없다. 지각(知覺)이 있어 무엇을 안다는 말은 들었어도, 지각없이 안다는 말은 아직 들은 적이 없다. 저 텅 빈 것을 보라[空虛]. 텅 빈 방이 환해지니, 길상(吉祥)은 고요한 곳에 머무르는 것이다. 또한 길상이 머물지 않는 것은 마음이 고요히 머물지 않기 때문이니, 이것을 일러 좌치(坐馳)[44]라고 한다. 귀와 눈을 안으로 통하게 하고, 마음과 지각 작용을 밖으로 내 보내면, 귀신도 장차 찾아와 머물 것인데, 하물며 사람이겠는가? 이것이 만물의 변화에 응하는 것으로, 우임금이나 순임금도 법도로 삼았던 방법이고, 복희(伏羲)나 궤거(几蘧)[45]가 종신토록 실행했던 일인데, 하물며 이들만 못한 보통사람이겠는가?"

원문 顔回曰, 回之未始得使, 實自回也. 得使之也, 未始有回也. 可謂虛乎. 夫子曰, 盡矣, 吾語若. 若能入遊其樊, 而無感其名, 入則鳴, 不入則止. 無門無毒, 一宅而寓於不得已, 則幾矣. 絶迹易, 無行地難. 爲人使易以僞, 爲天使難以僞. 聞以有翼飛者矣, 未聞以無翼飛者也. 聞以有知知者矣, 未聞以無知知者也. 瞻彼闋者, 虛室生白, 吉祥止止. 夫且不止, 是之謂坐馳. 夫徇耳目內通, 而外於心知, 鬼神將來舍, 而況人乎. 是萬物之化也, 禹舜之所紐

---

44 몸은 가만히 앉아 있어도 마음은 이리저리 치닫는 것을 뜻한다.

45 삼황[三皇 : 복희씨(伏羲氏), 신농씨(神農氏), 수인씨(燧人氏)] 이전의 제왕이란 설도 있고, 궤(几)가 인(人)의 오자, 거(蘧)를 수(燧)의 오자로 보고, 수인씨(燧人氏)를 궤거(几蘧)로 잘못 쓴 것이라는 설도 있다.

也, 伏羲几蘧之所行終, 而況散焉者乎.

자해 • 득사(得使) : 마음을 재계하다, 그렇게 하다. 진(盡) : 극진하다, 충분하다. 번(樊) : 울타리, 국경, 위나라를 가리킴. 감(感) : 느끼다, 흔들리다. 입(入) : 받아주다. 명(鳴) : 말하다. 독(毒) : 남을 해치다. 우어부득이(寓於不得已) : 부득이 할 때만 응할 뿐, 모든 것을 자연에 맡겨 조금의 사심도 없게 하다. 일택(一宅) : 마음의 거처를 일정하게 하다. 즉기의(則幾矣) : 도(道)에 가까울 것이다.

• 적(迹) : 자취. 절적(絶迹) : 행적을 끊다. 이(易) : 쉽다. 위(僞) 속이다. 익(翼) : 날개. 첨(瞻) : 바라보다. 결(闋) : 텅 빈 곳, 공허한 곳. 생백(生白) : 밝아지다, 맑아지다. 길상(吉祥) : 길하고 상서롭다. 순(徇) : 사(使)와 같은 조동사, ~으로 하여금. 내사(來舍) : 와서 머물다. 뉴(紐) : 강(綱)과 통용, 법도, 기준. 행종(行終) : 종신토록 행하다. 산언자(散焉者) : 산만한 사람, 보통 사람.

해영

심재(心齋)의 가르침, 핵심은 '마음을 비우는 일'입니다. 마음을 비우지 못하면, 그 어떤 것도 할 수 없음을 일러줍니다. 마음을 비우면, 길에 떨어진 재물을 보아도 줍지 않으며, 미인을 보아도 가까이 하지 않을 수 있습니다. 또 운동 경기에 임해서도 반드시 상대를 제압코자 하지 않으며, 심지어는 정치에 참여해도 반드시 상대를 꺾고야 말겠다는 생각이 없습니다. 마음을 비우면 몸이 자연스러워 유연성이 확보됩니다.

여기 순수한 물과 흙이 섞인 물이 있습니다. 순수한 물은 그 어떤 요동을 쳐도 변화가 일어나지 않습니다. 그러나 흙이 섞인 물은 흔들면 바로 탁해집니다. 우리가 사는 세속의 삶은 흙이 섞여 있는 물과 같습니다. 어떤 계기만 마련되면 언제든 탁해집니다. 마음을 비운다는 것은 이런 이유 때문입니다. 아무리 흔들어도 흙탕물이 되지 않도록 만드는 것입니다. 그것이 장자가 일러주는 심재, 즉 마음을 비우는 일입니다.

09

인간세 공자가 또 말했다. "기교로 힘을 다투는 사람은 의기양양한 상태로 시작하지만, 끝에 가서는 늘 음모를 꾸미고, 심해지면 기이한 재주가 많아진다. 예의를 따지면서 술을 마시는 사람은 얌전한 상태로 시작하지만, 끝에 가서는 늘 난잡해지고, 심해지면 기이한 쾌락이 많아진다. 모든 일이 다 그러하다. 처음엔 좋은 마음에서 시작하지만, 항상 끝에 가서는 비루해지고, 시작할 때는 간략하지만, 마칠 때는 반드시 중대한 일이 된다."

원문 且以巧鬪力者, 始乎陽, 常卒乎陰, 泰至則多奇巧. 以禮飮酒者, 始乎治, 常卒乎亂, 泰至則多奇樂. 凡事亦然. 始乎諒, 常卒乎鄙, 其作始也簡, 其將畢也必巨.

자해 • 교(巧) : 기교, 재주. 양(陽) : 밝고 좋은 상태, 의기양양한 상태. 졸(卒) : 마치다, 마침내. 음(陰) : 음모. 태(泰) : 태(太)와 통용, 심하다. 기(奇) : 기이하다. 치(治) : 다스리다, 윤리에 어긋나지 않다. 난(亂) : 어지럽다, 난잡하다. 양(諒) : 믿다, 진실하다. 비(鄙) : 천하다, 비루하다. 간(簡) : 간략하다, 간단하다. 필(畢) : 마치다. 거(巨) : 거창해지다, 중대해지다.

해영

일반적으로 정치나 경제, 사회, 문화 속, 즉 세속의 삶의 양태는 유사성을 띱니다. 의기양양한 상태로 환하게 출발하지만, 시간이 점차 흐르면 상대를 제압하기 위해 온갖 음모를 꾸미거나 기묘한 재주를 동원합니다. 관계를 위해 술을 마시는 과정에서도 다르지 않습니다. 초기엔 윤리에 부합할 만큼 얌전히 마시지만 종국엔 난잡해지고 비루한 행태를 마구 드러냅니다. 인위와 의식의 차원에서 벗어나지 못한 결과입니다.

10

인간세 "말[言]은 풍파(風波)와 같고, 행위엔 득실이 있다. 풍파[바람이 일으킨 물결]란 요동하기 쉽고, 득실은 위험에 빠지기 쉽다. 그러므로 분노가 생기는 것은 다른 이유가 없고, 교묘한 말과 치우친 말 때문이다. 짐승이 죽을 때는 소리를 가리지 않고, 숨소리는 거칠어지는데, 여기서 거친 마음이 아울러 생긴다. 각박함이 극에 달하면 반드시 어리석은 마음으로 대응해서, 그러한 것을 알지 못한다. 참으로 그러한 것을 깨닫지 못한다면, 누가 그 결말을 알겠는가? 그래서 격언에 '명령을 멋대로 바꾸지 말며, 성공을 애써 재촉하지 말아야 할 것이니, 정도가 지나치면 넘치는 말이 된다.'고 했다. 명령을 바꾸거나 성공을 재촉하는 것은 일을 위태롭게 하는 것이다. 좋은 일은 이루어지려면 오랜 시일이 걸리지만, 나쁜 일은 미쳐 고칠 수가 없으니, 삼가지 않을 수 있겠는가?"

원문 夫言者, 風波也, 行者, 實喪也. 風波易以動, 實喪易以危. 故忿設無

由, 巧言偏辭. 獸死不擇音,氣息茀然, 於是竝生心厲. 剋核泰至, 則必有不肖之心應之, 而不知其然也. 苟爲不知其然也, 孰知其所終. 故法言曰, 無遷令, 無勸成, 過度益也. 遷令勸成殆事. 美成在久, 惡成不及改, 可不愼與.

자해 • 실상(實喪) : 득실(得失), 혹은 내용[實]을 잃은[喪] 것으로 봄. 이(易) : 쉽다. 동(動) : 요동치다. 분설(忿設) : 분노를 일으키다. 편사(偏辭) : 치우친 말. 수(獸) : 짐승. 기식발연(氣息茀然) : 숨이 가쁜 모양, 숨이 거친 모양. 심려(心厲) : 마음이 다급해지다.

• 극(剋) : 능하다, 엄하다. 핵(核) : 추궁하다, 다그치다. 극핵(剋核) : 각박하다. 불초지심(不肖之心) : 나쁜 마음, 어리석은 마음. 구(苟) : 참으로. 천령(遷令) : 군주의 명령을 바꾸다. 권성(勸成) : 이루길 권하다, 이루길 재촉하다. 과도(過度) : 정도가 지나치다. 익(益) : 일(溢)과 통용, 넘치다. 신(愼) : 삼가다. 여(與) : 의문 조사.

해영

사람은 본래 무위자연(無爲自然)의 삶이었습니다. 먹고 싶을 때 먹고, 자고 싶을 때 잤습니다. 그러다 자의식이 발동되면서 구별하고 경쟁하는 의식이 생겼습니다. 구별과 경쟁이 강화되면서 분노의 풍파도 사라지지 않고 있습니다. 짐승이 죽을 때 숨소리가 거칠어지듯 사람도 궁지에 몰리면 사나운 성품을 드러냅니다. 극하면 공멸합니다. 자연으로 회귀해야 합니다. 구별과 경쟁이 없는 어머니의 품으로 돌아가야 합니다.

11

인간세 안합(顔闔)[46]이 위(衛)나라 영공(靈公)의 태자(太子)[47]를 보좌하게 되었을 때, 거백옥(蘧伯玉)[48]에게 물었다. "여기 한 사람이 있는데, 그의 덕(德)은 천성적으로 잔인합니다. 제가 그와 더불어 무도한 짓을 하면 우리나라를 위태롭게 할 것이고, 그와 더불어 법도에 맞는 일을 하면 제 자신이 위태로워집니다. 그의 지혜는 다만 다른 사람의 과실을 아는데 족할 뿐이고, 자신의 과실은 알지 못합니다. 이 같은 사람을 저는 어찌하면 좋겠습니까?" 거백옥이 말했다. "좋구나, 질문이여! 경계하고 삼가서 네 몸을 바르게 해야 할 것이다. 몸[태도]은 그를 따르는 것보다 좋은 게 없고, 마음은 온화한 것보다 좋은 게 없다. 비록 그러하나 이 두 가지는 염려되는 것이 있다. 그를 따르더라도 자신은 빠져 들어가지 않게 하고, 그와 화합하더라도 그를 감화시키려는 속마음이 드러나지 않게 해야 한다."

"몸이 따르다 빠져들면, 전도되고 파멸되고 붕괴되고 파괴된다. 마음으로 화합하려다 그를 감화하려는 속마음이 드러나면, 명성이 널리 알려져 재앙을 초래한다. 그가 어린아이처럼 행동하면, 그와 더불어 어린아이처럼 행동하고, 그가 절도 없이 행동하면 그와 더불어 절도 없이 행동하며, 그가 터무니

---

46 노(魯)나라의 현인(賢人)이다. 성은 안(顔), 합(闔)은 이름이다.

47 위나라 영공(靈公 : 재위 B.C.534~B.C.439)의 태자 괴외(蒯聵)를 지칭한다. 위나라 내란의 주인공으로 영공의 부인인 남자(南子 : 품행이 단정치 못한 여인으로 유명)를 죽일 음모를 꾸미다 실패하여 국외로 망명했다. 이후 자식인 출공(出公)이 등극하자, 귀국하여 내쫓고 장공(莊公)이 되었다.

48 위나라의 현명한 대부(大夫)로, 공자로부터 존경을 받았다. 성은 거(蘧), 백옥(伯玉)은 자(字)다.

없는 짓을 하면 그와 더불어 터무니없는 짓을 해야 한다. 이런 식의 행동에 통달하면, 허물이 없는 경지에 들어갈 것이다. 그대는 사마귀를 모르는가? 그는 팔뚝을 휘두르며 수레바퀴에 맞선다. 자신이 감당할 수 없음을 알지 못하니, 이것은 자신의 재능이 뛰어나다고 여기기 때문이다. 경계하고 삼가라. 자신의 아름다움을 쌓고 자랑하여 태자를 침범하면 위태롭다."

원문 顔闔將傅衛靈公太子, 而問於蘧伯玉曰, 有人於此, 其德天殺. 與之爲無方, 則危吾國, 與之爲有方, 則危吾身. 其知適足以知人之過, 而不知其所以過. 若然者, 吾奈之何. 蘧伯玉曰, 善哉問乎. 戒之愼之, 正女身哉. 形莫若就, 心莫若和. 雖然, 之二者有患. 就不欲入, 和不欲出. 形就而入, 且爲顚爲滅, 爲崩爲蹶. 心和而出, 且爲聲爲名, 爲妖爲孼. 彼且爲嬰兒, 亦與之爲嬰兒, 彼且爲無町畦, 亦與之爲無町畦, 彼且爲無崖, 亦與之爲無崖. 達之入於無疵. 汝不知夫螳螂乎. 怒其臂以當車轍. 不知其不勝任也, 是其才之美者也. 戒之愼之. 積伐而美者以犯之, 幾矣.

자해 • 합(闔) : 문. 부(傅) : 돕다, 보좌하다. 살(殺) : 죽이다. 천살(天殺) : 천성적으로 잔인하다. 무방(無方) : 방정하지 못하다. 적(適) : 다만. 족(足) : 족하다. 나(奈) : 어찌. 여(汝) : 너. 형(形) : 태도, 겉모습, 몸. 취(就) : 나아가다. 화(和) : 상대를 그대로 받아주어 조화를 이룸. 위전위멸(爲顚爲滅) : 전도되고 파멸되다. 위붕위궐(爲崩爲蹶) : 붕괴되고 파괴되다.

• 요(妖) : 재앙. 얼(孼) : 재앙. 영아(嬰兒) : 어린아이. 정휴(町畦) : 경계, 분별. 무애(無崖) : 종잡을 수 없이 행동하다, 터무니없는 짓을 하다. 무자(無疵) : 허물이 없다, 탈이 없다. 당랑(螳螂) : 사마귀. 노(怒) : 성내다. 비(臂) : 팔뚝. 노기비(怒其臂) : 화가 나서 팔뚝을 휘두르다. 거철(車轍) : 수레바퀴. 불승

임(不勝任) : 감당하지 못하다. 벌(伐) : 자랑하다. 기(幾) : 거의, 거의 그러하다.

해영

살아가면서 '천성이 잔인한 사람'을 만나지 않을 순 없습니다. 만일 그런 이를 만나면 자신의 기준, 사회적 눈높이로 바로잡지 말라는 것이 장자(莊子)의 가르침입니다. 특히 그런 사람이 지도자라면 더욱 경계해야 합니다. 스펀지(sponge) 전략이 좋습니다. 조용하면서 묵묵히 상대와 하나 되는 것입니다. 그것에 통달하면 화(禍)는 절로 멀어집니다. 자칫 자신의 능력을 뽐내다 사마귀처럼 무참히 당할 수 있기 때문입니다.

12

인간세 장석(匠石)이 제나라로 가다가 곡원(曲轅)이란 곳에 이르러 사당에 심어져 있는 상수리나무를 보았다. 그 크기는 수천 마리의 소를 가릴 정도이고, 둘레를 재보니 백 아름이나 되며, 그 높이는 산을 내려다 볼 정도였다. 밑동에서 열 길이나 되는 곳에서 가지가 뻗어 있었는데, 그 가지도 배를 만들 수 있을 정도의 것이 수십 개나 되었다. 구경꾼들은 장터처럼 모여 있으나, 장석은 돌아보지도 않고 멈추는 일 없이 그대로 지나쳤다. 제자는 실컷 그것을 구경하고 나서 장석에게 달려가 말했다. "제가 도끼를 들고 선생님을 따라다닌 이래로 이처럼 훌륭한 재목을 본 일이 없습니다. 선생님께선 돌아보지도 않고 그대로 지나쳐 버리시니 어찌된 일입니까?" 장석이 말했다. "아서라. 다시는 그런 말 말아라. 쓸모없는 나무다. 그것으로 배를 만들면 가라앉고, 관이나 곽을 만들면 빨리 썩어 버리며, 그릇을 만들면 바로 깨져 버리고,

문을 만들면 진이 흐르며, 기둥을 만들면 좀[벌레]이 생긴다. 그러니 이건 쓸모없는 나무다. 쓸모가 없기 때문에 이처럼 장수를 누릴 수 있었던 것이다."

장석이 집으로 돌아오자, 상수리나무가 꿈에 나타나 말했다. "너는 나를 무엇에 비교하려는가? 너는 나를 쓸모 있는 나무에 비교하려는가? 대체 돌배나 배, 귤, 유자 따위의 열매 종류는 열매가 익으면 잡아 뜯기고, 뜯기면 가지가 부러진다. 큰 가지는 꺾이고 작은 가지는 잡아 당겨[찢겨]진다. 이들은 초목이 맛있는 열매를 맺는 능력으로 인해 제 삶을 괴롭히는 것들이다. 그러므로 천명을 다하지 못하고 도중에 요절한 것이다. 스스로 세속의 타격을 받은 것이다. 모든 사물은 이와 같지 않음이 없다. 또한 나는 쓸모 있는 데가 없기를 바란 지 오래 되었다. 거의 죽을 뻔했으나, 오늘에야 뜻을 이루어 그것이 나의 대용(大用)[49]이 된 것이다. 만일 내가 쓸모 있는 것이었다면, 어찌 이처럼 커질 수 있었겠는가? 또한 너와 나는 모두가 하찮은 물(物)이다. 어찌 서로를 하찮은 물(物)이라 헐뜯는가? 너같이 거의 죽은 것이나 다름없는 쓸모없는 사람[散人]이 어찌 쓸모없는 나무[散木]를 알겠는가?"

원문 匠石之齊, 至乎曲轅, 見櫟社樹. 其大蔽數千牛, 絜之百圍, 其高臨山. 十仞而後有枝, 其可以爲舟者, 旁十數. 觀者如市, 匠伯不顧, 遂行不輟. 弟子厭觀之, 走及匠石, 曰, 自吾執斧斤以隨夫子, 未嘗見材如此其美也. 先生

---

49 이른바 '쓸모 있는 것'이나 '쓸모 있는 사람'이 오히려 고통에서 벗어나지 못하는 경우가 많다. 잘 자란 나무가 일찍 잘려, 잘 자라지 못하는 나무의 거름이 되는가 하면, 재능이 많은 사람이 재능이 없는 사람들의 손발 노릇을 하는 경우가 허다하다. 나라를 경영하는 사람은 민중들의 손발이 되고, 기업을 경영하는 사람은 소비자의 손발이 된다. 세상은 굉장한 역설의 연속이다.

不肯視, 行不輟, 何邪. 曰, 已矣, 勿言之矣. 散木也. 以爲舟則沈, 以爲棺槨則速腐, 以爲器則速毁, 以爲門戶則液樠, 以爲柱則蠹. 是不材之木也. 無所可用, 故能若是之壽. 匠石歸, 櫟社見夢曰, 女將惡乎比予哉. 若將比予於文木邪. 夫柤梨橘柚果蓏之屬, 實熟則剝, 則辱. 大枝折, 小枝泄. 此以其能苦其生者也. 故不終其天年, 而中道夭. 自掊擊於世俗者也. 物莫不若是. 且予求無所可用久矣. 幾死, 乃今得之, 爲予大用. 使予也而有用, 且得有此大也邪. 且也若與予也皆物也. 奈何哉其相物也. 而幾死之散人, 又惡知散木.

자해 • 장석(匠石) : 목수, 석(石)은 목수의 이름. 지(之) : 가다. 곡원(曲轅) : 곡원이란 지명. 역(櫟) : 상수리나무. 사(社) : 토지 신(神), 여기선 토지신(土地神)에게 제사 지내는 사당(祠堂)을 말함. 폐(蔽) : 가리다. 혈(絜) : 재다, 헤아리다. 위(圍) : 아름. 임(臨) : 높은 곳에서 낮은 곳으로 다가가다. 인(仞) : 길. 방(旁) : 널리, 두루, 사방. 십수(十數) : 십(十)단위로 헤아리다. 장백(匠伯) : 장석과 통용. 고(顧) : 돌아보다. 철(輟) : 그치다. 염(厭) : 실컷, 물리다. 부근(斧斤) : 도끼. 긍(肯) : 감히. 산목(散木) : 쓸모없는 나무.

• 관곽(棺槨) : 관(棺)은 속 널, 곽(槨)은 겉 널. 속부(速腐) : 빨리 썩다. 액만(液樠) : 진이 흘러나옴. 두(蠹) : 좀 벌레. 여(女) : 여(汝)와 통용, 너. 약(若) : 너. 문목(文木) : 쓸모있는 나무. 사(柤) : 돌배나무. 이(梨) : 배나무. 귤(橘) : 귤나무. 유(柚) : 유자나무. 라(蓏) : 풀 열매. 속(屬) : 무리. 박(剝) : 열매를 따다, 벗겨지다, 찢어지다. 욕(辱) : 욕되다. 예(泄) : 새다, 내치다, 찢기다. 요(夭) : 일찍 죽다. 부(掊) : 치다, 헤치다. 격(擊) : 치다. 내(乃) : 이에. 기(幾) : 거의. 산인(散人) : 쓸모없는 사람.

해영

오래전, 프랑스 진화론자인 라마르크[50]는, '생물은 환경에 대한 적응력이 있어, 자주 사용하는 기관은 발달하고 사용하지 않는 기관은 퇴화한다.'는 용불용설(用不用說)을 주장했습니다. 또 생물은 환경과 습성의 영향을 받아 진화한다고 보았습니다. 하지만 그의 용불용설을 기반으로 한 진화론은 천재지변에 의해 종이 사라지기도 새로 탄생하기도 한다는 고생물학자 퀴비에[51]의 천변지이설(天變地異說)에 의해 부정됐습니다.

생명의 기원과 번식에 대해선 다양한 주장들이 있습니다. 하지만 그 어떤 주

---

50 라마르크(Lamarck : 1744~1829)는 1809년, 『동물철학』에서 생물이 진화하는 과정을 설명했다. 그는 생물이 특정 기관을 많이 사용할 경우, 그 기관은 더 발달하고 자손에게 전달되지만, 사용하지 않거나 사용 빈도가 적은 기관은 점점 기능을 상실하여 퇴화된다고 주장했다. 이를 이른바 '용불용설'이라 한다. 가령, 긴 목을 가진 기린은 진화한 형태라고 본다. 본래 기린의 목은 짧았으나 높은 곳의 잎을 따먹기 위해 목이 점점 길어졌고, 그러한 과정이 반복되어 기린의 목이 현재처럼 길어졌다는 것이다. 즉 환경에 적응하기 위해 후천적으로 얻은 획득 형질이 자손으로 유전되어 진화가 발생한다고 보는 것이다. 하지만 획득 형질은 유전되지 않기 때문에 라마르크의 용불용설은 잘못된 이론으로 밝혀졌다. 그럼에도 이것이 갖는 의미는 생물이 환경에 따라 변화할 수도 있다는 진화의 개념을 최초로 제시했다는데 있다.

51 비교해부학과 고생물학을 확립했다. 퀴비에(Cuvier : 1769~1832)의 업적은 고생물학을 확실하고 경험적인 토대 위에 자리 잡게 했다는데 있다. 이는 화석을 동물분류에 도입했을 뿐만 아니라 암석층과 그 속에 포함된 화석 잔해 사이의 점진적인 관계를 보이고, 비교해부학과 화석 골격의 재구성을 통해 기능적 관계와 해부학적 관계의 중요성을 밝힘으로써 이룩된 성과다. 1797년, 『동물의 자연사에 대한 기본 조사』를 출판했다. 1800~05년에도 박물관에서의 강의를 기초로 『비교해부학 수업』을 출판했는데, 이 책에서 그는 한 동물 내의 모든 기관은 서로 유기적으로 관련되어 있고, 각 기관의 기능적이고 구조적인 특징은 환경과의 상호작용에 의해 결정된다는 이른바 '부분들의 상호관련성' 원리를 제창했다. 진화를 부정한 점에서, 퀴비에는 1809년, 『진화론』을 출판한 그의 동료, 라마르크나 1825년, 『악어의 진화에 관한 증거들』을 출판한 생틸레르(Saint Hilaire : 1772~1844)의 견해완 달랐다.

장도 절대적일 수는 없습니다. 라마르크의 진화론이 퀴비에의 천변지이설에 의해 부정되고, 또한 퀴비에의 주장도 과학적인 엄밀성이 떨어진다고 비난 받듯이 비판의 여지는 어느 학설에서나 존재합니다. 따라서 인간의 지혜로 밝혀낸 생명과 관련 있는 그 어떤 주장이나 비판도 인간이 가진 궁금증을 완전히 해결해 줄 수 없음은 물론입니다.

그 이유를 장자사상(莊子思想)에 의하면, 자연의 생멸변화(生滅變化), 즉 자연의 운행은 천도(天道)에 따른 것이고, 이러한 쓸모를 논하는 것은 인도(人道)에 속합니다. 라마르크의 견해에 따르면, '쓸모 있음'과 '쓸모 없음'의 차이가 생명의 유지와 퇴화를 결정합니다. 하지만 '쓸모 있음'과 '쓸모 없음'의 기준을 인간이 정하는 것은 자연스럽지 못합니다. 모든 생명에는 자연이 정해준 '수명과 쓸모'가 있기 때문입니다.

이들에게 인위(人爲)의 칼을 들이대고 편리를 위해 생명을 거두려는 것은 자연을 거스르는 일입니다. 이와 같은 행위는 결국 자신의 생명도 인위적인 판단에 맡긴 꼴이 되어 자연이 허락한 수명을 보장받을 수 없게 합니다. 사물의 '옳고 그름', '쓸모 있음'과 '쓸모 없음'의 기준은 자연만이 알고 있습니다. 인위적인 판단에 얽매여 살아가는 것은 항상 위험에 자신을 내놓은 채 살아가는 것과 같다고 장자는 일러줍니다.[52]

---

52 조수형(2017), 『장자(莊子)』, 풀빛.

13

인간세 남백자기(南伯子綦)가 상구(商丘)에 갔을 때, 특이한 거목을 보았다. 사마(駟馬)수레 천 대를 매어도 그늘에 완전히 가려질 정도였다. 자기는 "이것은 무슨 나무일까? 이것은 반드시 특이한 재목일 것이다."라고 했다. 그러나 머리를 들어 그 나무의 작은 가지를 보니 구불구불하여 마룻대나 대들보가 될 수 없고, 고개를 숙여 커다란 뿌리를 보니 속이 갈라져 널[棺槨]이 될 수도 없었다. 그 잎을 핥으면 입 안이 헐어 상처가 생기고, 그 냄새를 맡으면 몹시 취해 사흘이 지나도 정신을 차리지 못한다. 자기(子綦)가 말했다. "이것은 과연 재목이 될 수 없는 나무다. 그 때문에 이렇게 큰 나무로 성장할 수 있었던 것이야. 아! 신인(神人)도 이 나무처럼 쓸모가 없음으로써 자신의 생명을 보존하는 것이다."

산의 나무는 사람에게 쓸모가 있어 스스로 베이게 만들고, 기름불[膏火]은 스스로를 태운다. 계수나무[肉桂]는 먹을 수 있어 베어지고, 옻나무는 쓸모 있어 껍질이 찢겨진다. 사람들은 모두 '쓸모 있음'의 쓸모만 알고, '쓸모 없음'의 쓸모는 알지 못한다.

원문 南伯子綦遊乎商之丘, 見大木焉有異. 結駟千乘, 將隱芘其所藾. 子綦曰, 此何木也哉. 此必有異材夫. 仰而視其細枝, 則拳曲而不可以爲棟樑, 俯而視其大根, 則軸解而不可以爲棺槨. 咶其葉, 則口爛而爲傷, 嗅之, 則使人狂酲, 三日而不已. 子綦曰, 此果不材之木也. 以至於此其大也. 嗟乎, 神人以此不材. (...) 山木自寇也 , 膏火自煎也. 桂可食, 故伐之, 漆可用, 故割之. 人皆知有用之用, 而莫知無用之用也.

자해 • 남백자기(南伯子綦) : 「제물론」에 나오는 남곽자기(南郭子綦)와 같은 인물. 유(遊) : 놀다, 여행하다. 상구(商丘) : 지금의 하남성 상구현(商丘縣). 결(結) : 맺다. 사(駟) : 사마수레. 은(隱) : 숨다. 비(芘) : 덮다, 가리다. 뢰(藾) : 그늘, 덮다. 앙(仰) : 우러러보다, 머리를 들다. 이재(異材) : 보통 재목과 다른 재목. 권곡(拳曲) : 구불구불한 나무. 동량(棟樑) : 마룻대와 들보. 부(俯) : 머리를 숙이다.

• 대근(大根) : 대본(大本)과 같음. 축해(軸解) : 나무속이 갈라지다. 관곽(棺槨) : 널. 지(咶) : 핥다, 맛보다. 란(爛) : 헐다, 문드러지다. 후(嗅) : 맡다. 광정(狂酲) : 몹시 취하다. 차(嗟) : 감탄사. 신인(神人) : 지인(至人)과 진인(眞人)과 같은 이상적인 사람. 자구(自寇) : 스스로 해를 끼치다. 고화자전(膏火自煎) : 기름불은 스스로 제 몸을 지진다. 계(桂) : 계수나무. 칠(漆) : 옻나무. 할(割) : 쪼개다, 껍질이 찢기다.

해영

세속과 다른 세상을 본래세계라 합니다. 달리 말하면 혼돈의 세계를 의미합니다. 혼돈의 세계에선 '쓸모 있음'과 '쓸모 없음'을 논하지 않습니다. 자연 그대로의 삶을 영위(營爲)할 따름입니다. 인위(人爲)가 동반되지 않습니다. 의지가 개입되지 않습니다. 때문에 의식할 필요도 없습니다. 마치 신인(神人=眞人)의 삶과 같습니다. 세속에서 인식하는 '쓸모 있음'의 쓸모보다는, '쓸모 없음'이 진정 '쓸모가 있음'을 일러줍니다.

덕충부(德充符)

덕(德)이 마음속에 충만해야 그것이 겉으로 드러남을 뜻합니다. 즉 도(道)를 체득한 사람의 내면이 밖으로 드러나는 형상(形象)을 의미합니다. 그렇다고 형상에 구애됨은 아닙니다. 형상을 초월함을 뜻합니다. 장자는 세속 사람들의 형해(形骸)에 대한 집착을 타파하고 참다운 덕은 형상을 초월한 내면에 있음을 일러줍니다.

01

덕충부 노(魯)나라에 형벌로 발 하나가 잘린 왕태(王駘)란 사람이 있었다. 그를 따라 배우는 사람들의 수가 공자의 제자들과 같았다. 상계가 공자에게 물었다. "왕태는 발이 잘린 사람입니다. 그를 따라 배우는 사람이 선생님과 함께 노나라를 둘로 나눈 형편입니다. 그는 서있어도 가르치지 않고, 앉아있어도 논의 한번 않고도, 빈 마음으로 갔던 사람들이 가득차서 돌아옵니다. 본래 말없는 가르침[不言之教]이란 게 있어서, 겉으로 드러남이 없어도 마음이 완성된 사람일까요? 이 사람은 어떤 사람일까요?" 공자가 말했다. "그는 성인(聖人)이다. 나는 다만 뒤져서 아직 찾아뵙지 못하고 있을 뿐이다. 나도 장차 스승으로 삼으려 하는데, 하물며 나보다 못한 사람이야 더 말할 게 있겠는가? 노나라 사람뿐만 아니라 나는 천하 사람들을 이끌고 그를 따르려 한다."

상계가 말했다. "그는 발이 잘린 사람인데도 선생님보다 더 훌륭하다고 하니, 그는 보통 사람들보다 훨씬 뛰어나겠습니다. 그와 같은 사람은 마음 씀씀이가 대체 어떻습니까?" 공자가 말했다. "죽음과 삶 또한 중대한 것이지만, 그는 그것과 함께 변하지 않고, 비록 하늘이 뒤집히고 땅이 꺼져도 또한 그는 함께 잃지 않는다. 진리[거짓 없는 참된 도]를 잘 깨닫고 있어서 사물과 함께 변하는 일이 없으며, 사물의 변화를 자연의 명(命)으로 알고 그대로 지키면서도 도(道)의 근본을 지킨다." 상계가 말했다. "무슨 뜻의 말씀이신지요?" 공자가 말했다. "다르다는 입장에서 보면, 간과 쓸개도 멀리 떨어진 초나라와 월나라 같고, 같다는 입장에서 보면, 만물은 모두 하나이다. 무릇 이와 같은 사람[王駘]은 귀와 눈이 좋아하는 것 따위를 알지 못하며, 마음을 덕(德)이 조화된 경지에서 노닐게 하여, 만물에 대하여 그 한 가지인 것[본질]만 보고 외형상의 변화는 보지 않는다. 그 발 잃은 것을 마치 흙을 떨어 버린 것처럼 여긴다."

원문 魯有兀者王駘. 從之遊者, 與仲尼相若. 常季問於仲尼曰, 王駘, 兀者也. 從之遊者, 與夫子中分魯. 立不教, 坐不議, 虛而往, 實而歸. 固有不言之教, 無形而心成者邪. 是何人也. 仲尼曰, 夫子聖人也. 丘也直後而未往耳. 丘將以爲師, 而況不若丘者乎. 奚假魯國, 丘將引天下而與從之. 常季曰, 彼兀者也, 而王先生, 其與庸亦遠矣. 若然者, 其用心也, 獨若之何. 仲尼曰, 死生亦大矣, 而不得與之變, 雖天地覆墜, 亦將不與之遺. 審乎無假, 而不與物遷, 命物之化, 而守其宗也. 常季曰, 何謂也. 仲尼曰, 自其異者視之, 肝膽楚越也, 自其同者視之, 萬物皆一也. 夫若然者, 且不知耳目之所宜, 而遊心乎德之和, 物視其所一, 而不見其所喪. 視喪其足, 猶遺土也.

자해 • 올자(兀者) : 올(兀)은 월(刖)과 통하며, 형벌로 한 발을 잘려 절름발이

가 된 사람이다. 왕태(王駘) : 노나라 사람. 상계(常季) : 노나라의 현자(賢者)로 공자의 제자란 설이 있음. 의(議) : 논의하다, 의견을 나누다. 직(直) : 특(特)과 통용, 다만. 후(後) : 뒤지다, 뒤처지다. 해(奚) : "어찌 ~인가?"라는 반어사(反語辭). 해가노국(奚假魯國) : 어찌 노(魯)나라 뿐이겠는가?

• 용(庸) : 상(常)과 통용, 보통, 범상하다. 독(獨) : 대체. 복추(覆墜) : 엎어지고 떨어지다. 유(遺) : 잃다. 심(審) : 깨닫다. 천(遷) : 옮기다, 변하다. 종(宗) : 도(道)의 근본. 유심호덕지화(遊心乎德之和) : 마음을 덕(德)이 조화된 경지에서 노닐게 하다. 상(喪) : 득상(得喪)을 의미, 즉 얻고 잃음. 유토(遺土) : 몸에 붙은 흙을 떨어 버림.

해영

세속의 삶은 늘 피곤합니다. 경쟁하며 살아야 하기 때문입니다. 하지만 고향에 계시는 어머니를 만나면 그냥 편안합니다. 어머니는 경쟁 상대가 없습니다. 어머니에게 자식은 차별 대상이 아닙니다. 장애 유무나 지식의 우열 등을 결코 구별하지 않습니다. 모두가 하나일 뿐입니다. 마치 하늘을 나는 솔개와 물에서 헤엄치는 물고기와 다르지 않습니다. 솔개가 물고기이고, 물고기가 솔개입니다. 왕태의 삶은 이런 것입니다.

02

덕충부 상계가 말했다. "그는 스스로를 수양함에 있어 자기의 지혜로 그 마음을 터득하고, 스스로의 마음으로 그 변함없는 본심(本心)을 터득했습니다. 그것은 자기를 위해 수양한 것인데 사람들은 어찌하여 그에게 몰려듭니까?"

공자가 말했다. "사람은 흐르는 물에 거울삼지 않고 멈춰있는 물을 거울삼는다.[53] 멈춰 있는 것만이 멈춰 있음으로써 다른 것들을 멈추게 할 수 있다. 땅으로부터 생명을 받은 것 중에 오직 소나무와 잣나무만이 정기(正氣)를 지니고 있어 겨울이든 여름이든 푸르다. 마찬가지로 하늘로부터 생명을 받은 것 중에 오직 요(堯)임금과 순(舜)임금만이 홀로 올바르니 만물의 으뜸이다. 다행히 그 올바른 마음[本性]으로 중생들의 마음을 바로잡을 수 있었다."

원문 常季曰, 彼為己, 以其知得其心, 以其心得其常心. 物何為最之哉. 仲尼曰, 人莫鑑於流水, 而鑑於止水, 唯止能止衆止. 受命於地, 唯松柏獨也正, 在冬夏青青. 受命於天, 唯堯舜獨也正, 在萬物之首. 幸能正生, 而正衆生.

자해 • 위(為) : 배우다, 수양하다, 다스리다. 위기(為己) : 자기 자신만 위하

53 불가(佛家)에선 지관(止觀)으로 설명한다. 지(止 : śamatha)는 정신을 집중하여 마음이 적정해진 상태이고, 관(觀 : vipassanā)은은 있는 그대로의 실상(實相)을 관찰하는 것을 뜻한다. 지와 관은 서로 불가분의 상태에 있으며, 지계(持戒) 등과 더불어 불가의 중요한 실천덕목이다. 이러한 지관을 종합적으로 설한 것은 수(隋)나라 때 천태 지의(天台智顗)가 지은 『마하지관(摩訶止觀)』으로, 좌선할 때 마음의 문제를 10종으로 분류하고, 나아가 그 마음의 파악 문제를 10종으로 분류하여 자세를 상세히 설명하고 있다. 천태종에서 지(止)는 마음의 동요를 누르고, 본원의 진리에 정주(定住)하는 것, 관(觀)은 부동의 마음이 지혜의 활동이 되어 사물을 올바로 관찰하는 것이라 했는데, 이때의 지는 정(定)에, 관은 혜(慧)에 해당한다. 즉 지는 주체의 확립, 관은 이 주체의 확립에서 모든 현상을 전체적이고 객관적으로 관찰하여 정확히 판단하고 자유롭게 대처하는 것을 의미한다. 형식엔 3종류가 있다. 첫째, 선정을 닦아 차례로 실상의 진리를 깨닫는 점차지관(漸次止觀), 둘째, 수행자의 성격이나 능력에 따라 실천의 순서가 정해져 있지 않은 부정지관(不定止觀), 셋째, 처음부터 실상을 대상으로 삼아 원만하게 결핍됨이 없이 즉시 깨닫는다고 하는 원돈지관(圓頓止觀)이 그것이다. 여기서 원돈지관을 가장 뛰어나다고 본다. 신라의 원효(元曉)는 『대승기신론소(大乘起信論疏)』에서 지관(止觀)에 대해, "보살이 모든 법(法)에 분별하는 바가 없으므로 지(止)라 하고, 모든 법의 본질적인 의미와 무한히 깊은 도리에 대한 세속적 탁월한 지혜를 관(觀)이라 한다."고 정의했다.

다. 기심(其心) : 분별하는 마음. 상심(常心) : 분별하지 않는 마음, 변함없는 마음. 물(物) : 중인(衆人)과 같음. 최(最) : 취(聚)와 같음, 모이다. 감어지수(鑑於止水) : 물 흐름이 멈춘, 잔잔한 수면을 거울삼다. 유(唯) : 유(惟)와 같음.

해영

아이들은 자연과 닮았다고 합니다. 자고 싶을 때 자고, 먹고 싶을 때 먹습니다. 배고프면 울고, 배부르면 웃습니다. 그런 아이들의 모습을 이기적이라 비난하지 않습니다. 오히려 자연스럽다고 합니다. 그렇게 성장하다 자신에 대해 '의식'을 하기 시작합니다. 부끄러운 일은 가급적 배제하고 자랑할 만한 일은 드러냅니다. '인위'가 판을 칩니다. 그에 따른 보상이 주어짐을 인식했기 때문입니다. 자연과 멀어진 삶입니다.

세속 사람들 표현으로 하면 왕태(王駘)는 발이 잘린 사람입니다. 게다가 직접적으로 가르침을 주지도 않습니다. 오로지 텅 빈 마음으로 덕(德)이 조화된 경지에서 노닐 뿐, 외형상의 변화엔 전혀 관심이 없습니다. 사람들은 그런 왕태를 배우고자 합니다. 그렇습니다. 인위에서 벗어나고 싶어서일 것입니다. 사람들은 자연으로 회귀하고 싶은 마음이 간절한 모습입니다. '보상이란 파도에서 벗어나는 것이 첩경(捷徑)'입니다.

03

덕충부 신도가(申徒嘉)는 형벌로 다리가 잘린 사람인데, 정(鄭)나라의 재상 자산(子産)[54]과 함께 백혼무인(伯昏無人)을 스승으로 모셨다. 자산이 다리가 잘린 사람과 함께 다닌다는 것이 싫어서 신도가에게 말했다. "내가 먼저 나가면 자네는 남아 있게. 자네가 먼저 나가면 내가 남아 있겠네." 다음날 다시 한집에서 만나 한자리에 앉았다. 자산이 신도가에게 또 말했다. "내가 먼저 나가면 자네는 남아 있게. 자네가 먼저 나가면 내가 남아 있겠네. 지금 내가 나가려는데 자네는 남아 있어 주겠나? 못하겠나? 또한 자네는 재상을 보고도 피하지 않는데, 자네는 재상과 신분이 같다는 건가?" 신도가가 말했다. "선생님의 문하에 본래 그 같은 재상이란 것이 있었던가? 자네는 자네가 재상이란 것을 즐기며 남을 업신여기고 있네. 내 듣건대, 거울이 밝은 것은 먼지와 때가 묻지 않아서고, 먼지와 때가 묻으면 흐려진다고 했네. 마찬가지로 오랫동안 현인과 함께 있으면 잘못이 없어진다고 했네. 지금 자네가 큰 도를 배우겠다고 모시는 사람은 선생님인데, 아직도 이와 같은 말을 하니 또한 잘못이 아니겠는가?"

자산이 말했다. "자네는 이미 이와 같이 되었는데도 여전히 요임금과 훌륭함을 다투려 하는군. 자네의 덕을 헤아려 본다면, 스스로 반성할 수 있지 않은

---

54 성(姓)은 공손(公孫), 이름은 교(僑), 자산(子産)은 자(字)다. 정(鄭)나라 목공의 손자이기도 하다. 흔히 정자산이라 부른다. 기원전 547년 재상에 임명되어 기원전 522년 세상을 뜨기까지 20년 넘게 국내 정치를 혁신하는데 심혈을 기울였다. 대외적으로 실용적인 외교활동을 벌여 열강들이 감히 정나라에 칼을 겨누지 못하게 했다. 공자는 자산이 세상을 떠났다는 소식을 듣고 눈물을 흘리며 "그는 고대 어짊과 사랑의 풍모를 지닌 화신이었다."고 애통해했다. 당시 정나라는 소국인데다 진(晉)과 초(楚)라는 두 강대국 사이에 끼어 있어 두 나라의 신경을 쓰지 않을 수 없었다. 초가 오면 초와, 진이 오면 진과 동맹했다. 자산은 이런 상황에서 재상이 되어 국내의 정치질서를 회복했을 뿐 아니라, 일련의 교묘한 외교술을 발휘해 약한 정나라를 열강 사이에서 쓰러지지 않고 우뚝 설 수 있게 했다.

가?" 신도가가 말했다. "스스로 잘못을 변명하며 발이 잘린 것이 부당하다고 하는 사람은 많아도, 그 잘못을 변명하지 않고 발이 있음을 부당하다고 하는 사람은 적네. 어찌할 수 없는 일임을 알고 이에 편안히 운명을 따르는 일은 오직 덕이 있는 사람[有德者]만이 할 수 있는 일이네. 예(羿)[55]가 활 쏘는 사정권에서 놀면, 그 과녁의 한가운데는 화살이 적중하는 자리네. 그런데도 화살이 맞지 않는다는 것은 운명이네. 사람들 중에는 그 다리가 온전하다 해서 나의 온전하지 않은 다리를 비웃는 사람이 많네. 나도 발끈 노하지만 선생님께 가면 모조리 잊고 평상시로 돌아가네. 선생님이 훌륭한 덕으로 나를 씻어주셨는지는 모르겠네. 나는 선생님을 따라 공부한 지 십구 년이나 되지만, 내가 발이 잘린 것을 모르고 있네. 지금 자네와 나는 정신적으로 사귀고 있는데, 나에게서 외형적인 것을 찾고 있으니, 또한 잘못이 아니겠는가?" 자산이 깜짝 놀라면서 낯빛을 고치고 말했다. "자네 이제 그만해주게."

원문 申徒嘉, 兀者也, 而與鄭子產同師於伯昏無人. 子產謂申徒嘉曰, 我先出則子止, 子先出則我止. 其明日, 又與合堂同席而坐. 子產謂申徒嘉曰, 我先出則子止, 子先出則我止. 今我將出, 子可以止乎, 其未邪. 且子見執政而不違, 子齊執政乎. 申徒嘉曰, 先生之門, 固有執政焉如此哉. 子而說子之執政, 而後人者也. 聞之曰, 鑑明則塵垢不止, 止則不明也. 久與賢人處, 則無過. 今子之所取大者, 先生也, 而猶出言若是, 不亦過乎. 子產曰, 子旣若是矣, 猶與堯爭善. 計子之德, 不足以自反邪. 申徒嘉曰, 自狀其過, 以不當

---

55 중국 신화(神話)에 나오는 궁술의 명인이다. 활로써 나라의 여러 가지 재앙을 막은 것으로 유명하다. 토지를 황폐하게 만들고 다니는 풍신을 활로 쏘았고, 요(堯)임금 시대에 지구 위에서 뜨겁게 불타고 있던 10개의 태양 가운데 9개를 활로 쏘아 떨어뜨렸다고 한다.

亡者衆, 不狀其過, 以不當存者寡. 知不可奈何, 而安之若命, 唯有德者能之. 遊於羿之彀中, 中央者, 中地也. 然而不中者, 命也. 人以其全足笑吾不全足者多矣. 我怫然而怒, 而適先生之所, 則廢然而反. 不知先生之洗我以善邪. 吾與夫子遊十九年矣, 而未嘗知吾兀者也. 今子與我遊於形骸之內, 而子索我於形骸之外, 不亦過乎. 子産蹵然改容更貌曰, 子無乃稱.

자해 • 신도가(申徒嘉) : 신도(申徒)는 성(姓), 가(嘉)는 이름. 집정(執政) : 집정자, 대신, 재상. 위(違) : 피하다. 열(說) : 열(悅)과 같음. 후인(後人) : 사람을 뒤로 하다, 사람을 업신여기다. 진구(塵垢) : 티끌[먼지]과 때. 계(計) : 세다, 헤아리다. 불상기과(不狀其過) : 그 잘못을 변명하지 않다.

• 구(彀) : 당기다. 구중(彀中) : 사정거리, 사정권. 불연(怫然) : 발끈 화를 내는 모양. 패연(廢然) : 깨끗이 없앤 모양. 형해지내(形骸之內) : 몸의 내부, 즉 마음이나 정신을 뜻함. 형해지외(形骸之外) : 몸의 외형, 즉 신체를 말함. 축(蹵) : (蹴)과 같음. 축연(蹵然) : 삼가는 모양. 칭(稱) : 칭하다, 말하다.

해영

세상엔 허물[過]이 없는 사람이 없습니다. 따라서 허물을 문제 삼기 시작하면, 문제되지 않을 사람이 없습니다. 마찬가지로 세상엔 선(善)하지 않은 사람이 없습니다. 그에 따라 칭찬하려면 칭찬받지 못할 사람도 없습니다. 하지만 자연 상태에서 보면 허물이나 칭찬이나 구별되지 않습니다. 장애가 있거나 없거나, 남성이나 여성이나 불만을 품거나 가질 하등의 이유가 없습니다. 자연의 도(道)를 배워 살아가면 그만입니다.

04

덕충부 노(魯)나라 애공(哀公)[56]이 공자에게 물었다. "위나라에 추남(醜男)이 있는데, 애태타(哀駘它)[57]라고 합니다. 남자들 중에 그와 함께 생활해본 사람은 그를 사모해 떠나지 못하고, 여자들은 그를 보고 나면 자기 부모에게 '다른 사람의 아내가 되느니 차라리 그의 첩이 되겠다.'고 청하는 사람이 몇 십 명인데도 그런 사람이 그치지 않습니다. 그런데 아직 자신의 의견을 주장하는 걸 아무도 들어본 적이 없고, 항상 남들에게 동조할 뿐입니다. 임금의 자리에 있어 사람들의 죽음을 구해주는 것도 아니고, 재물을 모아 사람들의 배를 채워주는 것도 아닙니다. 게다가 그 추한 꼴이란 온 세상을 깜짝 놀라게 할 정도며, 동조하기는 하지만 주장하지 않고, 지식은 사방 먼데까지 미치지도 못합니다. 그런데 많은 남녀들이 그 앞에 모여드니, 그 사람은 반드시 보통 사람과는 다른 사람일 것입니다."

"과인이 불러 그를 살펴보았더니 과연 그 추한 꼴은 온 세상을 깜짝 놀라게 할 정도였습니다. 그러나 과인이 그와 더불어 지내기를 한 달이 채 되지 않아 과인은 그의 사람됨에 마음이 끌리더니, 일 년도 되지 않아 그를 믿게 되었습니다. 마침 나라에 재상이 없어 과인이 그에게 국정을 맡기려 했는데, 그는 한동안 내키지 않는 얼굴을 하다가 응했는데, 얽매임이 없어서 마치 사양하는 것 같았습니다. 과인은 서두른 일이 부끄러웠으나 마침내 그에게 나라를 맡겼습니다. 그랬는데 얼마 안 있어 그는 과인을 버리고 떠났습니다. 과인

---

56 춘추시대 말기의 노(魯)나라 임금을 지칭한다.

57 애태타(哀駘它)는 애태(哀駘)가 성이고, 이름은 타(它)다.

은 슬퍼서 무엇을 잃어버린 것 같았습니다. 이 나라에서 즐거움을 함께 누릴 사람이 없어진 것 같았습니다. 그 사람은 어떤 사람입니까?"

공자가 말했다. "저는 일찍이 초나라에 사신으로 간 적이 있습니다. 그때 마침 새끼 돼지들이 죽은 어미의 젖을 빨고 있는 것을 보았습니다. 얼마 후 새끼 돼지들이 놀란 표정으로 모두 그 어미 돼지를 버리고 달아났습니다. 어미 돼지가 자기들을 돌봐주지 않고 자기들과 다른 꼴이었기 때문입니다. 그 어미를 사랑하는 것은 외형이 아니고, 외형을 움직이게 하는 것을 사랑하는 것입니다. 전쟁에서 죽은 사람은 그 장례식에서 관에 삽(翣) 장식[58]을 하지 않고, 발이 잘린 사람은 신[屨]을 아끼지 않습니다. 모두 그 근본이 없기 때문입니다. 천자의 후궁이 된 사람은 손톱을 깎지 않고, 귀에 구멍을 뚫지 않습니다. 새로 아내를 맞이한 사람은 궁전 밖에 머물게 해서 다시 숙직을 못하게 합니다. 외형[육체]이 온전한 경우에도 이와 같이 하는데, 하물며 온전한 덕을 갖춘 사람이야 더욱 그럴 것입니다."

"지금 애태타는 말은 하지 않아도 사람들이 믿고, 공적(功績)이 없어도 임금이 친애해서, 사람으로 하여금 자기 나라를 맡기게 하면서도 오직 그가 받지 않을까 두려워하게 했습니다. 그 사람은 반드시 재능이 완전하고 덕이 밖으로 드러나지 않는 사람일 것입니다." 애공이 말했다. "무엇을 일러 재능이 완전하다고 합니까?" 공자가 말했다. "죽음과 삶, 보존과 패망, 빈궁과 영달, 가난과 부귀, 현명함과 어리석음, 폄훼와 명예, 굶주림과 목마름, 추위와 더위

58 전사(戰死)한 사람들을 장사(葬事)지낼 땐 운구(運柩)를 하지 않기 때문에 삽(翣)을 쓰지 않는다.

따위는 사물의 변화이며 천명(天命)이 유행하는 것입니다. 밤낮으로 앞에서 교대하는데, 인간의 지혜로는 그 시작을 헤아리지 못합니다. 그러므로 마음의 조화를 어지럽히지 못하고, 마음속에 들어오지도 못합니다. 그런 변화로 하여금 조화되고 기쁘게 하여 막힘없이 통하게 하며 즐거움을 잃지 않게 하고, 밤이나 낮이나 변화가 끼어들 틈이 없게 하면 만물과 조화를 이루게 됩니다. 이것은 만물과 접촉하여 마음속에서 때[時]를 만들어 내는 것입니다. 이것을 일러 재능이 완전하다고 합니다."

애공이 말했다. "무엇을 일러 덕(德)이 밖으로 드러나지 않는다고 합니까?" 공자가 말했다. "평평한 것으로는 정지하고 있는 물이 성대합니다. 그것을 법도로 삼을 수 있음은, 안에선 잘 보존되고 밖으론 움직이지 않기 때문입니다. 덕이란 사물의 조화가 잘 이루어진 상태입니다. 덕이 밖으로 드러나지 않는 사람은 다른 사람들이 떠날 수 없습니다." 애공이 훗날 이 말을 민자(閔子)[59]에게 했다. "처음에 나는 임금으로서 천하(天下)[60]에 군림하여 민중들을 다스리는 권력을 잡고 민중들이 죽을까 근심하였소. 나는 스스로 지극한 도리[通道]라고 생각했는데, 지금 내가 지인(至人)의 말씀을 듣고 나서는, 내 실체의 덕은 없이 내 자신을 경솔히 처신하여 이 나라를 망칠까 두려워하게 되었소. 나와 공자는 임금과 신하가 아니라, 덕으로 맺어진 벗일 따름이오."

원문 魯哀公問於仲尼曰, 衛有惡人焉, 曰哀駘它. 丈夫與之處者, 思而不能去也, 婦人見之, 請於父母曰, 與人爲妻, 寧爲夫子妾者, 十數而未止也.

---

59 민자건(閔子騫)을 지칭한다. 중국 노(魯)나라 때의 현인(賢人)으로, 이름은 손(損), 자건(子騫)은 자(字)다. 효행이 뛰어났으며 공자(孔子)의 뛰어난 열 제자 중 한 사람이다.

60 노(魯)나라를 뜻함.

未嘗有聞其唱者也, 常和人而已矣. 無君人之位以濟乎人之死, 無聚祿以望人之腹. 又以惡駭天下, 和而不唱, 知不出乎四域. 且而雌雄合乎前, 是必有異乎人者也. 寡人召而觀之, 果以惡駭天下. 與寡人處, 不至以月數, 而寡人有意乎其爲人也, 不至乎期年, 而寡人信之. 國無宰, 而寡人傳國焉, 悶然而後應, 氾而若辭. 寡人醜乎, 卒授之國. 無幾何也, 去寡人而行. 寡人卹焉若有亡也. 若無與樂是國也. 是何人者也. 仲尼曰, 丘也嘗使於楚矣. 適見㹠子食於其死母者. 少焉眴若, 皆棄之而走. 不見己焉爾, 不得類焉爾. 所愛其母者, 非愛其形也, 愛使其形者也. 戰而死者, 其人之葬也, 不以翣資, 刖者之屨, 無爲愛之. 皆無其本矣. 爲天子之諸御, 不爪翦, 不穿耳. 取妻者止於外, 不得復使. 形全猶足以爲爾, 而況全德之人乎. 今哀駘它未言而信, 無功而親, 使人授己國, 唯恐其不受也. 是必才全而德不形者也. 哀公曰, 何謂才全. 仲尼曰, 死生存亡, 窮達貧富, 賢與不肖, 毁譽饑渴寒暑, 是事之變, 命之行也. 日夜相代乎前, 而知不能規乎其始者也. 故不足以滑和, 不可入於靈府. 使之和豫, 通而不失於兌, 使日夜無郤, 而與物爲春. 是接而生時於心者也. 是之謂才全. 何爲德不形. 曰, 平者, 水停之盛也. 其可以爲法也, 內保之而外不蕩也. 德者, 成和之修也. 德不形者, 物不能離也. 哀公異日以告閔子曰, 始也吾以南面而君天下, 執民之紀而憂其死. 吾自以爲至通矣, 今吾聞至人之言, 恐吾無其實, 輕用吾身而亡吾國. 吾與孔丘, 非君臣也, 德友而已矣.

자해 • 악(惡) : 못생기다, 추(醜)와 같음. 악인(惡人) : 용모가 흉한 사람, 추남. 여(與) : ~보다는, 영(寧) : 차라리 ~가 낫다, 與~ 寧~ : ~보다는 차라리 ~가 낫다. 십수(十數) : 십 단위로 헤아림. 해(駭) : 놀라다. 창(唱) : 먼저 말을 꺼내다. 자웅(雌雄) : 암컷과 수컷, 여기선 남녀를 통칭한다. 과(寡) : 나. 민연(悶然) : 번민하다, 걱정하다. 범이약(氾而若) : 한동안 내키지 않듯, 아무 일도 아닌 듯이. 졸(卒) : 마침내. 기(幾) : 얼마. 휼(卹) : 진휼하다, 걱정하다. 휼언(卹焉) : 걱정하는 모양.

• 돈(㹠) : 돼지. 돈자(㹠子) : 돼지 새끼. 소언(少焉) : 얼마 있다가. 순약(眴若) : 놀라 바라보는 모양. 어(御) : 시종, 후궁. 전(翦) : 깎다. 천(穿) : 뚫다. 전덕지인(全德之人) : 마음이 온전한 사람. 재(才) : 재능, 재주. 형(形) : 나타내다. 훼예(毁譽) : 욕하는 것과 칭찬하는 것. 규(規) : 규(窺)와 통용, 엿보다, 헤아리다. 활화(滑和) : 조화를 어지럽히다. 영부(靈府) : 정신이 깃들어 있는 곳, 즉 마음. 예통(豫通) : 즐겁게 통하다. 태(兌) : 열(悅)과 같음, 기뻐하다. 탕(蕩) : 움직이다.

해영

사람들은 '몸과 마음'을 '자기(自己) 것'이라고 생각합니다. 그리고 남과 비교합니다. 어떤 생각을 하고, 어떤 옷을 입으며, 어떤 음식을 주로 먹고, 어떤 집에서 사는지를 확인합니다. 잠시도 늦추지 않습니다. 남들과 비교하여 조금이라도 부족해 보이면, 경쟁에서 패배한 것으로 규정하여 열등의식을 드러냅니다. 오로지 같아지려고만 합니다. 자기라고 규정하면서도 도무지 자연이라곤 찾아볼 수 없습니다. 모순입니다.

세상에 동일한 사람은 존재하지 않습니다. 누구나 타고난 성품과 고유의 몸이 있습니다. 예쁜 얼굴과 건강한 몸을 지니고 태어난 사람은 그것을 유지하기 위해 애씁니다. 마찬가지로 온전한 마음을 지니고 태어난 사람은 그것을 지키기 위해 또 애를 씁니다. 사람들이 추하다고 한 애태타의 모습은 세속 사람들의 평가입니다. 외형에 불과할 뿐입니다. 누구나 '타고난 대로' 사는 것이 지극히 당연하고 자연스런 삶입니다.

05

덕충부 혜자(惠子)[61]가 장자에게 말했다. "사람에겐 본래 정(情)[62]이 없는 것일까?" 장자가 말했다. "그렇다네." 혜자가 말했다. "사람이면서 정이 없다면 어떻게 사람이라 일컬을 수 있는가?" 장자가 말했다. "도(道)[63]가 얼굴 모습을 부여했고, 하늘이 몸의 형태를 부여했는데, 어찌 사람이라 일컫지 못하겠는가?" 혜자가 말했다. "이미 그를 사람이라 부른다면 어찌 정이 없을 수 있겠는가?" 장자가 말했다. "그것은 내가 말하는 정이 아니네. 내가 감정이 없다고 하는 것은 사람이 좋고 나쁨에 의해 스스로의 몸속을 상하게 하지 않으며, 항상 자연을 따르면서 삶을 덧붙이려 하지 않음을 말하는 것이네." 혜자가 말했다. "삶을 덧붙이지 않으면서 어떻게 그 몸을 보유할 수 있는가?" 장자가 말했다. "도(道)가 그에게 용모를 부여했고, 하늘이 그에게 형체를 부여하였으니, 좋고 나쁨으로 스스로의 몸속을 해치지 않는 것이네. 지금 그대는 자기 마음을 밖으로 향하게 하고, 그대의 정신을 지치게 하며, 나무에 기대 신음이나 하고, 마른 오동나무로 만든 안석[책상]에 기대어 졸고 있네. 하늘이 그대의 형체를 갖추어 주었는데도 그대는 궤변으로 떠들고 있네."

원문 惠子謂莊子曰, 人故無情乎. 莊子曰, 然. 惠子曰, 人而無情, 何以

---

61 장자의 친구이자, 논리학자인 혜시(惠施)를 지칭한다. 일각에선 궤변론자로 부른다.

62 정(情)에 대한 혜자와 장자의 논지가 다르다. 즉 혜자는 희로애락(喜怒哀樂) 등 칠정(七情)이 없는 것을 무정(無情)이라 하고, 장자는 희로애락(喜怒哀樂)이란 감정을 초월하여, 그 따위로 자기 몸을 해치지 않는 것을 무정(無情)이라 한다.

63 장자가 말하는 도(道)는 우주의 본체, 우주의 원리, 즉 자연의 도(道)를 의미한다. 참고로 공자(孔子)의 도(道)는 인간이 반드시 지켜야 할 길[道], 즉 인도(人道)를 뜻한다.

謂之人. 莊子曰, 道與之貌, 天與之形, 惡得不謂之人. 惠子曰, 旣謂之人, 惡得無情. 莊子曰, 是非吾所謂情也. 吾所謂無情者, 言人之不以好惡內傷其身, 常因自然而不益生也. 惠子曰, 不益生, 何以有其身. 莊子曰, 道與之貌, 天與之形, 無以好惡內傷其身. 今子外乎子之神, 勞乎子之精, 倚樹而吟, 據槁梧而瞑. 天選子之形, 子以堅白鳴.

자해 • 도여지모(道與之貌) : 도(道)가 그에게 용모를 부여하다. 천여지형(天與之形) : 하늘이 그에게 형체를 부여하다. 오(惡) : 어찌. 상(傷) : 다치다, 해치다. 내상기신(內傷其身) : 몸의 상처엔 두 가지가 있다. 가령 신경성으로 인해 생긴 병은 내상이라 하고, 다치거나 사고로 생긴 상처는 외상이라 한다. 익(益) : 더하다, 덧붙이다. 신(神) : 정신(精神) 가운데 마음 부분. 정(精) : 정신(精神) 가운데 몸 부분. 의(倚) : 기대다. 음(吟) : 읊다, 신음하다. 고오(槁梧) : 마른 오동나무. 명(瞑) : 졸다, 자다. 선(選) : 가리다. 견백(堅白) : 궤변론자들이 사용하는 말. 명(鳴) : 새나 짐승이 우는 것처럼 아무 의미가 없다는 뜻.

해영

혹자는 자연이란 말이 여기서 비롯됐다고 주장[64]합니다. 사실 여부를 떠나 장자는 자연을 도(道)라 하여 '그 자체의 작용과 활동'에 관심을 둡니다. 정(情)은 마음의 움직임을 뜻합니다. 그것은 사람을 규정하는 하나의 조건이기도 합니다. 하지만 장자는 '정을 부정'합니다. 좋고 나쁨의 정을 '초월'합니다. 항상 자연에 순응하며, '하늘에서 부여 받은 것을 참되게 유지하는 것'이

---

64 노자(老子)가 일찍이 "사람은 땅을 본받고, 땅은 하늘을 본받고, 하늘은 도(道)를 본받고, 도는 자연을 본받는다."(『노자(老子)』, 25장 : 人法地, 地法天, 天法道, 道法自然.) 고 한 것으로 미루어 신빙성이 떨어진다.

야말로 '덕을 채우는 것[德充]'이라 봅니다.

자연의 삶과 흡사하다고 하는 사람들은 공통점이 있습니다. 마치 거울과도 같은 삶을 유지한다는 점입니다. 거울은 만물을 그대로 반영합니다. 더러운 것은 더럽게 보여주고, 맑은 것은 맑게 비춰줍니다. 사람의 정(情)도 다르지 않습니다. 선(善)한 사람을 만나면 선하게, 악(惡)한 사람을 만나면 악하게 반영합니다. 있는 그대로 드러냅니다. 그런가 하면 인위(人爲)는 또 다른 인위를 만들어냅니다. 자연은 그런 것입니다.

대종사(大宗師)

크게 높여야 할 스승이란 의미입니다. 여기서 스승이란 대도(大道)를 터득한 지인(至人)을 이릅니다. 노자(老子)는 일찍이 사람은 땅을 본받고, 땅은 하늘을 본받고, 하늘은 도(道)를 본받고, 도는 자연을 본받는다고 했습니다. 장자는 이러한 노자의 사상을 계승하여 자연이야말로 사람들이 본받아야 할 스승으로 여겼습니다. 이러한 자연을 따르는 참된 사람[眞人]들의 모습을 다양한 각도에서 접근하고 있습니다.

01

대종사 자연이 하는 일[운행 이치]을 알고 사람이 하는 일을 알면 지극한 존재다. 자연이 하는 일을 아는 사람은 자연 그대로 살아가고, 사람이 하는 일을 아는 사람은 자기가 알고 있는 지식으로, 그 지식이 알지 못하는 바를 길러[養]나간다. 이와 같이 하여 천수(天壽)를 다 마쳐 중도에 요절하지 않는 것, 이것이 지식이 성대한 사람이다. 비록 그렇지만 결함은 있다. 지식이란 의거하는 표준이 있은 이후에 합당한 것인데, 그런데 그 의거하는 바가 아직 확정되어 있지 않다. 내가 말하는 자연이 사람이 아닌지, 내가 말하는 사람이 자연이 아닌지 어찌 알 수 있겠는가?

원문 知天之所爲, 知人之所爲者, 至矣. 知天之所爲者, 天而生也, 知人之所爲者, 以其知之所知, 以養其知之所不知, 終其天年而不中道夭者, 是知之盛也. 雖然, 有患. 夫知有所待而後當, 其所待者特未定也. 庸詎知吾所謂

天之非人乎, 所謂人之非天乎.

자해 • 지(至) : 지극하다. 양(養) : 기르다, 양성하다. 요(夭) : 요절하다, 일찍 죽다. 환(患) : 결함, 근심, 한계. 소대(所待) : 의거하는 바, 표준. 특(特) : 다만. 용(庸) : 어찌. 거(詎) : 어찌.

해영

자연이 운행하는 이치는 참으로 묘합니다. 때론 멈춰있는 듯하다, 때 되면 한 치의 오차 없이 움직입니다. 지혜로운 사람은 그와 같은 자연의 이치를 파악하여 따라 움직일 따름입니다. 삶 속에서의 고통이 동반되지 않기 때문에 천수(天壽)를 누림은 물론 모든 것을 성취합니다. 이에 반해 어리석은 사람은 늘 고통 속에서 움직입니다. 천수를 누리지 못함은 물론 성과물도 보잘 것 없습니다. 자연의 삶을 거스르기 때문입니다.

02

대종사 옛날의 진인(眞人)은 역경을 거스르지 않았고, 성공을 자랑하지 않았으며, 일을 꾀하지도 않았다. 그와 같은 사람은 실패해도 후회하지 않고, 일이 합당해도 자랑하지 않는다. 그런 사람은 높은 곳에 올라가도 두려워하지 않고, 물에 들어가도 젖지 않으며, 불 속에 들어가도 뜨겁지 않다. 이는 지식이 도(道)의 경지에 오름이 이와 같은 것이다. 옛날 진인(眞人)은 잠을 자도 꿈꾸지 않고, 깨어 있어도 근심이 없으며, 먹을 땐 단 것을 찾지 않고, 숨은 깊고 고요했다. 진인의 숨은 발꿈치까지 미치는데, 보통 사람의 숨은 목구멍에 이를 뿐이다. 외물에 굴복한 사람은 그 목에서 나는 소리가 마치 토하는 것 같고, 욕심이 많은 사람은 그 마음의 작용이 천박하다.

원문 古之眞人, 不逆寡, 不雄成, 不謨士. 若然者, 過而弗悔, 當而不自得也. 若然者, 登高不慄, 入水不濡, 入火不熱. 是知之能登假於道者也若此. 古之眞人, 其寢不夢, 其覺無憂, 其食不甘, 其息深深. 眞人之息以踵, 衆人之息以喉. 屈服者, 其嗌言若哇. 其耆欲深者, 其天機淺.

자해 ●역과(逆寡) : 억지로 거스르지 않다. 불웅성(不雄成) : 성공을 자랑하지 않다. 사(士) : 사(事)와 같음. 불(弗) : 불(不)보다 강한 의미. 유(濡) : 젖다. 등(登) : 오르다. 하(假) : 멀다. 등하(登假) : 지극한 경지에 이르다. 종(踵) : 발꿈치. 후(喉) : 목구멍. 익언(嗌言) : 목구멍에서 나오는 소리. 왜(哇) : 토하다, 게우다. 기(耆) : 즐기다. 천기(天機) : 본래 마음의 작용. 천(淺) : 얕다.

해영

세속은 인위(人爲)가 판을 칩니다. 하지만 이는 자연의 삶과 완전히 배치된 삶입니다. 외물, 즉 욕심에 굴복한 삶일 뿐입니다. 욕심이 본심을 크게 앞서다 보니 감각기관이 제 기능을 못하는 지경입니다. 숨소리는 물론 목소리조차 자연스럽지 못합니다. 마치 하루살이와 다르지 않습니다. 호흡이 가빠질 수밖에 없습니다. 무리수입니다. 호흡을 길게 가져갈 필요가 있습니다. 욕심 대신 본심을 회복하는 것이 첩경입니다.

03

대종사 옛날의 진인(眞人)은 삶을 기뻐할 줄 모르고, 죽음을 미워할 줄도 모른다. 태어남을 기뻐하지 않고 죽음을 거역하지도 않는다. 무심히 자연을 따라가고 무심히 자연을 따라올 뿐이다. 자신의 생(生)이 시작된 곳을 잊지 않으나, 그렇다고 그 생이 끝나는 곳을 알려 하지 않는다. 삶을 받으면 그것을 기뻐하고, 죽으면 그것을 돌려보낸다. 이런 것을 마음으로써 도(道)를 버리지 않으며, 인위로 하늘을 돕지 않음이라 한다. 이런 사람을 진인이라 한다.

원문 古之眞人, 不知說生, 不知惡死. 其出不訢, 其入不距. 翛然而往, 翛然而來而已矣. 不忘其所始, 不求其所終. 受而喜之, 忘而復之. 是之謂不以心損道, 不以人助天. 是之謂眞人.

자해 • 열(說) : 열(悅)과 같음, 기쁘다. 오(惡) : 미워하다, 싫어하다. 흔(訢) : 흔(欣)과 같음, 기뻐하다. 입(入) : 사(死)와 같음. 거(距) : 거(拒)와 통용, 막다. 소(翛) : 빠르다. 소연(翛然) : 무심히 자연을 따르는 모양. 복(復) : 돌아가다. 연(損) : 버리다.

해영

진인의 삶은 무위자연 그 자체였습니다. 사는 것을 기뻐하지도 않고, 죽는 것을 싫어하지도 않았습니다. 생사의 문조차 자연이었기 때문입니다. 이렇게 삶을 유지하다 어느 새 욕심이 생기면서 본래의 모습을 잃기 시작했습니다. 결국 인위의 세상에서 욕심의 노예가 되고 말았습니다. 삶을 기뻐하고 죽음을 싫어하는 형국입니다. 온갖 의미를 부여하는 것도 모자라 우상까지 만들어냅니다. 자연의 삶과 배치된 삶입니다.

04

대종사 진인(眞人)은 형벌을 정치의 본체로 삼고, 예교(禮敎)를 날개[보조수단]로 삼으며, 지식으로 시의(時宜)를 판단하는 기준으로 삼고, 덕(德)을 따라야 할 준칙으로 삼는다. 형벌을 본체로 삼는다는 것은 관대하게 죄인을 죽이는 것이다. 예교를 날개로 삼는다는 것은 진인의 정치가 세상에 널리 시행되기 위함이다. 지식으로 시의(時宜)를 판단하는 기준으로 삼는다는 것은 부득이 일을 하기 위해서다. 덕을 따라야 할 준칙으로 삼는다는 것은 발이 있는 사람과 함께 걷다 보니 저절로 언덕에 도달한 것과 같은데, 사람들은 진인(眞人)이 부지런히 걸어서 도달한 것이라고 여긴다. 그러므로 진인은 좋아하는 것도 한가지고, 좋아하지 않는 것도 한가지다. 그들에겐 한가지 것도 한가지고, 한가지 아닌 것도 한가지다. 그처럼 한가지라는 것은 하늘과 한무리가 되는 것이고, 한가지가 아니라는 것은 사람과 한무리가 되는 것이다. 하늘과 사람이 서로 이기지 않을 때 이런 사람을 진인이라 한다.

원문 以刑爲體, 以禮爲翼, 以知爲時, 以德爲循. 以刑爲體者, 綽乎其殺也. 以禮爲翼者, 所以行於世也. 以知爲時者, 不得已於事也. 以德爲循者, 言其與有足者至於丘也, 而人眞以爲勤行者也. 故其好之也一, 其弗好之也一. 其一也一, 其不一也一. 其一與天爲徒, 其不一與人爲徒. 天與人不相勝也, 是之謂眞人.

자해 • 형(刑) : 법, 법도. 체(體) : 본체, 몸통. 익(翼) : 날개, 보조수단. 순(循) : 따르다. 이덕위순(以德爲循) : 덕성을 자연에 따르는 것으로 여기다. 작(綽) : 너그럽다, 관대하다. 위익(爲翼) : 날개로 삼다, 보조로 삼다.

해영

진인(眞人)의 삶은 마치 『중용(中庸)』의 중화(中和) 논리와 흡사합니다. 도(道)라는 것은 잠시도 떠날 수 없는 것이니, 떠날 수 있으면 '도'가 아니라 하였습니다. 때문에 군자는 그 보지 않는 바에도 스스로 경계하고 삼가면서 기쁨과 노여움, 슬픔과 즐거움 등 이 네 가지의 감정을 이해하지 않을 수 없습니다. 이 마음이 발(發)하지 않는 경우, 치우치거나 기울어짐이 없는 상태를 말합니다. 이것이 이른바 중(中)입니다.

이 '중'이 절도에 맞으면 모든 일이 적중돼 이치에 거스르거나 어그러짐이 없습니다. 이를 화(和)라 합니다. 부연하면, 중(中)이란 것은 '본성의 덕' 혹은 '도의 본체(本體)'라 합니다. 고요히 움직이지 않지만 천하 사물의 이치가 모두 구비되어 있기 때문에 이를 근본으로 삼습니다. 반면 화(和)란 것은 '감정의 바름'이고, '도의 작용(作用)'이라 합니다. 이것이 감동하여 소통되면 고금(古今)과 사물이 모두 절도에 맞습니다.

때문에 천하에 두루 통하는 '도'라고 합니다. 그러므로 중화(中和)는 본성과 감정을 뜻하는 말로 '도의 본체와 작용'으로 풀이합니다. 다시 말해 중화가 확대되면 천하 만물 또한 극진해집니다. 곧 내 마음이 천지의 마음과 상통합니다. 음양(陰陽)과 동정(動靜)이 각각 제자리를 잡아 천지만물이 편안하게 길러집니다. 이런 '중화'가 이루어져 천지만물이 자리를 잡고 길러짐은 모두가

'경계하고 삼가는 데서 비롯'됩니다.

그러므로 '도'가 내 마음의 근본에서 떠나지 않도록 홀로 삼가는 마음을 끊임없이 유지해야 합니다. 보존하고 기르는 자세, 그것이 군자의 삶, 즉 장자가 말하는 진인의 삶입니다. 즉 "기쁨과 노여움, 슬픔과 즐거움이 아직 발(發)하지 않은 것을 중(中)이라 하고, 발하여 모두 절도에 맞는 것을 화(和)라 이른다."[65]는 중화(中和)야말로 하늘과 사람이 서로 이기지 않을 때, 진인이라 지칭하는 것과 다르지 않은 것입니다.

05

대종사 샘이 마르면 물고기들은 땅 위에 모여 서로 습기를 뿜어주고 서로 거품으로 적셔주지만,[66] 강물이나 호수에서 서로를 잊고 사느니만 못하다.[67] 요(堯)임금을 기리고 걸왕(桀王)을 비난하는 것은 양쪽을 다 잊고 도(道)와 일체가 되느니만 못하다. 자연은 우리에게 형체를 주었고, 삶을 주어 수고롭게 하고, 늙음을 주어 편하게 하며, 죽음을 주어 쉬게 한다. 그러므로 스스로의 삶을 좋다고 하는 것은 곧 스스로의 죽음도 좋다고 여기는 셈이다.

원문 泉涸, 魚相與處於陸, 相呴以濕, 相濡以沫, 不如相忘於江湖. 與其譽

65 『중용(中庸)』 제1장 : 喜怒哀樂之未發, 謂之中, 發而皆中節, 謂之和.

66 유가(儒家)의 인애(仁愛)를 비유하여 이르는 것이다.

67 절대세계나 본래세계에선 도(道)가 하나이기 때문에 인애(仁愛) 따위가 필요 없다는 의미다.

堯而非桀也, 不如兩忘而化其道. 夫大塊載我以形, 勞我以生, 佚我以老, 息我以死. 故善吾生者, 乃所以善吾死也.

자해 • 학(涸) : 마르다. 구(呴) : 입으로 내뿜다. 습(濕) : 습기, 축축하다. 유(濡) : 적시다. 말(沫) : 거품. 예(譽) : 기리다. 요(堯) : 성(聖)스런 임금. 비(非) : 비(誹)와 통용, 헐뜯다, 비난하다. 걸(桀) : 하나라 걸왕, 폭군으로 유명하다. 대괴(大塊) : 천지(天地)와 통용, 즉 대자연을 뜻함. 일(佚) : 편하다.

해영

가뭄이 심하면 어지간한 개울은 모두 마릅니다. 물고기들이 수난을 겪습니다. 그들은 살아남기 위해 거품을 내어 서로의 몸을 적셔줍니다. 이런 행위를 유가적(儒家的)으로 보면 이른바 인(仁)이라 할 수 있습니다. 하지만 인(仁)을 달리 해석하면 부자연스런 사회에서 행해지는 가치로 볼 수 있습니다. 도덕이나 윤리가 필요 없는 사회, 상대의 존재조차도 의식함이 없이 사는 것이야말로 자연의 삶이라 할 수 있습니다.

06

대종사 도(道)란 실제로 나타나는 작용이 있고 존재한다는 증거가 있으나, 작위와 형체는 없다. 전할 순 있으나 받을 순 없으며, 체득할 순 있으나 볼[알] 순 없다. 스스로 근본이 되어 있으며, 아직 천지(天地)가 생기기 전 예로부터 엄연히 존재하며, 귀신과 상제(上帝)를 신령(神靈)하게 하고, 하늘과 땅을 낳았다. 태극보다 앞서 존재하면서도 높은 척하지 않고, 육극(六極)의 아래에 있으면서도 깊은 척하지 않으며, 하늘과 땅보다 앞서 생겨났으면서 오래된 척하지 않고, 아득한 옛날보다 더 오래되었으면서도 늙은 척하지 않는다.

원문 夫道, 有情有信, 無爲無形. 可傳而不可受, 可得而不可見. 自本自根, 未有天地, 自古以固存, 神鬼神帝, 生天生地. 在太極之先而不爲高, 在六極之下而不爲深, 先天地生而不爲久, 長於上古而不爲老.

자해 • 정(情) : 실정(實情). 신(信) : 참된 증거. 수(受) : 받다. 견(見) : 보다, 알다. 고존(固存) : 본래 존재하다, 엄연히 존재하다. 태극(太極) : 극점, 하늘 위 가장 높은 곳. 육극(六極) : 천지 사방의 끝, 땅 속 깊은 곳, 땅을 떠받치는 여섯 개의 기둥이란 설도 있고, 태극의 오자(誤字)란 설도 있다. 상고(上古) : 태고(太古)를 뜻함.

해영

도(道)란 시공(時空)을 초월하여 존재합니다. 하지만 자연의 현상으로도 알 수 있습니다. 봄이 가면 여름이 오고, 여름이 가면 가을이 오며, 가을이 가면 반드시 겨울이 옵니다. 추호(秋毫)의 어긋남도 없습니다. 극하면 반전합니다. 극서(極暑)와 극한(極寒)이 이를 증명합니다. 사람도 자연의 하나입니다. 알아도 모르는 척, '높아도 높은 척하지 않는 사람'이 있습니다. 낮추면 높아지고, 높이면 낮아짐을 아는 사람입니다.

07

대종사 자사(子祀), 자여(子輿), 자려(子犁), 자래(子來) 네 사람이 서로 이야길 나누다 이렇게 말했다. "누가 무(無)를 머리로 삼고, 생(生)을 등뼈로 삼으며, 사(死)를 엉덩이[꽁무니]로 삼을 수 있는가? 또한 누가 생사(生死), 존망(存亡)이 한가지임을 알 수 있는가? 그런 사람과 벗 삼고 싶다." 네 사람은 서로 쳐다보면서 웃고는 마음에 거슬리는 것이 없자 마침내 벗이 되었다. 얼마 지나서 갑자기 자여(子輿)가 병이 나자, 자사(子祀)가 문병을 갔다. 자여가 말했다. "위대하다, 조물자여.[68] 내 몸을 이토록 구부러지게 하는구나." 등은 굽어 불쑥 나오고, 오장은 위로 올라가 있으며, 턱은 배꼽에 가려지고, 어깨는 정수리보다 높이 올라가 있으며, 목덜미는 하늘을 가리키고 있었다. 음양(陰陽)의 기가 어지러워졌으나 그 마음은 한가로워 아무 일도 없는 듯하였다. 비틀거리며 우물에 가서 물에 비추어 보고 말했다. "아, 저 조물자는 내 몸을 이토록 구부러지게 하는구나."

자사가 말했다. "그대는 그게 싫은가?" "아니네, 내 어찌 싫어하겠는가? 가령 내 왼팔을 조금씩 변화시켜 닭이 되게 한다면 난 그것이 새벽 알리기를 바라겠네. 가령 내 오른팔을 조금씩 변화시켜 탄환이 되게 한다면 난 그것으로 올빼미를 쏘아 맛있는 새 구이를 만들 것이네. 가령 내 엉덩이를 조금씩 변화시켜 수레바퀴가 되게 하고, 내 정신을 말[馬]이 되게 한다면 나는 그것을 탈 것이네. 어찌 다른 수레[탈 것]로 바꾸겠는가? 또한 생명을 얻는 것은 때

---

68 조물자(造物者)는 만물을 창조하는 주체이나, 장자 본래의 사상엔 인격적인 창조자를 인정하지 않기 때문에 이는 근원적인 것에 대한 의인적(擬人的) 표현으로 보는 게 합리적이다.

를 얻은 것이며, 생명을 잃는 것은 자연의 변화를 따르는 것이네. 태어나는 때를 편안히 맞이하고 죽는 때를 순하게 따르면 슬픔이나 즐거움 따위가 들어올 수 없네. 이것이 옛날의 이른바 현해(縣解)[69]라는 것이네. 그런데 스스로 속박에서 풀지 못하는 것은 사물이 그를 동여매고 있기 때문이네. 또한 사물이 자연의 도리[天]에 이기지 못한 지 오래되었는데, 내 또한 어찌 싫어하겠는가?"

원문 子祀, 子輿, 子犁, 子來, 四人相與語曰, 孰能以無爲首, 以生爲脊, 以死為尻. 孰知死生存亡之一體者, 吾與之友矣. 四人相視而笑, 莫逆於心, 遂相與爲友. 俄而子輿有病, 子祀往問之. 曰, 偉哉, 夫造物者, 將以予爲此拘拘也. 曲僂發背, 上有五管, 頤隱於齊, 肩高於頂, 句贅指天. 陰陽之氣有沴, 其心閒而無事. 跰𨇤而鑑於井, 曰, 嗟乎, 夫造物者, 又將以予爲此拘拘也. 子祀曰, 汝惡之乎. 曰, 亡. 予何惡. 浸假而化予之左臂而爲鷄, 予因以求時夜. 浸假而化予之右臂以爲彈, 予因以求鴞炙. 浸假而化予之尻以爲輪, 以神爲馬, 予因以乘之. 豈更駕哉. 且夫得者時也, 失者順也. 安時而處順, 哀樂不能入也. 此古之所謂縣解也. 而不能自解者, 物有結之. 且夫物不勝天久矣, 吾又何惡焉.

자해 • 여(犁) : 쟁기. 척(脊) : 등뼈. 고(尻) : 꽁무니, 엉덩이. 막역(莫逆) : 어긋남이 없다, 뜻과 의기가 투합하다. 수(遂) : 마침내. 조물자(造物者) : 만물 창조주. 구구(拘拘) : 몸이 구부러진 모양. 곡루(曲僂) : 곱사등이, 곱사등의 혹. 발배(發背) : 등이 구부러져 위로 솟는 것. 오관(五管) : 오장(五臟)의 힘줄. 이(頤)

---

69 속박으로부터 해방된 것을 의미한다.

: 턱. 제(齊) : 제(臍)와 통용, 배꼽. 견(肩) : 어깨. 구취(句贅) : 목덜미, 혹처럼 두드러져 나온 목덜미의 등골뼈.

• 여(沴) : 어지러워지다, 뒤섞이다. 변(跰) : 비틀비틀하다. 선(躚) : 비틀비틀하다. 침(浸) : 침(侵)과 통용, 조금씩 변화하다. 좌비(左臂) : 왼쪽 팔. 시야(時夜) : 밤의 때, 새벽을 알리다. 탄(彈) : 탄환, 옛날 탄궁(彈弓)의 탄환. 효(鴞) : 올빼미. 효구(鴞炙) : 올빼미 구이. 가(駕) : 수레에 말을 매는 것. 현(縣) : 현(懸)과 통용, 묶여 매달려 있던 것으로부터 풀림. 물유결지(物有結之) : 외계(外界)의 사물에 매어져 있음. 물불승천(物不勝天) : 사물이 자연의 도리를 이길 수 없다.

해영

여기서 무(無)는 생전(生前)을 뜻합니다. 따라서 생전(生前)은 생시(生時)와 사후(死後)가 하나로 연결됩니다. 즉 '무(無)는 머리', '생(生)은 척추', '사(死)는 엉덩이'입니다. 이러한 과거와 현재, 미래를 초월한 네 사람은 결국 벗이 됐습니다. 먼저 자여가 큰 장애를 입습니다. 하지만 그는 몸의 변화를 대자연의 흐름으로 받아들입니다. 그 변화에 따라 순응하는 태도는, 장자가 추구하는 지인(至人)의 일면을 볼 수 있습니다.

이후 논의를 보겠습니다. 갑자기 자래(子來)가 병으로 숨을 몰아쉬는 것이 곧 죽을 것 같았다. 아내와 자식들이 울고 있었다. 자려(子犁)가 문병 가서 말했다. "쉬이, 저리 비키시오. 죽어가는 사람을 놀라게 하지 마시오." 가족을 물리치고 방문에 기대 자래에게 말했다. "위대하다, 조화(造化)여. 또 그대를 무엇으로 만들고, 어디로 데려가려는 것일까? 그대를 쥐의 간으로 만들려는 것인가? 벌레의 팔로 만들려는 것인가?"

자래가 말했다. "부모는 자식에게 동서남북 어디로 가게 하든 오직 명령을 따르게 하네. 음양[자연]은 단지 부모와 같을 뿐만이 아니네. 저 음양이 나를 죽음에 가까이 하게 하는데, 내가 듣지 않는다면 나는 곧 순종하지 않는 사람이 되네. 그러니 조화(造化)가 무슨 죄가 있겠는가? 자연은 내게 형체를 주었네. 그리고 삶[生]으로써 나를 수고롭게 하고, 늙음[老]으로 나를 편안하게 하며, 죽음[死]으로 나를 쉬게 하네."

"또한 내 삶을 좋다고 하는 것은 반대로 내 죽음도 좋다고 하는 것과 같은 얘기네. 지금 훌륭한 대장장이가 쇠를 녹여 주물(鑄物)을 만들려는 데 쇠가 뛰어오르며, '나는 반드시 막야(鏌鎁)[70]가 되리라'고 한다면, 훌륭한 대장장이는 반드시 상서롭지 못한 쇠라 생각할 것이네. 지금 한번 사람의 형태로 타고 났다고 '사람뿐이다, 사람뿐이다'라고 한다면, 저 조화자는 반드시 상서롭지 못한 인간이라고 생각할 것이네."

"지금 천지(天地)를 커다란 용광로로 생각하고, 조화(造化)를 훌륭한 대장장이로 생각한다면 어디로 가든 좋지 않을 것이 있겠는가? 죽으면 편안히 잠들고, 살면 문득 깨어나는 것일 뿐이네." 이처럼 삶[生]과 죽음[死]은 자연 변화의 한 현상[物化][71]임을 알 수 있습니다. 살기 위해 발버둥치거나 죽기 위해 발버둥치는 건 헛된 일입니다. 생사(生死)를 초월한 자래(子來)와 자려(子犁)의

---

70 명검(名劍)의 이름이다. 옛날 오(吳)나라의 간장(干將)이란 사람이 오왕(吳王)을 위해 만든 검이다. 그 아내의 이름이 막야(鏌鎁)였으므로 웅검(雄劍)은 '간장', 자검(雌劍)은 '막야'란 이름이 되었다.

71 물화(物化)는 한 물건이 다른 물건으로 변화하는 것, 즉 자연물로 바뀐 상태를 말한다.

논의가 우리 삶을 성찰하게 합니다.

08

대종사 의이자(意而子)가 허유(許由)[72]를 보자 허유가 말했다. "요임금은 그대에게 무엇을 가르쳤는가?" 의이자가 말했다. "요임금은 제게 이르시길, '그대는 반드시 인의(仁義)의 덕을 몸소 실천하고 시비(是非)를 분명히 말하라'고 하셨습니다." 허유가 말했다. "그대는 어찌하여 여기에 왔는가? 저 요임금은 이미 그대에게 인의의 덕으로 몸에 먹칠을 새기는 묵형(墨刑)을 가했고, 시비(是非)로써 코베는 형벌을 가했다. 그대가 어찌 저 자유분방하고 변화 많은 도(道)의 세계에서 노닐려 하는가?" 의이자가 말했다. "비록 그렇지만 저는 그 도의 경계에서라도 노닐고자 합니다." 허유가 말했다. "그렇지 않다. 눈이 어두운 사람은 눈썹과 눈, 얼굴빛의 아름다움에 관여할 수 없고, 눈이 보이지 않는 사람은 청색과 황색, 흰색과 검은색의 무늬로 이루어진 아름다운 구경거리에 관여할 수 없다."

의이자가 말했다. "무장이 그 아름다움을 잊게 되고, 거량이 그 힘을 잊게 되며, 황제가 그 지혜를 잊게 된 것은 모두 용광로 안에서 단련되었기 때문입

---

72 요(堯)임금 시대의 현인으로 이른바 은자(隱者)로 불린다. 진대(晋代)에 편찬된 『고사전(高士傳)』에 따르면, 허유는 양성(陽城) 괴리(槐里) 사람으로 품행이 단정했다. 패택(沛澤)에 숨어 살았는데, 요임금이 자리를 물려주려 하자, 기산(箕山) 아래 영수(潁水) 북쪽으로 이주했다. 어느 날, 요임금이 다시 자리를 물려주려 하자, 허유는 그 말을 들은 귀가 더럽혀졌다고 여겨 영수에서 씻었다. 마침 소를 끌고 영수에서 물을 먹이려 했던 소보(巢父)가 더러워진 영수 물을 먹일 수 없다며 상류 쪽으로 올라갔다.

니다. 조물자가 저의 묵형을 지워주고 베어진 코를 붙여주어 저로 하여금 온전한 몸으로 선생님을 따르게 할지 어찌 알겠습니까?" 허유가 말했다. "아, 그건 알 수 없구나. 내 그대에게 그 대강[도의 세계에서 노니는]을 말해주겠다. 나의 스승이여! 나의 스승이여! 만물을 자잘하게 부수어 만들어 내고서도 의롭게 여기지 아니하고, 은택이 만세에 미치게 하고서도 어질다 여기지 아니하며, 아득한 옛날보다 더 오래 살았으면서도 늙었다 여기지 아니하고, 천지를 싣고 감싸 온갖 형태를 조각하고서도 교묘하다 여기지 아니한다. 이것이 마음을 노닐게 하는 경지다."

원문 意而子見許由, 許由曰, 堯何以資汝. 意而子曰, 堯謂我, 汝必躬服仁義, 而明言是非. 許由曰, 而奚來爲軹. 夫堯旣已黥汝以仁義, 而劓汝以是非矣. 汝將何以遊夫遙蕩恣睢轉徙之塗乎. 意而子曰, 雖然, 吾願遊於其藩. 許由曰, 不然. 夫盲者無以與乎眉目顏色之好, 瞽者無以與乎青黃黼黻之觀. 意而子曰, 夫無莊之失其美, 據梁之失其力, 黃帝之亡其知, 皆在鑪捶之間耳. 庸詎知夫造物者之不息我黥而補我劓, 使我乘成以隨先生邪. 許由曰, 噫, 未可知也. 我爲汝言其大略. 吾師乎. 吾師乎. 整萬物而不爲義, 澤及萬世而不爲仁, 長於上古而不爲老, 覆載天地, 刻彫衆形, 而不爲巧. 此所遊已.

자해 • 의이자(意而子) : 가공의 이름. 자(資) : 주다, 가르침을 주다. 궁(躬) : 몸, 몸소. 복(服) : 행하다. 이(而) : 여(汝)와 같음. 해(奚) : 하(何)와 같음. 지(軹) : 어조사. 식(息) : 지워주다. 경(黥) : 자자(刺字).[73] 의(劓) : 코를 베다. 탕(蕩) : 크

---

73 이마에 먹을 주입하는 형벌을 일컫는다. 즉 인의(仁義)를 실천하라고 한 요임금의 말은 의이자가 속박당하는 것으로, 형벌과 다름없는 얘기다.

다, 넓다. 요탕(遙蕩) : 거침없는 모양. 자(恣) : 방자하다. 휴(睢) : 부릅떠서 보다. 자휴(恣睢) : 자유롭게 행동하다. 전(轉) : 바꾸다. 사(徙) : 걸어 다니다. 전사(轉徙) : 쉴 새 없이 움직이다. 도(塗) : 도(道)와 같음. 번(藩) : 경계. 맹자(盲者)[74] : 시력이 극히 나쁜 사람. 고자(瞽者) : 시력을 완전히 잃은 사람.

• 보(黼) : 수(繡)와 같음. 불(黻) : 수(繡)와 같음. 보불(黼黻) : 무늬 이름으로, 보(黼)는 검고 흰색의 도끼 모양이 연결된 무늬이고, 불(黻)은 검고 푸른색의 이(已)자가 연결된 무늬를 갖고 있다. 무장(無莊) : 미인의 이름. 장(莊) : 꾸미다. 거량(據梁) : 사람 이름으로 장사(壯士)로 알려짐. 노(鑪) : 화로, 용광로. 추(捶) : 매다, 치다. 노추(鑪捶)[75] : 용광로와 망치. 희(噫) : 한숨 쉬다. 제(整) : 자잘하게 부수다. 조(彫) : 새기다.

해영

오늘날 우리의 삶은 유가적(儒家的)입니다. 도덕과 윤리, 인의(仁義)를 끊임없이 강조합니다. 다분히 의식(意識)이 동반된 삶입니다. 도가적(道家的) 삶에서 보면, 자연의 모습과 완전히 배치된 삶입니다. 때문에 유가에서 가장 모범으로 삼는 요임금의 논리를 비판하는 건 당연한 일입니다. 즉 '인의'로 묵형(墨刑)을 가했고, 시비(是非)로 코 베는 형벌을 가했다고 하는 논리가 이해됩니다. 의식 전환이 있어야 할 때입니다.

---

74 맹자(盲者)는 눈동자가 있지만 사물을 보지 못하는 사람이고, 고자(瞽者)는 북의 가죽처럼 눈동자가 없는 사람이란 설, 맹자(盲者)는 눈이 없는 사람, 고자(瞽者)는 눈동자가 없는 사람으로 해석하는 설 등 다양하지만, 여기선 시력이 극히 나쁜 사람을 맹자(盲者)로, 시력을 완전히 잃은 사람을 고자(瞽者)로 해석하였다.

75 노(鑪)는 용광로, 추(捶)는 망치를 뜻한다. 즉 용광로 옆에서 망치로 쇠를 단련시키듯, 도(道)를 애써 닦음을 비유한 것이다.

09

대종사 안회가 말했다. "저는 얻은 바가 있습니다." 공자가 말했다. "무슨 말이냐?" 안회가 말했다. "저는 인의(仁義)를 잊었습니다." 공자가 말했다. "괜찮기는 하지만 아직 미흡하다." 뒷날 다시 만나 안회가 말했다. "저는 얻은 바가 있습니다." 공자가 말했다. "무슨 말이냐?" 안회가 말했다. "저는 예악(禮樂)을 잊었습니다." 공자가 말했다. "괜찮기는 하지만 아직 미흡하다." 뒷날 다시 만나 안회가 말했다. "저는 얻은 바가 있습니다." 공자가 말했다. "무슨 말이냐?" 안회가 말했다. "저는 좌망(坐忘)하게 되었습니다." 공자가 놀란 듯이 물었다. "좌망이 무엇이냐?" 안회가 말했다. "손발이나 신체를 잊어버리고, 귀와 눈의 작용을 물리쳐 형체를 떠나고 지각을 버려 대도(大道)에 동화하는 것, 이것을 좌망이라 합니다." 공자가 말했다. "도(道)와 일체가 되면 좋고 싫은 것[차별 따위]이 없어지고, 변화(變化)하면 한 곳에 집착함이 없어진다. 너는 과연 현명하구나. 나도 너의 뒤를 따르겠다."

원문 顔回曰, 回益矣. 仲尼曰, 何謂也. 曰, 回忘仁義矣. 曰, 可矣, 猶未也. 它日復見曰, 回益矣. 曰, 何謂也. 曰, 回忘禮樂矣. 曰, 可矣, 猶未也. 它日復見曰, 回益矣. 曰, 何謂也. 曰, 回坐忘矣. 仲尼蹵然曰, 何謂坐忘. 顔回曰, 墮肢體, 黜聰明, 離形去知, 同於大通, 此謂坐忘. 仲尼曰, 同則無好也, 化則無常也. 而果其賢乎. 丘也請從而後也.

자해 • 익(益) : 발전하다, 진보하다. 타일(它日) : 다른 날, 뒷날. 부(復) : 다시. 축(蹵) : 삼가다. 축연(蹵然) : 놀라는 모양. 타(墮) : 떨어뜨리다. 지(肢) : 팔다리. 출(黜) : 물리치다. 총(聰) : 밝다. 대통(大通) : 모든 차별을 넘어서는 것,

즉 자연을 가리킴. 좌망(坐忘) : 앉은 채로 모든 것을 잊어버리는 것.

해영

좌망(坐忘)을 강조합니다. 신체와 감각작용을 물리친, 즉 형체와 지각을 버려 대도(大道)에 동화하는 것을 뜻합니다. 자연의 도(道)와 일체가 되면, 좋고 싫고 나쁜 것이 모두 사라지고, 변화(變化)하면 한 곳에 집착함이 없습니다. 한편 '좌망'은 불가(佛家)의 좌선(坐禪)[76]과 유사성이 있습니다. 하지만 수행의 한 형태인 좌선은 장자의 사상과는 근본적으로 다릅니다. 수행은 본질적으로 '인위(人爲)가 동반'되기 때문입니다.

76 불가의 좌선은 석가모니가 보리수 아래에서 단좌정사(端坐靜思 : 단정히 앉아 고요히 생각함)하여 깨달음을 얻고, 21일 동안 삼매(三昧)에 잠겨 있었던 데서 비롯된다. 이후 불가의 중요한 실천덕목이 되어 원시불교의 삼학(三學 : 계戒·정定·혜慧)과 대승불교의 육바라밀(六波羅蜜 : 보시布施·지계持戒·인욕忍辱·정진精進·선정禪定·지혜智慧)의 하나로 정립됐다. 중국에선 보리달마(菩提達磨) 이후 좌선을 근본수행법으로 삼는 선종(禪宗)이 성립되어 그 종풍을 크게 떨쳤다. 한편 선종에선 선(禪)이 '삼학'과 '육바라밀'을 모두 포함하는 것으로, 단좌하는 것만이 아니라, 행(行)·주(住)·좌(坐)·와(臥)의 모든 일상생활이 선(禪)수행으로 간주됐다. 그리하여 '소극적 형식주의적' 좌선이 아닌 '적극적 자유주의적' 좌선이 선양되었다.

응제왕(應帝王)

응제왕이란 스스로를 잊고 자연의 삶을 따르면 만물의 제왕이 될 수 있음을 의미합니다. 즉 무심(無心)과 무위(無爲)를 적극적으로 행하면 천하(天下)는 다스려지지 않음이 없고, 민중들은 제왕의 공덕을 전혀 인식하지 못합니다. 다시 말해 장자의 초월정신은 절대세계의 왕이며, 이 절대자의 삶이 곧 세속에서도 구현되어야 한다는 것이 그가 강조하는 덕목입니다. 유위(有爲)보다 무위(無爲)가 핵심입니다.

01

응제왕 설결(齧缺)이 스승 왕예(王倪)에게 물었다. 네 번 물었으나 네 번 다 모른다고 했다. 설결은 이에 모르는 것이 참된 것임을 알고 껑충 뛰며 크게 기뻐[77]하고 포의자(蒲衣子)에게 가서 알렸다. 포의자가 말했다. "그대는 지금에야 그것을 알았는가? 유우씨(有虞氏)[78]도 태씨(泰氏)에게는 미치지 못했다. 유우씨는 그래도 오히려 자기 마음속에 인(仁)을 품어서 사람들을 모아 또한 민중들을 얻었지만, 아직 사람들을 비난하는 처지에서 벗어나진 못했다. 하지만 태씨는 누워 잠잘 때는 편안했고, 깨어 있을 때는 멍청하여 스스로를 말[馬]이라고도 하고, 스스로를 소[牛]라고도 했다. 그의 지혜는 참으로 믿을 수 있었고, 그의 덕은 참으로 진실했다. 애초부터 사람들을 비난하는 입장엔

77 모른다[不知]고 하는 것이 참으로 아는 것[眞知]일 수 있기 때문에 기뻐한 것이다.

78 유우(有虞)는 순임금의 왕조 이름이다. 순임금의 조상이 우(虞)땅에 살았기 때문에 유우씨(有虞氏)로 불린다.

들어가지 않았다."

원문 齧缺問於王倪, 四問而四不知. 齧缺因躍而大喜, 行以告蒲衣子. 蒲衣子曰, 而乃今知之乎. 有虞氏不及泰氏. 有虞氏, 其猶藏仁以要人, 亦得人矣, 而未始出於非人. 泰氏其臥徐徐, 其覺于于, 一以己爲馬, 一以己爲牛. 其知情信, 其德甚眞, 而未始入於非人.

자해 • 설(齧) : 깨물다. 포의자(蒲衣子) : 왕예의 스승으로, 설결과 마찬가지로 가공의 인물임. 이(而) : 여(汝)와 통용. 태씨(泰氏) : 태고의 제왕, 간혹 복희씨란 설도 있음. 장인이요인(藏仁以要人) : 인(仁)을 마음속에 품고 그것으로 어진 사람을 구하다. 요인(要人) : 어진 사람을 구하다, 어진 사람들을 대하다. 출(出) : 벗어나다, 초월하다. 비인(非人) : 사람들을 비난하다, 세속의 세계를 의미함. 서서(徐徐) : 편안하다. 우우(于于) : 아무 것도 모르는 모양, 멍청하다. 정(情) : 참되다, 진실하다. 입어비인(入於非人) : 사람들을 비난하는 입장으로 들어가다.

해영

세속에선 일을 많이 하는 사람이 훌륭한 사람입니다. 경쟁에서 이긴 사람이기 때문에 일이 많습니다. 하지만 자연의 세계, 즉 절대의 세계에선 다릅니다. 늘 민중들을 위해 애쓰는 요임금의 삶은, 잠잘 땐 편안하고 깨어 있을 땐 멍청하여 스스로 말[馬]이 되기도 하고, 소[牛]가 되기도 하는 태씨(泰氏)의 삶만 못합니다. 시비(是非)를 논하는 요임금의 세계보다 애초부터 멀리하는 태씨의 삶이 훨씬 가치 있는 삶입니다.

02

응제왕 견오(肩吾)가 광접여(狂接輿)를 만나자 광접여가 물었다. "전에 중시(中始)가 그대에게 무슨 말을 하던가?" 견오가 말했다. "내게 말하길, '임금된 자가 자기 생각대로 법령과 제도를 만들어내면 어느 누가 감히 그에 따르고 교화(教化)되지 않겠는가?'라고 했습니다." 접여가 말했다. "그것은 거짓된 덕이다. 그런 식으로 천하를 다스리는 것은 바다를 걸어서 건너고, 강을 손으로 파헤치며, 모기에게 산을 짊어지게 하는 짓이다. 성인(聖人)이 천하를 다스림에 밖을 다스리겠는가? 스스로 올바르게 한 이후에 실행하는 것이니, 할 수 있는 일을 확실히 할 뿐이다. 새는 높이 날아 주살[矰弋]의 위험을 피하고, 생쥐는 신단 밑으로 깊숙이 굴을 파 연기에 질식하거나 파헤쳐지는 환난을 피할 줄 아는데, 어찌 그대는 저 두 짐승의 지혜만도 못하는가?"

원문 肩吾見狂接輿, 狂接輿曰, 日中始何以語女. 肩吾曰, 告我, 君人者, 以己出經式義度, 人孰敢不聽而化諸. 狂接輿曰, 是欺德也. 其於治天下也, 猶涉海鑿河, 而使蚊負山也. 夫聖人之治也, 治外乎. 正而後行, 確乎能其事者而已矣. 且鳥高飛以避矰弋之害, 鼷鼠深穴乎神丘之下, 以避熏鑿之患, 而曾二蟲之無知.

자해 • 경(經) : 길. 식(式) : 법. 도(度) : 법도, 제도. 섭(涉) : 건너다. 착(鑿) : 파다, 파헤치다. 문(蚊) : 모기. 증익(矰弋) : 주살, 여기서 증(矰)은 화살에 실을 달아 새를 향해 쏘는 도구이고, 익(弋)은 그 화살을 말한다. 혜(鼷) : 생쥐. 훈(熏) : 연기, 태우다. 이(而) : 여(汝)와 같음. 증(曾) : 내(乃)와 같음, 이에. 충(蟲) : 동물, 짐승.

해영

대체로 삶의 방식은 두 가지입니다. 자연의 질서 속에서 배우는 것과 세속에서 배우는 것이 그것입니다. 소[牛]나 말[馬] 따위는 태어나면서부터 걷고 뛰고 어미젖 빠는 법을 배웁니다. 자연에서 준 지혜를 그대로 따릅니다. 하지만 세속의 삶은 다릅니다. 욕심이 개입되면서 인위(人爲)가 판을 칩니다. 어찌하면 상대를 제압할까 고민합니다. 미물들도 자연의 질서를 따르는데, 사람들은 무시합니다. 재앙(災殃)의 근원입니다.

03

응제왕 천근(天根)이 은양(殷陽)에서 노닐다 요수(蓼水)가에 이르러 문득 무명인을 만나게 되자 물었다. "천하를 다스리는 방법에 대해 묻습니다." 무명인이 말했다. "물러가라. 그대는 비루(鄙陋)한 사람이다. 어찌 물음이 이처럼 불쾌한가? 나는 바야흐로 조물자와 벗이 되었다가 싫증나면 또 아득히 멀리 나는 새를 타고 육극(六極)[79]의 밖으로 나가 무하유(無何有)의 고향[80]에서 노닐고, 끝없이 넓은 들판에 머물고자 하는데, 그대는 무엇 때문에 천하를 다스리는 일로 내 마음을 흔들어대는가?" 천근이 또 다시 묻자, 무명인이 말했다. "마음을 담담한 경지에 노닐게 하고, 기(氣)를 막막한 곳에 부합시키며,[81] 만

79 육극(六極)은 천지 사방의 끝을 말한다. 한편 땅 속 깊은 곳이나 땅을 떠받치는 여섯 개의 기둥이란 설도 있다. 하지만 태극의 오자(誤字)란 설도 있다.

80 어떠한 인위(人爲)도 없는 자연 그대로의 세계를 말한다.

81 나의 기(氣)를 광막하게 퍼져 있는 우주의 기(氣)와 부합시키는 것을 의미한다. 『맹자(孟子)』의 호연지기(浩然之氣)와 흡사하다.

물을 자연에 따르게 하고, 사사로움이 용납되지 않게 한다면, 천하는 다스려질 것이다."

원문 天根遊於殷陽, 至蓼水之上, 適遭無名人而問焉, 曰, 請問爲天下. 無名人曰, 去. 汝鄙人也. 何問之不豫也. 予方將與造物者爲人, 厭則又乘夫莽眇之鳥, 以出六極之外, 而遊無何有之鄉, 以處壙埌之野. 汝又何帠以治天下感予之心爲. 又復問, 無名人曰, 汝遊心於淡, 合氣於漠, 順物自然, 而無容私焉, 而天下治矣.

자해 • 천근(天根) : 본래는 성좌(星座) 이름, 하지만 여기선 무명인과 더불어 가공의 인물이다. 은양(殷陽) : 땅 이름. 요수(蓼水) : 강 이름. 적(適) : 마침, 우연히. 조(遭) : 우(遇)와 같음, 만나다. 위(爲) : 다스리다. 비(鄙) : 천하다, 비루하다. 예(豫) : 기뻐하다. 방(方) : 바야흐로. 염(厭) : 싫어하다. 망(莽) : 멀다, 아득하다. 묘(眇) : 멀다. 망묘(莽眇) : 아득한 모양. 광(壙) : 넓다. 양(埌) : 들멀 모양. 광양(壙埌) : 끝없이 드넓은 모양. 예(帠) : 가(叚)의 오(誤)자로 보임. 감(感) : 움직이다, 흔들다. 담(淡) : 담박하다, 담담하고 맑은 경지. 막(漠) : 넓다, 조용하다, 막막하고 고요한 경지.

해영

무명인(無名人)은 세속의 명예 따위에 집착하지 않는, 이른바 '무위(無爲)를 체득한 사람'을 뜻합니다. 즉 광대(廣大)하게 유람하는 무위(無爲)의 세계인 무하유지향(無何有之鄕)은 어떠한 인위(人爲)도 없는 자연 그대로의 세계를 의미합니다. 그곳엔 도(道)에 근거한 무위자연(無爲自然)만이 존재하는 무차별의 세계입니다. '인종이나 계급, 불평등, 부조리' 등 그 어떤 것도 존재하지 않습니다. 다스림[治]이 필요 없습니다.

04

응제왕 양자거(陽子居)가 노담(老聃)[82]을 만나 말했다. "여기 한 사람이 있는데 동작이 빠르고 강건하며, 생각이 트이고 사물의 도리에 밝으며, 도(道)를 배우는 일에 게으르지 않습니다. 이런 사람은 밝은 임금에 견줄 수 있습니까?" 노담이 말했다. "그런 사람은 성인(聖人)의 입장에서 보면, 지혜만 앞서고 재주에 얽매여 있어 몸을 고달프게 하고 마음을 불안하게 하는 사람이다. 또한 호랑이와 표범의 무늬는 사냥꾼을 불러들이고, 원숭이의 민첩함과 너구리를 잡는 개는 노끈을 부른다. 이와 같은 사람을 밝은 임금에 비교할 수 있겠는가?" 양자거는 삼가면서 공손히 물었다. "감히 밝은 임금의 다스림에 대해 여쭙습니다." 노담이 말했다. "밝은 임금의 다스림은 그 공적이 천하를 뒤덮을 만하여도 자기에 의한 것이 아닌 것처럼 하고, 교화가 만물에 베풀어져도 민중들은 의지하지 않는다. 선정이 베풀어지고 있음에도 아무도 그 이름을 일컫지 않으며, 만물로 하여금 스스로 기뻐하게 만드는 것이다. 헤아릴 수 없는 초월적인 경지에 서서 아무 것도 없는 근원의 세계에 노니는 것이다."

원문 陽子居見老聃, 曰. 有人於此, 嚮疾彊梁, 物徹疏明, 學道不勸. 如是者, 可比明王乎. 老聃曰, 是於聖人也, 胥易技係, 勞形怵心者也. 且也虎豹之文來田, 猨狙之便, 執狸之狗來藉. 如是者, 可比明王乎. 陽子居蹵然曰,

---

82 도가(道家) 시조(始祖)로 불린다. 성은 이(李), 이름은 이(耳), 자(字)는 담(聃).

敢問明王之治. 老聃曰, 明王之治, 功蓋天下, 而似不自己, 化貸萬物, 而民弗恃. 有莫擧名, 使物自喜. 立乎不測, 而遊於無有者也.

자해 • 양자거(陽子居) : 전국시대 양주(楊朱)라는 설이 유력하다. 노담(老聃) : 노자(老子)를 지칭한다. 향질(嚮疾) : 동작이 빠르다. 강량(彊梁) : 강하다, 힘세다. 물철(物徹) : 사물의 이치에 밝다, 생각이 트이다. 소명(疏明) : 생각이 밝다. 권(勸) : 권(倦)과 통용. 불권(不勸) : 게으르지 않다. 서(胥) : 서(諝)의 가차(假借), 지혜(智慧). 이(易) : 치(馳)의 가차(假借), 달리다.

• 출심(怵心) : 마음을 졸이다, 마음이 불안하다. 호표(虎豹) : 호랑이와 표범. 문(文) : 문(紋)과 통용. 전(田) : 사냥하다. 내전(來田) : 사냥하도록 불러들이다. 원(猨) : 원(猿)과 통용. 원저(猨狙) : 원숭이. 편(便) : 민첩하다. 이(狸) : 너구리. 자(藉) : 노끈, 올가미. 내자(來藉) : 올가미를 불러들이다. 축(蹵) : (蹴)과 같음. 축연(蹵然) : 삼가는 모양. 대(貸) : 베풀어지다. 시(恃) : 의지하다.

해영

오늘날의 정치는 이른바 유위(有爲)의 정치입니다. 즉 인위적인 정치입니다. 하지만 도가(道家)의 정치는 무위(無爲)로 일관합니다. 무위이무불위(無爲而無不爲)라고 하여 인위(人爲)가 없다면 다스려지지 않음이 없다는 주의입니다. 온갖 지혜와 재주를 기초로 분주히 움직이는 것은, 몸을 고달프게 할 뿐 아니라 마음도 불안하게 하는 요인이 됩니다. 사냥꾼의 먹이가 되거나 올가미로부터 아예 벗어나 있는 삶이 참입니다.

05

응제왕 정(鄭)나라에 계함(季咸)[83]이란 신통한 무당[84]이 있었다. 사람들의 사생존망(死生存亡), 화(禍)와 복(福), 장수[壽]와 요절[夭] 등의 운세를 정확히 알아서, 연월과 상순, 하순 등 날짜까지 맞추는 것이 귀신(鬼神)같았다. 그래서 정나라 사람들은 그를 보면 자기에 대한 예언이 두려워 모두 지니고 있던 물건을 버리고 도망쳤다. 열자(列子)가 그를 만나보고는 심취하여 돌아와 호자(壺子)[85]에게 말했다. "처음에 저는 선생님의 도(道)를 지극[최고]한 것으로 여겼는데, 그보다 뛰어난 사람이 있었습니다." 호자가 말했다. "나는 너에게 도의 형식[文]은 가르쳤으나 내용[實]에 대해선 아직 가르치지 않았다. 그런데 굳이 도를 터득했다고 하겠는가? 암컷이 아무리 많아도 수컷이 없다면 어찌 알[有精卵]이 생기겠는가? 너는 그 미숙한 도(道)로써 세상과 맞싸우며 반드시 뻗어나가고자 하는가? 그러니까 남이 너의 관상을 보고 쉽게 알아맞히는 것이다. 시험삼아 그를 데려와서 나를 그에게 보여 보거라."

다음날, 열자는 계함[무당]을 데리고 와서 호자를 만났다. 점을 치고 나서 밖으로 나온 계함은 열자에게 말했다. "아, 당신의 선생은 죽을 것입니다. 살지 못합니다. 열흘을 넘기지 못할 겁니다. 나는 괴이한 것을 보았습니다. 젖은 재[灰]의 상(相)[86]을 보았거든요." 열자가 들어가 눈물로 옷깃이 젖도록 울며

---

83 계함(季咸)은 제(齊)나라 사람으로, 영험(靈驗)이 뛰어난 무당이다.

84 무(巫)는 여자 무당을 뜻하고, 격(覡)은 남자 박수를 의미한다.

85 호자(壺子)는 정(鄭)나라 사람으로, 열자의 스승이다.

86 죽은 재는 간혹 불이 일어날 수도 있으나, 젖은 재, 즉 습회(濕灰)는 불이 일어날 가능성이 전혀 없기 때문에 이처럼 표현한 것이다.

호자에게 알렸다. 호자가 말했다. "아까 난 그에게 지문(地文)의 상(相)을 보여주었다. 산 같이 육중하여 움직이지도 않고 멈추어 있지도 않는 모양이다. 그는 아마 나의 덕을 막는 조짐[杜德機]을 보았을 것이다. 시험삼아 다시 데려와 보거라." 다음날 열자는 다시 계함과 함께 호자를 만났다. 점을 마치고 밖으로 나와 열자에게 말했다. "다행입니다. 당신의 선생은 나를 만나 병이 나았습니다. 완전히 생기가 돌고 있습니다. 나는 그의 생명의 싹을 보았습니다."

열자가 들어가 호자에게 알렸다. 호자가 말했다. "아까 난 그에게 천양(天壤)의 상(相)을 보여주었다. 이름도 실체도 끼어들지 못하며, 생명의 조짐이 몸 속 깊은 곳에서 생겨나는 모양이다. 그는 아마 나의 생명의 조짐[善者機]을 보았을 것이다. 시험삼아 다시 데려와 보거라." 다음날, 다시 계함과 함께 만났다. 점을 마치고 밖으로 나오자 열자에게 말했다. "당신의 선생은 상이 일정하지 않습니다. 나로선 상을 볼 수가 없습니다. 상이 일정해지면 다시 보겠습니다." 열자가 들어가 호자에게 알렸다. 호자가 말했다. "나는 아까 차별 없는 허무의 상(相)인 태충막승(太沖莫勝)을 보여주었다. 그는 아마 나의 조화된 기의 조짐[衡氣機]을 보았을 것이다. 소용돌이치는 깊은 물도 연못이고, 멈추어 있는 깊은 물도 연못이며, 흐르는 깊은 물도 연못이다. 연못에는 아홉 가지가 있는데, 이것은 그중 세 가지일 뿐이다. 시험삼아 다시 데려와 보거라."

다음날, 열자는 다시 계함과 함께 호자를 만났다. 선 채로 아직 앉지도 않았는데 계함이 넋을 잃고 도망쳤다. 호자가, "쫓으라." 하여 열자가 쫓았으나 잡지 못하고 돌아와 열자에게 보고했다. "벌써 사라졌습니다. 간곳을 모르겠습니다. 제가 미치지 못했습니다." 호자가 말했다. "아까 나는 나의 본질 그대로의 상을 보여주었다. 나는 스스로를 허심(虛心)하게 하여 사물에 순종케

하였으므로 그는 내 실체를 알지 못한 것이다. 바람 부는 대로 나부끼고, 파도치는 대로 흐른다 생각했기 때문에 점도 못치고 도망친 것이다." 그런 뒤 열자는 스스로 학문이 아직 시작도 되어 있지 않음을 깨닫고 집으로 돌아갔다. 삼 년 동안 문밖 출입을 금하고, 아내를 위해 밥을 짓고, 돼지 기르기를 사람 먹이듯 하며, 세상일에 친소(親疎)를 따짐이 없어졌다. 인위를 깎아 버리고 쪼아 없애서 본래의 소박함으로 돌아가, 무심히 홀로 있으면서 갖가지 일에도 얽매이지 않았다. 오로지 이와 같이 하며 일생을 마쳤다.

원문 鄭有神巫曰季咸, 知人之死生存亡, 禍福壽夭, 期以歲月旬日, 若神. 鄭人見之, 皆棄而走. 列子見之而心醉, 歸以告壺子. 曰, 始吾以夫子之道爲至矣, 則又有至焉者矣. 壺子曰, 吾與汝既其文, 未既其實, 而固得道與. 衆雌而無雄, 而又奚卵焉. 而以道與世亢, 必信夫, 故使人得而相汝. 嘗試與來, 以予示之. 明日, 列子與之見壺子. 出而謂列子曰, 噫, 子之先生死矣. 弗活矣. 不以旬數矣. 吾見怪焉. 見濕灰焉. 列子入, 泣涕沾襟, 以告壺子. 壺子曰, 鄉吾示之以地文, 萌乎不震不止. 是殆見吾杜德機也. 嘗又與來. 明日, 又與之見壺子. 出而謂列子曰, 幸矣, 子之先生, 遇我也有瘳矣. 全然有生矣. 吾見其杜權矣. 列子入, 以告壺子. 壺子曰, 鄉吾示之以天壤, 名實不入, 而機發於踵. 是殆見吾善者機也. 嘗又與來. 明日, 又與之見壺子. 出而謂列子曰, 子之先生不齊, 吾無得而相焉. 試齊, 且復相之. 列子入, 以告壺子. 壺子曰, 吾鄉示之以太沖莫勝. 是殆見吾衡氣機也. 鯢桓之審爲淵, 止水之審爲淵, 流水之審爲淵. 淵有九名, 此處三焉. 嘗又與來. 明日, 又與之見壺子. 立未定, 自失而走. 壺子曰, 追之. 列子追之不及. 反以報壺子曰, 已滅矣, 已失矣, 吾弗及已. 壺子曰, 鄉吾示之以未始出吾宗. 吾與之虛而委蛇, 不知其誰何, 因以爲弟靡, 因以爲波流, 故逃也. 然後列子自以爲未始學而歸, 三年不出.

爲其妻爨, 食豕如食人. 於事無與親, 雕琢復朴, 塊然獨以其形立. 紛而封哉, 一以是終.

자해 • 요(夭) : 일찍 죽다. 기(期) : 날짜를 예측하다. 순(旬) : 10일을 뜻함. 호(壺) : 병. 심취(心醉) : 심취하다. 지언자(至焉者) : 이보다 지극한 사람, 즉 호자보다 뛰어난 사람. 문(文) : 문장(文章), 언사(言辭)와 같은 외형적인 것. 실(實) : 앞의 문(文)과 대조되는 것으로 실질적인 것. 고(固) : 굳이. 이(而) : 여(汝)와 같음. 항(亢) : 항(抗)과 같음. 상(相) : 점(占)이나 관상을 보다. 상시(嘗試) : 상(嘗)은 시(試)와 같은 말로, 시험삼아. 희(噫) : 탄성(歎聲).

• 불활(弗活) : 살 수가 없다. 습회(濕灰) : 젖은 재. 읍체(泣涕) : 눈물을 흘리며 울다. 첨(沾) : 적시다. 첨금(沾襟) : 옷깃을 적시다. 향(鄕) : 향(嚮)과 같음, 접때, 아까. 맹(萌) : 꼼짝하지 않다. 두(杜) : 막다. 두덕기(杜德機) : 덕을 막는 조짐. 추(瘳) : 병이 낫다. 천양(天壤) : 하늘과 땅의 기운이 화합하는 형상. 선자기(善者機) : 선기(善機)와 같음, 즉 생기(生氣)의 조짐. 태충막승(太沖莫勝) : 차별이 없는 커다란 허무(虛無)의 상.

• 형(衡) : 저울, 달다. 형기기(衡氣機) : 조화된 기의 조짐. 예(鯢) : 도롱뇽. 환(桓) : 머뭇거리다. 예환(鯢桓) : 물이 돌면서 소용돌이치다. 연(淵) : 연못. 위이(委蛇) : 위이(逶迤)와 같음, 순종하다, 서성이다. 미(靡) : 흔들거리다, 사물에 순응하다. 찬(爨) : 불을 때 밥을 짓다. 사(食) : 기르다, 먹이다. 사시(食豕) : 돼지를 먹이다. 조(雕) : 새기다. 탁(琢) : 쪼다. 조탁(雕琢) : 인위적인 허식. 복박(復朴) : 본래의 소박함으로 돌아가다. 괴연(塊然) : 우뚝 솟아 있는 모양. 분(紛) : 어지럽다, 갖가지 일. 봉(封) : 지경(地境).

해영

삶을 영위(營爲)하면서 사람들을 수없이 만납니다. 그런 가운데 사람들은 알게 모르게 상대의 상(相)을 봅니다. 미모는 아니나 마음이 끌리는 사람이 있는가 하면, 미모를 갖추고 있음에도 전혀 호감이 가지 않는 사람도 존재합니다. 나이가 더해갈수록 사람의 상을 더 자세히 봅니다. 덕(德)이 있는 상인지, 없는 상인지를 확인합니다. 이런 현상을 두고 어떤 이들은 미신이라 하고, 어떤 이들은 신뢰를 보이기도 합니다.

여하튼 세상 사람들의 관심사를 반영하듯 관상학(觀相學)이란 말까지 생겼습니다. 그것이 옳든 그르든 중요한 것은 세상을 살아가면서 어떻게 덕(德)을 쌓고 사느냐가 관건일 것입니다. 평소 자연의 섭리를 인식하여 덕을 많이 쌓는 사람은 맑고 밝은 생기(生氣)를, 반대로 움직인 사람은 자신도 해치는 살기(殺氣)를 낸다는 사실입니다. 자연에 순응하여 늘 마음이 편안할 수 있다면, 어떤 상이든 논할 필요는 없습니다.

06

응제왕 명예의 주인공이 되지 말고, 모략의 창고가 되지 말며, 일의 책임자가 되지 말며, 지혜의 주인이 되지 말라. 무궁한 도를 철저히 터득하여 흔적 없는 무위자연의 경지에서 노닐라. 자연으로부터 받은 것을 극진하게 하고, 이익을 보지 말아야 할 것이니, 오직 마음을 비울 따름이다. 지인(至人)의 마음씀씀이는 마치 거울과 같아서, 사물을 보내지도 않고 맞아들이지도 않으며, 응해주기만 하고 모습을 감추진 않는다. 그러므로 온갖 사물을 이겨내면서

도 손상시키지 않을 수 있는 것이다.

원문 無爲名尸, 無爲謀府, 無爲事任, 無爲知主. 體盡無窮, 而遊無朕. 盡其所受乎天, 而無見得, 亦虛而已. 至人之用心若鏡, 不將不迎, 應而不藏. 故能勝物而不傷.

자해 • 명시(名尸) : 명예의 주인공. 시(尸) : 시동(尸童)[87], 주인공, 주장하다. 모(謀) : 꾀, 모략, 책략. 모부(謀府) : 모략의 창고. 사임(事任) : 일의 책임자. 체진무궁(體盡無窮) : 무궁한 대도를 남김없이 체득하다. 짐(朕) : 조짐. 무짐(無朕) : 사물의 자취[痕迹]를 남기지 않는 경지.

해영

사람들은 명예를 중시합니다. 자아(自我)가 강한 사람일수록 명예를 강조합니다. 구별하는 의식이 강하기 때문입니다. 그런 이들은 명예를 드높이기 위해 온갖 수단[모략]과 방법을 동원합니다. 자연의 삶이 아님에도 아랑곳 않습니다. 거울의 모습처럼 본래의 모습으로 회귀해야 합니다. 거울은 만물을 가감 없이 받아들입니다. 결코 차별을 하지 않기 때문에 그대로 반영합니다. 명예보다 본래의 삶으로 전환할 때입니다.

87 옛날에는 제사(祭祀)지낼 때, 신(神)이 있을 자리에 시동(尸童)이 앉았다. 시(尸)가 주인공이 된 이유다.

07

응제왕 남해의 임금을 숙(儵)[88]이라 하고, 북해의 임금을 홀(忽)[89]이라 하며, 중앙의 임금을 혼돈(渾沌)[90]이라 한다. 숙과 홀이 때마침 혼돈의 땅에서 만났다. 혼돈은 이들을 매우 잘 대접하여 숙과 홀은 혼돈의 은혜에 보답할 방법을 의논했다. "사람들은 누구나 일곱 개의 구멍이 있어 그것으로 보고 듣고 먹고 숨 쉬는데, 이 혼돈만은 그것을 가지고 있지 않다. 어디 시험삼아 구멍을 뚫어줍시다." 그래서 하루에 한 구멍씩 뚫었는데, 칠일 만에 혼돈은 죽고 말았다.

원문 南海之帝爲儵, 北海之帝爲忽, 中央之帝爲渾沌. 儵與忽, 時相與遇於渾沌之地. 渾沌待之甚善, 儵與忽謀報渾沌之德. 曰, 人皆有七竅, 以視聽食息, 此獨無有. 嘗試鑿之. 日鑿一竅, 七日而渾沌死.

자해 • 숙(儵) : 갑자기. 홀(忽) : 문득, 홀연. 혼(渾) : 흐리다, 섞이다. 돈(沌) : 기운 덩어리. 규(竅) : 구멍. 착(鑿) : 뚫다.

해영

사람은 누구나 감각기관인 눈[眼], 코[鼻], 귀[耳], 입[口]을 지니고 있습니다.

---

88 제왕의 이름으로 불리나, 어떤 현상이 '재빨리 나타남'을 뜻한다.

89 제왕의 이름으로 불리나, 어떤 현상이 '재빨리 사라짐'을 뜻한다. 즉 숙(儵)은 유(有), 홀(忽)은 무(無)로 비유된다.

90 만물이 나뉘지 않은 원기가 자욱한 모양을 뜻한다. 즉 인위적인 차별을 초월한 자연 그대로의 모습을 의미하며, 유(有)도 무(無)도 아니다.

각 기관들은 태어나면서부터 특유의 기능을 발휘합니다. 하지만 나이가 들면 눈과 코, 귀, 입 등이 부실해지는 것을 인식합니다. 인식한다는 건 건강하지 못하다는 증거입니다. 병원을 다니기 시작합니다. 자연의 삶과 멀어졌음을 뜻합니다. 운동과 명상을 한다는 건 심신이 황폐해졌음을 의미합니다. 인식하지 않는 삶이야말로 자연의 삶입니다.

외편

外篇

변무(騈拇)

변무는 엄지발가락과 둘째발가락이 나란히 붙어 하나가 되었음을 뜻합니다. 여분의 것, 지나친 것, 있어도 쓸모없는 군더더기를 가리킵니다. 유가(儒家)가 강조하는 인의(仁義)나 예악(禮樂)의 가르침은 인간의 자연스런 본성에 맞지 않는 여분의 것이며, 참된 삶을 해치는 것[虛飾·傲慢]으로 규정하여 매섭게 비판합니다.

01

변무 네발가락과 육손이는 태어날 때부터 그러한 것으로, 일반인이 지니고 있는 것보다 많다. 달라붙은 군살이나 매달린 혹은 몸에 생겨난 것으로, 본연의 것보다 많다. 갖가지 방법으로 인의(仁義)를 구사하는 사람은 그것을 오장(五藏)[1]에 배열하는데, 그것은 도덕의 바른 모습이 아니다. 그러므로 네발가락은 쓸모없는 살이 이어진 것이고, 육손이는 쓸모없는 손가락이 붙은 것이며, 오장의 자연스러운 상태에 군더더기를 덧붙이는 것은 인의의 행위에 치우쳐 눈과 귀의 작용을 갖가지로 혹사시키는 것이다. 그러므로 지나치게 눈이 밝은 사람은 오색(五色)을 어지럽히고, 화려한 무늬에 빠지게 된다. 거기서 생겨난 청황(靑黃), 보불(黼黻)무늬 따위의 눈부신 휘황함은 좋지 않은 것

---

1 오장(五藏=五臟)은 심장(心臟)과 간장(肝臟), 비장(脾臟), 폐장(肺臟), 신장(腎臟)을 말한다.

으로, 이주(離朱)[2]가 그런 사람이다.

지나치게 귀가 밝은 사람은 오성(五聲)[3] 어지럽히고 육률(六律)[4]에 빠진다. 금석(金石)의 타악기와 사죽(絲竹)의 현악기, 관악기 및 황종(黃鐘), 대려(大呂)와 같은 선율은 좋지 않은 것으로, 사광(師曠)[5]이 그런 사람이다. 지나치게 인의를 내세우는 사람은 덕을 뽑아 버리고 본래의 천성을 막아 그것으로 명성을 거두려 한다. 천하로 하여금 망령된 말로 현혹케 하여 도저히 따를 수 없는 법을 받들게 하려는 짓은 좋지 않은 것으로, 증삼(曾參)과 사추(史鰌)가 그런 사람이다. 지나치게 변론에 뛰어난 사람은 기왓장을 쌓아 올리고 밧줄에 매듭을 지듯 말을 고치고, 견백(堅白)이니 동이(同異)니 하는 궤변에 마음을 떠돌게 하며, 일시적인 명예를 위해 쓸모없는 말을 늘어놓다가 지쳐버리니 좋지 않은 것으로, 양주(楊朱)와 묵적(墨翟)[6]이 그런 사람이다. 그러므로 이와 같은 것은 모두 쓸모없는 군더더기를 덧붙이거나 곁에 달아두는 짓으로, 천하의 지극히 바른 길이 아니다.

원문 駢拇枝指, 出乎性哉, 而侈於德. 附贅縣疣, 出乎形哉, 而侈於性. 多方乎仁義, 而用之者, 列於五藏哉, 而非道德之正也. 是故駢於足者, 連無用之肉也, 枝於手者, 樹無用之指也, 駢枝於五藏之情者, 淫僻於仁義之行, 而多

---

2 이주(離朱)는 황제(皇帝) 때 사람으로 백 걸음 떨어진 곳에서도 털끝이 보일 만큼 눈이 좋은 전설의 인물이다. 『맹자(孟子)』에 나오는 이루(離婁)와 동일한 사람이다.

3 오성(五聲)은 궁상각치우(宮商角徵羽)의 다섯 가지 음계를 말한다.

4 육률(六律)은 12율(律) 가운데 양성(陽聲)에 속하는 여섯 가지 음을 말한다. 즉 황종(黃鐘), 대주(大簇), 고선(姑洗), 유빈(蕤賓), 이칙(夷則), 무역(無射)이 그것이다.

5 춘추시대, 진(晋)나라의 대부(大夫)로 있던 음악의 명인이다.

6 양주(楊朱)와 묵적(墨翟)은 둘 다 송나라 사람으로 전국시대 사상가다. 『맹자(孟子)』에선 양주가 극단적 개인주의자로, 묵적은 극단적 박애주의자로 나온다.

方於聰明之用也. 是故駢於明者, 亂五色, 淫文章, 青黃黼黻之煌煌非乎, 而離朱是已. 多於聰者, 亂五聲, 淫六律. 金石絲竹黃鐘大呂之聲非乎, 而師曠是已. 枝於仁者, 擢德塞性, 以收名聲. 使天下簧鼓以奉不及之法非乎, 而曾史是已. 駢於辯者, 纍瓦結繩竄句, 遊心於堅白同異之閒, 而敝跬譽無用之言非乎, 而楊墨是已. 故此皆多駢旁枝之道, 非天下之至正也.

자해 • 변(駢) : 나란히 할 변. 무(拇) : 엄지발가락. 변무(駢拇) : 엄지발가락과 검지발가락이 붙어버린 것. 기(枝) : 기(跂)와 통용, 여섯 손가락. 지지(枝指) : 손가락 하나가 더 붙어 있는 손. 성(性) : 생(生)과 같음. 출호성(出乎性) : 태어날 때부터 그러함. 치(侈) : 다(多)와 같음, 많다. 췌(贅) : 혹. 우(疣) : 혹. 수(樹) : 세워두다. 정(情) : 실정, 진실한 작용. 음(淫) : 음란하다, 탐하다. 벽(僻) : 치우치다. 다방(多方) : 갖가지 방법. 총(聰) : 밝다. 오색(五色) : 청황적백흑(青黃赤白黑) 다섯 가지 색. 보(黼) : 수(繡)와 같음. 불(黻) : 수(繡)와 같음. 황(煌) : 빛나다. 황황(煌煌) : 눈부신 모양.

• 율(律) : 가락. 여(呂) : 풍류. 탁(擢) : 뽑다. 탁덕(擢德) : 덕을 뽑아버리다. 색(塞) : 막다. 색성(塞性) : 본래의 성을 막다. 황(簧) : 피리. 황고(簧鼓) : 피리를 불고 북을 쳐서 시끄럽게 떠들어대는 것, 즉 법석을 떨어 부화뇌동하게 한다. 증사(曾史) : 공자(孔子) 제자인 증삼(曾參)과 위(衛)나라 영공(靈公)의 가신(家臣)인 사추(史鰌)를 지칭, 즉 증삼은 인(仁)의 도(道)를 역설했고, 사추(史鰌)는 의(義)의 도(道)를 역설했다. 누(纍) : 쌓다. 누와(纍瓦) : 탄환 또는 알을 쌓아 올리는 것. 승(繩) : 줄. 찬(竄) : 고치다. 찬구(竄句) : 글귀 혹은 말귀를 따지고 드는 것. 견백동이지한(堅白同異之閒) : 궤변을 뜻함. 폐(敝) : 피폐하다. 규(跬) : 반걸음. 규예(跬譽) : 일시적인 명예.

해영

유가(儒家)와 도가(道家)의 가장 큰 특징은 유위(有爲)와 무위(無爲)입니다. 때문에 장자는 유가의 인의(仁義)야말로 쓸모없는 군더더기에 불과하다고 비판합니다. 인의가 사람을 피곤하게 할 뿐 아니라 구속하기 때문에 올바른 도덕을 구현하는데 장애가 된다는 것입니다. 눈이 밝고 귀가 밝으며 말을 잘하는 것 역시 사람들의 심성(心性)을 불안케 한다는 점에서 비판의 대상입니다. 자연의 도(道)에 어긋나기 때문입니다.

02

변무 저 가장 올바른 길을 가는 사람은 본성과 천명의 참모습을 잃지 않는다. 그러므로 발가락이 붙어 있어도 네발가락[騈拇]이라 생각지 않고, 손가락이 더 있어도 육손[枝指]이라 생각하지 않는다. 길다고 여분(餘分)으로 생각지 않고, 짧다고 부족하다고 여기지 않는다. 이 때문에 물오리의 다리가 비록 짧지만 그것을 길게 이어주면 근심하고, 학의 다리가 비록 길지만 그것을 잘라주면 슬퍼한다. 그러므로 본래부터 긴 것을 잘라서는 안 되며, 본래부터 짧은 것을 이어 주어서도 안 된다. 근심하고 두려워할 것이 없는 것이다. 생각하면 인의(仁義)란 사람의 참된 모습이 아니다. 저 인덕(仁德)을 갖춘 사람들은 얼마나 근심이 많은가!

엄지발가락과 검지발가락이 붙어있는 것을 갈라놓으면 울 것이며, 육손이의 덧붙은 손가락을 물어뜯어도 울 것이다. 이 두 가지 경우에 한쪽은 그 수가 남고 또 한쪽은 그 수가 모자라지만, 근심스럽다는 점에선 한가지다. 지금 세상의 인덕(仁德)을 갖추었다고 하는 사람들은 눈을 멀거니 뜬 채 세상의 환난(患難)을 걱정하고, 인덕을 갖추지 못한 사람들은 본성과 천명의 참모습을 버리고 부귀(富貴)를 탐한다. 그러므로 생각하면 인의(仁義)는 사람의 참된 모습이 아니다. 하(夏)나라, 은(殷)나라, 주(周)나라 삼대(三代) 이후로 천하는 얼마나 시끄러워졌는가?

원문 彼至正者, 不失其性命之情. 故合者不爲駢, 而枝者不爲跂. 長者不爲有餘, 短者不爲不足. 是故鳧脛雖短, 續之則憂, 鶴脛雖長, 斷之則悲. 故性長非所斷, 性短非所續. 無所去憂也. 意仁義其非人情乎. 彼仁人何其多憂也. 且夫駢於拇者, 決之則泣, 枝於手者, 齕之則啼. 二者或有餘於數, 或不足於數, 其於憂一也. 今世之仁人, 蒿目而憂世之患, 不仁之人, 決性命之情而饕貴富. 故意仁義其非人情乎. 自三代以下者, 天下何囂囂也.

자해 • 성명(性命) : 본성과 천명. 정(情) : 참모습. 기(跂) : 여섯 손가락. 부(鳧) : 물오리. 경(脛) : 정강이. 우(憂) : 걱정하다, 근심하다. 학(鶴) : 두루미. 거(去) : 겁(怯)의 차자(借字), 즉 겁내다, 두려워하다. 의(意) : 생각하다. 결(決) : 갈라놓다. 흘(齕) : 깨물다, 물어뜯다. 제(啼) : 울다. 호(蒿) : 고달프다. 호목(蒿目) : 눈을 멀거니 뜨다. 도(饕) : 탐하다. 효(囂) : 시끄럽다. 효효(囂囂) : 시끄럽게 떠드는 모양.

해영

유가(儒家)의 정치사상에서 보면, 이른바 하(夏)나라, 은(殷)나라, 주(周)나라 삼대(三代)를 가장 이상적인 정치사회로 평가합니다. 하지만 도가(道家) 특히 장자의 관점에서 보면, 인의(仁義)를 강조하는 것 자체가 자연스런 모습과는 배치되기 때문에 비판을 면할 수 없습니다. 즉 '인의'는 마치 육손[枝指]과 같고, 엄지발가락과 검지발가락이 붙은[駢拇] 것처럼 쓸데없는 군더더기에 불과할 따름입니다. 본성 회복이 핵심입니다.

03

변무 장(臧)과 곡(穀) 두 사람[7]이 함께 양을 치다가 두 사람 모두 양을 잃어버렸다. 장에게 무엇을 하고 있었냐고 물으니, 독서(讀書)[8]를 하고 있었다고 했고, 곡에게 무엇을 하고 있었냐고 물으니, 박새(博塞)[9]를 가지고 놀았다고 하였다. 두 사람이 한 일은 같지 않지만 양을 잃었다는 점에선 같다. 백이(伯夷)[10]는 명예를 위해 수양산 아래에서 죽었고, 도척(盜跖)[11]은 이욕을 위해 동

---

7 둘 다 하인으로 장(臧)은 남자 종을, 곡(穀)은 여자 종을 지칭한다. 하지만 여기선 인명으로 쓰였다.

8 장자 때의 독서(讀書)는 종이가 나오기 전이기 때문에 대나무나 나무판자에 글을 써서 줄줄이 엮어 책으로 만들었다. 죽간(竹簡)이나 죽책(竹冊), 간책(簡冊) 등이 모두 같은 말이다.

9 박새(博塞)는 일종의 주사위 노름으로, 편을 갈라 차례로 주사위를 던져 말을 먼저 궁에 들여보내는 놀이다. 박(博)은 주사위를 쓰는 노름이고, 새(塞)는 주사위를 쓰지 않는 노름이다.

10 백이(伯夷)의 성(姓)은 강(姜), 이름은 윤(允), 자(字)는 공신(公信), 이(夷)는 시호(諡號)다. 그는 숙제(叔齊)라는 아우와 은(殷)나라 말기 때 형제로, 끝까지 군주에 대한 충성을 지킨 의인(義人)으로 알려져 있다. 백이와 숙제에 관한 이야기는 『사기(史記)』의 열전에 나온다. 그들은 본래 서쪽 변방에 살던 형제로, 고죽군의 후계자였다. 고죽군의 영주인 아버지가 죽자, 형제는 서로 자리를 양보하며 끝까지 영주의 자리에 나서지 않았다. 이때 은나라의 서쪽엔 훗날 서주(西周) 문왕이 되는 희창(姬昌)이 작은 영주들을 책임지는 서백(西伯)의 자리에 있었다. 희창이 죽고 그의 아들 희발(姬發 : 武王)은 군대를 모아 은나라에 반역하려 했다. 희발의 부하 강태공(姜太公)은 뜻을 같이하는

릉산 위에서 죽었다. 두 사람이 죽은 곳은 같지 않지만, 그 삶을 해치고 본성을 손상시킨 점에선 같다. 어찌하여 반드시 백이는 옳고 도척은 그르다고 하겠는가! 천하 사람들은 다 몸을 희생하고 있다. 저 인의(仁義)를 위해 몸을 바치면 세상 사람들은 그를 군자(君子)라 부르고, 재물을 위하여 몸을 바치면 세상 사람들은 그를 소인(小人)이라 부른다. 그들이 몸을 희생하는 것은 같은데, 누구는 군자가 되고 누구는 소인이 된다. 삶을 해치고 본성을 손상시킨 점에선 도척 역시 백이와 마찬가지였는데, 어찌하여 군자와 소인이란 차별을 그 사이에 둘 수 있겠는가!

원문 臧與穀二人, 相與牧羊, 而俱亡其羊. 問臧奚事, 則挾筴讀書, 問穀奚事, 則博塞以遊. 二人者, 事業不同, 其於亡羊均也. 伯夷死名於首陽之下, 盜跖死利於東陵之上. 二人者, 所死不同, 其於殘生傷性均也. 奚必伯夷之是而盜跖之非乎. 天下盡殉也. 彼其所殉仁義也, 則俗謂之君子, 其所殉貨

제후들을 모아 전쟁 준비를 시작했다. 이때 백이와 숙제는 무왕을 찾아가 간언했다. "아버님이 돌아가시고 아직 장사도 지내지 않았는데, 전쟁을 할 수는 없다. 그것은 효가 아니기 때문이다. 주나라는 은나라의 신하 국가다. 어찌 신하가 임금을 주살하려는 것을 인(仁)이라 할 수 있겠는가." 이에 희발은 크게 노하여 백이와 숙제를 죽이려 했으나, 강태공이 의로운 사람들이라 하여 죽임은 면했다. 이후 희발은 은나라를 토벌하고 주나라 무왕이 되었다. 백이와 숙제는 은나라가 망한 뒤에도 은나라에 대한 충성을 버릴 수 없으며, 고죽군 영주로 받는 녹봉 역시 받을 수 없다며 수양산으로 들어가 고사리를 캐먹고 살았다. 이때 왕미자라는 사람이 수양산에 찾아가 백이와 숙제를 탓하며, "그대들은 주나라의 녹을 받을 수 없다더니, 산에서 고사리를 먹는 일은 어찌된 일인가."라고 했다. 이에 두 사람은 고사리마저 먹지 않았고, 마침내 굶어 죽었다.

11 춘추시대의 대도(大盜) 이름이다. 현인 유하혜(柳下惠)의 아우로, 수천 명을 거느리고 천하를 횡행(橫行)하였다. 이름은 척(跖), 혹은 척(蹠)으로 쓰며, 대도라고 하여 도척(盜跖)으로 불린다.

財也, 則俗謂之小人. 其殉一也, 則有君子焉, 有小人焉. 若其殘生損性, 則盜跖亦伯夷已, 又惡取君子小人於其間哉.

자해 • 목(牧) : 기르다, 치다. 구(俱) : 모두, 함께. 협(挾) : 끼다. 책(筴) : 대쪽. 박(博) : 쌍륙, 노름. 새(塞) : 주사위. 균(均) : 고르다, 균일하다. 동릉(東陵) : 산동성(山東省)에 있는 태산(泰山). 잔(殘) : 해치다. 잔생(殘生) : 삶을 해치다. 상성(傷性) : 본성을 손상시키다. 순(殉) : 희생하다. 오(惡) : 어찌.

해영

인위적 행위는 본성을 해친다는 점에서 비판의 대상입니다. 도둑질은 말할 것도 없고 심지어는 의로운 행위까지도 비판을 피해갈 수 없습니다. 세속에선 도덕(道德)을 주창하면 자연스럽게 인의(仁義)가 따라 붙습니다. 그리고 그것을 구현하기 위해 본성을 해치는 것도 잊고 삽니다. 장자의 눈으로 보면 참된 삶이 될 수 없습니다. 본성을 해치는 삶 속에서 군자(君子)니 소인(小人)이니 하는 구별은 아무 의미 없습니다.

마제(馬蹄)

마제는 말발굽이란 뜻입니다. 말이 야생에서 살아갈 땐 제 수명대로 살아갑니다. 하지만 사람이 사육하면서부터 불행해졌습니다. 마치 성인(聖人)이 인의예악으로 천하를 다스리면서부터 불행해진 것과 같음을 일러줍니다. 인의(仁義) 따위로 천하를 다스리는 것은 잘못된 것이기 때문에 자연으로 돌아갈 것을 강조합니다.

01

마제 말[馬]은 발굽으로 서리나 눈을 밟을 수 있고, 털로 바람과 추위를 막을 수 있으며, 풀을 뜯고 물을 마시며 발을 높이 들고 뛰어노니, 이것이 말의 참된 본성이다. 비록 높은 누대(樓臺)와 대전(大殿)이 있다 해도 말에겐 소용없다. 그러나 백락(伯樂)[12]이 이르러 말하길, "나는 말을 잘 다룬다."하면서 말의 털을 지지고 깎으며 발굽을 깎아내고 인두를 대며, 굴레를 씌우고 옭아 나란히 매어 마구간에 엮어 놓자, 말의 2~3할이 죽었다. 또한 거기에 굶주리고 목마르게 하며, 지나치게 뛰게 하고, 갑자기 뛰게 하며, 명령대로 잘 따르게 만들었다. 앞에는 재갈과 가슴 장식이 달리고, 뒤에는 채찍의 위협이 따르

12 백락(伯樂)의 성은 손(孫), 이름은 양(陽)이다. 주(周)나라 때 사람으로, 말의 능력을 단시간에 알아내는 탁견의 소유자다. '백락이 있고, 천리마가 있다'는 말이 생겨났다.

자, 죽는 말이 반수를 넘었다.

옹기장이는 말하기를, "나는 흙을 잘 다룬다."하면서 둥근 것은 그림쇠[規]에 맞추고, 모난 것은 곱자[矩]에 맞춘다. 목수는 말하기를, "나는 나무를 잘 다룬다." 하면서 굽은 것은 갈고리[鉤]에 맞추고 곧은 것은 먹줄[繩]에 맞춘다. 흙이나 나무의 본성이 어찌 그림쇠나 곱자나 갈고리나 먹줄에 맞추어지기를 바라겠는가? 그러나 세상에선 대대로 칭송하기를, 백락은 말을 잘 다루고, 옹기장이와 목수는 흙과 나무를 잘 다룬다고 하는데, 이 역시 천하를 다스리는 사람들의 잘못이다. 내 생각에 천하를 잘 다스리는 사람들은 그렇지가 않다. 저 민중들에게는 일정한 성격[常性]이 있어, 길쌈하여 옷을 입고 밭을 갈아 밥을 먹는 것이니, 이를 '누구나 다 갖춘 것[同德]'이라 한다. 민중들은 각기 동떨어져 무리를 짓지 않으니, 이를 '아무 구속도 없는 것[天放]'이라 한다.

원문 馬蹄可以踐霜雪, 毛可以禦風寒, 齕草飮水, 翹足而陸, 此馬之眞性也. 雖有義臺路寢, 無所用之. 及至伯樂曰, 我善治馬. 燒之剔之, 刻之雒之, 連之以羈馽, 編之以皁棧, 馬之死者十二三矣. 飢之渴之, 馳之驟之, 整之齊之. 前有橛飾之患, 而後有鞭筴之威, 而馬之死者, 已過半矣. 陶者曰, 我善治埴. 圓者中規, 方者中矩. 匠人曰, 我善治木. 曲者中鉤, 直者應繩. 夫埴木之性, 豈欲中規矩鉤繩哉. 然且世世稱之曰, 伯樂善治馬, 而陶匠善治埴木, 此亦治天下者之過也. 吾意, 善治天下者, 不然. 彼民有常性, 織而衣, 耕而食, 是謂同德. 一而不黨, 命曰天放.

자해 • 제(蹄) : 발굽. 어(禦) : 막다. 흘(齕) : 깨물다, 뜯다. 교(翹) : 높이 들다, 꼬리. 육(陸) : 도(跳)와 통용. 의(義) : 아(峨)의 가차(假借)로 고(高)와 같음. 노

(路) : 정(正)와 같음, 즉 노침(路寢)은 정침지대전(正寢之大殿)과 같음. 소(燒) : 털을 태우다. 척(剔) : 깎다. 각(刻) : 깎다. 낙(雒) : 락(絡)과 통용, 인두로 발굽을 지지다. 기(羈) : 굴레. 칩(馽) : 매다. 기칩(羈馽) : 굴레와 다리줄. 조(皁) : 구유, 마판. 잔(棧) : 우리, 마판, 즉 마구간의 습기를 막기 위해 까는 판자나 돗자리.

• 치(馳) : 지나치게 뛰다. 취(驟) : 갑자기 뛰게 하다. 정지제지(整之齊之) : 말의 동작이 조리 있도록 만들다. 즉 마구(馬具)를 달고 사람의 뜻대로 부릴 수 있도록 길들이다. 궐(橛) : 재갈. 궐식(橛飾) : 재갈과 가슴 장식. 편래(鞭筴) : 채찍. 식(埴) : 질그릇 만드는데 쓰는 찰흙. 규(規) : 그림쇠. 구(矩) : 곱자. 구(鉤) : 갈고리. 승(繩) : 먹줄. 동덕(同德) : 누구나 다 갖춘 것. 덕(德) : 득(得)과 같음. 천방(天放) : 아무 구속도 없는 것, 즉 각자에게 생활을 맡긴 채 하늘은 간섭하지 않음.

해영

'백락(伯樂)이 있고 천리마(千里馬)가 있다'는 말이 세상에 전하면서 온갖 잔학한 행위들이 마구 펼쳐집니다. 말[馬]의 본성을 무시하고 길을 들이기 위해 털을 지지거나 깎으며 발굽을 조작하기도 합니다. 때론 당근과 채찍을 이용해 마구 달리는 것을 제어하기도 합니다. 사람들 입장에서 천리마를 보면 능력 있는 말로 활용되지만, 천리마 입장에서 보면 속박당하는 삶이 아닐 수 없습니다. 자연의 삶과 거리가 멉니다.

'자연에서의 말'은 마음 가는 곳에서 풀을 뜯을 수 있고, 물마시고 싶을 때 마시며, 깡충거리며 뛰어놀고 싶을 때 놀 수 있습니다. 하지만 길들여진 천리마는 오로지 천리를 달릴 수 있는 능력 말고는 따로 없습니다. '천리마와 같은 인재(人材)로 발탁된 사람들도 마찬가지'입니다. 결국 재주 없는 사람의 종[巧者拙之奴]노릇 하는 행위와 다르지 않습니다. 백락이 천리마의 본성을 해치듯, 인재도 그와 다르지 않습니다.

02

마제 지극한 덕(德)으로 다스려지던 세상에선 사람들이 금수(禽獸)와 더불어 살았고, 만물과 함께 나란히 무리지어 살았다. 그러니 어찌 군자와 소인 따위를 알았겠는가! 다 같이 무지(無知)하여 그 본래의 성질을 떠나지 않았다. 다 같이 욕망이 없었으니, 이를 소박(素朴)이라 한다. 소박하므로 민중들의 본성이 온전했던 것이다. 그러나 성인(聖人)이 나와 애써 인(仁)을 행하고 허겁지겁 의(義)를 행하자, 천하 사람들은 비로소 의혹을 품게 되었다. 제멋대로 음악을 연주하고 번잡하게 예의를 만들어 천하에 비로소 구별이 생기게 되었다.

원문 夫至德之世, 同與禽獸居, 族與萬物並. 惡乎知君子小人哉. 同乎無知, 其德不離. 同乎無欲, 是謂素樸. 素樸而民性得矣. 及至聖人, 蹩躠爲仁, 踶跂爲義, 而天下始疑矣. 澶漫爲樂, 摘僻爲禮, 而天下始分矣.

자해 • 금수(禽獸) : 새와 짐승. 족(族) : 무리 짓다. 병(並) : 나란히 하다. 오(惡) : 어찌. 박(樸) : 박(朴)과 통용, 통나무. 득(得) : 얻다, 온전하다. 별(蹩) : 애쓰다. 설(躠) : 돌다, 애쓰다. 별설(蹩躠) : 절름거리며 걷다, 애써 행하다. 제(踶) : 힘쓰다. 기(跂) : 힘쓰다. 제기(踶跂) : 서두르는 모양. 단(澶) : 방종하다. 만(漫)

: 함부로 하다. 단만(澶漫) : 터무니없다, 지나치다, 제멋대로 굴다. 적(摘) : 따다. 벽(僻) : 치우치다, 편벽되다. 적벽(摘僻) : 번잡하다, 번거롭다. 분(分) : 구분하다, 구별하다.

해영

지극한 덕(德)은 대체 어떤 뜻일까요? 인(仁)을 행하고 의(義)를 행해야 하는 이유는 또 무엇일까요? 성인(聖人)과 군자(君子), 소인(小人) 따위는 또 어떤 의미를 지닐까요? 네. 그렇습니다. 모두가 인위(人爲)의 산물입니다. 본래 삶은 선악(善惡)이나 질서(秩序) 등의 덕목들이 없었습니다. 무위(無爲)에서 유위(有爲)의 정치로 전환되면서 혼란해진 것입니다. 혼란을 잠재울 수단의 결과물이 결국 '구별을 낳은 것'입니다.

03

마제 말[馬]은 뛰면서 살 때에는 풀을 먹고 물을 마시며, 기쁘면 목을 맞대어 서로 비벼대고, 성나면 서로 등을 돌린 채 걷어차니, 말의 지혜란 본래 이런 정도다. 그런데 말에게 횡목(横木)과 멍에를 씌우고 월예(軏輗)로 조정을 하면, 말은 예(輗)를 꺾고 멍에를 부수며 수레의 포장을 치받고 재갈을 망가뜨리며 고삐를 물어뜯을 줄 알게 된다. 그러므로 말의 지혜가 도둑에까지 이르게 한 것은 백락(伯樂)의 죄다. 혁서씨(赫胥氏)의 시대에 이르러 민중들은 살면서 해야 할 바를 모르고 다니면서 가야 할 곳을 몰랐으며, 먹을 것을 입에 넣고 즐거워하며 배를 두드리고 놀았으니, 민중들이 할 수 있는 일은 이뿐이었다. 성인(聖人)이 나타나면서 예악(禮樂)에 몸을 굽혀 그것으로 천하의 형태를 바로 잡으려 하였고, 인의(仁義)를 내걸어 그것으로 천하의 마음을 위무(慰撫)하려 하였다. 그러자 민중들은 애써 지식을 탐하고, 다투어 이익을 좇게 되었으나 막을 수가 없었다. 이 역시 성인의 잘못이다.

원문 夫馬, 陸居則食草飮水, 喜則交頸相靡, 怒則分背相踶. 馬知已此矣. 夫加之以衡扼, 齊之以月題,而馬知介倪, 闉扼, 鷙曼, 詭銜, 竊轡. 故馬之知而能至盜者, 伯樂之罪也. 夫赫胥氏之時, 民居不知所爲, 行不知所之, 含哺而熙, 鼓腹而遊, 民能以此矣. 及至聖人, 屈折禮樂, 以匡天下之形, 縣跂仁義, 以慰天下之心. 而民乃始踶跂好知, 爭歸於利, 不可止也. 此亦聖人過也.

자해 • 육(陸) : 날뛰다. 교경(交頸) : 목을 서로 맞대다. 상미(相靡) : 서로 비벼대다. 제(踶) : 걷어차다, 발길질하다. 이차(已此) : 여기에 그치다. 형(衡) : 가로나무. 액(扼) : 멍에. 월제(月題) : 월예(軏輗)의 차자(借字), 즉 월(軏)은 작은 수레의 끌채 끝의 멍에를 매는 것이고, 예(輗)는 큰 수레의 끌채 끝의 멍에를 매는 것. 예(倪) : 예(輗)와 통용, 끌다. 개예(介倪) : 수레 채를 멍에에 거는 것을 피하다. 인(闉) : 굽다. 액(扼) : 멍에. 인액(闉扼) : 목 위에 멍에 얹는 것을 거부하다.

• 지(鷙) : 사납다. 만(曼) : 가볍다. 지만(鷙曼) : 수레 포장을 물어뜯다. 궤(詭) : 속이다, 헐뜯다. 함(銜) : 재갈. 궤함(詭銜) : 재갈을 망가뜨리다. 절(竊) : 훔치다. 비(轡) : 고삐. 절비(竊轡) : 고삐를 물어뜯다. 능(能) : 태(態)와 통용. 지도(至盜) : 도둑에 이르다, 도적(盜賊)처럼 교활해지다. 혁서씨(赫胥氏) : 태고적의 제왕. 함포(含哺) : 입에 먹던 음식을 그대로 물고 있음. 희(熙) : 기뻐하다. 광(匡) : 바로잡다. 현기(縣跂) : 내걸다, 드러내다. 위(慰) : 위로하다, 위무하다. 제기(踶跂) : 일에 힘쓰는 모양.

해영

요가(Yoga)라는 말이 있습니다. 본래적 의미는 몸과 마음을 '결합하다'라는 뜻을 지닙니다. 이는 몸과 마음이 떨어져 있다는 전제에서 출발합니다. 떨어져 있는 몸과 마음은 산란합니다. 때문에 하나로 결합하기 위해 애들을 씁니다. 명상이나 참선 등이 하나의 수단입니다. 이런 현상을 바꿔 말하면 몸은 병들고, 마음은 황폐해졌다는 반증이기도 합니다. 몸이 건강하고 마음이 건강하면 요가를 의식할 이유가 없습니다.

가령 '눈'은 본래 외부의 사물을 의식하지 않습니다. 하지만 시력에 문제가 생기면 안과를 찾습니다. 의식단계로 접어든 것입니다. '마음공부'도 마찬가지입니다. 무의식 속에서 살다가 마음공부를 생각하기 시작하면, 마음은 이미 황폐해진 단계입니다. 말이 멍에를 부수는 행위, 사람들이 인의(仁義)를 부르짖으며 마음을 위로하는 행위들은 모두가 의식의 차원에서 움직이는 것입니다. 자연과 한참 멀어졌다는 반증입니다.

거협(胠篋)

상자에 자물쇠를 잠그는 행위는 도둑을 막기 위함이지만, 큰 도둑은 자물쇠가 잠긴 그대로 상자를 통째로 들고 갑니다. 서툰 사람의 지혜가 오히려 큰 도둑이 들고 가기 좋게 만드는 결과가 되기도 합니다. 장자는 작은 지혜를 버리고 자연을 자연 속에 간직할 것을 주장합니다. 그것이 소박하지만 큰 지혜라 일러줍니다.

01

거협 상자를 열고 주머니를 뒤지며 궤(匱)를 뜯는 도둑에 대비하기 위해선 반드시 노끈으로 꼭꼭 묶고 자물쇠로 단단히 채워야 한다. 이것이 세상에서 말하는 지혜다. 그러나 큰 도둑이 오면 궤를 짊어지고 상자를 둘러메고 주머니째 들고 달아나면서, 오직 노끈이나 자물쇠가 견고하지 못하지는 않을까 염려한다. 그러니 앞서 말한 지혜란 것은 오히려 큰 도둑을 위해 모아 놓은 셈이 되지 않겠는가!

나라 안 곳곳에 조상을 모시는 종묘(宗廟)와 토지신과 곡신(穀神)을 모시는 사직(社稷)을 세우고, 읍·옥·주·여·향·곡(邑·屋·州·閭·鄕·曲)[13] 등의 행정구역

---

13 『사마법(司馬法)』에 의하면, 300묘(畝)를 옥(屋)이라 하고, 12옥(屋)을 읍(邑), 25가(家)는 여(閭), 125여(閭)를 주(州), 5주(州)를 향(鄕)이라 한다. 곡(曲)은 부락을 지칭한다.

을 다스림에 있어 성인(聖人)의 법을 따르지 않는 것이 없었다. 그러나 전성자(田成子)[14]가 하루아침에 제나라 임금을 죽이고 그 나라를 도둑질했다. 도둑질한 것이 어찌 그 나라뿐이었겠는가? 성인과 지자(知者)가 이루어 놓은 법까지 아울러 도둑질한 것이다. 그러므로 전성자는 도둑이란 이름이 붙여졌지만, 그 몸은 요순(堯舜)처럼 안정된 지위에 있었다. 작은 나라는 감히 비난하지 못했으며, 큰 나라도 감히 주벌(誅伐)하려 들지 못하였다. 그리하여 전씨는 12대[15]에 걸쳐 제나라를 소유했다. 이야말로 제나라와 아울러 성인과 지자가 이루어 놓은 법까지 훔쳐, 그것으로 그 도둑의 몸을 지킨 것이 아니겠는가?

원문 將爲胠篋探囊發匱之盜而爲守備, 則必攝緘縢固扃鐍. 此世俗之所謂知也. 然而巨盜至, 則負匱揭篋擔囊而趨, 唯恐緘縢扃鐍之不固也. 然則鄕之所謂知者, 不乃爲大盜積者也. (…) 闔四竟之內, 所以立宗廟社稷, 治邑屋州閭鄕曲者, 曷嘗不法聖人哉. 然而田成子, 一旦殺齊君而盜其國. 所盜者豈獨其國邪. 幷與其聖知之法而盜之. 故田成子有乎盜賊之名, 而身處堯舜之安. 小國不敢非, 大國不敢誅. 十二世有齊國. 則是不乃竊齊國, 幷與其聖知之法, 以守其盜賊之身乎.

자해 • 거(胠) : 열다. 협(篋) : 상자. 거협(胠篋) : 대나무로 만든 상자를 열다.

---

14 제(齊)나라의 대부(大夫)로 진항(陳恒)[田常]을 지칭한다. 성자(成子)는 시호(諡號)다. 기원전 481년, 당시 임금인 간공(簡公)을 죽이고 실권을 장악했다. 하지만 제나라를 가로챈 것은 그의 증손(曾孫)인 전화(田和)이며 기원전 378년의 일이다.

15 『사기(史記)』에 의하면, 제나라가 전성자로부터 멸망하기까지 10대(代)로 나오고, 『죽서기년(竹書紀年)』엔 12대(代)로 나오는 등 약간의 이설(異說)이 존재한다.

낭(囊) : 주머니. 발(發) : 열다. 궤(匱) : 함, 궤짝. 발궤(發匱) : 남의 궤짝을 열다. 섭(攝) : 잡아매다. 함(緘) : 봉하다, 묶다. 등(縢) : 노끈. 함등(緘縢) : 주머니나 상자 뚜껑을 매는 끈. 경(扃) : 빗장. 휼(鐍) : 자물쇠. 경휼(扃鐍) : 자물쇠와 고리로, 즉 옛날 자물쇠를 뜻한다. 게(揭) : 들다. 담(擔) : 메다. 추(趨) : 달리다. 내(乃) : 이에. 적(積) : 쌓아두다, 저축하다.

• 합(闔) : 온. 합사경지내(闔四竟之內) : 사방 국경 안 모두. 직(稷) : 곡신(穀神). 사직(社稷) : 토지신과 오곡(五穀)의 신, 모두 제후(諸侯)가 제사를 지내야 하는 것. 읍·옥·주·여·향·곡(邑·屋·州·閭·鄕·曲) : 행정구역 명칭. 갈(曷) : 어찌. 병(幷) : 아우르다. 주(誅) : 주벌(誅伐)하다. 절(竊) : 도둑질하다, 훔치다. 제(齊) : 주(周)나라 초기 여상(呂尙)이 책봉됐던 나라 이름, 지금의 산동성(山東省) 지역.

해영

세상 사람들이 선호하는 지혜(知慧)란 참으로 하찮을 때가 있습니다. 특히 지자(知者)들과 성인(聖人)의 삶을 통해 만들어진 각종 제도(制度)와 법도(法度)들이 악한(惡漢)들에게 도둑질 당할 때 그렇습니다. 예나 지금이나 사실 좀도둑은 그 후유증이 미미하여 간과할 수도 있습니다. 그러나 나라가 도둑질 당하는 경우엔 차원이 다릅니다. 온갖 지혜의 결정체가 오히려 악한(惡漢)을 보호하는 기능으로 전락되기 때문입니다.

02

거협 어디 이 문제를 논해보자. 세속(世俗)에서 말하는 이른바 지극히 지혜로운[至知] 사람이란 큰 도둑을 위해 모아두는 사람이 아니었던가? 이른바 지극한 성자[至聖]란 큰 도둑을 지키는 사람이 아니었던가? 어찌하여 그러한 줄을 아는가? 옛날에 용봉(龍逢)[16]은 참살되고, 비간(比干)[17]은 가슴이 찢겨졌으며, 장홍(萇弘)[18]은 창자가 갈라졌고, 자서(子胥)[19]는 시신이 강에서 썩어 뭉그러졌다. 그러니 네 명의 현자도 그 몸이 사죄(死罪)를 면치 못했다. 그러므로 도척의 부하가 그에게 물었다. "도둑질에도 도(道)가 있습니까?" 도척이 말했다. "어딘들 도(道)가 없는 곳이 있겠는가? 남의 방안에 감추어져 있는 것을 잘 알아맞히는 것은 성(聖)이요, 남보다 먼저 들어가는 것은 용(勇)이며, 남보다 뒤에 나오는 것은 의(義)이다. 도둑질을 해도 되는지 안 되는지를 아는 것은 지(知)이며, 분배를 공평히 하는 것은 인(仁)이다. 이 다섯 가지를 갖추지 않고서 큰 도둑이 된 사람은 이 세상에 아직 없었다."

이것으로 미루어 보건대, 선인(善人)도 성인(聖人)의 도(道)를 얻지 못하면 서지 못하고, 도척(盜跖)도 성인(聖人)의 도(道) 얻지 못하면 행동하지 못한다. 천하에 선인이 적고 선하지 못한 사람은 많으니, 성인이 천하를 이롭게 하는 점은 적고, 천하를 해롭게 하는 점은 많다. 그러므로 이르기를, '입술이 없어

---

16 하(夏)나라 걸왕(桀王) 때의 현신(賢臣)으로, 걸왕의 비행을 간(諫)하다 참살되었다.

17 은(殷)나라의 왕자로, 폭군 주왕(紂王)의 무도함을 간(諫)하다 미움을 사 가슴이 찢기고 심장이 도려내져서 죽었다.

18 주(周)나라 경왕(敬王) 때의 현신(賢臣)으로, 진(晋)나라의 범중행(范仲行)이 반란을 일으켰을 때 거기에 연루되어 사형을 당했다.

19 춘추시대 때, 오왕(吳王) 부차(夫差)의 중신(重臣)인 오운(伍員)의 자(字)다. 오나라가 초나라와 싸울 때, 자서는 부차에게 진언(進言)하여 월나라를 멸망시키려 했으나, 부차는 그의 의견을 받아들이지 않고 오히려 그를 독살해서 그 시체를 가죽 부대 안에 넣어 양자강(揚子江)에 버렸다.

지면 이가 시리고, 노(魯)나라 술이 엷어지면 한단(邯鄲)이 포위된다.[20] 마찬가지로 성인(聖人)이 생겨나자 큰 도둑이 일어난다'는 말이 있다. 그러니 성인을 치고 도둑을 놓아주면 천하는 비로소 다스려진다. 냇물이 마르면 골짜기가 텅 비고 언덕이 평평해지면 연못의 물이 가득해진다. 이처럼 성인이 죽으면 큰 도둑이 일어나지 못하며, 천하는 평화롭고 무고(無故)할 것이다. 성인이 죽지 않으면 큰 도둑은 없어지지 않는다. 비록 성인을 존중하며 천하를 다스린다 해도 결국 그것은 도척(盜跖) 같은 인간을 존중하고 이롭게 하는 셈이다.

원문 故嘗試論之. 世俗之所謂至知者, 有不爲大盜積者乎. 所謂至聖者, 有不爲大盜守者乎. 何以知其然邪. 昔者龍逢斬, 比干剖, 萇弘胣, 子胥靡. 故四子之賢而身不免乎戮. 故跖之徒問於跖曰, 盜亦有道乎. 跖曰, 何適而無有道邪. 夫妄意室中之藏, 聖也, 入先, 勇也, 出後, 義也. 知可否, 知也, 分均, 仁也. 五者不備而能成大盜者, 天下未之有也. 由是觀之, 善人不得聖人之道不立, 跖不得聖人之道不行. 天下之善人少, 而不善人多, 則聖人之利天下也少, 而害天下也多. 故曰, 脣竭則齒寒, 魯酒薄而邯鄲圍. 聖人生而大盜起. 掊擊聖人, 縱舍盜賊, 而天下始治矣. 夫川竭而谷虛, 丘夷而淵實. 聖人已死, 則大盜不起, 天下平而無故矣. 聖人不死, 大盜不止. 雖重聖人而治天下, 則是重利盜跖也.

자해 • 상시(嘗試) : 시험 삼아 어디 한번. 참(斬) : 베다. 부(剖) : 가르다. 이

---

20 초(楚)나라에 바친 노(魯)나라의 술이 엷었기 때문에 초왕이 노(怒)해서 노나라를 공격했는데, 그 기회를 틈타 위(魏)나라가 조(趙)나라로 쳐들어가 도읍인 한단을 포위한 일을 말한다. 즉 뜻밖의 인과관계(因果關係)가 일어남을 비유한 것이다.

(胣) : 창자를 가르다. 미(靡) : 썩다, 멸하다. 육(戮) : 죽이다. 순(脣) : 입술. 갈(竭) : 다하다. 한단(邯鄲) : 조나라 서울. 위(圍) : 포위하다. 부격(掊擊) : 타격(打擊)과 같음, 즉 치다, 때리다. 종(縱) : 마음대로 하도록 내버려두는 것. 사(舍) : 놓아두다, 석방하다. 이(夷) : 평평하다. 연실(淵實) : 연못에 물이 차다.

해영

장자는 세상에 도둑이 출현한 것은 성인(聖人) 때문이라 진단합니다. 도둑들 또한 성인들이 말하는 도(道)를 따라 도둑질을 하기 때문에 성인이란 결국 도둑들의 보호자가 된다고 보는 것입니다. 가령 선(善)을 내세울수록 악(惡)도 따라 기승을 부리는데, 이 같은 현상과 다르지 않습니다. 따라서 성인이 없으면 도둑도 절로 사라져 평화로운 세상이 도래한다는 것입니다. 자연의 세계에선 성인이나 도둑이 따로 없습니다.

03

거협 옛날 용성씨(容成氏)[21]와 대정씨(大庭氏), 백황씨(伯皇氏), 중앙씨(中央氏), 율륙씨(栗陸氏), 여축씨(驪畜氏), 헌원씨(軒轅氏)[22], 혁서씨(赫胥氏)[23], 존로씨(尊盧

21 용성씨(容成氏) 이하, 신농씨(神農氏)에 이르기까지 열두 사람은 모두 고대의 제왕(帝王)이다. 여기서 용성씨는 처음으로 율력(律曆)을 만들고 장생(長生)의 술법(術法)을 터득한 인물이다.

22 황제(黃帝)의 다른 이름이다.

23 염제(炎帝)의 다른 이름이다.

氏), 축융씨(祝融氏)[24], 복희씨(伏羲氏)[25], 신농씨(神農氏)[26] 등의 시대가 있었다. 그 때 민중들은 줄에 매듭을 지어 그것을 기호로 사용했으며, 그들의 식사를 달게 여겼으며, 그들의 옷을 아름답게 생각했으며, 그들의 풍속을 즐겼고, 그들의 거처를 편안하게 여겼다. 이웃나라가 서로 바라보였고, 닭 우는 소리와 개 짖는 소리가 서로 들릴 정도였지만, 민중들은 늙어 죽을 때까지 서로 왕래하지 않았다.[27] 이와 같은 시대야말로 지극히 잘 다스려진 시대라 할 수 있다. 그러나 지금은 민중들로 하여금 목을 빼고 발뒤꿈치를 들어 '어디어디에 현자(賢者)가 있다'고 하면서 양식을 짊어지고 찾아가도록 만들기에 이르렀다. 즉 안으론 그 어버이를 버리고, 밖으론 임금 섬기는 일을 내던진 채, 그들의 발자취는 제후(諸侯)들의 땅에까지 이르고, 수레바퀴 자국이 천리 밖에까지 이어지게 된 것이다. 이것은 위에 있는 사람이 지혜를 좋아한데서 생긴 잘못이다. 위에 있는 사람이 참으로 지혜만 좋아하고 도(道)를 모른다면, 천하는 크게 혼란해질 것이다.

---

24 여름[夏]의 신(神), 화염(火炎)을 일컫기도 하고, 남해(南海)의 신(神)을 가리키기도 한다.

25 민중들에게 처음으로 고기잡이와 사냥, 목축 등을 가르치고, 팔괘(八卦)와 문자(文字)를 만들었다고 전해지는 제왕이다. 복희(伏羲)를 복희(伏戱), 포희(包羲)로도 불린다.

26 민중들에게 처음으로 농사짓는 법을 가르치고, 역(易)의 육효(六爻)를 만들었다고 전해지는 제왕이다.

27 민중들은 줄에 매듭을 지어 그것을 기호로 사용했으며, 그들의 식사를 달게 여겼으며, 그들의 옷을 아름답게 생각했으며, 그들의 풍속을 즐겼고, 그들의 거처를 편안하게 여겼다. 이웃나라가 서로 바라보였고, 닭과 개 짖는 소리가 서로 들릴 정도였지만, 민중들은 늙어 죽을 때까지 서로 왕래하지 않았다.(民結繩而用之, 甘其食, 美其服, 樂其俗, 安其居. 隣國相望, 鷄狗之音相聞, 民至老死而不相往來.)는 문구는 『노자(老子)』 80장에도 나오는 글로, 지덕지세(至德之世)를 표현한다.

원문 昔者容成氏, 大庭氏, 伯皇氏, 中央氏, 栗陸氏, 驪畜氏, 軒轅氏, 赫胥氏, 尊盧氏, 祝融氏, 伏羲氏, 神農氏, 當是時也. 民結繩而用之, 甘其食, 美其服, 樂其俗, 安其居. 隣國相望, 鷄狗之音相聞, 民至老死而不相往來. 若此之時, 則至治已. 今遂至使民延頸擧踵, 曰某所有賢者, 贏糧而趣之. 則內棄其親, 而外去其主之事, 足跡接乎諸侯之境, 車軌結乎千里之外. 則是上好知之過也. 上誠好知而無道, 則天下大亂矣.

자해 • 여(驪) : 가라말. 연경거종(延頸擧踵) : 목을 빼고 발뒤꿈치를 들다. 영(贏) : 메다, 짊어지다. 영량(贏糧) : 양식을 짊어지다. 취(趣) : 찾다, 향하다. 접(接) : 이르다, 접하다. 궤(軌) : 바퀴자국. 결(結) : 이어지다. 성(誠) : 참으로.

해영

사람들이 만든 각종 제도를 인류사적으로 보면 극히 최근입니다. 유목(遊牧)에서 정착생활로 전환되면서 제정된 것들입니다. 세상에서 선호하는 지혜를 통한 것입니다. 이런 지혜의 결과물들이 오히려 세상을 혼란하게 만드는 요인이 되고 있습니다. 사치품이 생활필수품으로 자리 잡으면서 삶은 급속도록 피폐해지고 있습니다. 자연에서 멀어진 결과입니다. 지혜를 부정할 때 유연(柔軟)한 자연으로 회복될 수 있습니다.

재유(在宥)

재유란 사물을 구속하지 않고 자연에 그대로 놓아둔다는 뜻입니다. 즉 인위(人爲)를 가하지 않고 자연에 맡겨 두는, 이른바 무위자연의 삶을 말합니다. 노자(老子)가 강조하는 무위이무불위(無爲而無不爲) 사상의 부연이기도 합니다.

01

재유 천하(天下)를 있는 그대로 놓아둔다[放任]는 말은 들었어도 천하를 다스린다는 말은 듣지 못했다. 있는 그대로 두는 것은 천하가 그 본성을 망칠까 두려워서고, 방임(放任)하는 것은 천하가 그 덕(德)을 바꿀까 두려워서다. 천하가 그 본성을 망치지 않고 그 덕을 바꾸지 않는다면 천하를 다스릴 필요가 있겠는가? 옛날 요(堯)임금이 천하를 다스릴 때는 세상 사람들로 하여금 기쁘게 하고 그 본성을 즐기게 하였으나, 이는 결코 편안하지 않았다. 걸(桀)왕이 천하를 다스릴 때는 세상 사람들로 하여금 지치게 하고 그 본성을 고통스럽게 하였으니, 이는 즐거운 것이 아니었다. 편안하지도 않고 즐겁지도 않은 것은 덕(德)이 아니다. 덕이 아니면서 오래 갈 수 있는 것이란 세상에 없다. 사람이 크게 기뻐하면 양(陽)에 치우치고, 크게 노하면 음(陰)에 치우치게 된다. 음과 양의 어느 쪽으로든 치우치면, 사철의 변화가 제때에 이르지 못하고, 추위와 더위의 조화가 이루어지지 않아, 도리어 사람의 몸을 상하게 한다.

원문 聞在宥天下, 不聞治天下也. 在之也者, 恐天下之淫其性也, 宥之也者, 恐天下之遷其德也. 天下不淫其性, 不遷其德, 有治天下哉. 昔堯之治天下也, 使天下欣欣焉, 人樂其性, 是不恬也. 桀之治天下也, 使天下瘁瘁焉, 人苦其性, 是不愉也. 夫不恬不愉, 非德也. 非德也而可長久者, 天下無之. 人大喜邪, 毗於陽, 大怒邪, 毗於陰. 陰陽幷毗, 四時不至, 寒暑之和不成, 其反傷人之形乎.

자해 • 재(在) : 존(存)과 통용, 즉 있는 그대로 있게 함. 유(宥) : 놓아두다, 용서하다. 음(淫) : 탐하다, 망치다. 천(遷) : 옮기다, 바꾸다. 흔(欣) : 기뻐하다. 흔흔언(欣欣焉) : 기뻐하는 모양. 췌췌언(瘁瘁焉) : 지쳐 괴로워하는 모양. 염(恬) : 안(安)과 통용, 편안하다, 조용하다. 췌(瘁) : 고달프다, 병들다. 유(愉) : 기뻐하다. 비(毗) : 치우치다, 지나치다. 반(反) : 도리어.

해영

사람들이 잘못 인식하는 것 가운데 하나가 자연보호(自然保護)란 구호입니다. 사람이 '자연을 보호한다'는 것이 어울리지 않기 때문입니다. 있는 그대로 내버려 두는 것이 자연을 보호하는 것일진대, 자연을 보호한다는 미명 아래 여기저기 길을 내고 깎고 자르고 구멍을 냅니다. 이런 행위는 십중팔구 자연을 훼손하는 것이지 보호가 될 수 없습니다. 자연을 있는 그대로 두듯, 사람의 삶도 그대로 두는 것이 자연입니다.

02

재유 최구(崔瞿)[28]가 노담(老聃)에게 물었다. "천하를 다스리지 않는다면 어떻게 사람들의 마음이 좋아지겠습니까?" 노담이 말했다. "그대는 사람의 마음을 속박하지 않도록 삼가게. 인심이란 아래를 배척하고 위로 오르려 하네. 그렇게 되면 위와 아랫사람이 서로 구속하고 해치게 마련이네. 부드러움은 강하고 억센 것을 유연하게 만들고, 날카로움은 새기고 쪼아 상처를 낸다네. 뜨겁게 달아오르면 타오르는 불길 같고, 차갑게 식으면 꽁꽁 언 얼음 같네. 그 재빠르기란 머리를 숙였다 드는 사이에 두 번씩이나 세상 밖까지 덮을 정도지. 가만히 있으면 심연(深淵)처럼 고요하지만, 움직였다 하면 하늘만큼 동떨어져 버리네. 세차게 치달아 잡아매둘 수가 없는 것, 그것이 바로 사람의 마음이네."

원문 崔瞿問於老聃曰, 不治天下, 安臧人心. 老聃曰, 汝愼無攖人心. 人心排下而進上, 上下囚殺. 淖約柔乎剛彊, 廉劌彫琢. 其熱焦火, 其寒凝冰. 其疾俛仰之間, 而再撫四海之內. 其居也淵而靜, 其動也懸而天. 僨驕而不可係者, 其唯人心乎.

자해 • 구(瞿) : 놀라다. 노담(老聃) : 노자(老子)를 가리킨다. 안(安) : 어찌. 장(臧) : 선(善)과 통용, 착하다. 여(汝) : 그대, 자네. 영(攖) : 요(繞)와 통용, 즉 묶다, 어지럽다, 속박하다. 배(排) : 억누르다. 수살(囚殺) : 서로 구속하고 해치다. 작(淖) : 작(綽)과 통용, 부드럽다. 염(廉) : 날카롭다. 귀(劌) : 상처를 내다.

---

28 노자(老子)의 제자인 듯하나, 전기(傳記)가 없어 알 수 없다.

조탁(彫琢) : 새기고 쪼다. 질(疾) : 빠르다. 부(俛) : 구부리다, 숙이다. 앙(仰) : 머리를 들다. 무(撫) : 덮다, 누르다. 정(靜) : 고요하다. 현(懸) : 멀리가다, 높이 오르다. 분(僨) : 분(憤)과 통용, 세차다, 빠르다. 교(驕) : 치닫다. 계(係) : 잡아매다.

해영

사람의 마음이란, 참으로 복잡다단합니다. 물론 '마음'이란 특정된 것이 아닌 하나의 '인식체계'에 불과한 말이지만, 세속에선 이 마음을 분석하기 위해 무진 애들을 쓰고 있습니다. 유가(儒家)에선 심성론(心性論)이라 하여 마음이 어떻게 움직이는지에 관해 연구해 왔고, 불가(佛家)에선 심즉불(心卽佛)이라 하여, 마음을 최고의 핵심 과제로 삼아 끊임없이 연구 중에 있습니다. 예나 지금이나 '마음'은 연구대상입니다.

03

재유 옛날 황제(黃帝) 때 비로소 인의(仁義)로써 사람의 마음을 묶기 시작했다. 요임금과 순임금의 넓적다리에 살이 빠지고 정강이 털이 닳도록 애쓰며 세상 사람들의 몸을 돌보고, 자기의 오장(五藏)[29]을 괴롭히면서 인의를 행하며, 자기의 혈기를 해쳐가면서 법도를 제정하였다. 그러나 그것으로도 감당하지 못할 바가 있었다. 이에 요임금은 환두(讙兜)[30]를 남쪽의 숭산(崇山)으로

29 오장(五藏)은 정신작용이 나오는 곳이다. 즉 요임금과 순임금이 여러 가지로 고심(苦心)했다는 뜻이다.

30 환두(讙兜)는 순임금의 신하다. 여기선 요임금이 추방한 것으로 나오지만, 『서경(書

추방하고, 삼묘(三苗)[31]를 서쪽의 삼위(三峗)로 내치며, 공공(共工)[32]을 북쪽의 유도(幽都)로 유배했으니, 이는 천하를 감당하지 못한 때문이 아니겠는가.

삼왕(三王) 때에 이르자, 천하 사람들은 더욱 놀라게 되었다.[33] 아래로는 걸왕(桀王)과 도척(盜跖)이 생겨나고, 위로는 증삼(曾參)과 사추(史鰌)가 나타나는가 하면, 유가(儒家)와 묵가(墨家)가 한꺼번에 들고 있어났다. 이에 기뻐하고 노여워하여 서로 의심하고, 어리석은 사람과 지혜로운 사람이 서로 속이며, 좋다 나쁘다 서로 비난하고, 거짓이니 진실이니 서로 헐뜯어 천하가 쇠잔해지고 말았다. 시비와 차별을 초월한 대덕(大德)엔 구별이 생기고, 자연스런 본성은 어지러워졌다. 온 천하가 지혜를 좋아하게 되니 백성들은 혼란을 일으키게 되었다.

원문 昔者, 黃帝始以仁義攖人之心, 堯舜於是乎股無胈, 脛無毛, 以養天下之形, 愁其五藏以爲仁義, 矜其血氣以規法度. 然猶有不勝也. 堯於是放讙兜於崇山, 投三苗於三峗, 流共工於幽都, 此不勝天下也. 夫施及三王而天下大駭矣. 下有桀跖, 上有曾史, 而儒墨畢起. 於是乎喜怒相疑, 愚知相欺, 善否相非, 誕信相譏, 而天下衰矣. 大德不同, 而性命爛漫矣. 天下好知, 而百姓求竭矣.

經)』엔 순임금이 행한 것으로 나온다.

31 삼묘(三苗)는 본래 종족 이름이었으나, 여기선 그들을 다스리던 제후를 가리킨다.

32 공공(共工)은 순임금의 신하 이름이다.

33 황제(黃帝)에서 시작하여 요순(堯舜)에 이르기까지 인의(仁義)가 강조됐음에도 세상 사람들은 마음에 구별이 생겨 오히려 혼란해졌다. 그것이 하은주(夏殷周) 삼대(三代)에 이르자, 더욱 구별이 심해져 사람들도 놀라는 세상이 되었다.

자해 ● 영(攖) : 묶다. 고(股) : 넓적다리. 발(胈) : 흰 살. 경(脛) : 정강이. 수(愁) : 괴롭히다. 긍(矜) : 해치다, 괴로워하다. 환(讙) : 환(驩)과 통용, 즉 기뻐하다. 두(兜) : 투구. 위(峗) : 높다. 삼왕(三王) : 하(夏)의 우왕(禹王), 은(殷)의 탕왕(湯王), 주(周)의 무왕(武王). 대해(大駭) : 크게 놀라다, 크게 어지러워지다. 필기(畢起) : 마침내 일어나다. 탄신(誕信) : 거짓과 진실. 기(譏) : 나무라다. 난만(爛漫) : 산란해지다, 어지러워지다. 구갈(求竭) : 혼란해지다.

해영

자연에서 멀어진 채 살아가는 오늘날의 문명적 삶은 모두들 대단한 행복을 구가하는 듯 보입니다. 하지만 안색들에선 그런 빛을 찾아보기 어렵습니다. 문명의 진행 방향이나 과정엔 별 관심이 없어 보입니다. 오로지 첨단 문명의 대열에서 이탈하지 않으려 안간힘을 쓰는 모습들입니다. 피곤을 넘어 고통을 가중시킬 뿐입니다. 자연으로 회귀해야 합니다. 지혜를 멀리할 때입니다. 그것이 '이성의 기능'에도 부합합니다.

04

재유 세속 사람들은 모두 남이 자기에게 동조하는 것을 기뻐하고, 남이 자기와 다른 것을 미워한다. 자기에게 동조하는 것을 바라고, 자기와 다른 것을 바라지 않는 것은 일반 사람들보다 뛰어나고자 하는 심리에서다. 일반 사람들보다 뛰어나고자 하는 마음을 가졌다고 어찌 늘 일반 사람들보다 뛰어나겠는가? 일반 사람들과 함께 따름으로 편안한 것이며, 내가 듣는 바의 것은 일반인들이 지닌 기능만큼 많지 못하다. 그럼에도 나라를 다스리기를 바라는 사람은 우(禹)와 탕(湯), 문무(文武)의 이점만을 보고, 그들의 환난은 보지 못한 사람이다. 이는 나라를 다스리는 것으로써 요행(僥倖)을 바라는 일이다.

요행을 바라다 나라를 잃지 않은 사람이 얼마나 있는가? 그들이 나라를 보존하는 일은 만(萬)에 하나도 없으며, 나라를 잃은 경우엔 하나가 성공 못하면 나머지 수많은 나라를 잃게 된다. 슬프다. 영토를 지닌 사람이 그것을 모르다니! 영토를 지닌다는 것은 큰 것[大物]을 지니는 일이다. 큰 것을 지닌 사람은 그것에 사로잡혀 사물을 이용하지 못한다. 뛰어난 사람은 사물을 이용하지 않으므로 능히 사물을 사물로서 이용할 수 있다. 이처럼 사물을 사물로 이용하는 것은 일반적인 사물이 아님은 명확하다. 어찌 유독 천하의 백성을 다스리는 일뿐이겠는가! 천지 사방을 드나들고 온 세상에 노닐며[出入六合, 遊乎九州][34] 홀로 자유자재로 오가는 것, 이를 독유(獨有)[35]라 한다. 독유의 사람들을 지극히 고귀하다고 한다.

원문 世俗之人, 皆喜人之同乎己, 而惡人之異於己也. 同於己而欲之, 異於己而不欲者, 以出乎衆爲心也. 夫以出乎衆爲心者, 曷常出乎衆哉. 因衆以寧, 所聞不如衆技衆矣. 而欲爲人之國者, 此攬乎三王之利而不見其患者也. 此以人之國僥倖也. 幾何僥倖而不喪人之國乎. 其存人之國也, 無萬分之一, 而喪人之國也, 一不成而萬有餘喪矣. 悲夫, 有土者之不知也. 夫有土者, 有大物也. 有大物者, 不可以物物. 而不物故能物物. 明乎物物者之非物

34 하(夏)나라의 우왕(禹王)이 설정했다는 아홉 개의 주(州)를 말한다. 즉 모든 영토를 지칭하며, 한 곳에서 천하를 다스리지 않고 우주 천하를 휘돌아 천지의 기(氣)와 하나가 됨을 의미한다.

35 진리와 하나가 된다는 뜻으로, 즉 절대적 존재를 의미한다.

也. 豈獨治天下百姓而已哉. 出入六合, 遊乎九州, 獨往獨來, 是謂獨有. 獨有之人, 是之謂至貴.

자해 ● 오(惡) : 미워하다, 싫어하다. 갈(曷) : 하(何)와 통용, 어찌. 인(因) : 의지하다, 말미암다. 영(寧) : 안정(安定)이란 뜻으로, 자기를 내세우지 않고 일반 사람들과 함께 하면 안심할 수 있다는 의미다. 람(攬) : 람(覽)과 통용, 잡다, 보다. 기하(幾何) : 얼마. 요행(僥倖) : 바라다, 뜻밖에 얻는 행복. 대물(大物) : 천하. 지귀(至貴) : 세상으로부터 지극한 존경을 받음.

해영

세상[천하] 다스리는 것을 보통 인위적(人爲的)이라 합니다. 특히 일부 지식인들의 논리가 정치지도자들을 통해 구현되고 있다는 점에서 성찰이 요구됩니다. 가령 오늘날의 국책사업들을 살펴봐도 거의 모든 사업이 이렇게 움직입니다. 자연과 역(逆)으로 가는 정책들이 걸러지지 않음으로써 드러나는 폐해가 차고도 넘칩니다. 가장 기초적인 수해는 물론 각종 재난이 끊이지 않습니다. 모두가 작위에서 비롯된 결과입니다.

천지(天地)

천하를 다스리는 일이나 몸을 다스리는 일은 같습니다. 따라서 쓸데없이 지(知)를 내세우거나 기교(技巧)를 부리지 말 것을 강조합니다. 특히 여기선 주제에 걸맞은 논의가 나옵니다. 태초를 기점으로 하는 일종의 우주론이 논해집니다. 또한 특이한 점은 유가(儒家)와 일부 타협하는 듯한 모습도 엿볼 수 있다는 점입니다.

01

천지 천지(天地)가 비록 넓지만 그 변화는 균등하다. 만물이 비록 종류가 많지만 그 다스려짐은 하나이다. 서민의 수는 비록 많지만 그 주인은 임금이다. 임금은 덕(德)에 근거를 두고 자연[天]에 의해 이뤄진 것이다. 그러므로 이르기를, "태고의 세상에 임금 된 사람은 작위(作爲)가 없고 자연 그대로의 덕을 따랐을 뿐이다."라고 한다. 도(道)로써 사물의 이름을 살펴보면, 세상의 임금은 옳게 되고, 도(道)로써 일의 분별을 살펴보면, 임금과 신하의 의(義)는 분명하며, 도(道)로써 사람들의 능력을 살펴보면, 세상의 관직은 잘 다스려지고, 도(道)로써 널리 살펴보면 만물의 응대는 모두 완비된다.

그러므로 천지자연에 통하는 것은 덕(德)이고, 만물에 고루 미치는 것은 도(道)이다. 위에서 사람들을 다스리는 것은 정사(政事)이고, 옳게 일을 처리하는 것은 기술(技術)이다. 기술은 정사(政事)와 합치되고, 정사는 의(義)와 합치되며, 의는 덕(德)과 합치되고, 덕은 도(道)와 합치되며, 도는 자연과 합치된다. 그러므로 이르기를, "옛날에 천하를 다스리던 사람들은 아무 욕심이 없어도 천하가 만족했고, 하는 일이 없어도 만물이 교화되었으며, 고요히 있어도 백성은 안정되었다."고 한다. 옛 기록에도 "하나의 도(道)에 능통하면 만사가 다 이루어지고, 무엇을 얻고자 하는 마음이 없으면 귀신(鬼神)도 탄복한다."고 하였다.

원문 天地雖大, 其化均也. 萬物雖多, 其治一也. 人卒雖衆, 其主君也. 君原於德, 而成於天. 故曰, 玄古之君天下, 無爲也, 天德而已矣. 以道觀言, 而天下之君正, 以道觀分, 而君臣之義明. 以道觀能, 而天下之官治, 以道汎觀, 而萬物之應備. 故通於天地者, 德也, 行於萬物者, 道也. 上治人者, 事也, 能有所藝者, 技也. 技兼於事, 事兼於義, 義兼於德, 德兼於道, 道兼於天. 故曰, 古之畜天下者, 無欲而天下足, 無爲而萬物化, 淵靜而百姓定. 記曰, 通於一而萬事畢, 無心得而鬼神服.

자해 • 졸(卒) : 신분이 매우 낮은 사람. 현(玄) : 원(遠)과 같음, 즉 멀다. 현고(玄古) : 아득한 옛날. 범(汎) : 넓다. 예(藝) : 의(誼)와 통용, 옳다. 겸(兼) : 겸하다, 아우르다. 휵(畜) : 기르다. 연정(淵靜) : 아무 것도 하지 않고 가만히 있음. 만사필(萬事畢) : 모든 일이 잘 됨, 모든 것이 하나인 도(道)와 통하면 막히는 것이 없음. 무심득(無心得) : 무엇을 얻고자 하는 마음이 전혀 없음.

해영

도사(道士)라는 말이 있습니다. 즉 '도(道)를 많이 닦아 상당한 경지에 이른 사람'을 일컫습니다. 도(道)로써 움직이면 지도자는 옳게 되고, 윗사람과 아랫

사람의 의(義)도 분명하며, 세상의 관직도 잘 다스려지며, 만물은 제자리를 잡습니다. 이런 현상은 도(道)가 만물에 고루 미친다는 증거입니다. 사람들을 다스리는 정사(政事), 일을 처리하는 기술(技術) 등이 도사의 그것처럼 되기 위해선 인위(人爲)를 배제해야 합니다.

02

천지 선생이 말했다. "도(道)란 만물을 덮어주고 실어주는 것으로 끝없이 넓고 크다. 군자(君子)도 그것을 모범삼아 마음을 크게 넓히지 않으면 안 된다. 아무 일도 하지 않으면서 일하는 것을 천(天)이라 하고, 아무 말도 하지 않으면서 말하는 것을 덕(德)이라 한다. 남을 사랑하고 사물을 이롭게 하는 것을 인(仁)이라 하고, 서로 같지 않은 채 그대로 같게 만드는 것을 대(大)라 한다. 행위가 남들과 달리 어긋나지 않는 것을 관(寬)이라 하고, 같지 않은 만 가지 것을 갖고 있는 것을 부(富)라 한다. 덕을 지켜 나가는 것을 기(紀)라 하고, 덕이 이루어지는 것을 입(立)이라 한다. 도에 따르는 것을 비(備)라 하고, 사물에 의해 뜻이 꺾이지 않는 것을 완(完)이라 한다. 군자가 이 열 가지를 분명히 깨닫는다면, 그 마음가짐이 널찍하게 커질 것이며, 만물(萬物)이 모여들 것이다.

원문 夫子曰, 夫道, 覆載萬物者也, 洋洋乎大哉. 君子不可以不刳心焉. 無爲爲之之謂天, 無爲言之之謂德. 愛人利物之謂仁, 不同同之之謂大. 行不崖異之謂寬, 有萬不同之謂富. 故執德之謂紀, 德成之謂立. 循於道之謂備, 不以物挫志之謂完. 君子明於此十者, 則韜乎其事心之大也, 沛乎其爲萬物

逝也.

자해 • 부재(覆載) : 덮어주고 실어주다. 양(洋) : 넓다. 고(刳) : 과(夸)와 통용, 즉 크다, 텅 비게 하다. 애(崖) : 괴(乖)와 통용, 어그러지다. 애이(崖異) : 남들과 다른 것. 관(寬) : 너그럽다. 기(紀) : 기(起)와 통용, 실마리, 법. 입(立) : 확립하다. 순(循) : 순(順)과 통용, 좇다, 따르다. 좌(挫) : 꺾다. 완(完) : 견(堅)과 통용, 굳다, 견고하다. 도(韜) : 물이 끝없이 넓게 퍼져 있는 모양. 패(沛) : 많다, 크다. 서(逝) : 왕(往)과 통용.

해영

노자(老子)는 도(道)에 대해 날로 생(生)하는 것이라 하고, 덕(德)에 대해선 날로 생긴 도(道)를 잘 기르는[쌓아가는] 것이라 하였습니다. 그렇습니다. 위에서 논한 남을 사랑하고 사물을 이롭게 하는 것, 행위가 남들과 어긋나지 않는 것, 같지 않은 만 가지 것을 갖추는 것, 덕(德)을 지켜 나가는 것, 덕이 이루어지는 것, 도(道)에 따르는 것, 사물에 의해 뜻이 꺾이지 않는 것을 깨닫는다면, 만물(萬物)이 모여들 것입니다.

03

천지 황제(皇帝)가 적수(赤水)의 북쪽을 여행하며 곤륜산(崑崙山)에 올랐다가 남쪽을 바라보며 돌아오는 길에 현주(玄珠)[36]를 잃어버렸다. 지(知)[37]로 하여금 찾게 하였으나 찾지 못하였고, 이주(離朱)[38]로 하여금 찾게 하였으나 찾지 못하였으며, 끽후(喫詬)[39]로 하여금 찾게 했으나 찾지 못하였다. 마침내 상망(象罔)[40]을 시켰더니 상망이 찾아냈다. 황제가 말했다. "이상하도다! 상망이 그것을 찾아내다니!"

원문 皇帝遊乎赤水之北, 登乎崑崙之丘, 而南望還歸, 遺其玄珠. 使知索之而不得, 使離朱索之而不得,使喫詬索之而不得也. 乃使象罔, 象罔得之. 皇帝曰, 異哉, 象罔乃可以得之乎.

자해 • 곤륜(崑崙) : 산 이름, 중국 서북방 쪽의 산. 유(遺) : 남기다, 잃어버리다. 지(知) : 지혜라는 사람. 색(索) : 찾다. 끽(喫) : 마시다, 먹다. 후(詬) : 꾸짖다. 망(罔) : 없다.

해영

세속에서 살아가는 사람들의 지혜로는 도(道)를 찾는데 한계가 있습니다. 시

36 현주(玄珠)란 글자대로 하면 신비의 구슬이다. 하지만 여기선 도(道)의 본체를 뜻한다. 즉 '현주를 잃었다'는 것은 속세로 돌아왔기 때문에 도(道)를 잃었다는 의미다.

37 지(知)라는 사람으로, 사람의 지혜로는 진리[道]를 알 수 없다는 뜻이다.

38 눈이 밝기로 유명한 사람이다. 즉 시력이 아무리 뛰어나도 도(道)를 찾을 수 없다는 의미다.

39 언변이 매우 뛰어난 사람이다. 즉 변론이 아무리 뛰어나도 도(道)를 찾을 수 없다는 뜻이다.

40 형상(形象)이 있는 듯하지만 없는 것, 수양을 많이 쌓은 사람의 무심(無心)과 같다. 즉 참된 도(道)를 지닌 사람이라야 현주를 찾을 수 있다는 의미다.

력(視力)이 아무리 뛰어나도 도(道)를 찾을 수 없고, 변론이 크게 뛰어난 사람이라도 도(道)를 쉽게 찾을 수 없습니다. 오직 형상(形象)이 있는 듯하면서 실제론 없는 것, 부지런히 수양하여 무심(無心)의 경지에 오른 것과 같은, 즉 참된 도(道)를 지닌 사람이라야 현주(玄珠)를 찾을 수 있음을 의미합니다. 혼연일체의 도(道)가 거기에 존재합니다.

04

천지 요(堯)임금이 화(華)라는 고장을 여행할 때 화(華) 땅의 국경지기[封人][41]가 말했다. "아, 성인(聖人)이시여, 청컨대 성인을 축복하게 해주십시오. 성인께서 장수하도록 해드리고 싶습니다." 요임금이 말했다. "사양하겠소이다." 국경지기가 말했다. "성인께서 부유하시길 빌겠습니다." 요임금이 말했다. "사양하겠소이다." 국경지기가 말했다. "성인께서 많은 아들을 낳도록 빌게 해주십시오." 요임금이 말했다. "사양하겠소이다." 국경지기가 말했다. "장수와 부유함, 아들이 많음은 누구나가 바라는 바입니다. 당신만 유독 바라지 않으시니 어째서입니까?" 요임금이 말했다. "아들이 많으면 근심이 많아지고, 부유하면 일이 많아지며, 오래 살면 욕된 일이 많아진다오. 이 세 가지는 무위의 참된 덕을 기를 수 있는 것들이 아니기 때문에 사양한 것이오." 국경지기가 말했다. "처음에 나는 당신을 성인이라 생각했었습니다만 지금 보니 그저 군자(君子) 정도군요.

---

41 일반적으로 국경지기로 칭하지만, 여기선 세상을 피해 살고자 하는 사람들을 지칭한다. 즉 은자(隱者)로 의미하는 경우가 많다.

하늘이 만민(萬民)을 낳으시면 반드시 그들에게 직분(職分)을 줍니다. 아들이 많더라도 각기 직분이 주어지는데 무슨 근심이 있겠습니까? 부유하더라도 그것을 사람들에게 나눠준다면 무슨 일이 있겠습니까? 성인이란 메추라기[42] 처럼 거처가 일정치 않고, 새 새끼처럼 주는 대로 먹으며, 새처럼 날아다녀도 행적을 남기지 않습니다. 천하에 도(道)가 행해지면 만물과 더불어 번창하며, 천하에 도(道)가 행해지지 않으면 덕을 닦으며 한가로이 지냅니다. 천년을 살다가 세상이 싫어지면 속세를 떠나 선경(仙境)으로 올라갑니다. 저 흰 구름을 타고 천제(天帝)의 고향에 이릅니다. 세 가지의 환난(患難)도 닥쳐오지 않고 몸에는 늘 재앙이 없으니 무슨 욕된 일이 있겠습니까?" 국경지기가 그곳을 떠나려 하자, 요임금이 뒤좇아 가면서 말했다. "가르침을 바랍니다." 국경지기는, "물러가시오."라고 했을 뿐이었다.

원문 堯觀乎華, 華封人曰, 嘻, 聖人, 請祝聖人. 使聖人壽. 堯曰, 辭. 使聖人富. 堯曰, 辭. 使聖人多男子. 堯曰, 辭. 封人曰, 壽富多男子, 人之所欲也. 女獨不欲, 何邪. 堯曰, 多男子則多懼, 富則多事, 壽則多辱. 是三者, 非所以養德也, 故辭. 封人曰, 始也我以女爲聖人邪, 今然君子也. 天生萬民, 必授之職, 多男子而授之職, 則何懼之有. 富而使人分之, 則何事之有. 夫聖人鶉居而鷇食, 鳥行而無彰. 天下有道, 則與物皆昌, 天下無道, 則修德就閒. 千歲厭世, 去而上僊. 乘彼白雲, 至於帝鄉. 三患莫至, 身常無殃, 則何辱之有. 封人去之. 堯隨之曰, 請問, 封人曰, 退已.

---

42 닭목 꿩과에 속하는 한국의 대표적인 사냥새다. 동아시아에 분포하며, 북부의 번식 집단은 중국 남부와 동남아시아까지 남하해 겨울을 난다. 야생에서 한국에선 번식하지 않으며, 가을에 남하하여 겨울을 나는 겨울새다.

자해 • 관(觀) : 유(遊)와 같음, 보다, 놀다. 봉인(封人) : 국경지기. 사(辭) : 사양하다. 여(女) : 여(汝)와 같음. 순(鶉) : 메추라기. 구(鷇) : 새 새끼. 구식(鷇食) : 새 새끼가 어미의 먹이를 받아먹는 모습. 창(彰) : 드러내다. 창(昌) : 번창하다. 개창(皆昌) : 더불어 모두 번창하다. 한(閒) : 한가하다. 선(僊) : 선(仙)의 고자(古字), 즉 신선을 뜻한다. 상선(上僊) : 선경(仙境)에 오르다. 제향(帝鄕) : 천제의 고향.

해영

조선(朝鮮)의 22대 임금인 정조(正祖)는 화성(華城)이라는 이름을 지을 때, 여기 나오는 이른바 '화인축성(華人祝聖)'에서 인용하였습니다. 즉 화(華)라는 고장의 국경지기가 요(堯)임금에게 수(壽)와 부(富), 다남(多男)을 기원하자, 요임금은, "장수는 욕됨이 많고, 부유함은 일이 많으며, 아들이 많음은 근심이 많아서 싫다. 이 세 가지는 참된 덕(德)을 기를 수 있는 것들이 아니기 때문이다."라고 하여 사양한 바 있습니다.

따라서 화성(華城)이란 이름은 두 가지로 해석해 볼 수 있습니다. 먼저 민중들의 입장에서는 왕실의 장수와 부귀, 번창을 기원하는 도시로, 정조 자신의 입장에선 요(堯)임금처럼 덕(德)을 펼 수 있는 도시라는 의미를 지니고 있다고 하겠습니다. 여하튼 수(壽)와 부(富), 다남(多男)과 같은 세속의 가치들은 장자(莊子)에게 있어서 수용될 수 없습니다. 즉 세속의 가치를 뛰어 넘어야 진정한 자연에서 노닐 수 있는 것입니다.

05

천지 요(堯)임금이 천하를 다스렸을 때 백성자고(伯成子高)[43]는 제후(諸侯)의 자리에 있었다. 요임금이 순(舜)에게 왕위를 물려주고, 순임금이 우(禹)에게 왕위를 물려주자, 백성자고는 제후를 사퇴하고 농사를 지었다. 우임금이 찾아가서 보니 들에서 밭을 갈고 있었다. 우임금은 총총걸음으로 낮은 곳으로 나아가 서서 물었다. "옛날에 요임금이 천하를 다스렸을 때 선생께서는 제후의 자리에 계셨는데, 요임금이 왕위를 순에게 물려주고, 순임금이 저에게 왕위를 물려주시자, 선생께서는 제후를 사퇴하고 농사를 짓고 계십니다. 감히 그 까닭이 무엇인지 여쭙고자 합니다." 자고가 말했다. "옛날에 요임금이 천하를 다스릴 땐 상(賞)을 내리지 않아도 민중들은 열심히 일했고, 벌(罰)을 내리지 않아도 민중들은 두려워했습니다. 지금 당신은 상(賞)을 주고 벌(罰)을 내리는데도 민중들은 어질지 않습니다. 덕(德)은 이로부터 쇠해지고 형벌은 이로부터 확립되었으니, 후세의 혼란도 이로부터 비롯됩니다. 당신은 어찌하여 가지 않습니까? 내 일을 방해하지 마십시오." 그리곤 열심히 밭을 갈며 돌아보지 않았다.

원문 堯治天下, 伯成子高立爲諸侯. 堯授舜, 舜授禹, 伯成子高辭爲諸侯而耕. 禹往見之, 則耕在野. 禹趨就下風, 立而問焉. 曰, 昔堯治天下, 吾子立爲諸侯, 堯授舜, 舜授予, 而吾子辭爲諸侯而耕. 敢問, 其故何也. 子高曰, 昔堯治天下, 不賞而民勸, 不罰而民畏. 今子賞罰而民且不仁. 德自此衰, 刑自

---

43 백성자고(伯成子高)의 백성은 성(姓), 자고는 이름이다. 『석문(釋文)』에는 노자(老子)가 천지개벽 이후, 1,200번 변신하여 세속의 득도자(得道者)가 되었다고 하고, 『열자(列子)』에선 물욕이 전혀 없어 나라를 버리고 숨어서 농사지은 사람으로 나온다.

此立, 後世之亂自此始矣. 夫子闔行邪. 無落吾事. 俋俋乎耕而不顧.

자해 • 입(立) : 위(位)와 통용. 경(耕) : 농사짓다, 밭을 갈다. 추(趨) : 총총걸음으로 달려가다. 하풍(下風) : 아래 쪽, 낮은 곳. 오자(吾子) : 상대방을 친하게 부르는 호칭. 권(勸) : 힘쓰다, 일하다. 쇠(衰) : 쇠하다, 약해지다. 합(闔) : 하불(何不)과 통용, 어찌 아니하다. 낙(落) : 폐(廢)와 통용, 막다, 방해하다. 읍(俋) : 밭을 갈다. 읍읍호(俋俋乎) : 급급호(役役乎)와 통용, 즉 서두르는 모양. 고(顧) : 돌아보다.

해영

제후(諸侯) 지위는 대단한 자리입니다. 오늘날 대통령과 같은 지위입니다. 백성자고는 그런 제후의 자리를 과감히 버리고 농부가 되었습니다. 세속의 삶은 속박에서 벗어날 수 없는 구조임을 인식한 결과입니다. 물론 무위(無爲)로 나라를 다스리던 요순시대(堯舜時代)와는 달리 유위(有爲)로 다스리기 시작한 우(禹)임금을 비판한 것입니다. 자연의 도(道)가 깨졌다고 보았기 때문입니다. 인위의 정치는 혼란이 불가피합니다.

06

천지 자공(子貢)이 남쪽으로 초(楚)나라를 유람하고 진(晉)나라로 돌아오기 위해 한수(漢水) 남쪽을 지나는데, 한 노인이 마침 밭일하는 것을 보았다. 굴을 뚫고 우물에 들어가 항아리를 안고 나와서는 밭에 물을 주고 있었다. 애를 쓰며 힘을 들이고는 있으나 그 효과는 적었다. 자공이 말했다. “여기 기계가 있으면 하루에 백 휴(畦)의 밭에 물을 줄 수 있습니다. 힘은 적게 들이고도 그 효과는 큽니다. 선생께서는 그렇게 해보고 싶지 않으십니까?" 밭일하던 노인은 고개를 들어 그를 보며 말했다. "어떻게 하는 것이오?" 자공이 말했다. "나무를 뚫어 기계를 만드는데 뒤쪽은 무겁고 앞쪽은 가볍습니다. 그러면 뽑아내듯 물을 퍼내는데, 그 빠르기가 물이 끓어 넘치는 듯합니다. 기계 이름을 두레박이라 합니다." 밭 갈던 노인은 노여워 얼굴빛이 변하더니 웃으며 말했다. "내가 우리 선생님으로부터 들었는데, 기계를 소유한 사람은 반드시 기계를 쓸 일이 있게 되고, 기계를 쓸 일이 있는 사람은 반드시 기계에 사로잡히는 마음이 있기 마련이오. 기계에 사로잡히는 마음이 가슴 속에 있게 되면, 순백(純白)함이 갖춰지지 않게 되고, 순백함이 갖춰지지 않으면 정신과 본성(本性)이 안정되지 않게 되오. 정신과 본성이 불안정한 사람에게는 도(道)가 깃들지 않소. 내가 알지 못해서가 아니라 부끄러워 쓰지 않는 것이오."

원문 子貢南遊於楚, 反於晉, 過漢陰, 見一丈人方將爲圃畦. 鑿隧而入井, 抱擁而出灌. 滑滑淵用力甚多, 而見功寡. 子貢曰, 有械於此, 一日浸百畦, 用力甚寡而見功多. 夫子不欲乎. 爲圃者仰而視之曰, 奈何. 曰, 鑿木爲機, 後重前輕. 挈水若抽, 數如泆湯. 其名爲槔. 爲圃者忿然作色而笑曰, 吾聞之吾師, 有機械者, 必有機事, 有機事者, 必有機心. 機心存於胸中, 則純白不備, 純白不備, 則神生不定, 神生不定者, 道之所不載也. 吾非不知, 羞而不爲也.

자해 • 유(遊) : 노닐다, 유람하다. 한음(漢陰) : 한수(漢水)의 남쪽, 강물은 남쪽을 음(陰), 북쪽을 양(陽)이라 한다. 장인(丈人) : 어른에 대한 경칭, 즉 노인.

포(圃) : 채마밭, 나물밭. 휴(畦) : 밭, 두둑, 밭이랑. 포휴(圃畦) : 채소밭. 착(鑿) : 파다, 뚫다. 수(隧) : 굴, 요즘의 토굴이나 땅굴. 옹(擁) : 항아리. 관(灌) : 물대다. 골(滑) : 힘쓰다. 골골연(滑滑淵) : 힘쓰는 모양. 침(浸) : 적시다, 잠기다.

• 설수약추(挈水若抽) : 설(挈)은 제(提), 취(取)와 같고, 추(抽)는 발(拔)과 같다. 삭(數) : 질(疾), 속(速)과 같다, 즉 빠르다. 일(泆) : 일(溢)과 같음, 즉 넘치다. 탕(湯) : 끓이다. 고(槔) : 두레박, 물을 퍼 올리는 기계. 분연(忿然) : 성난 모양. 생(生) : 성(性)과 통용. 신생(神生) : 정신과 본성(本性). 재(載) : 싣다, 도(道)를 담을 만한 그릇, 즉 깃든다는 의미. 수(羞) : 부끄러워하다.

해영

사람의 참된 본성은 자연과 하나였습니다. 하지만 인류사(人類史)적으로 보면 문명(文明)이 발달할수록 사람들의 삶은 자연과 멀어지는 특성이 있습니다. 삶의 질을 높이겠다는 마음이 어느 순간 '사치의 함정'에 빠지면서 자연과는 더욱 멀어지는 것입니다. 사치의 함정에 빠지면 자신과 관계없던 사치품들이 졸지에 필수품이 됩니다. 필수품에 길들여지면 의존합니다. 의존하게 되면 떨어져 살 수 없는 지경에 이릅니다.

온갖 교통수단이 그렇고, 텔레비전과 냉장고, 세탁기, 식기 세척기 등 가전제품이 그렇습니다. 요즘은 극도로 발달하고 있는 스마트폰과 컴퓨터 이메일 작업 등이 그렇습니다. 며칠, 몇 달이 걸리던 자료 전달이 몇 초면 해결됩니다. 사람들이 쉽고 편안한 삶을 추구한 결과, 세상은 전혀 다른 방향으로 향하고 있습니다. 사치의 함정에 빠지면서 인류를 위협하는 데까지 이르렀습니다. 자연으로 회귀해야 하는 이유입니다.

07

천지 순망(諄芒)이 동쪽의 대해(大海)로 가다가 동해의 바닷가에서 우연히 원풍(苑風)을 만났다. 원풍이 물었다. "선생은 어디로 가십니까?" 순망이 말했다. "대해로 가는 길입니다." 원풍이 말했다. "무엇하려고요?" 순망이 말했다. "대해의 물건 됨은 부어도 차지 않고, 퍼내도 마르지 않습니다. 나는 거기서 노닐려고 합니다." 원풍이 말했다. "선생은 세상의 일반 민중들에겐 뜻이 없으십니까? 성인(聖人)의 다스림에 관해 듣고 싶습니다." 순망이 말했다. "성인의 다스림이요? 관직을 시행함에 있어 그 마땅함을 잃지 않으며, 인재를 발탁함에 있어 그 능(能)함을 잃지 않고, 실정(實情)을 완전히 살펴 민중들의 행위에 따라 행하며, 말과 행동을 자연스럽게 행하면 천하가 감화(感化)됩니다. 손짓과 턱짓만으로도 사방의 민중들이 모두 모여들지 않을 수 없게 되는 것입니다. 이를 일러 성인의 다스림[聖治]이라 합니다."

원풍이 말했다. "덕인(德人)에 관해 듣고 싶습니다." 순망이 말했다. "덕인은 가만히 있을 때에도 아무 생각이 없고, 움직일 때도 아무 생각이 없으며, 옳고 그르거나 좋고 나쁘다는 느낌도 간직하고 있지 않으며, 온 세상 사람들이 함께 이로운 것을 기뻐하고, 함께 충족되는 것을 편안해 합니다. 그리고 기운 없는 모습은 어린 아이가 어머니를 잃은 듯하고, 멍한 모습은 나그네가 길을 잃든 듯합니다. 재물엔 여유가 있으나 그것이 어디에서 생기는지를 알지 못하며, 음식은 충분히 먹지만 그것이 어디에서 오는지를 알지 못합니다. 이를 일러 덕인의 모습이라 합니다." 원풍이 말했다. "신인(神人)에 관해 듣고 싶습니다." 순망이 말했다. "훌륭한 신인은 빛을 타며 그 모습은 감추어 버립니다. 이를 일러 조광(照曠)이라 합니다. 천명을 다하고 실정을 다하면 천지가 녹고 만사가 사라져 버려 만물이 본래의 모습으로 돌아옵니다. 이를 일러 혼명(混冥)이라 합니다."

원문 諄芒將東之大壑, 適遇苑風於東海之濱. 苑風曰, 子將奚之. 曰, 將之大壑. 曰, 奚爲焉. 曰, 夫大壑之爲物也, 注焉而不滿, 酌焉而不竭. 吾將遊焉. 苑風曰, 夫子無意於橫目之民乎. 願聞聖治. 諄芒曰, 聖治乎. 官施而不失其宜, 拔擧而不失其能, 畢見其情事, 而行其所爲, 行言自爲, 而天下化. 手撓顧指, 四方之民, 莫不俱至. 此之謂聖治. 願聞德人. 曰, 德人者, 居無思, 行無慮, 不藏是非美惡. 四海之內, 共利之之謂悅, 共給之之爲安. 怊乎若嬰兒之失其母也, 儻乎若行而失其道也. 財用有餘, 而不知其所自來, 飮食取足, 而不知其所從. 此謂德人之容. 願聞神人. 曰, 上神乘光, 與形滅亡. 此謂照曠. 致命盡情, 天地樂而萬事銷亡, 萬物復情. 此之謂混冥.

자해 • 순망(諄芒) : 순망(淳芒)과 같음. 대학(大壑) : 큰 골짜기로 해석되지만, 여기선 큰 바다[大海]로 쓰였다. 빈(濱) : 물가. 주(注) : 관(灌)과 통용, 즉 물을 대다. 작(酌) : 취(取)와 통용, 즉 물을 퍼내다. 횡목지인(橫目之民) : 눈이 가로 째진 사람, 즉 사람은 누구나 횡목(橫目)이므로 일반 민중을 뜻한다. 의(宜) : 옳다, 마땅하다. 발거(拔擧) : 인재를 발탁하다. 정사(情事) : 참된 일의 모습, 실정(實情). 수요(手撓) : 손이 움직임, 손을 움직여 신호하다. 고지(顧指) : 돌아보며 손짓하다.

• 막불구지(莫不俱至) : 사방의 민중이 함께 모여들지 않음이 없다. 시비미오(是非美惡) : 옳고 그름과 좋고 나쁨. 급(給) : 넉넉하다는 족(足)과 같음. 초(怊) : 비(悲)와 같음, 즉 기운이 없는 모양. 당(儻) : 창(悵)과 통용, 즉 실심(失心), 슬픔, 섭섭함, 원망 등의 의미. 재용유여(財用有餘) : 욕심이 적고 분수를

지키기 때문에 재물에 여유가 있음. 상신(上神) : 신인(神人) 가운데서도 뛰어난 신인. 승광(乘光) : 빛을 탄다는 것은, 직접 지혜의 불빛을 내뿜는 것이 아닌 빛을 이용하여 그 빛 속에 몸을 맡긴다는 의미.

• 여형멸망(與形滅亡) : 모습이 사라지다, 모습을 감추어 보이지 않다. 조광(照曠) : 밝으면서도 실체는 없음. 치명진정(致命盡情) : 천명을 온전히 다하고 사물의 실정을 골고루 살피다. 만사소망(萬事銷亡) : 본래 자연의 모습에선 사물이 실재해도 없는 것과 같아 사람의 마음에 장애가 되지 않음. 만물복정(萬物復情) : 만물이 본래의 모습으로 돌아오다. 혼명(混冥) : 순망(淳芒)과 같음, 즉 혼명은 순망의 입장과 경지가 일치된 것.

해영

유가(儒家)에서 일컫는 성인(聖人)과 덕인(德人)이 언급되고 있습니다. 사실 도가(道家)에선 '성인'이나 '덕인'보다는 지인(至人)과 신인(神人)을 이상적인 사람으로 설정하고 있습니다. 신인(神人)은 앞의 「내편(內篇)」에서도 언급되고 있지만, 공(功)을 탐하거나 이름을 드러내는 일이 결코 없습니다. 즉 명예나 공덕 등을 모두 초월한 사람이기 때문에 이른바 무명인(無名人)이라 할 수 있습니다. 자연 그대로의 삶일 뿐입니다.

08

천지 세 사람이 길을 가는데 한 사람이 길을 잃어도 목적지는 이를 수 있다. 길을 잃은 사람이 적기 때문이다. 하지만 셋 중 두 사람이 길을 잃는다면 수고롭기만 하고 목적지에 이르지 못한다. 길을 잃은 사람이 많기 때문이다. 그런데 지금은 천하가 길을 잃고 있으니, 내 비록 바라는 바가 있어도 얻을 수 없다. 슬프지 아니한가! 위대한 음악[大聲]은 속인(俗人)의 귀에는 받아들여지지 않지만, 절양(折楊)이나 황과(皇荂) 같은 속된 음악은 환호하며 반긴다. 그러므로 고상한 말은 대중의 마음에 들어가지 않는 것이다. 진리의 말이 나오지 않는 것은 속된 말들이 우세하기 때문이다. 두 갈래 길에서 미혹됨이 많아지면 목적지에 갈 수 없다. 그런데 지금 온 천하가 길을 잃고 있으니, 내 비록 바라는 바가 있다 해도 어찌 얻을 수 있겠는가! 얻을 수 없음을 알면서도 억지를 쓴다면 또한 하나의 미혹(迷惑)이다. 그러므로 그대로 놓아둔 채 밀지 않느니만 못하다. 밀지 않으면 누가 함께 근심하겠는가? 문둥이가 밤중에 자식을 낳으면 서둘러 불을 켜 자식을 들여다본다. 허둥지둥[汲汲然] 오로지 그 자식이 자기와 닮지 않았을까 두려워한다.[44]

원문 三人行而一人惑, 所適者猶可致也, 惑者少也. 二人惑則勞而不至. 惑者勝也. 而今也以天下惑, 予雖有祈嚮, 不可得也. 不亦悲乎. 大聲不入於里耳, 折楊皇荂則嗑然而笑. 是故高言不止於衆人之心. 至言不出, 俗言勝也. 以二垂踵惑, 而所適不得矣. 而今也以天下惑, 予雖有祈嚮, 其庸可得邪. 知其不可得也而强之, 又一惑也. 故莫若釋之而不推. 不推, 誰其比憂. 厲之人, 夜半生其子, 遽取火而視之, 汲汲然唯恐其似己也.

자해 • 혹(惑) : 미혹, 길을 잃다. 적(適) : 목적지, 가다. 승(勝) : 낫다, 우세하다. 기(祈) : 구(求)와 통용. 향(嚮) : 향(向)과 통용. 기향(祈嚮) : 바라는 것, 가고

---

44 문둥이도 자식을 낳으면 자신과 닮지 않기를 바라는데, 세속의 사람들은 자식들이 도(道)를 잃고 살아가는 자신을 닮아가는 것을 걱정하지 않는다. 안타까운 일이다.

자 하는 곳. 대성(大聲) : 위대한 음악, 훌륭한 음악. 이이(里耳) : 속된 사람들의 귀. 절양(折楊) : 속된 노래 곡명. 황과(皇荂) : 속된 노래 곡명, 여기서 과(荂)는 화(華)로도 불린다. 합연(嗑然) : 좋아서 입을 크게 벌리고 웃는 모양. 이수(二垂) : 두 갈래 길, 두 종류의 사람들. 종(踵) : 자주, 거듭되다.

● 종혹(踵惑) : 크게 미혹되다. 용(庸) : 어찌. 강(强) : 억지. 석(釋) : 놓아두다. 비(比) : 여(與)와 통용. 비우(比憂) : 함께 어울려 근심하다. 나(厲) : 나병(癩病), 요즘은 한센병(Leprosy)으로 불림. 나지인(厲之人) : 문둥이. 거(遽) : 급히, 서두르다. 취화(取火) : 불을 켜다. 급급연(汲汲然) : 마음을 졸이는 모양, 허둥지둥 서두르는 모양. 공기사기(恐其似己) : 태어난 자식이 나병(癩病)을 앓는 자신을 닮아 추한 모양일까 두려워함.

해영

세속의 사람들은 진리와 같은 올바르고 진실한 말씀보단 속되고 그릇된 것들에 열광합니다. 당장 욕망을 채우는 데 급급하기 때문입니다. 초(楚)나라 남쪽 여수(麗水)에서 금(金)이 많이 나왔습니다. 사람들은 앞다투어 채취했습니다. 임금은 금령(禁令)을 내렸습니다. 어기면 목을 잘라 죽이는 형벌을 시행했습니다. 핏물로 여수를 물들일 지경이었으나 근절되지 않았습니다.[45] 어리석은 이들이 길을 잃은 결과입니다.

---

45 『한비자(韓非子)』, 「내저설상(內儲說上)」 : 荊南之地, 麗水之中生金, 人多竊采金. 采金之禁, 得而輒辜磔於市. 甚衆, 壅離其水也, 而人竊金不止. 夫罪莫重辜磔於市, 猶不止者, 不必得也.

09

천지 백년 묵은 나무를 쪼개 제사 때 쓰는 술그릇을 만들어, 청색과 황색 무늬를 그리고 나면 그 부스러기는 도랑에 버려진다. 제사에 쓰는 술그릇과 도랑에 버려진 부스러기를 비교하면 아름다움과 추함의 차이가 있다. 그러나 본성을 잃었다는 점에선 한가지다. 걸왕(桀王)과 도척(盜跖), 증삼(曾參), 사추(史鰌)는 의로움을 행함에 있어 차이가 있다. 그러나 그 본성을 잃었다는 점에선 마찬가지다. 그런데 대체로 본성을 잃음에는 다섯 가지가 있다. 첫째, 오색(五色)[46]은 눈을 어지럽혀 눈을 밝지 못하게 한다. 둘째, 오성(五聲)[47]은 귀를 어지럽혀 귀를 밝지 못하게 한다. 셋째, 오취(五臭)[48]는 코를 지져 코가 막히고 머리를 아프게 한다. 넷째, 오미(五味)는 입을 흐리게 하여 입이 병나고 상하게 한다. 다섯째, 취사선택의 판단이 마음을 어지럽혀 본성을 흩어지게 한다. 이 다섯 가지는 모두 삶을 해치는 것이다. 그런데 양주(楊朱)나 묵적(墨翟)은 남달리 동떨어진 채 스스로 본성을 얻었다고 여기지만, 그것은 내가 말하는 올바름[본성]을 얻는 방법이 아니다.

원문 百年之木, 破爲犧樽, 靑黃而文之, 其斷在溝中. 比犧樽於溝中之斷, 則美惡有間矣. 其於失性一也. 桀跖與曾史, 行義有間矣. 然其失性均也. 且夫失性有五. 一曰五色亂目, 使目不明. 二曰五聲亂耳, 使耳不聽. 三曰五臭

46 오색(五色)은 빨강, 노랑, 파랑, 검정, 흰색을 가리킨다.

47 오성(五聲)은 궁상각치우(宮商角徵羽)의 다섯 가지 음계를 말한다. 즉 아름다운 음악을 의미한다.

48 오취(五臭)는 고기비린 냄새, 생선비린 냄새, 그을림 냄새, 썩은 냄새, 향기 등을 말한다.

薰鼻, 困惾中顙. 四曰五味濁口, 使口厲爽. 五曰趣舍滑心, 使性飛揚. 此五者, 皆生之害也. 而楊墨乃始離跂, 自以爲得, 非吾所謂得也.

자해 • 파(破) : 쪼개다. 사(犧) : 술그릇. 준(樽) : 술그릇. 사준(犧樽) : 나무로 만든 희생에 쓰는 소 모양의 술통, 아름다운 조각을 한 술그릇. 단(斷) : 술그릇을 만들고 남은 부스러기. 구(溝) : 도랑. 미오(美惡) : 아름다움과 추함. 훈비(薰鼻) : 코를 지지다, 코를 자극하다. 곤수(困惾) : 막혀 통하지 않다. 상(顙) : 알(頞)과 통용, 즉 콧대. 중상(中顙) : 콧잔등의 속. 여상(厲爽) : 병나고 상하게 하다. 활(滑) : 어지럽히다. 이기(離跂) : 남과 동떨어진 주장을 하다.

해영

사람들이 본성(本性)을 잃는 것은 왜일까요? 욕망을 내려놓지 못하기 때문일 것입니다. 자연과 하나라고 자각하면 가면을 쓰지 않아도 됩니다. 쓸데없이 도둑질을 하기 위해 애를 쓰지 않아도 됩니다. 또 어진[仁] 척, 의(義)로운 척을 하지 않아도 전혀 문제없습니다. 사람의 도(道)가 무엇인지도 모르고, 먹고 마시고 잠자는 것조차 인식하지 못하는 그런 삶이 자연의 삶입니다. 자연의 성(性)을 속히 회복할 때입니다.

천도(天道)

앞에서도 언급했지만, 여기서도 유가(儒家)와 타협하는 모습이 없지 않습니다. 그래서 장자사상과 거리가 있다는 점이 여전히 부각되고 있습니다. 가령 무위자연(無爲自然)과 허정염담(虛靜恬淡)을 논하면서 정치적 적용을 강조합니다. 물론 유가가 내세우는 인의(仁義)나 예법(禮法)에 대한 까칠한 비판도 잊지 않습니다.

01

천도 하늘의 도[天道]는 운행하고 있어 정체되는 일이 없다. 그러므로 만물이 이루어지는 것이다. 제왕의 도[帝道]도 운행하여 정체되는 일이 없다. 그러므로 천하가 돌아오는 것이다. 성인의 도[聖道]도 운행하여 정체되는 일이 없다. 그러므로 사해(四海) 안이 복종하는 것이다. 하늘의 도에 밝고 성인의 도에 통달하며, 제왕의 덕에 두루 트인 사람은 그 처신이 어리숙[昧然][49]하며 고요하지 않은 바가 없다. 성인이 고요한 것은 고요함이 좋기 때문에 고요한 것이 아니다. 만물에 그의 마음을 어지럽힐 수 있는 것이 없기 때문에 고요한 것이다. 물이 고요하면 수염과 눈썹도 밝게 비추며 평평하기가 수준기에 꼭 들어맞아 훌륭한 목공[大匠]도 그것을 모범으로 삼는다. 물의 고요함도 이

49 매연(昧然)은 어두운 모양, 분명하지 않은 모습을 말한다. 즉 자기를 드러내지 않고 모든 것을 자연에 맡기고 사는 모양을 의미한다.

처럼 밝으니, 하물며 성인의 마음 고요함이야 어떠하겠는가? 그것은 천지를 비추는 거울이요, 만물을 비추는 거울이다.

원문 天道運而無所積, 故萬物成. 帝道運而無所積, 故天下歸. 聖道運而無所積, 故海內服. 明於天, 通於聖, 六通四辟於帝王之德者, 其自爲也, 昧然無不靜者矣. 聖人之靜也, 非曰靜也善故靜也. 萬物無足以鐃心者故靜也. 水靜則明燭鬚眉, 平中准, 大匠取法焉. 水靜猶明, 而況聖人之心靜乎. 天地之鑒也, 萬物之鏡也.

자해 • 적(積) : 한곳에 쌓이듯 멈추다, 즉 정체된 것. 육통(六通) : 상하와 동서남북 어디로나 통함. 사벽(四辟) : 사방으로 트이다. 요(鐃) : 요(撓)와 통용, 즉 어지럽다, 굽히다. 요심(鐃心) : 마음을 어지럽히다. 촉(燭) : 밝히다, 비추다. 명촉(明燭) : 분명하게 비추다. 수미(鬚眉) : 수염과 눈썹. 준(准) : 준(準)과 통용. 평중준(平中准) : 평평하기가 수준에 맞다, 완전히 수평을 이루다. 감(鑒) : 거울, 비추다. 경(鏡) : 거울, 비추다.

해영

세상엔 지혜로운 사람[智者]도 있고, 인한 사람[仁者]도 있습니다. 대체로 지혜로운 사람은 성품이 물과 같아 물을 좋아하고, 인한 사람은 성품이 산과 같아 산을 좋아합니다. 하지만 체단(體段)으로 논하면, 지혜로운 사람은 마음에 의심나는 바가 적어 사물에 가려지지 않아 그 마음이 잘 소통되어 움직임이 극진해지고, 인한 사람은 하늘의 이치가 온당하게 부합되어 사사로운 욕심이 뒤섞이지 않아 마음이 극진합니다.

지혜로운 사람은 지기(志氣)가 총명하여 갈등이 일어나지 않아 항상 즐겁고, 인한 사람은 정신이 순일하고 의연하여 사물이 쉽게 침범하지 못하여 장수합니다. 그러나 지혜로운 사람과 인한 사람으로 나누어 보는 것은 각각의 자질을 통해 성취하는 정도를 두고 하는 말입니다. 학문적으로 높고 낮음을 논하는 게 아닙니다.[50] 요약하면 '고요함'은 정(靜)에 해당합니다. 천지를 비추고, 만물을 비추는 거울 같은 존재입니다.

02

천도 마음을 비우고 고요하게 안정을 지키며 적막하게 무위(無爲)로 있는 것은 천지(天地)의 기준이며 도덕의 지극함이다. 그러므로 제왕이나 성인은 그 경지에서 쉬는 것이다. 거기서 쉬면 마음이 비워지고, 마음이 비워지면 충실해지며, 충실하면 잘 다스려진다. 또한 마음이 비워지면 고요해지고, 고요해지면 잘 움직이며, 잘 움직이면 모든 일이 뜻대로 된다. 그리고 고요하면 작위가 없고, 작위가 없으면 일을 맡은 사람이 책임을 다한다. 또한 작위가 없으면 마음이 즐겁고, 마음이 즐거우면 근심 걱정이 깃들 수 없으며, 수명도 길어진다. 마음을 비우고 고요하게 안정을 지키며 적막하게 무위(無爲)로 있는 것이야말로 만물의 근본인 것이다.

이것을 잘 알고 남면(南面)한 것이 요(堯)가 임금 된 때이고, 이것을 잘 알고 북면(北面)한 것이 순(舜)이 신하되었던 때다. 이처럼 윗자리에 처하는 것이

---

50 김해영(2017), 『사서강의』, 안티쿠스, 74~75쪽.

제왕(帝王)이나 천자(天子)의 덕이며, 이처럼 아랫자리에 처하는 것이 현성(玄聖)[51]이나 소왕(素王)[52]의 도(道)이다. 이처럼 물러나 살면서 한가로이 노닐면, 강과 바다나 산림에 은거하는 선비[隱者]들이 심복(心服)하게 되며, 이처럼 나아가 세상을 다스리면 공(功)이 커지고 이름이 드러나 천하가 통일된다. 고요히 있으면 성인(聖人)이 되고, 움직이면 임금[王]이 된다. 작위가 없으면 존귀해지고, 소박(素樸)하면 천하에 그와 훌륭함을 다툴 상대가 없을 것이다.

원문 夫虛靜恬淡寂漠無爲者, 天地之平, 而道德之至. 故帝王聖人休焉. 休則虛, 虛則實, 實者倫矣. 虛則靜, 靜則動, 動則得矣. 靜則無爲, 無爲也則任事者責矣. 無爲則兪兪, 兪兪者憂患不能處, 年壽長矣. 夫虛靜恬淡寂漠無爲者, 萬物之本也. 明此以南鄕, 堯之爲君也, 明此以北面, 舜之爲臣也. 以此處上, 帝王天子之德也, 以此處下, 玄聖素王之道也. 以此退居而閒游, 則江海山林之士服, 以此進爲而撫世, 則功大名顯, 而天下一也. 靜而聖, 動而王. 無爲也而尊, 樸素而天下莫能與之爭美.

자해 • 허정(虛靜) : 무심(無心)의 고요함, 마음을 텅 비우고 고요하게 있음. 담(淡) : 담(憺)과 통용, 즉 편안하다. 염담(恬淡) : 안정(安靜), 즉 마음이 편안하고 욕심이 없는 모양. 적막(寂漠) : 깊이 가라앉은 고요. 평(平) : 평화의 기준. 지(至) : 질(質)과 실(實)로 통용, 여기서 실(實)은 도덕의 본질을 뜻한다.

• 윤(倫) : 치(治)와 통용. 유유(兪兪) : 유유(愉愉)와 통용, 즉 즐거운 모양. 향(鄕) : 향(向)과 통용. 복(服) : 복종하다. 진위(進爲) : 자진하여 세상일을

---

51 현성(玄聖)은 '현묘한 성인'을 뜻한다. 일반적으로 노자(老子)를 가리킨다.

52 소왕(素王)은 임금 자리엔 오르지 못했으나, 왕도(王道)를 행한 사람을 일컫는다. 일반적으로 공자(孔子)를 가리킨다.

하다. 명현(名顯) : 이름이 드러나다. 박소(樸素) : 순질(純質)과 통용, 즉 만물의 근본을 뜻한다. 미(美) : 훌륭하다, 뛰어나다.

해영

무위(無爲)란 유위(有爲)의 상대적 말입니다. 즉 의식을 부여하지 않고 자연에 모든 것을 맡기는 행위입니다. 그것이 천지(天地) 자연(自然)의 기준이기 때문입니다. 그 경지에서 쉬면 마음이 편안해지고, 마음이 편안해지면 먹지 않아도 배고픔을 모를 지경이 됩니다. 그렇게 되면 세상을 별도로 다스리기 위해 고민할 이유가 없습니다. 모든 일이 뜻대로 이뤄지기 때문입니다. 작위(作爲)에서 벗어나는 것이 첩경입니다.

03

천도 윗사람이 무위(無爲)이고 아랫사람 역시 무위(無爲)라면, 아랫사람이 윗사람의 덕과 같아진다. 아랫사람이 윗사람의 덕과 같아지면 신하가 되지 않는다. 아랫사람이 유위(有爲)이고 윗사람 역시 유위(有爲)이면 윗사람과 아랫사람의 도(道)가 같아진다. 윗사람이 아랫사람의 도(道)가 같아지면 군주가 되지 못한다. 윗사람은 반드시 무위(無爲)로써 천하를 움직이고, 아랫사람은 반드시 유위(有爲)로써 천하를 위해 쓰이는 것이니, 이것은 바뀔 수 없는 도(道)이다. 그러므로 옛날에 천하의 임금 된 사람은 지혜가 비록 천지(天地)를 감쌀 만해도 스스로 생각하려 하지 않았다.

말재주가 비록 만물에 두루 미칠 만해도 스스로 말하려 하지 않았다. 능력이 비록 온 세상 구석구석까지 움직일 만해도 스스로 행하려 하지 않았다. 하늘이 생산하려 하지 않아도 만물은 절로 생겨나고, 땅이 생장시키려 하지 않아도 만물은 절로 길러지며, 제왕이 무위하여도 천하는 다스려진다. 그러므로 "하늘보다 신묘(神妙)한 것은 없고, 땅보다 풍부(豊富)한 것은 없으며, 제왕보다 위대한 것은 없다."고 한 것이다. 그러므로 "제왕의 덕은 천지(天地)와 짝을 이룬다."라고 한 것이다. 이것이야말로 천지를 부리고 만물을 거느리며 뭇사람들을 쓰는 도(道)이다.

원문 上無爲也, 下亦無爲也, 是下與上同德. 下與上同德則不臣. 下有爲也, 上亦有爲也, 是上與下同道. 上與下同道則不主. 上必無爲而用天下, 下必有爲爲天下用, 此不易之道也. 故古之王天下者, 知雖落天地, 不自慮也. 辯雖彫萬物, 不自說也. 能雖窮海內, 不自爲也. 天不産而萬物化, 地不長而萬物育, 帝王無爲而天下功. 故曰莫神於天, 莫富於地, 莫大於帝王. 故曰帝王之德配天地. 此乘天地馳萬物, 而用人羣之道也.

자해 • 낙(落) : 낙(絡)과 통용, 낙(絡)은 포(包)의 의미가 있다. 변(辯) : 말재주, 말을 잘하다. 조(彫) : 주(周)와 통용, 즉 두루 미치다. 승(乘) : 운용(運用)이란 뜻으로, 즉 부리다, 활용하다는 의미. 치(馳) : 무어(撫御)란 뜻으로, '어루만져 거느리다'라는 의미. 인군(人羣) : 뭇사람들.

해영

세속 사람들이 오해하는 것 가운데 하나가 무위(無爲)를 논할 때, '아무것도 하지 않는 것'으로 알고 있다는 점입니다. 인위적으로 하지 말라는 것을 오인(誤認)하는 것입니다. 인위적으로 무엇을 행하면 반드시 부작용이 나타납니다. 그 구조를 정확히 통찰한 결과, 작위(作爲)하지 말라는 것을, '아무 것도 하지 않는 것'으로 인식하는 것입니다. 지혜가 없고, 말재주가 없어서가 아닌 '인위를 배제해야 한다'는 말입니다.

04

천도 근본(根本)은 위에 있고, 말단(末端)[53]은 아래에 있다. 긴요한 것은 군주에게 있고, 번잡한 것은 신하에게 있다. 대군(大軍)과 갖가지 무기[五兵]를 움직이는 것은 덕(德)의 말단이다. 상벌(賞罰)로 이로움과 해로움을 도모하고, 다섯 가지 형벌을 정하는 것은 교화(敎化)의 말단이다. 예법(禮法)을 정하고 제도를 세우며 실제와 명분을 자세히 비교 검토하는 것은 정치의 말단이다. 종(鐘)과 북[鼓]소리, 새깃[羽]이나 깃털 장식의 춤 모양 등은 음악의 말단이다. 곡읍(哭泣)하고 최질(衰絰)을 갖추며 차등에 따라 상복을 달리하는 것은 슬픔의 말단이다. 이 다섯 가지 말단은 모름지기 정신의 운동과 심지(心智)의 활동이 있고 나서야 뒤따르는 것이다. 말단에 대한 학문은 옛사람들도 지니고 있었으나, 그것을 다른 것보다 앞세우진 않았다.

원문 本在於上, 末在於下. 要在於主, 詳在於臣. 三軍五兵之運, 德之末也. 賞罰利害, 五刑之辟, 敎之末也. 禮法度數, 刑名比詳, 治之末也. 鐘鼓之音, 羽旄之容, 樂之末也. 哭泣衰絰, 隆殺之服, 哀之末也. 此五末者, 須精神之運心術之動, 然後從之者也. 末學者古人有之, 而非所以先也.

---

53 근본(根本)은 천도(天道)를, 말단(末端)은 인도(人道)를 뜻한다.

자해 • 상(詳) : 자세하다, 번잡하다. 삼군(三軍) : 대군(大軍), 전군(全軍)을 말함. 오병(五兵)[54] : 다섯 가지 무기, 즉 갖가지 무기. 운(運) : 동(動)과 통용. 벽(辟) : 법(法). 도수(度數) : 제도(制度). 형(刑) : 형(形)과 통용, 즉 실제나 내용을 뜻함. 명(名) : 명분이나 형식을 뜻함. 모(旄) : 소꼬리. 우모(羽旄) : 새깃과 모우의 꼬리로, 춤출 때 춤추는 사람이 손에 들거나 몸에 다는 장식.

• 곡읍(哭泣) : 소리 내어 우는 것을 곡(哭)이라 하고, 눈물만 흘리며 우는 것을 읍(泣)이라 한다. 최질(衰絰) : 최(衰)는 상복, 질(絰)은 상복의 일부로 머리에 두르는 수질(首絰)과 허리에 두르는 요질(腰絰)이 있다. 융(隆) : 성(盛)하다, 두둑하다, 높다, 두텁다. 쇄(殺) : 내리다, 쇠하다, 감하다.

해영

『중용』에 "성실한 것은 하늘의 도(道)요, 성실히 하려는 것은 사람의 도(道)다."[55]라는 말이 있습니다. 성(誠)은 진실하여 거짓이 없는 천리(天理)의 본연한 것을 이릅니다. 이를 근본(根本)과 말단(末端)으로 나누어 본다면 '근본'이라 할 수 있고, 여기에 맞춰 움직이는 사람은 성인(聖人)입니다. '성인'은 성(誠)하지 않음이 없어 우주 자연의 질서와 더불어 삽니다. 따라서 다섯 가지 말단은 근본에 따르기만 하면 됩니다.

---

54 오병(五兵)을 궁(弓), 수(殳 : 8모가 진 몽둥이), 모(矛), 과(戈 : 끝이 두 갈래진 창), 극(戟 : 좌우로 가닥진 창)으로 말하기도 하고, 과(戈), 수(殳), 극(戟), 추모(酋矛), 이모(夷矛)로 나누기도 하며, 도(刀), 검(劍), 모(矛), 극(戟), 시(矢)로 나누기도 한다.

55 『중용(中庸)』 제20장 : 誠者, 天之道也. 誠之者, 人之道也.

05

천도 공자(孔子)가 서쪽의 주(周)나라 왕실 서고(書庫)에 자신의 책을 소장시키려 했다.[56] 자로(子路)가 상의하며 말했다. "제가 듣건대 주나라의 서고를 담당하던 관리 중에 노담(老聃)이란 사람이 있는데, 지금은 그만두고 돌아갔다고 합니다. 선생님께서 책을 소장시키려면 가서 부탁해보는 게 어떻겠습니까?" 공자가 말했다. "그것이 좋겠구나." 그리고 노담을 찾아 만났더니 노담은 이를 허락하지 않았다. 이에 공자가 십이경(十二經)[57]을 펼쳐놓고 설명하자, 노담은 그 설명 중간에 말했다. "너무 산만하니 그 요점만 들려주시오." 공자가 말했다. "요점은 인의(仁義)에 있습니다." 노담이 물었다. "그 인의라는 것이 사람의 본성이오?" 공자가 말했다. "그렇습니다. 군자는 인(仁)이 아니면 이루지 못하고, 의(義)가 아니면 살아가지 못합니다. 인의야말로 참으로 사람의 본성입니다. 또 그것이 아니면 장차 무엇을 하겠습니까?"

노담이 물었다. "그러면 무엇을 인의라 하오?" 공자가 말했다. "진심으로 즐기고 기뻐하며 사람들을 사심 없이 두루 사랑하는 것, 이것이 인의의 참모습입니다." 노담이 말했다. "아! 말세의 쓸모없는 말이로다. 저 두루 사랑한다는 것 또한 [실제와] 너무나 먼 일 아니겠소? 사심이 없다는 것이 곧 사심이오. 선생께서 만일 천하로 하여금 그 천성 기르는 법을 잃지 않게 하고자 한다면

---

56 공자(孔子)가 자신의 저서를 주(周)나라 왕실에 보관하고자 한 것은 덕이 크게 쇠한 주나라 정치를 돕기 위함이었다.

57 십이경(十二經)은 『시(詩)』, 『서(書)』, 『예(禮)』, 『악(樂)』, 『춘추(春秋)』, 『역(易)』 등 육경(六經)에 육위(六緯) 여섯 가지를 보탠 것이다. 하지만 한대(漢代)에 저술된 『한서(漢書)』에는 『역(易)』의 상하경(上下經)에 십익(十翼)을 보탠 것이라 주장하는 학자도 있고, 『춘추(春秋)』 십이경(十二經)을 가리킨다고 주장하는 학자도 있다.

이렇게 하시오. 천지는 본래부터 떳떳함이 있고, 일월(日月)은 본래부터 밝음이 있으며, 별들[星辰]은 본래부터 배열되어 있고, 금수(禽獸)는 본래부터 무리를 지으며, 수목(樹木)[58]은 본래부터 서서 자라오. 선생도 또한 덕(德)을 따라 행하고 도(道)를 따라 나아간다면 이미 그것으로 목적지에 이른 것이오. 또 억지로 인의를 내걸고 북을 치면서 도망간 사람을 찾는단 말이오. 아! 선생이야말로 참으로 사람들의 본성을 어지럽히고 있소."

원문 孔子西藏書於周室. 子路謀曰, 由聞周之徵藏史有老聃者, 免而歸居. 夫子欲藏書, 則試往因焉. 孔子曰, 善. 往見老聃, 而老聃不許. 於是繙十二經以說, 老聃中其說, 曰, 大謾, 願聞其要. 孔子曰, 要在仁義. 老聃曰, 請問仁義, 人之性邪. 孔子曰, 然. 君子不仁則不成, 不義則不生. 仁義, 眞人之性也, 又將奚爲矣. 老聃曰, 請問何謂仁義. 孔子曰, 中心物愷, 兼愛無私, 此仁義之情也. 老聃曰, 意, 幾乎後言. 夫兼愛, 不亦迂乎. 無私焉, 乃私也. 夫子若欲使天下無失其牧乎. 則天地固有常矣, 日月固有明矣, 星辰固有列矣, 禽獸固有群矣, 樹木固有立矣. 夫子亦放德而行, 循道而趨, 已至矣. 又何偈偈乎揭仁義, 若擊鼓而求亡子焉. 意, 夫子亂人之性也.

자해 • 모(謀) : 상의하다. 유(由) : 자로(子路)의 이름. 징장(徵藏) : 서고(書庫). 사(史) : 관리. 시(試) : 어디 한번. 인(因) : 의지하다, 부탁하다. 번(繙) : 풀다, 펼치다. 대만(大謾) : 너무 산만하다. 물개(物愷) : 낙개(樂愷)와 통용, 즉 마음이 부드럽고 즐거운 모양. 의(意) : 희(噫)와 통용, 즉 감탄사.

---

58 수(樹)는 직접 심거나 싹이 바로 올라온 것을, 목(木)은 씨앗이 생길 만큼 성장한 것을 의미한다.

• 기(幾) : 위태롭다. 후언(後言) : 후세 사람들의 쓸모없는 말. 우(迂) : 우원(迂遠)하다, 즉 세상일에 맞지 않다, 실용적이지 않다. 방(放) : 방(倣)과 통용, 즉 의지하다. 게게(偈偈) : 애쓰는 모양. 게(揭) : 높이 들다. 격고(擊鼓) : 북을 치다. 망자(亡子) : 도인(逃人), 즉 도망자를 뜻함.

해영

유가(儒家)와 도가(道家)의 본질적 이야기가 나옵니다. 공자는 인의(仁義)와 이른바 유위(有爲)에 관해 설명하고, 노자는 무위자연(無爲自然)에 관해 역설합니다. 즉 공자가 사심(私心)을 언급하자, '사심이 없다고 말하는 그 자체가 곧 사심'이라고 노자는 풍자합니다. 천지(天地)와 일월(日月), 성신(星辰), 금수(禽獸), 초목(草木) 등은 모두가 자연입니다. 그것이 '무위'이며, 그대로 따르는 것이 사람의 본성이라 일러줍니다.

06

천도 세상에서 도(道)를 얻기 위해 귀하게 여기는 것은 책이다. 그러나 책은 말을 기록해 놓은 것에 지나지 않으니, 말에 귀함이 있는 것이다. 말이 귀하게 여겨지는 것은 뜻 때문인데, 뜻이란 추구(追求)하는 바가 있는데, 그 뜻이 추구하는 바는 말로 전할 수가 없다. 그런데도 세상에서는 말을 귀하게 여기기 때문에 책으로 전하는 것이다. 세상에서 비록 그것을 귀하게 여기지만 그것은 귀하게 여길만한 것이 못 된다. 그 귀하게 여기는 것은 참으로 귀한 것이 아니다. 그러므로 눈으로 볼 수 있는 것은 형태와 색깔이요, 귀로 들을 수 있는 것은 이름과 소리뿐이다. 슬프다! 세상 사람들이 형태와 색깔, 이름과 소리로 도(道)의 참모습을 터득할 수 있다고 생각하다니. 형태와 색깔, 이름과 소리로는 도(道)의 참모습을 터득할 수 없는 법이다. 아는 사람은 말하지 않고, 말하는 사람은 알지 못하니, 세상 사람들이 어찌 그것을 알까?

제(齊)나라 환공(桓公)[59]이 어느 날 당상(堂上)[60]에서 글을 읽고 있을 때, 윤편(輪扁)이 당하(堂下)에서 수레바퀴를 깎다가 망치와 끌을 놓고 올라가 환공에게 물었다. "임금께서 읽으시는 것은 무슨 말씀입니까?" 환공이 말했다. "성인(聖人)의 말씀이시다." 윤편이 물었다. "성인은 지금 살아 계십니까?" 환공이 말했다. "이미 돌아가셨다." 윤편이 말했다. "그렇다면 임금께서 읽으시는 것은 옛사람의 찌꺼기입니다." 환공이 화를 내며 말했다. "과인(寡人)이 글을 읽는데 수레바퀴나 깎는 놈이 어찌 시비를 논한단 말인가? 이치에 맞는 설득력이 있으면 살려줄 것이고, 설득력이 없으면 죽일 것이다." 윤편이 말했다. "저는 제가 하는 일의 경험을 가지고 말씀드리겠습니다. 수레바퀴를 깎을 때, 느슨하게 하면 헐렁해서 견고하지 않고, 꼭 끼게 깎으면 빡빡해서 들어맞지 않습니다. 더 깎지도 않고 덜 깎지도 않는다는 것은 손의 감각으로 터득하여 마음에 호응하는 것이지, 입으로는 말할 수 없습니다. 그 사이에는 익숙한 기술이 있는 것이지만, 저는 그것을 제 자식에게 가르칠 수 없고, 제 자식도 그것을 저에게서 배울 수 없습니다. 이 때문에 나이 칠십이 되도록

---

59 제(齊)나라 환공(桓公 : B.C.720~B.C.643)은 춘추시대 때, 제(齊)나라 16대 임금이다. 성은 강(姜), 휘는 소백(小白), 강태공(姜太公)의 12세손이며, 시호는 환공(桓公)이다. 고혜(高傒)와 포숙아(鮑叔牙)의 활약으로 공자(公子) 규(糾)와의 왕위 계승 분쟁에서 승리해 제나라 군주가 되었다. 관중(管仲)을 재상으로 삼아 제나라를 강국으로 만들었다.

60 당(堂)의 규모는 일반적으로 전(殿)보다 약간 작은 규모에 붙인다. 당(堂)보다 아래는 합(閤)이고, 합(閤)보다 아래는 각(閣), 각(閣)보다 아래는 재(齋), 재(齋)보다 아래는 헌(軒), 헌(軒)보다 아래는 루(樓), 루(樓)보다 아래는 정(亭)으로 쓴다.

늙어서도 수레바퀴를 깎고 있는 것입니다. 옛사람도 그 전해줄 수 없는 것과 함께 죽었을 것입니다. 그러니 임금께서 읽으시는 것도 옛사람의 찌꺼기일 뿐입니다."

원문 世之所貴道者書也. 書不過語, 語有貴也. 語之所貴者意也, 意有所隨. 意之所隨者, 不可以言傳也. 而世因貴言傳書. 世雖貴之哉, 猶不足貴也, 爲其貴非其貴也. 故視而可見者, 形與色也, 聽而可聞者, 名與聲也. 悲夫, 世人以形色名聲爲足以得彼之情. 夫形色名聲, 果不足以得彼之情. 則知者不言, 言者不知, 而世豈識之哉. 桓公讀書於堂上, 輪扁斲輪於堂下, 釋椎鑿而上, 問桓公曰. 敢問公之所讀者何言邪. 公曰, 聖人之言也. 曰, 聖人在乎. 公曰, 已死矣. 曰, 然則君之所讀者, 古人之糟魄已夫. 桓公曰, 寡人讀書, 輪人安得議乎. 有說則可, 無說則死. 輪扁曰, 臣也以臣之事觀之. 斲輪, 徐則甘而不固. 疾則苦而不入, 不徐不疾, 得之於手, 而應於心, 口不能言. 有數存焉於其間, 臣不能以喩臣之子, 臣之子亦不能受之於臣. 是以行年七十而老斲輪. 古之人與其不可傳也死矣. 然則君之所讀者, 古人之糟魄已夫.

자해 • 수(隨) : 향(向)과 통용, 지향하다, 추구하다. 피(彼) : 도(道)를 가리킴. 정(情) : 실(實), 즉 참모습을 뜻한다. 윤편(輪扁) : 수레바퀴를 만드는 장인(匠人) 이름. 착(斲) : 깎다. 추착(椎鑿) : 망치와 끌. 조(糟) : 술을 만들고 남은 찌꺼기. 박(魄) : 박(粕)과 통용, 말린 술 찌꺼기. 의(議) : 시비(是非)를 논하다. 서(徐) : 느리다, 완만하다. 감(甘) : 느슨하다. 질(疾) : 빠르다. 고(苦) : 급(急)과 통용. 수(數) : 꾀, 술수, 기술. 행년(行年) : 나이가 들다.

해영

'글'로 말을 다할 수 없고, '말'로 뜻을 다할 수 없다[書不盡言, 言不盡意]는 말이 있습니다. 글과 말은 그 추상성 때문에 한계가 있다는 뜻입니다. 불가(佛家)의 선종(禪宗)에선 이심전심(以心傳心), 불립문자(不立文字), 직지인심(直指人心), 교외별전(敎外別傳) 등을 강조합니다. 역시 글과 말만으로 깨달음을 얻을 수 없음을 의미합니다. 장자의 인식체계도 다르지 않습니다. 이론보다 '실제와 도(道)의 본체를 중시'합니다.

천운(天運) · 각의(刻意) · 선성(繕性)

여전히 무위자연의 도(道)를 강조합니다. 하늘과 땅의 변화치고 자연스럽게 되지 않는 것이 없음을 보여줍니다. 따라서 인위적(人爲的) 행위를 멈출 때, 괴로움 또한 사라진다고 보고 있습니다. 즉 무위 중시, 유위 천시입니다. 한편 「각의」와 마찬가지로 「선성」에서도 한 가지 논지로 지속합니다. 속학(俗學)과 속사(俗思)를 배척하고, 염담(恬淡)으로 지혜를 기를 것을 일러줍니다. 내용이 짧아 함께 실었습니다.

01

천운 하늘은 움직이고 있는 것인가.[61] 땅은 제자리에 있는 것인가. 해와 달은 장소를 두고 자리를 다투는가. 누가 이것을 주장하며, 누가 이것을 질서 있게 유지하게 하며, 누가 아무 일도 하지 않으면서 이를 추진하여 그렇게 되는가. 혹은 어떤 조화가 있어 부득이해서 그런 것인가. 혹은 그 움직이는 것을 스스로 그치게 하지 못하는 것인가. 구름이 비가 되는가. 비가 구름이 되는가. 누가 구름을 일으키고 비를 내리게 하며, 누가 아무 일도 하지 않으면서 음란하게 즐기는 일로 이런 일 하길 권하는가. 바람이 북쪽에서 일어나 한쪽은 서쪽으로 가고 한쪽은 동쪽으로 가며 위로 올라가 방황하니, 그 누가 이것을 뿜어내고 빨아들이며, 누가 아무 일도 하지 않으면서 이 바람을 부추

61 하늘은 움직이고 있는 걸까? 이는 '하늘이 스스로의 의지로 움직이는 것일까?'라는 의미로, 말 뒤에 움직임이 자연스럽게 이루어진다는 뜻이 깃들어 있다.

기는가. 감히 어째서 그러한지 까닭을 묻자, 무함소(巫咸祒)가 말했다. "오라, 내 그대에게 말하리라. 하늘에는 육극(六極)과 오상(五常)이 있는데, 제왕(帝王)이 이에 순응하면 다스려지고, 이를 거스르면 흉해진다. 천하[九洛]의 일에 다스림이 이루어지고 덕이 갖추어져, 아래의 땅을 비추어 천하가 그를 받드니, 이를 상황(上皇)[62]이라 한다."

원문 天其運乎. 地其處乎. 日月其爭於所乎. 孰主張是, 孰維綱是, 孰居無事而推行是. 意者其有機緘而不得已邪. 意者其運轉而不能自止邪. 雲者爲雨乎. 雨者爲雲乎. 孰隆施是, 孰居無事淫樂而勸是. 風起北方, 一西一東, 在上彷徨, 孰噓吸是, 孰居無事而披拂是. 敢問何故, 巫咸祒曰, 來, 吾語女. 天有六極五常, 帝王順之則治, 逆之則凶. 九洛之事, 治成德備, 監照下土, 天下戴之, 此謂上皇.

자해 • 유강(維綱) : 유지강기(維持綱紀), 즉 질서 있게 유지하다. 의자(意者) : 선택의 기능을 지닌 부사어. 기(機) : 관(關)과 통용. 감(緘) : 폐(閉)와 통용, 따라서 기감(機緘)은 개폐(開閉)를 주사(主司)하는 것이 있어서 일을 제대로 할 수 없음을 뜻한다. 융시(隆施) : 융(隆)은 구름을, 시(施)는 비를 뜻한다.

• 음락(淫樂) : 즐기다. 허흡(噓吸) : 호흡(呼吸)과 통용, 즉 날숨과 들숨. 피불(披拂) : 펄럭이다, 부추기다. 여(女) : 여(汝)와 통용. 무함소(巫咸祒) : 장자가 설정한 무녀의 이름. 육극(六極) : 상하(上下)와 사방(四方). 오상(五常) : 금목수화토(金木水火土)의 오행(五行)을 가리킴. 구락(九洛) : 구주(九州)와 통용, 즉 천하를 뜻함. 대(戴) : 받들다.

---

62 상황(上皇)은 최상의 황제라고도 하고, 옥황상제(玉皇上帝)라고도 한다.

해영

하늘과 땅, 해와 달, 구름과 비, 바람 등은 모두가 자연 현상입니다. 즉 자연은 도(道)에 따라 움직입니다. 때가 되면 더워지고 때가 되면 추워집니다. 때가 되면 꽃을 피울 수 있도록 온도와 습도를 맞춰주고, 때가 되면 열매를 맺을 수 있도록 환경을 조성해줍니다. 변덕도 없습니다. 세상을 다스리는 사람도 마찬가집니다. 이처럼 자연에 순응해야 합니다. 거스르면 흉(凶)합니다. '도'를 따르는 것이 길(吉)한 삶입니다.

02

천운 공자(孔子)가 서쪽의 위(衛)나라로 유세(遊說)를 떠났다. 안연(顔淵)[63]이 사금(師金)[64]에게 물었다. "선생님의 이번 여행은 어찌 될 것 같습니까?" 사금이 말했다. "애석한 일이지만, 그대의 선생은 궁지에 빠질 것이네." 안연이 물었다. "어찌해서 그렇습니까?" 사금이 말했다. "대체로 추구(芻狗)[65]가 제단(祭壇)에 진설되기 전엔 대나무 상자에 담기고 아름다운 비단에 덮여 신주가 재계하고 그것을 신전에 바치네. 제사가 끝나면 버려져서 길 가는 사람들이 그 머리와 등을 밟고, 풀 베는 사람들은 그것을 가져다가 불에 태워버리

63 안회(顔回)는 춘추시대 노(魯)나라 사람으로, 공자의 제자다. 이름은 회(回), 자(字)는 자연(子淵)이다. 학덕이 높고 재질이 뛰어나 공자의 가장 촉망받는 제자였다. 빈곤하고 불우하였으나 개의치 않았다. 안자(顔子)라고 높여 불리기도 한다.

64 노(魯)나라의 악사(樂師), 이름은 금(金)이다.

65 짚으로 만든 풀 강아지를 지칭한다. 제사 때는 귀하게 쓰이지만, 제사가 끝나면 하찮은 풀로 버려진다.

네. 그런데 다시 그것을 가져다가 대나무 상자에 넣고 아름다운 비단으로 싸서 그 밑에서 놀거나 누워 잔다면 그는 꿈도 이루지 못한 채 반드시 자주 가위에 눌릴 것이네."

"지금 그대의 선생은 선왕(先王)들이 이미 베풀어 놓았던 추구(芻狗)를 가져다가 그것으로 제자들을 모아놓고 그 밑에서 놀거나 누워 자고 있는 것이네. 그런 까닭에 송(宋)나라에선 나무가 잘렸고,[66] 위(衛)나라에선 자취가 사라졌으며, 상(商)과 주(周)에선 매우 궁함을 겪었으니, 이야말로 악몽이 아니겠는가. 진(陳)과 채(蔡)의 국경 사이에선 포위를 당해 칠일 동안이나 끼니를 굶어 삶과 죽음을 이웃과 함께 지냈으니, 이야말로 가위에 눌린 것이 아니겠는가. 대체로 물에선 배[舟]를 이용하는 것보다 좋은 것이 없고, 육지에선 수레[車]를 활용하는 것보다 좋은 것이 없네. 배는 물 위를 갈 수 있지만 그것을 육지에서 밀고 간다면, 평생이 걸려도 얼마 나아가지 못할 것이네. 옛날과 지금은 물과 육지 같은 것이 아니겠는가? 그리고 주(周)와 노(魯)는 배와 수레와 같은 것이 아니겠는가?"

"지금 주(周)나라에서 시행됐던 것을 노(魯)나라에서 시행하려 하니, 이는 배를 육지에서 밀고 가는 것과 같아, 수고롭기만 하고 공(功)은 없으며 몸에 반드시 재앙이 있을 것이네. 그는 속박이 없는 자유로움 속에서 움직이며, 만물에 순응해가되 막히는 일이 없는 경지를 모른다네. 또한 그대는 두레박틀을 못 보았는가. 그것은 잡아당기면 올라오고 내버려두면 내려가네. 그것은 사

---

66 공자가 제자들을 데리고 송(宋)나라에 갔다가 나무 밑에서 예(禮)를 한 적이 있다. 그때 사마환퇴(司馬桓魋)가 공자를 죽이려고 나무를 베어[伐樹於宋] 자칫하면 그 나무에 깔려 죽을 뻔 했다.

람이 끌어당기는 것이지, 사람을 끌어당기는 것이 아니네. 그러므로 내려갔다 올라갔다 하면서 사람들에게 책잡히지 않는다네. 그런 까닭에 삼황(三皇)[67]과 오제(五帝)[68]의 예의와 법도는 모두 공통됨을 숭상하지 않고, 잘 다스려진 것을 숭상하였다네. 따라서 삼황과 오제, 예의와 법도는 비유하면 돌배와 배, 귤과 유자와 같은 것이네. 그 맛은 제각기 다르지만 모두가 입에 맞네. 그런 까닭에 예의와 법도는 때에 따라 변하는 것이네."

"지금 원숭이를 잡아다가 주공(周公)의 옷을 입힌다면, 원숭이는 반드시 물어뜯고 찢어 버려 완전히 벗어버린 뒤에야 만족할 것이네. 옛날과 지금의 차이를 볼 것 같으면, 마치 원숭이와 주공(周公)이 다른 것과 같네. 그래서 또 이런 이야기가 있네. 미인인 서시(西施)[69]가 심장병으로 눈살을 찌푸렸는데, 그 마을 추녀(醜女)가 그것을 보고 아름답게 여겨 집에 돌아와서 자기도 역시 가슴을 움켜쥐면서 얼굴을 찌푸렸다네. 그 꼴이 너무 흉측하여 마을의 부자가 그를 보고는 문을 굳게 닫고 나오지 않았고, 가난한 사람은 그를 보고는 처자를 데리고 떠나가 버렸다네. 그 추녀는 찌푸린 모양이 아름답다는 점은 알았으나, 찌푸리면 아름다워지는 까닭은 알지 못했네. 애석하네. 그대의 선생도 궁지에 몰릴 것이네."

---

67 삼황(三皇)은 대체로 천황(天皇), 지황(地皇), 인황(人皇) 혹은 복희(伏羲), 신농(神農), 황제(黃帝)를 말한다.

68 오제(五帝)는 대체로 복희(伏羲), 신농(神農), 황제(黃帝), 요(堯), 순(舜) 혹은 소호(小昊), 전욱(顓頊), 고신(高辛), 요(堯), 순(舜)을 말한다.

69 서시(西施)는 춘추 말기 월(越)나라가 오(吳)나라 부차에게 보낸 여인으로, 부차의 후궁이 되어 월나라가 오나라를 멸망시키는 데 큰 역할을 했다. 본명은 시이광(施夷光)이며, 월나라 저라산(苧羅山)에서 태어났다. 왕소군(王昭君), 초선(貂嬋), 양귀비(楊貴妃)와 함께 중국 역사상 4대 미인으로 꼽힌다.

원문 孔子西遊於衛. 顔淵問師金曰, 以夫子之行爲奚如. 師金曰, 惜乎, 而夫子其窮哉. 顔淵曰, 何也. 師金曰, 夫芻狗之未陳也, 盛以篋衍, 巾以文繡, 尸祝齊戒以將之. 及其已陳也, 行者踐其首脊, 蘇者取而爨之而已. 將復取而盛以篋衍, 巾以文繡, 遊居寢臥其下, 彼不得夢, 必且數眯焉. 今而夫子, 亦取先王已陳芻狗, 取弟子, 游居寢臥其下. 故伐樹於宋, 削迹於衛, 窮於商周, 是非其夢邪. 圍於陳蔡之間, 七日不火食, 死生相與鄰, 是非其眯邪. 夫水行莫如用舟, 而陸行莫如用車. 以舟之可行於水也, 而求推之於陸, 則沒世不行尋常. 古今非水陸與. 周魯非舟車與. 今蘄行周於魯, 是猶推舟於陸也, 勞而無功, 身必有殃. 彼未知夫無方之傳, 應物而不窮者也. 且子獨不見夫桔槔者乎. 引之則俯, 舍之則仰. 彼人之所引, 非引人也. 故俯仰而不得罪於人. 故夫三皇五帝之禮義法度, 不矜於同, 而矜於治. 故譬三皇五帝之禮義法度, 其猶柤梨橘柚邪. 其味相反, 而皆可於口. 故禮義法度者, 應時而變者也. 今取猨狙, 而衣以周公之服, 彼必齕齧挽裂, 盡去而後慊. 觀古今之異, 猶猨狙之異乎周公也. 故西施病心而矉, 其里之醜人, 見而美之, 歸亦捧心而矉. 其里之富人見之, 堅閉門而不出, 貧人見之, 挈妻子而去之走. 彼知矉美, 而不知矉之所以美. 惜乎, 而夫子其窮哉.

자해 • 석(惜) : 애석하다. 진(陳) : 설(設)과 통용, 즉 진설하다. 협연(篋衍) : 단사(簞笥)와 통용, 즉 상자를 지칭. 건(巾) : 복(覆)과 통용. 시축(尸祝) : 신주(神主), 제주(祭主). 소자(蘇者) : 풀 베는 사람. 찬(爨) : 불을 때다, 밥을 짓다. 삭(數) : 자주. 미(眯) : 자면서 짓눌리다. 삭미(數眯) : 자주 가위에 눌리다. 삭적어위(削迹於衛) : 노(魯)나라에서 쫓겨나 위(衛)나라로 도망하여 자취를 감추는 것. 상주(商周) : 송(宋)나라는 상(商)나라의 후손, 위(衛)나라는 주(周)나라의 후손. 심상(尋常) : 1심(尋)은 8척, 1상(常)은 2심(常), 즉 짧은 거리를 뜻함.

• 단(齗) : 바라다. 길(桔) : 두레박틀. 고(槔) : 두레박. 길고(桔槔) : 두레박틀을 말함, 즉 한쪽엔 두레박, 한쪽엔 돌을 매달아 물을 퍼내게 만들었다. 긍(矜) : 자랑하다, 숭상하다. 사(柤) : 풀명자, 돌배나무. 리(梨) : 배나무. 귤(橘) : 귤나무. 유(柚) : 유자나무. 원저(猨狙) : 원숭이. 흘(齕) : 깨물다. 설(齧) : 깨물다, 씹다. 만(挽) : 당기다. 열(裂) : 찢어지다. 협(慊) : 만족하다. 빈(矉) : 찡그리다. 봉(捧) 받들다. 설(挈) : 데리고, 끌다. 거(去) : 그곳에서 떠나다. 주(走) : 도주하다, 달아나다.

해영

사금(師金)이 안연과의 논의를 통해 자연의 삶을 일러줍니다. 사금은 여섯 가지의 비유를 듭니다. 첫째, 추구(芻狗)입니다. 둘째, 주거(舟車)입니다. 셋째, 길고(桔槔)입니다. 넷째, 귤유(橘柚)입니다. 다섯째, 원저(猨狙)입니다. 여섯째, 미추(美醜)입니다. 즉 옛 법에 구애되어 변화를 따르지 못한다면, 살아남을 수 없음을 역설합니다. 집착에서 벗어나 상대의 변화에 발맞춰 사는 것이야말로 순응(順應)하는 것임을 보여줍니다.

03

천운 공자(孔子)가 노담(老聃)[70]을 만나 인의(仁義)에 대해 언급했다. 노담이 말했다. "대체로 겨를 날려 눈을 못 뜨게 하면 천지사방(天地四方)의 방위가 바뀌어 분간할 수 없소. 모기나 등에가 물면 밤새도록 잠잘 수 없소. 대체로

---

70 도가(道家) 시조(始祖)로 불린다. 성은 이(李), 이름은 이(耳), 자(字)는 담(聃).

인의(仁義)는 잔인한 것이어서 우리의 마음을 심히 어지럽히는 것인데, 혼란한 것이 이보다 더 큰 것이 없소. 그러니 그대도 천하로 하여금 그 소박함을 잃지 않게 하고, 그대 또한 바람을 따라 아무 구속 없이 움직이며, 자연스런 덕을 좇아 서 있도록 하시오. 그런데 새삼 또 어찌 애를 써서 큰 북을 짊어지고 도망간 자식을 찾듯이 할 필요가 있겠소. 대체로 고니[鵠]는 날마다 목욕을 하지 않아도 희고, 까마귀는 날마다 물을 들이지 않아도 검다오. 그 검거나 흰 소박한 본성(本性)은 논변할 것이 못되오. 명예라는 소란도 헤아릴 것이 못되오. 샘물이 마르면 물고기들은 서로 땅 위에 모여 서로 습기로 문질러 주고 서로 거품으로 적셔주지만, 강호(江湖)에서 서로 자신을 잊는 것만 같지 못하오."

원문 孔子見老聃而語仁義. 老聃曰, 夫播穅眯目, 則天地四方易位矣. 蚊虻噆膚, 則通昔不寐矣. 夫仁義憯然乃憤吾心, 亂莫大焉. 吾子使天下無失其朴, 吾子亦放風而動, 總德而立矣. 又奚傑然若負建鼓而求亡子者邪. 夫鵠不日浴而白, 烏不日黔而黑. 黑白之朴, 不足以爲辯. 名譽之觀, 不足以爲廣. 泉涸, 魚相與處於陸, 相呴以濕, 相濡以沫, 不若相忘於江湖.

자해 • 파강(播穅) : 방아에 찧은 곡식을 키로 까불러 겨를 날리다. 미목(眯目) : 눈에 티끌이 들어가 보이지 않다. 역(易) : 바뀌다. 문망(蚊虻) : 모기와 등에. 참부(噆膚) : 피부를 물다. 통석(通昔) : 밤새도록. 참연(憯然) : 잔인한 모양. 분(憤) : 궤(憒)와 통용, 즉 마음이 심란해지다. 방(放) : 의(依)와 통용.

• 방풍이동(放風而動) : 바람 따라 아무 구속 없이 움직이다. 걸연(傑然) : 애쓰는 모양. 건고(建鼓) : 큰 북. 곡(鵠) : 고니, 백조. 검(黔) : 검은 물을 들이

는 것. 변(辯) : 좋고 나쁨을 논하다. 관(觀) : 환(讙)과 통용, 즉 소란한 모양. 광(廣) : 탁(度)과 통용, 즉 헤아리다. 천학(泉涸) : 샘이 마르다. 구(呴) : 숨을 내쉬다. 유(濡) : 적셔주다. 말(沫) : 거품.

해영

인위적인 움직임은 역시 사람을 애쓰게만 하지, 좋은 결과를 가져오지 못합니다. 인의(仁義)라는 것도 다르지 않다고 진단합니다. 결과적으로 사람의 마음에 혼란만 가중시킨다는 게 장자의 지적입니다. 물고기가 사는 곳에 물이 마르면, 그들은 서로를 인식하여 습기와 거품을 마구 뿜어냅니다. 하지만 그러한 행위들은 제대로 된 삶을 이어갈 수가 없습니다. 자신이 물에서 헤엄치는 자체를 잊고 사는 것만 못합니다.

04

각의 마음을 날카롭게 하고 행동을 고상하게 하며, 세속을 떠나 남과 다른 행동을 하고, 고상한 의논으로 세속의 무도한 짓을 원망하고 비방하며 자신을 높이는 사람이 있다. 이런 사람은 산골에 묻혀 사는 사람이나 세속을 비난하는 사람이나 바짝 마른 몸으로 자신의 결백을 위해 연못에 몸을 던지는 사람들이 좋아하는 바이다. 그러나 만일 마음을 날카롭게 갖지 않고서도 행동이 고상해지고, 인의(仁義)가 없어도 몸이 수양되며, 공명(功名)이 없어도 다스려지고, 강해(江海)에 노는 일이 없어도 한가하며, 도인(導引)[71]이 없어도

71 도인(導引)은 영기(靈氣)를 끌어들인다는 의미로, 한(漢)나라의 장량(張良)이 도인(導引)

장수한다면, 모든 것을 알지 못하는 것이 없고, 모든 것을 갖지 못하는 것이 없다. 그리하여 마음은 담담하고 한없이 편안하며 모든 아름다움이 자기 몸에 갖춰진다. 이런 것이야말로 천지의 도(道)요, 성인(聖人)의 덕(德)인 것이다.

원문 刻意尙行, 離世異俗, 高論怨誹, 爲亢而已矣. 此山谷之士, 非世之人, 枯槁赴淵者之所好也. (...) 若夫不刻意而高, 無仁義而修, 無功名而治, 無江海而閒, 不導引而壽, 無不忘也, 無不有也, 澹然無極, 而衆美從之, 此天地之道, 聖人之德也.

자해 • 각(刻) : 삭(削)과 통용, 날카롭다, 준엄하다. 원비(怨誹) : 원망하고 비방하다. 항(亢) : 거만하다, 높이다. 고고(枯槁) : 바짝 마르다. 부(赴) : 다다르다. 담(澹) : 담박하다. 담연무극(澹然無極) : 마음이 한없이 편안하다.

해영

천지의 도(道)와 성인(聖人)의 덕(德)은 이와 같습니다. 염담적막(恬淡寂寞)과 무위(無爲)를 강조하는 이유도 여기에 있습니다. 천지의 공평한 것이 되고, 도덕의 바탕이 되기 때문입니다. 성인의 움직임은 살아서 천지와 자연의 운행에 몸을 맡기고, 죽을 땐 사물의 변화에 몸을 맡깁니다. 또 정적일 땐 음(陰)과 덕을 같이 하고, 동적일 땐 양(陽)과 흐름을 같이 합니다. '허무와 염담이 자연의 그것과 일치'된 결과입니다.

의 술(術)을 행했다고 전한다.

05

선성 속된 학문[俗學][72]으로 본성을 바로잡아 그 처음의 본성으로 돌아가려 하고, 속된 생각[俗思]으로 욕망을 다스리며 밝은 지혜를 추구[明知]하려 한다. 이런 사람들을 일러 눈이 가려진 어리석은 민중[蔽蒙之民]이라 한다. 옛날의 도(道)를 다스린 사람은 염담(恬淡)[73]으로 지혜를 길렀다. 태어날 때부터 지혜를 가지고 행동하는 일은 없었으니, 이를 가리켜 지혜로 염담을 기른다고 한다. 지혜와 염담을 서로 섞어 기르면 화평한 이치가 그 본성에서 나온다. 대체로 '덕'은 화합이요, '도'는 이치이다. 덕은 인(仁)을 포용하지 않음이 없고, 도는 의(義)를 다스리지 않음이 없다. 의에 밝아서 사물이 친해지는 것이 충(忠)이요, 마음이 순수하고 착실하여 정(情)으로 돌아가는 것이 악(樂)이며, 성실한 행동이 모양으로 나타나 절도에 따르는 것이 예(禮)이다. 그러나 '예와 악'이 형식에 치우쳐 실행되면 천하가 어지러워진다. 사람들이 올바르게 행동하면서 자기의 덕을 지니고 있으면 덕은 가려지지 않는다. 덕이 가려지면 사물은 반드시 그 본성을 잃게 된다.

원문 繕性於俗學, 以求復其初, 滑欲於俗思, 以求致其明. 謂之蔽蒙之民. 古之治道者, 以恬養知. 生而無以知爲也, 謂之以知養恬. 知與恬交, 相養, 而和理出其性. 夫德和也, 道理也. 德無不容仁也, 道無不理義也. 義明而物親忠也, 中純實而反乎情樂也, 信行容體而順乎文禮也. 禮樂偏行, 則天下亂矣. 彼正而蒙己德, 德則不冒. 冒則物必失其性也.

---

72 속된 학문이란 유가(儒家)나 묵가(墨家)를 가리킨다.

73 염담(恬淡)이란 욕심 없이 깨끗하고 담담한 것을 뜻한다.

자해 • 선(繕) : 다스리다, 닦다. 활(滑) : 다스리다. 몽(蒙) : 어둡다. 폐몽(蔽蒙) : 눈이 가려져 어두운 것, 몽매한 것. 정(情) : 진실. 신행용체(信行容體) : 행동을 성실하게 하고 실체를 드러내다. 문(文) : 무늬, 자연의 질서. 몽기덕(蒙己德) : 자기의 덕을 몸에 지니다. 모(冒) : 가리다, 덮다.

해영

속된 학문과 속된 생각은 오류가 있을 수밖에 없습니다. 세속의 삶은 온갖 욕망을 불러일으킬 수 있는 환경이기 때문입니다. 즉 속학(俗學)보다는 정학(正學)에 관심을 가져야 함을 강조합니다. '정학'은 다름 아닌 염담(恬淡)과 무위(無爲)의 삶을 구현하는 방법입니다. 그것을 구현할 때, 자기 몸을 보존할 수 있음은 물론 바르게 할 수 있는 기반입니다. 형해화(形骸化) 된 학문이 아닌 자연의 학문을 일러주는 것입니다.

추수(秋水)

내편(內篇)의 「소요유(逍遙遊)」와 「제물론(齊物論)」의 취지를 계승하고 있다고 할 수 있습니다. 가령 귀천대소(貴賤大小)의 차별은 상대적 견지에서 비롯되는 것이기 때문에 여기에 구애되지 말 것을 강조합니다. 즉 진실재(眞實在)로부터 멀어지기에 만물을 평등하게 감싸면서 스스로의 지견(知見)을 버릴 것을 일러줍니다.

01

추수 가을철이 되면 물이 불어나 온갖 천(川)이 황하(黃河)로 흘러든다. 그 흐름은 매우 커서 양쪽 둑과 모래톱 둘레를 보아도 소와 말을 구별할 수 없을 정도다. 이에 황하의 신(神)인 하백(河伯)은 스스로 기뻐하면서 천하의 아름다움이 모두 자기에게 모여 있다고 여긴다. 흐름을 따라 동쪽으로 가다가 북해(北海)에 이르러 동쪽의 해상을 바라보니 물의 끝이 보이지 않는다. 이에 황하의 신(神)인 하백은 낯빛을 고치고 멍하니 북해의 신인 약(若)을 향해 탄식하며 말했다. "속담에, '백 가지 정도의 도리를 알고는 자기만한 사람이 없다고 생각한다.'는 말이 있는데, 바로 저를 두고 하는 말인 듯합니다. 또한 저는 일찍이 공자(孔子)의 학문을 적다고 하고, 백이(伯夷)의 절의(節義)를 가볍게 여기는 사람이 있다는 말을 듣고 지금까지 믿지 않았습니다. 그런데 지금 저는 당신의 무궁한 모습을 직접 목격했습니다. 제가 당신의 문하(門下)로 찾아오지 않았다면 위태로웠을 것입니다. 저는 오랫동안 위대한 도(道)를 터득한 사람들의 웃음거리가 될 뻔했습니다."[74] 그러자 북해의 신(神), 약(若)이 말했다.

"우물 안의 개구리에게 바다에 대해 얘기해도 알지 못하는 것은 공간[우물]에 구속되어 있기 때문이고, 여름 벌레에게 얼음에 대해 얘기해도 알지 못하는 것은 시간[여름]에 집착되어 있기 때문이며, 비뚤어진 선비에게 도(道)에 대해 얘기해도 알지 못하는 것은 가르침에 속박되어 있기 때문이네. 지금 그대는 좁은 강가에서 나와 대해(大海)를 보고나서야 자신의 추함을 알게 되었네. 이제 그대와 위대한 도리에 대해 논할 수 있게 되었네. 천하의 물 가운데 바다보다 큰 것은 없네. 모든 강물이 그곳[바다]으로 흘러들어 언제 그칠지 모르나 넘치는 일은 없네. 바닷물이 새나가는 곳[尾閭]으로 물이 새나가 언제 그칠지 모르나 물이 말라버리는 경우도 없네. 봄이나 가을에도 변하는 일이 없고, 장마[水]나 가뭄[旱]도 알지 못하네. 이것은 양자강이나 황하의 흐름에 비해 도저히 수량으로 헤아릴 수 없네. 그러나 나는 스스로 많다고 여기지 않네. 그것은 스스로가 천지(天地)로부터 형체를 물려받았고, 음양(陰陽)으로부터 기(氣)를 받았네. 나는 천지(天地) 사이에 있어서는 마치 작은 돌이나 작은 나무가 큰 산에 있는 것과 같은 존재네. 이처럼 자신을 작게 보고 있는데, 어찌 또 스스로를 많다고 하겠는가."[75]

---

74 세속에선 눈앞의 아름다움과 훌륭함만을 아는 경향이 있다. 하지만 이를 초월하는 경우가 얼마든지 있다. 황하(黃河)가 아름답고 훌륭하지만, 북해(北海)의 존재를 확인하면 생각이 달라진다.

75 우물 안 개구리나 여름 벌레에겐 공간과 시간 속에서 벗어나지 못한다. 눈앞의 대상에만 집착하는 감각적 인식은 항상 오류의 범주 속에 있다.

"사해(四海)도 천지 사이에 있는 것으로 헤아려 보면, 마치 작은 구멍이 큰 못 속에 있는 것과 같지 않은가. 중국을 사해(四海) 안에 있는 것으로 헤아려 보면, 마치 좁쌀이 큰 창고 안에 있는 것과 같지 않은가? 모든 물건의 수를 만물이라 부르는데, 사람은 그중의 하나일 뿐이네. 게다가 사람은 구주[중국] 안에서 곡식이 나는 곳, 배나 수레가 다니는 곳 어디에나 있으므로, 개인은 곧 그중의 하나일 뿐이네. 이런 사람을 만물에 비하면 마치 가느다란 털끝이 말[馬]의 몸에 붙어 있는 것과 같지 않은가. 옛날 오제(五帝)가 차례로 황제 지위를 계승한 것이나, 하은주(夏殷周) 삼왕(三王)들이 천하를 얻기 위해 다툰 것이나, 어진 사람들이 세상을 걱정한 것이나, 유능한 선비들이 민중들을 위해 노고를 아끼지 않은 것들이 이처럼 사소한 것이네. 백이(伯夷)는 왕위를 사양했기 때문에 명예를 얻었고, 공자(孔子)는 육경(六經)을 논해서 박학(博學)이 되었네. 이들이 스스로 남보다 낫다고 생각한 것이 많은 것은 그대가 전일에 스스로 황하의 수량(水量)이 다른 것보다 많다고 여긴 것과 같지 않은가?"

황하의 신(神), 하백(河伯)이 말했다. "그렇다면 제가 천지를 크다고 하고 터럭이 작다고 하면 되겠습니까?" 북해의 신(神), 약(若)이 말했다. "아니네. 대체로 사물의 양은 무궁하고, 시간은 멈춤이 없으며, 각자의 분수는 일정함이 없고, 시작과 끝은 되풀이 되어 본래 옛것이 없네. 이 때문에 큰 지혜를 가진 사람은 멀고 가까운 것을 두루 관찰하네. 그래서 작다고 하찮게 여기지 않고, 크다고 해서 훌륭하다고 생각지 않네. 그것은 사물의 양이란 무궁함을 알기 때문이네. 또 큰 지혜를 가진 사람은 과거와 현재를 밝게 알기 때문에 장수한다고 고민하지 않고, 단명하다고 삶을 더 바라지 않네. 시간이 멈추지 않음을 알기 때문이네. 또 큰 지혜를 가진 사람은 사물이 달[月]처럼 차고 텅 비는 것을 알기 때문에 얻었다고 기뻐하지 않고, 잃었다고 근심하지 않네. 사물의 분수가 일정하지 않음을 알기 때문이네. 또 큰 지혜를 가진 사람은 도(道)가 넓은 것임을 알기 때문에 살아 있다고 기뻐하지 않고, 죽는다고 슬퍼하지 않네. 시작과 끝이 본래 옛것이 없음을 알기 때문이네."[76]

"사람이 안다는 것을 헤아려보면, 그 모르는 것에 비할 바가 못 되고, 살아있을 때의 시한(時限)은 그 살아있기 전에 비할 바가 못 되네. 그런데도 지극히 작은 것으로 지극히 큰 영역을 알려고 하기 때문에, 미혹되고 혼란하여 스스로 만족할 수 없는 것이네. 이렇게 보면 또한 어떻게 터럭이 지극히 작은 것의 끝인 줄을 알며, 또한 어떻게 천지가 지극히 큰 영역이 되기에 족하다고 하겠는가?" 황하의 신(神), 하백(河伯)이 말했다. "세상의 논객들이 모두 말하기를, 지극히 작은 것은 형체가 없고, 지극히 큰 것은 둘러쌀 수가 없다고 하는데, 이것은 진실입니까?" 북해의 신(神), 약(若)이 말했다. "대체로 작은 것의 입장에서 큰 것을 보면 그 전체를 볼 수 없고, 큰 것의 입장에서 작은 것을 보면 분명하게 볼 수 없네. 대체로 정(精)이란 작은 것 중의 극히 작은 것[微]이요, 부(垺)라는 것은 큰 것 중에서도 더욱 큰 것이네. 그러므로 각자 편이대로 용도가 다른 것이며, 이는 상황에 따라 다른 것이네."[77]

"대체로 정(精)하거나 조(粗)한 것은 형체가 있는 것에서 기대되는 것이지, 형체가 없는 것은 그 수로 분별할 수 없는 것이네. 또 밖으로 둘러쌀 수 없을 만큼 큰 것은 수(數)로는 다룰 수 없는 것이네. 말로 논할 수 있는 것은 사물

---

76 크다, 작다, 좋다, 나쁘다, 선하다, 악하다, 아름답다, 추하다 등의 분별은 짧은 식견이 만들어낸 산물에 불과하다. 큰 틀에서 보면 무의미한 일이다.

77 우리의 인식능력으론 큰 것과 작은 것을 알 수 없다. 매우 한정된 범주 내의 시각으로 안다고 하는 것이다. 하지만 진실은 상대적인 비교를 초월한 곳에 존재한다.

중의 조(粗)한 것이고, 뜻으로 헤아릴 수 있는 것은 사물 중의 정(精)한 것이네. 하지만 말로 논할 수 없고 뜻으로도 헤아릴 수 없는 것은 지극히 작거나 크다는 것을 기약할 수 없는 것이네. 이 때문에 도(道)를 깨달은 대인(大人)의 행동은 남을 해치지 않지만 그렇다고 은혜를 남에게 베푸는 것을 자랑하지도 않네. 또 움직임에 이로움을 목적으로 삼지 않지만 그렇다고 문지기나 종[隸]을 천시하지도 않네. 재물을 위해 다투지 않지만 그렇다고 사양하는 것을 훌륭하게 여기지도 않네. 일에 남의 힘을 빌리진 않지만 그렇다고 스스로의 힘으로 살아감을 훌륭하게 여기지도 않네. 또 탐욕스런 사람과 비열한 사람을 천시하지도 않네. 행동이 세속과 다르지만 그렇다고 편벽되고 기이한 일을 훌륭하게 여기지도 않네. 또 행동이 대중을 따르지만 그렇다고 간사하고 아첨하는 무리들을 천시하지도 않네."

"세상의 높은 벼슬이나 봉록으로도 그의 행동을 권면(勸勉)할 수 없고, 형벌이나 치욕으로도 그를 욕되게 할 수 없네. 시비(是非)는 분별할 수 없는 것이고, 작고 큰 것은 분류할 수 없는 것임을 알고 있네. 듣기로 '도인(道人)은 명성을 듣지 않고, 지극한 덕을 지닌 사람은 덕을 지니지 않으며, 대인(大人)은 무아(無我)다.'라고 했네. 이야말로 자기의 분수를 한정하고 지내는 지극의 경지네." 황하의 신(神), 하백(河伯)이 말했다. "사물의 바깥과 사물의 안에 있어서 대체 어디서 귀천(貴賤)의 구분이 생기고, 어디서 대소(大小)의 분별이 생깁니까?" 북해의 신(神), 약(若)이 말했다. "도(道)의 입장에서 보면 사물엔 귀천(貴賤)이 없네. 하지만 사물의 입장에서 보면 자기는 귀하고 상대는 천한 것이네. 하지만 세속(世俗)의 입장에서 보면 귀천(貴賤)은 자기에게 달려 있는 것이 아니고 남이 평가하네. 또 차별적인 입장에서 보면 작은 것에 비교하여 그것보다 크다고 한다면 만물은 크지 않은 것이 없고, 큰 것에 비교하여 작다고 한다면 만물은 작지 않은 것이 없네."

"이리하여 천지(天地)도 좁쌀처럼 작은 것이 됨을 알고, 터럭 끝도 큰 산처럼 될 수 있음을 안다면, 차별이 상대적인 구별에서 비롯됨을 알 수 있네. 또 사물이 작용하는 입장에서 보면 각기 쓸모있는 것을 쓸모있다고 한다면 만물은 쓸모없는 것이 없고, 각기 쓸모없는 것을 쓸모없다고 한다면 만물은 쓸모있는 것이 없게 되네. 동쪽과 서쪽이 서로 반대되지만 어느 한쪽이라도 없어서는 안 된다는 것을 안다면, 사물의 효용성[상대성]이 분명할 것이네. 또 취향(趣向)의 입장에서 보면 각기 옳은 것을 옳다고 하면 만물은 옳지 않은 것이 없고, 각기 그르다는 것을 그르다고 하면 만물은 그르지 않은 것이 없네. 요(堯)와 걸(桀)이 자기는 옳고 상대는 그르다고 서로 비난하는 것을 안다면 취향(趣向)의 주장이 상대적(相對的)임을 알 수 있네. 옛날에 요순(堯舜)은 선양(禪讓)[78]으로 제왕이 되었지만, 연왕(燕王) 쾌(噲)는 재상 자지(子之)에게 왕위를 양도했지만 왕통(王統)이 끊어졌네. 은나라 탕왕(湯王)과 주나라 무왕(武王)은 투쟁[추방과 정벌]을 통해 왕이 되었으나, 초나라 백공(白公)은 투쟁했으나 실패하여 멸망했네. 이렇게 보면 투쟁하고 양도하는 예(禮)와 요(堯)와 걸(桀)의 행동이 때에 따라 귀하게도 천하게도 되는 것이어서, 귀천의 가치란 일정한 표

---

78 선양(禪讓)은 '양도한다'는 의미를 지닌다. 전설상의 오제(五帝) 중 한 사람인 요(堯)임금이 덕이 부족한 자신의 아들 단주(丹朱)에게 제위를 물려주지 않고, 민간에서 효행으로 유명했던 순(舜)을 등용하여 그에게 제위를 물려준 것에서 유래한다. 순임금 역시 자신의 아들인 상균(商均)이 아닌, 치수사업을 통해 수년간 대홍수를 극복하는 데 큰 공을 세운 우(禹)에게 제위를 물려주었다. 즉 선양은 제왕의 지위를 부자간 혹은 형제간 상속을 통해 하나의 가문이 독점하는 것이 아닌, 덕(德)이나 실제 능력을 가진 사람에게 양도하는 것을 뜻한다.

준에 의한 것이 아니네."[79]

"대들보로 쓰는 큰 나무는 성벽을 파괴할 수는 있지만 구멍을 막을 수는 없네. 이는 기구가 다르기 때문이네. 기기(騏驥)나 화류(驊騮)같은 명마(名馬)는 하루에 천리를 달릴 수 있지만 쥐를 잡는 데는 너구리나 살쾡이[狸狌]만 못하네. 이는 기능이 다르기 때문이네. 부엉이는 밤에 벼룩을 잡고 터럭 끝도 볼 수 있지만, 낮엔 아무리 눈을 부릅떠도 앞에 있는 산도 보지 못하네. 이는 성질이 다르기 때문이네. 그런 까닭에 옳음은 존중하고 그름은 무시하며, 다스림은 존중하고 혼란은 무시하게 되는 것이네. 이는 천지의 이치와 만물의 실정에 밝지 못한 것이네. 이는 마치 하늘만 소중히 여기고 땅을 무시하는 것이며, 음(陰)을 존중하고 양(陽)을 무시하는 것과 같은 것이니, 그런 이론이 성립될 수 없음은 분명하네. 그럼에도 그런 주장을 버리지 않고 내세우는 사람들은 어리석거나 남을 속이는 것이네. 삼황(三皇)과 오제(五帝)는 각기 선위(禪位) 방법이 달랐고, 하은주(夏殷周) 삼대(三代)는 계승 방법이 각기 달랐네. 만일 때를 어기거나 민심(民心)을 거역하면 이를 찬탈자(簒奪者)라 하고, 때에 맞추고 민심에 순응하면 이를 정의(正義)의 사도(使徒)라 부르네."[80] "황하의 신이여! 그대가 어찌 귀천의 구별과 대소의 차이를 알겠는가?"

황하의 신(神), 하백(河伯)이 말했다. "그렇다면 저는 무엇을 하고 무엇을 하지

79 귀천(貴賤)과 대소(大小)는 물론 취향(趣向)도 따져보면 모두가 상대적인 기준에 의한 결과에 불과하다. 세속의 평가가 모두 옳지 않다는 것을 명심해야 한다.

80 유가(儒家)의 중용(中庸)을 떠올리게 하는 대목이다. 때[時]에 적중하지 않으면 그 어떤 것도 존재할 수 없기 때문이다. '때를 어기거나 민심(民心)을 거역하면 찬탈자(簒奪者)라 하고, 때에 맞추고 민심에 순응하면 정의(正義)의 사도(使徒)'라 불린 것은 예나 지금이나 유효적절하다.

말아야 합니까? 저는 취사(取捨)와 진퇴(進退)에 대해 결국 어찌해야 합니까?" 북해의 신(神), 약(若)이 말했다. "도(道)의 입장에서 보면 어느 것이 귀하고 어느 것이 천하겠는가? 귀천의 구별은 없으니 이를 반연(反衍)[81]이라 하네. 귀천의 차별을 가지고 그대의 뜻을 구속하지 말게. 구속하면 도(道)와 크게 어그러지네. 또 도의 입장에서 보면 어느 것이 적고 어느 것이 많은가? 다소(多少)의 구별이 없으니 이를 사시(謝施)[82]라 하네. 그대의 행동을 한쪽으로 치우치게 하지 말게. 치우치면 도(道)와 어긋나네. 또 엄격하기가 나라의 임금과 같아서 사사로운 덕을 베푸는 일이 없어야 하네. 유유하기가 제사를 받는 사신(社神)과 같아서 사사로이 복을 내려주는 일이 없어야 하네. 대범하기가 사방이 끝없는 것 같아서 아무런 한계가 없어야 하네. 만물을 아울러 포용해서 어느 것을 더 사랑하고 도와주는 일이 없으면, 이를 무방(無方)[83]이라 하네."

"만물은 한결같아서 어느 것이 짧고 어느 것이 길다고 하겠나. 도(道)에는 시작과 끝이 없지만 사물엔 죽고 사는 것이 있네. 그러니 사물의 성취(成就)는 도에 있어서 믿을 것이 못 되네. 어떤 때는 비었다가 어떤 때는 차기 때문에 그 형체가 일정한 위치에 있지 않네. 세월은 막을 수 없고, 시간도 멈출 수 없네. 생성소멸(生成消滅)과 찼다가 비는 과정을 반복하다 그치면 또 시작하네. 이것이야말로 내가 위대한 도(道)의 뜻을 말하고 만물의 이치를 논하는 까닭이네. 사물이 생겨나 변화하는 것은 말이 달리듯 빨라서 움직여 변화하지 않

81 반연(反衍)은 귀천(貴賤)의 차별 따위도 서로 뒤섞여 끝없이 변전(變轉)하는 경지를 뜻한다.

82 사시(謝施)는 많거나 적다는 차별을 초월한 상태를 의미한다.

83 무방(無方)은 일정한 방향이 없는 사람을 말한다. 즉 보편적이고 평등하여 어느 쪽으로도 치우치지 않고 자유롭게 움직이는 사람을 의미한다.

는 것이 없고, 한순간이라도 옮겨가지 않는 것이 없네. 사정이 이런데 '무엇을 하고 무엇을 하지 말아야 할까요?'라고 하는데, 모든 것은 본래부터 스스로 변화하기 마련이네." 황하의 신(神), 하백(河伯)이 말했다. "그렇다면 어찌하여 도(道)를 귀하게 여깁니까?" 북해의 신(神), 약(若)이 말했다. "도를 아는 사람은 반드시 천지의 이치에 통달하고, 이치에 통달한 사람은 반드시 임기응변(臨機應變)에 밝으며, 임기응변에 밝은 사람은 외물(外物)로 자기를 해치는 일이 없네."

"지극한 덕(德)을 지닌 사람은 불[火]로도 뜨겁게 할 수 없고, 물[水]에도 빠뜨릴 수 없으며, 추위나 더위도 해치지 못하고, 금수(禽獸)도 그를 해칠 수 없네. 그렇다고 그것들을 가볍게 보는 것은 아니네. 편안과 위험을 살피고, 화복(禍福)이 동요됨 없이 편안해하며, 거취(去就)를 삼가기 때문에 그를 해칠 수 없는 것이네. 그러므로 '자연의 도(道)는 안[內心]에 존재하고, 사람의 작위(作爲)는 밖에 존재하며, 덕은 자연의 도(道)에 있다.'라고 하는 것이네. 자연과 사람의 행위에 대해 알고 자연을 근본으로 삼는다면, 그의 올바른 위치를 얻게 될 것이네. 그러면 나아가고 물러나고 굽히고 펴는 것이 자유자재로 되며, 도(道)로 돌아가 진리의 극치를 말할 수 있을 것이네." 황하의 신(神), 하백(河伯)이 말했다. "무엇을 자연이라 하고 무엇을 인위(人爲)라고 합니까?" 북해의 신(神), 약(若)이 말했다. "소나 말에게 네 발이 있는 것은 자연이라 하고, 말[馬]머리에 고삐를 씌우거나 소[牛]코를 뚫는 것은 인위라고 하네. 그러므로 '인위로 자연을 파멸시키지 말고, 고의(故意)로 천성(天性)을 멸하지 말며, 자연스런 덕을 명성 때문에 희생시키지 말라.'고 한 것이네. 자연 그대로를 삼가고 지켜서 잃지 않는 것, 이를 참된 도(道)로 돌아간다고 하는 것이네."[84]

원문 秋水時至, 百川灌河. 涇流之大, 兩涘渚崖之間, 不辯牛馬. 於是焉, 河伯欣然自喜, 以天下之美爲盡在己. 順流而東行, 至於北海, 東面而視, 不見水端. 於是焉, 河伯始旋其面目, 望洋向若而歎曰, 野語有之曰, 聞道百以爲莫己若者, 我之謂也. 且夫我嘗聞少仲尼之聞而輕伯夷之義者, 始吾弗信. 今我睹者之難窮也. 吾非至於子之門, 則殆矣. 吾長見笑於大方之家. 北海若曰, 井鼃不可以語於海者, 拘於虛也, 夏蟲不可以語於氷者, 篤於時也, 曲士不可以語於道者, 束於教也. 今爾出於崖涘, 觀於大海, 乃知爾醜. 爾將可與語大理矣. 天下之水, 莫大於海. 萬川歸之, 不知何時止而不盈. 尾閭泄之, 不知何時已而不虛. 春秋不變, 水旱不知. 此其過江河之流, 不可爲量數. 而吾未嘗以此自多者, 自以比形於天地, 而受氣於陰陽, 吾在於天地之間, 猶小石小木之在大山也, 方存乎見少, 又奚以自多. 計四海之在天地之間也, 不似礨空之在大澤乎. 計中國之在海內, 不似稊米之在太倉乎. 號物之數謂之萬, 人處一焉. 人卒九州, 穀食之所生, 舟車之所通, 人處一焉. 此其比萬物也, 不似豪末之在於馬體乎. 五帝之所連, 三王之所爭, 仁人之所憂, 任士之所勞, 盡此矣. 伯夷辭之以爲名, 仲尼語之以爲博. 此其自多也, 不似爾向之自多於水乎. 河伯曰, 然則吾大天地而小豪末, 可乎. 北海若曰, 否. 夫物量無窮, 時無止, 分無常, 終始無故. 是故大知觀於遠近. 故小而不寡, 大而不多. 知量無窮. 證曏今故, 故遙而不悶, 掇而不跂. 知時無止. 察乎盈虛, 故得而不喜, 失而不憂. 知分之無常也. 明乎坦塗, 故生而不說, 死而不禍. 知

---

84 역시 가장 소중한 것은 자연(自然)이다. 자연에서 자연으로 돌아가는 것이야말로 지극히 참된 모습이다.

終始之不可故也. 計人之所知, 不若其所不知, 其生之時, 不若未生之時. 以其至小, 求窮其至大之域, 是故迷亂而不能自得也. 由此觀之, 又何以知豪末之足以定至細之倪, 又何以知天地之足以窮至大之域. 河伯曰, 世之議者皆曰, 至精無形, 至大不可圍, 是信情乎. 北海若曰, 夫自細視大者不盡, 自大視細者不明. 夫精小之微也, 垺大之殷也. 故異便, 此勢之有也. 夫精粗者, 期於有形者也, 無形者, 數之所不能分也. 不可圍者, 數之所不能窮也. 可以言論者, 物之粗也, 可以意致者, 物之精也. 言之所不能論, 意之所不能察致者, 不期精粗焉. 是故大人之行, 不出乎害人, 不多仁恩. 動不爲利, 不賤門隸. 貨財弗爭, 不多辭讓. 事焉不借人, 不多食乎力. 不賤貪汙. 行殊乎俗, 不多辟異. 爲在從衆, 不賤佞諂. 世之爵祿, 不足以爲勸, 戮恥不足以爲辱. 知是非之不可爲分, 細大之不可爲倪. 聞曰道人不聞, 至德不得, 大人無己. 約分之至也. 河伯曰, 若物之外, 約物之內, 惡至而倪貴賤, 惡至而倪小大. 北海若曰, 以道觀之, 物無貴賤. 以物觀之, 自貴而相賤. 以俗觀之, 貴賤不在己. 以差觀之, 因其所大而大之, 則萬物莫不大, 因其所小而小之, 則萬物莫不小. 知天地之爲稊米也, 知豪末之爲丘山也, 則差數覩矣. 以功觀之, 因其所有而有之, 則萬物莫不有, 因其所無而無之, 則萬物莫不無. 知東西之相反而不可以相無, 則功分定矣. 以趣觀之, 因其所然而然之, 則萬物莫不然, 因其所非而非之, 則萬物莫不非. 知堯桀之自然而相非, 則趣操覩矣. 昔者堯舜讓而帝, 之噲讓而絶. 湯武爭而王, 白公爭而滅. 由此觀之, 爭讓之禮, 堯桀之行, 貴賤有時, 未可以爲常也. 梁麗可以衝城, 而不可以窒穴. 言殊器也. 騏驥驊騮, 一日而馳千里, 捕鼠不如狸狌. 言殊技也. 鴟鵂夜撮蚤察豪末, 晝出瞋目而不見丘山. 言殊性也. 故曰, 蓋師是而無非, 師治而無亂乎. 是未明天地之理, 萬物之情者也. 是猶師天而無地, 師陰而無陽, 其不可行明矣. 然且語而不舍, 非愚則誣也. 帝王殊禪, 三代殊繼. 差其時, 逆其俗者, 謂之纂夫, 當其時, 順其俗者, 謂之義之徒. 默默乎河伯, 女惡知貴賤之門小大之家. 河伯曰, 然則我何爲乎, 何不爲乎. 吾辭受趣舍, 吾終奈何. 北海若曰, 以道觀之, 何貴何賤. 是謂反衍. 無拘而志, 與道大蹇. 何少何多. 是謂謝施. 無一而行, 與道參差. 嚴嚴乎若國之有君, 其無私德. 繇繇乎若祭之有社, 其無私福. 泛泛乎其若四防之無窮, 其無所畛域. 兼懷萬物, 其孰承翼, 是謂無方. 萬物一齊, 孰短孰長. 道無終始, 物有死生. 不恃其成. 一虛一滿, 不位乎其形. 年不可擧, 時不可止. 消息盈虛, 終則有始. 是所以語大義之方, 論萬物之理也. 物之生也, 若驟若馳, 無動而不變, 無時而不移. 何爲乎, 何不爲乎. 夫固將自化. 河伯曰, 然則何貴於道邪. 北海若曰, 知道者, 必達於理, 達於理者, 必明於權, 明於權者, 不以物害己. 至德者, 火弗能熱, 水弗能溺, 寒暑弗能害, 禽獸不能賊. 非謂其薄之也. 言察乎安危, 寧於禍福, 謹於去就, 莫之能害也. 故曰, 天在內, 人在外, 德在乎天. 知天人之行, 本乎天, 位乎得. 蹢躅而屈伸, 反要而語極. 曰, 何謂天, 何謂人. 北海若曰, 牛馬四足, 是謂天, 絡馬首, 穿牛鼻, 是謂人. 故曰, 無以人滅天, 無以故滅命, 無以得殉名. 謹守而勿失, 是謂反其眞.

자해 • 추수(秋水) : 가을이 되면 비가 내려 강물이 불어나는 모양, 즉 가을의 홍수를 가리킨다. 시지(時至) : 일시에 이르다, 즉 한꺼번에 많아지다. 관(灌) : 흘러들다. 경(涇) : 경(徑)과 통용, 즉 통하다. 경류(涇流) : 흐르는 강물. 양사(兩涘) : 양쪽 가. 애(崖) : 애(涯)와 통용. 저애(渚崖) : 물가 언덕. 흔(欣) : 기뻐하다. 선(旋) : 고치다, 돌리다.

• 망(望) : 멍하니 바라보다. 도(睹) : 보다. 견(見) : 당하다. 대방(大方) : 대도(大道)와 통용, 위대한 도. 와(鼃) : 개구리. 허(虛) : 공간. 하충(夏蟲) : 봄에 생겨나 여름에 죽거나, 여름에 생겨나 가을에 죽는 벌레. 독(篤) : 구속과 같

음. 곡사(曲士) : 일곡지사(一曲之士)란 말, 즉 한 가지 기예에 능할 뿐, 다양한 분야엔 능통하지 못한 사람.

• 이(爾) : 그대, 당신. 미려(尾閭) : 바닷물이 새나가는 곳. 설(泄) : 새나가다. 방(方) : 이제, 바야흐로. 무고(無故) : 옛것이 없다, 늘 변하고 있음을 상징. 뢰(礨) : 구멍. 뢰공(礨空) : 루공(壘孔)과 통용, 즉 작은 구멍을 뜻함. 제(稊) : 돌피, 작다. 제미(稊米) : 소미(小米), 즉 좁쌀. 태창(太倉) : 큰 창고. 인졸(人卒) : 사람들.

• 임사(任士) : 일을 맡은 사람, 유능한 사람. 증(證) : 증명하다. 향(曏) : 밝히다. 요(遙) : 장(長)과 같음. 민(悶) : 어둡다. 철(掇) : 단(短)과 같음. 기(跂) : 힘들다, 죽지 않길 바라다. 탄(坦) : 평탄하다. 탄도(坦塗) : 평탄한 길, 넓은 길. 열(說) : 기쁘다. 예(倪) : 종류, 물건. 지세지예(至細之倪) : 지극히 가는 털끝.

• 위(圍) : 에워싸다. 정(精) : 자세하다. 부(垺) : 크다. 조(粗) : 크다. 은(殷) : 크다, 성하다. 편(便) : 편의. 예(隸) : 종. 오(汙) : 더럽다. 벽(辟) : 벽(僻)과 통용. 벽이(辟異) : 일반 사람과 다른 기이한 행동. 녕(佞) : 아첨하다. 첨(諂) : 아첨하다. 륙(戮) : 죄를 주다, 죽이다. 치(恥) : 욕보이다. 예(倪) 나누다.

• 약(約) : 묶다. 약분(約分) : 자기 분수를 한정하다. 제미(稊米) : 돌피처럼 작은 것, 즉 좁쌀만큼 작은 것. 도(覩) : 도(睹)와 통용, 즉 보다. 취(趣) : 향하다. 조(操) : 지조. 취조(趣操) : 취향을 정하다. 쾌(噲) : 시원하다. 질(窒) : 막다, 막히다. 수(殊) : 다르다. 기(騏) : 준마, 천리마. 기(驥) : 준마, 천리마. 화(驊) : 준마, 천리마. 류(騮) : 준마, 천리마.

• 기기화류(騏驥驊騮) : 모든 천리마의 이름. 치(馳) : 달리다. 포서(捕鼠) : 쥐를 잡다. 이성(狸狌) : 너구리와 살쾡이. 치휴(鴟鵂) : 올빼미와 부엉이. 촬조(撮蚤) : 벼룩을 잡다. 진(瞋) : 부릅뜨다. 사(師) : 존중하다. 무(誣) : 속이다. 선(禪) : 선위하다, 선양하다. 계(繼) : 잇다. 찬(簒) : 찬탈하다, 빼앗다.

• 사수(辭受) : 사양하고 받는 것. 취사(趣舍) : 나아가고 멈추다. 연(衍) : 넘치다. 건(蹇) : 고생하다, 머무르다. 참차(參差) : 고르지 않다, 서로 맞지 않다. 유(繇) : 다니다. 유유(繇繇) : 유유자득(悠悠自得)한 모양. 사(社) : 땅 귀신, 나라에서 땅 신에게 제사지내는 곳. 범(泛) : 넓다. 진(畛) : 두둑, 지경. 진역(畛域) : 한계, 경계.

• 승익(承翼) : 받들어 주고 돕다. 소식(消息) : 소멸과 생성. 취(驟) : 달리다. 적(賊) : 해치다. 척(躑) : 머뭇거리다. 촉(躅) : 머뭇거리다. 락(絡) : 두르다, 묶다, 고삐. 천(穿) : 뚫다. 순(殉) : 바치다, 따라죽다.

해영

내편(內篇)의 「제물론(齊物論)」과 유사함이 있습니다. 황하의 신(神) 하백(河伯)과 북해의 신(神) 약(若)의 문답을 통해 참된 자연으로 복귀할 것을 역설하고 있습니다. 장문이지만 문장의 논지(論旨)가 일관(一貫)되는, 그야말로 명문(名文)입니다. 북해의 신, '약'은 모든 것을 갖추었다고 뽐내는 황하의 신, 하백의 세계관을 정면으로 비판합니다. 세속의 삶을 통렬히 성찰하여 '자연의 삶으로 돌아갈 것'을 권하고 있습니다.

02

추수 외발인 기(夔)[85]는 발이 많은 노래기[蚿]를 부러워하고, 노래기는 발이

---

85 외발로 다니는 괴상한 짐승을 말한다. 『산해경(山海經)』에, 기(夔)는 동해(東海) 가운데에 유파(流波)라는 산속에 사는데, 모양이 소와 같고 푸른빛을 내며 뿔이 없다. 우는 소리는 우레[雨雷]와 같다.

없는 뱀을 부러워하며, 뱀은 모습 없는 바람을 부러워하고, 바람은 움직이지 않고 작용하는 눈(目)을 부러워하며, 눈은 모든 것을 통찰하는 마음을 부러워한다.[86] 기(夔)가 노래기에게 말했다. "나는 외발로 깡충거리며 다니지만 그대처럼 빨리 갈 수 없네. 그런데 그대는 지금 그 많은 발을 움직여 걸으니 대체 어떻게 하는 것인가?" 노래기가 말했다. "그렇지 않네. 그대는 저 침 뱉는 것을 보지 못했는가. 침을 뱉었을 때 그 침이 큰 것은 구슬만 하고, 작은 것은 안개와 같네. 그것들이 뒤섞여 내릴 때는 그 수를 이루 다 헤아릴 수가 없네. 지금 나는 나의 천연적인 기능[天機]으로 움직일 뿐이고, 어찌하여 그렇게 되는 까닭은 알지 못하네." 노래기는 뱀에게 말했다. "나는 많은 발을 움직여 다니지만, 그대의 발 없는 것만도 못하니 어찌하여 그런 것인가?"

뱀이 말했다. "이는 천연적인 기능으로 움직이는 것이니, 어찌 그것을 바꿀 수가 있겠는가? 나는 선천적(先天的)인 기능으로 걸어갈 뿐이니 어찌 발을 쓸 수가 있겠는가." 뱀이 바람에게 말했다. "나는 내 등이나 겨드랑이를 움직여서 가니까 [발이] 있는 거나 마찬가지네. 하지만 지금 그대는 휙휙하며 북해(北海)에서 일어나 휙휙하면서 남해(南海)로 들어가는데 아무런 모양도 없으니 어찌하여 그런가?" 바람이 말했다. "맞네. 나는 휙휙하며 북해에서 일어나 휙휙하면서 남해로 들어가네. 그러나 손가락[指]이 나를 이길 수 있고, 발[鰌]로도 나를 이길 수 있네. 비록 그러나 나는 큰 나무를 꺾고 큰 집을 날릴 수 있는 것은 오직 나만이 할 수 있는 일이네. 그러므로 작은 것은 이기지 못하는 것이 도리어 큰 것은 이기는 것이네. 이와 같이 크게 이기는 일은 오직 성인(聖人)이라야 가능한 일이네."

---

86 이는 빠른 것을 서로 부러워한 예(例)다.

원문 夔憐蚿, 蚿憐蛇, 蛇憐風, 風憐目, 目憐心. 夔謂蚿曰, 吾以一足趻踔而行, 予無如矣. 今子之使萬足, 獨奈何. 蚿曰, 不然. 子不見夫唾者乎. 噴則大者如珠, 小者如霧, 雜而下者不可勝數也. 今予動吾天機, 而不知其所以然. 蚿謂蛇曰, 吾以衆足行, 而不及子之無足, 何也. 蛇曰, 夫天機之所動, 何可易邪. 吾安用足哉. 蛇謂風曰, 予動吾脊脅而行, 則似有也. 今子蓬蓬然起於北海, 蓬蓬然入於南海, 而似無有, 何也. 風曰, 然. 予蓬蓬然起於北海, 而入於南海也, 然而指我則勝我, 鰌我亦勝我. 雖然, 夫折大木蜚大屋者, 唯我能也. 故以衆小不勝爲大勝也. 爲大勝者, 唯聖人能之.

자해 • 기(夔) : 짐승이름. 현(蚿) : 노래기, 지네. 련(憐) : 부러워하다. 침(趻) : 절룩거리다. 탁(踔) : 절름거리다. 무여(無如) : 뜻대로 움직이지 않다. 타(唾) : 침, 침을 뱉다. 분(噴) : 뿜다, 재채기하다. 무(霧) : 안개. 천기(天機) : 자연의 기능, 타고난 기능. 척(脊) : 척추. 협(脅) : 겨드랑이, 갈비뼈. 사(似) : 대(待)와 통용, 의지하다, 기대하다. 봉봉(蓬蓬) : 바람소리. 봉봉연(蓬蓬然) : 바람이 휙휙 부는 모양. 추(鰌) : 밟다, 발길질하다. 비(蜚) : 비(飛)와 통용, 날리다, 날다.

해영

조물자가 세상을 만들 때 분장(分掌)을 했습니다. 그 부여받은 것을 이른바 천분(天分)이라 합니다. 천분은 바꿀 수 없습니다. 사람의 지혜로도 바꿀 수 없습니다. 따라서 천분을 이해하고 편안히 하는 사람은 작은 것에 이기려 하지 않으나 도리어 큰 것에는 이깁니다. 이것이 무위자연(無爲自然)에 순응하는 성인의 도(道)입니다. 유가(儒家)에서 '가난해도 편안한 마음으로 사는[安貧樂道]' 것도 천분을 지키는 일입니다.

03

추수 장자가 복수(濮水)에서 낚시질을 하고 있을 때 초(楚)나라 임금이 대부(大夫) 두 사람으로 하여금 먼저 가서 임금의 뜻을 전하게 했다. "원컨대 나라 안의 정치를 맡아 주십시오." 장자는 낚싯대를 손에 쥔 채로 돌아보지도 않고 말했다. "내 듣기로 초(楚)나라에는 신귀(神龜)[87]가 있어 죽은 지 삼천 년이나 되었다고 합니다. 왕께선 그것을 천으로 싸서 상자에 넣어 묘당(廟堂) 위에 보관한다고 들었소. 그런데 그 거북은 차라리 죽어서 뼈를 남긴 채 귀하게 되길 바랐겠소? 아니면 차라리 살아서 진흙 속에서 꼬리를 끌며 지내길 바랐겠소?" 두 대부가 말했다. "차라리 살아서 진흙 속에서 꼬리를 끄는 것을 바랐겠지요." 장자가 말했다. "가시오. 나는 앞으로 진흙 속에서 꼬리를 끌면서 살겠소."

원문 莊子釣於濮水, 楚王使大夫二人往先焉. 曰, 願以竟內累矣. 莊子持竿不顧曰, 吾聞楚有神龜, 死已三千歲矣. 王以巾笥而藏之廟堂之上. 此龜者, 寧其死爲留骨而貴乎. 寧其生而曳尾於塗中乎. 二大夫曰, 寧生而曳尾塗中. 莊子曰, 往矣. 吾將曳尾於塗中.

자해 • 조(釣) : 낚시. 복(濮) : 물 이름. 복수(濮水) : 하북성(河北省) 복양현(濮陽縣)에 흐르던 강. 초왕(楚王) : 초나라의 위왕(威王)을 가리킴. 왕선(往先) : 왕보다 앞서 가서 미리 왕의 뜻을 전달하다. 경(竟) : 경(境)과 통용. 경내(竟內)

87 오래전 중국에선 거북의 내장을 제거하고 껍데기만 말려 두는 관습이 있었다. 장차 나라에 일이 생기면 말려둔 거북의 껍데기에 불로 지져 그 균열(龜裂)을 보고 길흉(吉凶)을 판단했다. 신귀(神龜)란 점(占)을 치기 위해 말려 놓은 일종의 도구였다.

: 국내, 나라. 루(累) : 누, 끼치다, 나라의 정치를 맡기다. 이경내루(以竟內累) : 나라의 정치를 맡겨 폐를 끼치다. 간(竿) : 낚싯대. 신귀(神龜) : 신령스런 거북. 건(巾) : 헝겊, 덮다. 사(笥) : 상자. 건사(巾笥) : 보에 싸서 상자에 넣어 두다. 예(曳) : 끌다. 도(塗) : 진흙.

해영

사람들이 벼슬하려는 이유, 대체 무엇 때문일까요? 민중들의 삶을 확충(擴充)하기 위함일까요? 자리를 통해 위엄을 보이기 위함일까요? 그것도 아니라면 고급 정보를 통해 귀(貴)와 부(富)를 동시에 얻기 위함일까요? 어떤 이유에서든 벼슬하는 동안, 속박(束縛)의 삶에서 벗어나지 못한다는 사실입니다. 장자가 지적하는 바입니다. 욕심이 지나치면 천성(天性)을 해친다고 보는 것입니다. 무위자연(無爲自然)이 답입니다.

04

추수 혜자(惠子)[88]가 양(梁)나라의 재상으로 있을 때 장자가 그를 만나러 갔다. 그때 어떤 사람이 혜자에게 말했다. "장자가 와서 그대 대신 재상이 되려 한다." 이에 혜자는 두려워서 전국에 명하여 삼일 동안 밤낮으로 장자를 찾게 했다. 이에 장자가 스스로 혜자를 찾아가 말했다. "남쪽에 새가 있는데 그 이름을 원추(鵷鶵)라고 하네. 그대는 그 새를 아는가? 원추는 남해(南海)에서

---

88 성(姓)은 혜(惠), 이름은 시(施)다. 일반적으로 혜자(惠子)로 불린다. 고대 철학의 한 유파인 명가(名家)를 대표하는 철학자로, 위(魏)나라[오늘날은 하남성 대량]의 재상(宰相)을 역임했다.

출발하여 북해(北海)로 날아가는데, 오동나무가 아니면 앉지 않고, 대나무 열매[練實]가 아니면 먹지 않으며, 단 샘물[醴泉]이 아니면 마시질 않네. 이때 마침 올빼미가 썩은 쥐를 얻어 가지고 있었는데, 원추가 그 위를 날아가자, 그를 우러러보면서 썩은 쥐를 빼앗길까봐 두려워 '꽥'하고 소리를 질렀다네. 지금 그대는 그대가 가지고 있는 양나라의 재상 자리 때문에 나를 보고 '꽥'하고 소리를 지르는 것인가?"

원문 惠子相梁, 莊子往見之. 或謂惠子曰, 莊子來, 欲代子相. 於是惠子恐, 搜於國中三日三夜. 莊子往見之曰, 南方有鳥, 其名爲鵷鶵. 子知之乎. 夫鵷鶵發於南海, 而飛於北海, 非梧桐不止, 非練實不食, 非醴泉不飮. 於是鴟得腐鼠, 鵷鶵過之, 仰而視之曰, 嚇. 今子欲以子之梁國而嚇我邪.

자해 • 수(搜) : 찾다. 원추(鵷鶵) : 봉황의 일종. 연(練) : 익히다. 연실(練實) : 봉황이 먹는 열매. 예(醴) : 단술. 예천(醴泉) : 감로천(甘露泉)과 통용, 즉 물맛이 단 술 같은 샘. 치(鴟) : 올빼미. 혁(嚇) : 성내다, 놀라서 '꽥'하고 소리 내다.

해영

자신은 봉황, 혜자는 올빼미에 비유하여 비판하는 모습이, 참으로 호쾌(豪快)함과 장쾌(壯快)함이 묻어납니다. 그렇습니다. 세속의 사람들은 재상을 매우 높은 벼슬로 인식합니다. 하지만 무위자연(無爲自然) 속에선 그저 '썩은 쥐를 물고 놓지 않으려는 짓'에 불과합니다. 이솝우화에 '고기를 입에 문 개' 이야기가 있습니다. 개가 어느 잔칫집에서 고기 한 조각을 훔쳤습니다. 고기를 담은 광주리에서 '몰래 훔친 것'입니다.

훔친 고기를 그 자리에서 먹을 수 없어 고기를 물고 다른 곳으로 가기로 했습니다. 마침 하천을 지나는 다리가 있었습니다. 폭이 무척이나 좁은 외나무 다리였습니다. 잘못 걸으면 아래로 떨어질 수 있어 고개를 숙이고 다음 발 놓을 자리를 살펴가며 한발 한발 신경을 쓰며 걸었습니다. 그러던 중 개는 다리 아래에 있는 또 한 마리의 개를 목격했습니다. 그 녀석은 자기가 문 것보다 더 큰 고기를 입에 물고 있었습니다.

개는 그게 물에 비친 자신의 모습이란 걸 몰랐습니다. 물에 비쳐진 모습이라 실제 모습보다 크게 보인다는 사실도 몰랐습니다. '저것도 빼앗을까!' '보아하니 며칠 굶은 듯한데, 겁을 주면 고기를 뱉고 도망가겠지!'라고 생각해 아래의 개를 향해 소리를 질렀습니다. 순간, 고기를 빼앗기는커녕 물고 있던 고기를 잃어버리고 말았습니다. 삶이 이렇습니다. 욕심과 욕망은 끝이 없습니다. 늘 자연을 벗 삼아야 하는 이유입니다.

05

추수 장자가 혜자(惠子)와 더불어 호수(濠水)가 둑을 거닐고 있었다. 장자가 말했다. "피라미[물고기]가 나와서 조용히 노네. 이야말로 물고기의 즐거움이네." 혜자가 말했다. "그대는 물고기가 아닌데 어떻게 물고기의 즐거움을 아는가?" 장자가 말했다. "그대는 내가 아닌데 내가 물고기의 즐거움을 모르는 것을 어떻게 아는가?" 혜자가 말했다. "나는 자네가 아니라서 본래 그대를 알지 못하네. 자네도 본래 물고기가 아니니 그대가 물고기의 즐거움을 알지 못하는 것은 확실하네." 장자가 말했다. "얘기를 그 근본으로 되돌려 보세.

그대가 내게 어떻게 물고기의 즐거움을 아는가? 라고 물었던 것은, 이미 내가 물고기의 즐거움을 알고 있음을 알았기 때문이네. 그래서 나에게 그런 질문을 한 것이네. 나는 호수가[濠上]에서 물고기와 일체가 되어 그들의 즐거움을 알고 있었네."

원문 莊子與惠子遊於濠梁之上. 莊子曰, 儵魚出遊從容, 是魚之樂也. 惠子曰, 子非魚, 安知魚之樂. 莊子曰, 子非我, 安知我不知魚之樂. 惠子曰, 我非子, 固不知子矣. 子固非魚也, 子之不知魚之樂, 全矣. 莊子曰, 請循其本. 子曰汝安知魚樂云者, 旣已知吾知之而問我, 我知之濠上也.

자해 • 호(濠) : 강 이름, 성(城)을 빙 둘러 판 연못이란 설도 있음. 양(梁) : 강물을 끊고 가로 질러 놓은 징검돌. 상(上) : 곁, 가, 변두리. 숙어(儵魚) : 고기의 이름, 피라미 혹은 숭어로 해석하는 경우도 있다. 종용(從容) : '조용'의 어원, 조용하다. 전(全) : 틀림없다, 확실하다. 순(循) : 돌다.

해영

일종의 선문답(禪問答) 같은 심리현상을 확인할 수 있는 장면입니다. 장자와 혜자의 물고기 관점, 사람과 사람의 심리에서 비롯되는 평가와 그것에서 비롯되는 또 다른 비판, 또 그 비판을 반박하는 과정을 통해 묘한 심리를 연출합니다. 장자는 절대적 경지에 도달하면, 만물은 일치되어 서로 통하지 않음이 없기 때문에 '자기의 마음을 미루면, 남의 마음도 알 수 있음'[89]을 보여줍

89 최한기(崔漢綺)는 "천지로부터 나를 보면 큰 바다의 물거품에 지나지 않고 만물로부터 나를 보면 평지의 모래알 하나에 지나지 않는다. 그러나 나의 추측으로부터 천지를 본다면 처음보다 앞서고 끝보다 뒤까지 가며, 땅 덩어리를 받아들이고 끝없는 하

니다. 형식논리를 초월할 것을 일러줍니다.

늘을 담는다. 추측으로부터 만물을 본다면 털끝이라도 분석할 수 있고 금속이라도 뚫고 들어갈 수 있다. 만물을 포용하는 것은 하늘이지만 마음은 이것을 추측한다."고 한 바 있다. 최한기(崔漢綺), 『기측체의(氣測體義)』, 「추측록(推測錄)」, 권1.

지락(至樂)

인생에서 지극한 즐거움이란 무엇인가에 대해 논합니다. 세속에선 부귀와 장수, 명예를 높이기 바쁘지만 사실 그것들은 삶의 질과는 동떨어져 있습니다. 장자가 말하는 지극한 즐거움이란 슬픔이나 즐거움을 초탈(超脫)하는 것입니다. 즉 죽음까지도 즐거움으로 받아들이는 것입니다. 그것의 핵심은 역시 무위(無爲)입니다.

01

지락 천하에 지극한 즐거움이란 있는가, 없는가? 몸을 살릴 수 있는 즐거움이 있는가, 없는가? 지금 무엇을 하고 무엇을 말 것이며, 무엇을 피하고 무엇에 처할 것이며, 무엇을 따라 나아가고 무엇을 버리고 떠날 것이며, 무엇을 즐기고 무엇을 미워할 것인가? 대체로 천하 사람들이 존중하는 것은 부귀(富貴)와 장수[壽]와 명예[善]이다. 즐기는 것은 몸의 안락과 맛있는 음식, 아름다운 옷, 예쁜 여자, 음악 등이다. 하지만 깔보며 싫어하는 것은 빈천(貧賤)과 요절(夭折), 악명(惡名)이다. 또 괴로워하는 것은 몸이 편안치 못한 것과 입에 맞는 음식을 먹지 못하는 것, 몸에 아름다운 옷을 입지 못하는 것, 눈으로 예쁜 여자를 보지 못하는 것, 귀로 좋은 음악을 듣지 못하는 것 등이다. 만약 이런 것들을 얻지 못하면 크게 걱정하고 두려워한다. 이처럼 그들이 육신만을 위하는 것은 또한 어리석은 일이다.

원문 天下有至樂, 無有哉. 有可以活身者, 無有哉. 今奚爲奚據, 奚避奚處, 奚就奚去, 奚樂奚惡. 夫天下之所尊者, 富貴壽善也. 所樂者, 身安厚味美服好色音聲也. 所下者, 貧賤夭惡也. 所苦者, 身不得安逸, 口不得厚味, 形不得美服, 目不得好色, 耳不得音聲. 若不得者, 則大憂以懼, 其爲形也亦愚哉.

자해 • 해(奚) : 하(何)와 통용. 거(據) : 거(距)와 통용, 즉 막다, 멈추다. 오(惡) : 미워하다. 수선(壽善) : 장수와 명예. 소하자(所下者) : 세상에서 하(下)로 여기는 것, 깔보다, 싫어하다. 형(形) : 외형. 위형(爲形) : 위형체(爲形體)와 통용, 즉 몸을 위하다.

해영

지극한 즐거움, 즉 쾌락(快樂)[90]은 존재할까요? 존재한다면 그것은 어떤 즐거움일까요? 쾌락을 사전적으로는 '감성의 만족이나 욕망의 충족에서 오는 유쾌한 감정'으로 풀이합니다. 반대로 말하면 '감성의 만족이나 욕망이 충족되지 않으면 불쾌한 감정'으로 남는다는 의미입니다. 쾌락도 역시 상대성에서 벗어나지 못함을 일러줍니다. 세속에서의 쾌락이 아닌, 무위(無爲)의 쾌락, 즉 무락(無樂)만이 해답임을 말해줍니다.

90 쾌락(快樂)을 논할 때 에피쿠로스(Epicouros : B.C.342~B.C.271)를 빼놓을 수 없다. 하지만 그가 추구한 쾌락은 '모든 정신적, 육체적 고통으로부터의 해방'을 뜻한다. 특히 '순간적이고 육체적인 쾌락'을 추구했던 키레네(Kyrene) 학파와는 달리, '지속적(持續的)이고 정적(靜的)인 쾌락'을 추구했다. '아타락시아(Ataraxia)'란 바로 '마음이 동요되지 않고 평안한 상태'를 가리킨다.

02

지락 장자의 아내가 죽어서 혜자(惠子)가 조문을 갔다. 장자는 마침 두 다리를 뻗고 앉아서 물동이를 두드리면서 노래를 부르고 있었다. 혜자가 말했다. "그대는 아내와 함께 살면서 자식도 양육하고 몸이 함께 늙어 가다가 이제 그 아내가 죽었는데 곡(哭)을 하지 않는 것은 혹 그렇다하더라도 또 물동이를 두드리면서 노래까지 부르는 것은 너무 심하지 않은가?" 장자가 말했다. "그렇지 않네. 아내가 처음 죽었을 땐 내 어찌 슬프지 않았겠는가. 그러나 그가 태어나기 전의 근원을 살펴보면, 본래 아무런 생명도 없었네. 생명이 없었을 뿐 아니라 아무런 형체도 없었네. 형체가 없었을 뿐만 아니라 기(氣)도 없었네. 흐릿하고 아득한 사이에 섞여 있다가 그것이 변하여 기(氣)가 있게 되고, 기(氣)가 변하여 형체가 있게 되었으며, 형체가 변하여 생명이 갖추어진 것이네. 그것이 지금 또 변하여 죽음으로 간 것이네. 이는 춘하추동의 네 계절이 번갈아 운행(運行)하는 것과 같네. 아내는 지금 천지(天地)라는 거대한 방에서 편안히 자고 있을 뿐이네. 그런데 내가 큰소리로 따라 울고불고 한다면 나는 하늘의 운명[天命]을 모르는 것이라 여겨 곡(哭)을 그쳤네."

원문 莊子妻死, 惠子弔之. 莊子則方箕踞, 鼓盆而歌. 惠子曰, 與人居, 長子, 老, 身死不哭, 亦足矣, 又鼓盆而歌, 不亦甚乎. 莊子曰, 不然. 是其始死也, 我獨何能無概然. 察其始, 而本無生. 非徒無生也, 而本無形. 非徒無形也, 而本無氣. 雜乎芒芴之間, 變而有氣, 氣變而有形, 形變而有生. 今又變而之死, 是相與爲春秋冬夏四時行也. 人且偃然寢於巨室. 而我噭噭然隨而哭之, 自以爲不通乎命, 故止也.

자해 • 조지(弔之) : 문상(問喪)하다, 조문(弔問)하다. 기(箕) : 다리 뻗고 앉다. 거(踞) : 쭈그리고 앉다. 기거(箕踞) : 두 다리를 뻗고 앉음. 고(鼓) : 고(叩)와 통용, 즉 두드리다. 분(盆) : 와부(瓦缶)와 통용, 즉 술이나 물을 담는 항아리. 여인거(與人居) : 여기서 인(人)은 처(妻)와 통용, 즉 아내와 함께 살다. 장(長) : 육(育)과 통용. 노(老) : 그와 함께 늙음. 개(概) : 슬퍼하다. 개연(概然) : 슬픔을 느끼는 모양. 망홀(芒芴) : 만물이 생기기 전의 혼돈 상태. 언(偃) : 눕다. 언연(偃然) : 편히 자는 모양. 교(嗷) : 부르짖다. 교교연(嗷嗷然) : 엉엉 우는 모양. 통호명(通乎命) : 천명(天命)에 능통함.

해영

장자의 생사관(生死觀)을 엿볼 수 있습니다. 천지(天地)가 생겨나기 이전의 혼돈(渾沌)을 '흐릿하고 아득한 사이'로, 음양(陰陽)의 기운은 기(氣)로 표현합니다. 따라서 혼돈은 '기'로, '기'는 형체로, 형체는 다시 생(生)과 사(死)로 변화합니다. 이런 체계는 마치 춘하추동의 운행과 다르지 않습니다. 즉 천지라는 거대한 방에서 왔다가 돌아간다는 것입니다. 또 자연에서 자연으로 돌아가는 것입니다. 슬플 이유가 없는 것입니다.

달생(達生)

달생은 내편(內篇)의 생명을 길러주는 주인[養生主]이란 편에 추가된 것으로 볼 수 있습니다. 외편(外篇) 가운데에서도 문장이 뛰어나고, 내용도 장자사상과 맥을 같이 하고 있기 때문입니다. 왕부지(王夫之)는 「장자해(莊子解)」에서 장자가 쓴 글은 아니지만, 장자가 말하는 요지를 정확히 밝히고 있다고 평했습니다.

01

달생 삶[生]의 실정(實情)에 통달한 사람은 삶이 어떻게 할 수 없는 것에 힘쓰지 않고, 천명(天命)의 실정(實情)에 통달한 사람은 지혜가 어떻게 할 수 없는 것에 힘쓰지 않는다. 육체를 기르는 데는 반드시 의식(衣食)이 앞선다. 그러나 그 의식이 남을 정도로 있어도 육체를 기르지 못하는 경우가 있다. 또 삶이 있는 이상 반드시 육체를 지켜 나가는 것이 앞선다. 하지만 육체는 존재하면서도 삶[生]을 잃는 경우가 있다. 삶이 생겨나는 것을 물리칠 수 없고, 삶이 가버리는 것을 멈추게 할 수도 없다. 슬픈 일이다. 지금 세상 사람들은 육체만 기르면 삶을 보존할 수 있다고 생각한다. 그러나 육체만 기르고 결국 삶을 보존할 수 없다면, 세속의 일이 무슨 만족이 있겠는가? 부족하다 하면서도 하지 않을 수 없는 까닭은 육체를 기른다는 속된 생각에서 벗어나지 못하기 때문이다.

대체로 육체를 위해 허덕이는 일에서 벗어나고 싶으면 세속의 일을 버리는 것 만한 것이 없다. 세속의 일을 버리면 번거로움이 없다. 번거로움이 없으면 마음이 바르고 평안해진다. 마음이 바르고 평안해지면 저 자연의 조화(調和)와 더불어 날로 새로이 무한한 삶을 얻는다. 날로 새로이 무한한 삶을 얻으면 지극한 도(道)에 가까워진다. 속된 일을 어찌하여 버려야 하고, 속된 삶을 어찌하여 버려야 하는가. 속된 일을 버리면 즉 육체가 수고롭지 않고, 속된 삶을 버리면 정신이 이지러지지 않는다. 대체로 육체가 온전하고 정신이 회복되면 천지(天地)와 일체가 된다. 천지는 만물의 부모이니, 천지의 두 기운이 서로 합하면 만물의 형체를 이루고, 흩어지면 원시(元始)로 돌아간다. 육체와 정신이 이지러지지 않는 것, 이를 추이(推移)[91]라 한다. 그러므로 정(精)에 또 정(精)을 거듭하면 본원으로 돌아가 천지의 화육(化育)을 도울 수 있다.

원문 達生之情者, 不務生之所無以爲, 達命之情者, 不務知之所無奈何. 養形必先之物. 物有餘而形不養者有之矣. 有生必先無離形. 形不離而生亡者有之矣. 生之來不能卻, 其去不能止. 悲夫. 世之人以爲, 養形足以存生. 而養形果不足以存生, 則世奚足爲哉. 雖不足爲, 而不可不爲者, 其爲不免矣. 夫欲免爲形者, 莫如棄世. 棄世則無累, 無累則正平. 正平則與彼更生, 更生則幾矣. 事奚足棄, 而生奚足遺. 棄事則形不勞, 遺生則精不虧. 夫形全精復, 與天爲一. 天地者, 萬物之父母也, 合則成體, 散則成始. 形精不虧, 是謂能移. 精而又精, 反以相天.

자해 • 정(情) : 실정, 진실. 무(務) : 힘쓰다. 물(物) : 자화의식(資貨衣食)을 뜻

---

91 자연의 변화와 함께 옮겨가는 것을 말한다.

함. 무리형(無離形) : 목숨이 육체에서 떠나지 않도록 육체를 보존하려 함. 각(卻) : 물리치다. 면(免) : 육체를 버리다, 육체를 손상시키다. 기세(棄世) : 세상의 일을 버리다. 무루(無累) : 번거로움이 없다. 갱생(更生) : 자연 변화를 따라 날로 삶이 변화하고 발전함. 기(幾) : 도에 거의 가까워지다. 휴(虧) : 이지러지다. 상(相) : 조(助)와 통용. 상천(相天) : 천지의 작용을 돕다.

해영

육체(肉體) 없는 정신만 존재한다는 것은 말이 안 됩니다. 정신(精神) 없는 육체만 존재한다는 것도 말이 안 됩니다. 따라서 육체의 편안함만을 위해 몰두하는 것은 어리석은 일이 아닐 수 없습니다. 양생(養生)에 반하기 때문입니다. 양생은 자연과 조화를 이룰 때 가능합니다. 속된 일인지 속된 삶인지를 잘 살펴 집착한다면, 과감(果敢)[92]히 배격해야 합니다. 그것이 자연의 '변화에 순응하는 것'입니다. 양생의 시작입니다.

02

달생 중니(仲尼)가 초(楚)나라를 가다가 숲속을 지나 나오는데, 꼽추가 매미 잡는 것을 보았는데, 마치 손으로 물건을 주워 넣듯 잡았다. 공자가 말했다. "그대는 참으로 교묘하오. 무슨 도(道)가 있는 것이오?" 꼽추가 말했다. "나에게 도(道)가 있습니다. 오뉴월에 거미줄을 걷어 가지고 만든 동그란 것을 장대 끝에 두 개만 포개어 달아서 떨어지지 않게 하면 실수하는 일이 매우 적

---

92 과감(果敢)의 과(果)는 '튼실함'을 뜻하고, 감(敢)은 '자기부정'을 의미한다.

고, 그런 것을 세 개만 포개어 떨어지지 않게 하면 실수하는 일이 십(十)에 일(一)뿐이며, 다섯 개만 겹쳐서 떨어지지 않게 하면 마치 물건을 줍듯이 잡을 수 있습니다. 내 몸가짐은 나무의 그루터기와 같이 움직이지 않고 팔을 벌리는 것도 마치 마른 나뭇가지처럼 한곳에 고정시키고 움직이지 않습니다. 그때 나는 비록 천지가 크고 만물이 많아도 오직 매미의 날개만 알 뿐입니다. 그때 나는 몸을 뒤집지도 않고 몸을 기울이지도 않으면서 만물 때문에 매미의 날개만 보는 나의 마음은 바뀌지 않습니다. 그러니 어찌 잡지 못할 수가 있겠습니까?" 공자는 제자들을 돌아보면서 말했다. "마음을 쓰는 데 흔들리지 않으면 정신이 통일되어 흩어지지 않는다고 하더니, 바로 저 꼽추 노인을 두고 한 말이로다."[93]

원문 仲尼適楚, 出於林中, 見痀僂者承蜩, 猶掇之也. 仲尼曰, 子巧乎. 有道邪. 曰, 我有道也. 五六月累丸二而不墜, 則失者錙銖, 累三而不墜, 則失者十一, 累五而不墜, 猶掇之也. 吾處身也, 若橛株拘, 吾執臂也, 若槁木之枝. 雖天地之大, 萬物之多, 而唯蜩翼之知. 吾不反不側, 不以萬物易蜩之翼, 何爲而不得. 孔子顧謂弟子曰, 用志不分, 乃凝於神, 其痀僂丈人之謂乎.

자해 • 구(痀) : 곱사등이. 루(僂) : 곱사등이. 구루(痀僂) : 곱추. 승(承) : 승(抍)과 통용, 즉 들다, 건지다. 조(蜩) : 쓰르라미, 매미. 승조(承蜩) : 매미를 잡다. 철(掇) : 땅에 떨어진 물건을 줍는 모양. 루(累) : 층, 포개다. 치(錙) : 중량 이름. 수(銖) : 중량 이름. 치수(錙銖) : 극히 작은 무게의 단위로, 여기선 극히 적은

---

93 내편(內篇)에선 인위(人爲)를 버리고, 단번에 자연의 경지에 도달하는 무위자연(無爲自然)을 강조했으나, 여기 외편(外篇)에선 자연의 도(道)를 통하기 위해선 연습, 즉 인위가 동반되고 있음을 볼 수 있다.

것을 의미한다. 궐(橛) : 말뚝, 등걸. 주구(株拘) : 나무 등걸. 비(臂) : 팔. 응(凝) : 엉기다, 이르다. 장인(丈人) : 장인(杖人)과 통용, 즉 노인을 뜻함.

해영

고대(古代) 때 곤충[매미나 잠자리] 잡는 법이 오늘날까지 성행했다는 사실을 확인하면 젊은 독자들은 놀랄 것입니다. 연배가 있는 분들은 이해할 것입니다. 잠자리채가 부족했던 시절, 부드러운 나무 등으로 동그랗게 구부려 빈 공간에 거미줄로 세 겹 네 겹 두르고 매미나 잠자리가 있는 곳에 가면 날개 짓하다 거미줄에 걸리는 것입니다. 물론 장자의 요지는 정신일도(精神一到)[94]와 같은 집중임은 말할 것도 없습니다.

03

달생 전개지(田開之)[95]가 주(周)나라 위공(威公)[96]을 만났을 때, 위공이 말했다. "내 들으니 축신(祝腎)은 양생(養生)의 도(道)를 배웠다고 하네. 그대가 축신과 같이 있었으니, 또한 무슨 말을 들었는가?" 전개지(田開之)가 말했다. "저는 그저 비를 들고 문간이나 뜰을 쓸었을 뿐, 선생님으로부터 무엇을 들었겠습니까?" 위공(威公)이 말했다. "전공(田公)은 사양하지 마시오. 과인(寡

---

94 정신일도하사불성(精神一到何事不成)의 줄임말로, 정신을 집중하여 일에 임하면 어떤 어려운 일도 이루지 못할 것이 없다는 뜻이다.

95 전개지(田開之)는 전(田)이 성, 개지(開之)는 이름이다.

96 『사기(史記)』에 의하면, 위공(威公)은 서주(西周) 환공(桓公)의 아들이나, 이름은 전하지 않는다. 하지만 일부에선 조(竈)로 불리기도 한다.

人)은 듣기를 원하오." 전개지가 말했다. "제가 선생님께 들으니 양생(養生)을 잘하는 사람은 마치 양(羊)을 치는 것과 같아서 뒤떨어진 양을 보면 채찍질하는 거라고 했습니다." 위공이 물었다. "무엇을 말하는 것인가?" 전개지가 말했다. "노(魯)나라에 선표(單豹)라는 사람이 있었는데, 바위 굴 속에 숨어 살면서 물만 마시고 속세(俗世)의 사람들과 영리(營利)를 다투는 일이 없었습니다. 그 사람은 나이가 칠십이 되었는데도 어린아이의 얼굴빛과 같았습니다. 불행히도 굶주린 범을 만나자 굶주린 범이 그를 잡아먹었습니다.

또 장의(張毅)라는 사람이 있었는데, 그는 부잣집이나 가난한 집을 가리지 않고 두루 다녔는데 나이 사십에 내열병(內熱病)에 걸려 죽었습니다. 결국 '선표'는 허정염담(虛靜恬淡) 정신으로 그 안을 길렀으나 범이 그 밖의 몸을 잡아먹었고, '장의'는 밖의 몸을 길렀으나 병이 그 안을 공격한 것입니다. 이 두 사람은 모두 그 뒤떨어진 것을 채찍질하지 못한 것입니다. 중니[공자]도 말하길, '안으로 들어가 정신만 기르는 데 힘쓰지 말고, 밖으로 나와 몸만 기르며 드러내지 말 것이며, 마른 나무처럼 무심히 그 중간에 서라. 안과 밖과 중간의 세 가지가 고루 잘 조화(調和)되면 명성은 반드시 극(極)에 달할 것이다'라고 했습니다. 대체로 위험한 길을 갈 때 열 가운데 하나라도 죽으면, 부자(父子)나 형제(兄弟)들은 서로 경계하면서 반드시 호위할 사람들을 거느린 이후에 나설 것입니다. 이 또한 지혜로움이 아니겠습니까. 그러나 사람들이 가장 두려워해야 할 것은 침실 안이나 식사 시간 등의 정욕(情欲)이 움직일 때인데, 그것을 경계할 줄 모르니, 양생(養生)의 도에서 보면 잘못된 것입니다."

원문 田開之見周威公, 威公曰, 吾聞祝腎學生, 吾子與祝腎游, 亦何聞焉. 田開之曰, 開之操拔篲以侍門庭, 亦何聞於夫子. 威公曰, 田子無讓, 寡人願

聞之. 開之曰, 聞之夫子曰, 善養生者, 若牧羊然, 視其後者而鞭之. 威公曰, 何謂也. 田開之曰, 魯有單豹者, 巖居而水飮, 不與民共利, 行年七十而猶有嬰兒之色. 不幸遇餓虎, 餓虎殺而食之. 有張毅者, 高門縣薄無不走也, 行年四十而有內熱之病以死. 豹養其內, 而虎食其外, 毅養其外, 而病攻其內. 此二子者, 皆不鞭其後者也. 仲尼曰, 無入而藏, 無出而陽, 柴立其中央. 三者若得, 其名必極. 夫畏塗者十殺一人, 則父子兄弟相戒也, 必盛卒徒, 而後敢出焉. 不亦知乎. 人之所取畏者, 衽席之上, 飮食之間, 而不知爲之戒者, 過也.

자해 • 축신(祝腎) : 가공의 인물 이름. 학생(學生) : 양생(養生)의 도(道)를 배우다. 유(游) : 노닐다, 함께 지내다. 수(篲) : 비. 발수(拔篲) : 빗자루를 들다. 시(侍) : 임하다. 목(牧) : 치다, 기르다. 편(鞭) : 채찍질하다. 선표(單豹) : 가공의 인물 이름. 아호(餓虎) : 굶주린 범. 장의(張毅) : 가공의 인물 이름. 고문(高門) : 대가(大家), 즉 높다란 집을 지칭하거나, 일반적으로 부잣집을 일컫는다.

• 현박(縣薄) : 수렴(垂簾)과 통용, 즉 발[垂簾]을 매달아 문을 가리는 것은 작은 집[小家]을 뜻한다. 주(走) : 왕(往)과 통용. 장(藏) : 정(靜)과 통용. 양(陽) : 동(動)과 통용. 시(柴) : 막다, 지키다. 시립(柴立) : 마른 나무처럼 우뚝 서 있다. 극(極) : 지극하다, 지인(至人)이 될 만하다. 도(塗) : 도로(道路)와 통용, 즉 도로엔 도둑이 있어서 위험하고 두려운 곳. 최(最)와 통용. 임석(衽席) : 요, 침실.

해영

일반적으로 중용(中庸)이란, 편벽되지 않고, 치우치지 아니하여 '지나치거나 부족함이 없는 평범한 상태'를 의미합니다. 이런 이치는 모든 사람들에게 부여된 것이지만, 오직 군자(君子)만이 체득하여 본체(本體)와 작용(作用)이 한결 같습니다. 즉 '양생의 도(道)'는 '중용의 도(道)'와 다르지 않은 것입니다. 몸 안의 정기(精氣)와 몸 밖의 경계(警戒)를 게을리 하지 말아야 합니다. 그것이 '장자가 일러주는 양생의 도'입니다.

04

달생 제사를 주관하는 관리[祝宗人]가 예복(禮服)을 입고 돼지우리로 가서 돼지에게 말했다. "너는 어찌 죽음을 싫어하는가? 나는 석 달 동안 너를 길러주고, 열흘 동안 몸과 마음을 깨끗이 하며, 사흘 동안 부정(不淨)한 일을 멀리 하고, 흰 띠 자리를 깔고 너를 요리하여 너의 어깨와 엉덩이 살을 예쁘게 장식된 제기(祭器) 위에 올려 신(神)에게 바치려 한다. 그러니 너는 그렇게 되고 싶지 않은가?" 그러나 돼지 자신을 생각한다면, "겨나 술지게미를 먹더라도 돼지우리 안에 놓아두는 것만 못합니다." 그런데 사람은 자신을 위해 생각할 때, 진실로 살아서 높은 관직에 오르게 되면, 곧 죽어서 상여에 실려 잘 꾸며진 관(棺) 속에 들어갈 처지인데도 입신출세(立身出世)를 바라는 것이다. 돼지 신세에 대해 생각할 때는 지위나 좋은 대우를 물리치면서 자신을 위해 생각할 때는 지위나 좋은 대우를 얻으려 한다. 돼지의 경우와 다른 건 어째서인가?

원문 祝宗人玄端以臨牢筴, 說彘曰, 汝奚惡死. 吾將三月豢汝, 十日戒, 三日齊, 藉白茅, 加汝肩尻乎雕俎之上, 則汝爲之乎. 爲彘謀曰, 不如食以糠糟, 而錯之牢筴之中. 自爲謀, 則苟生有軒冕之尊, 死得於腞楯之

上, 聚僂之中, 則爲之. 爲彘謀則去之, 自爲謀則取之, 所異彘者何也.

자해 • 축종인(祝宗人) : 제사를 주관하는 관리, 축관(祝官)으로도 불림. 현단(玄端) : 최상의 예복. 뢰(牢) : 우리. 책(筴) : 대쪽으로 만든 난간, 책(柵)과 통용. 뇌책(牢筴) : 돼지우리. 설체(說彘) : 돼지에게 말하다. 오(惡) : 싫어하다. 환(豢) : 기르다. 자(藉) : 깔다. 백모(白茅) : 흰 띠 자리, 예로부터 정갈한 풀로 알려져 있다. 견고(肩尻) : 어깨와 엉덩이. 조(俎) : 적대(炙臺).

• 조조(雕俎) : 아름답게 조각한 제기(祭器). 강조(糠糟) : 쌀겨와 지게미. 조(錯) : 조(措)와 통용, 즉 두다. 헌(軒) : 귀인(貴人)의 수레. 면(冕) : 귀인(貴人)의 관(冠). 헌면(軒冕) : 큰 수레와 면류관, 즉 높은 신분을 가리킴. 전(腞) : 새기다. 순(楯) : 난간, 방패. 전순(腞楯) : 상여, 영구차. 취(聚) : 모이다. 루(僂) : 굽다. 취루(聚僂) : 상여에 여러 장식을 함.

해영

말단(末端)인 외물(外物)에 관심을 집중하느라, 본체(本體)인 생명(生命)을 잃는 경우가 너무도 많습니다. 세속의 삶이 그렇습니다. 돼지의 삶을 통해 양생의 도(道)를 논하면 쉽게 이해합니다. 하지만 만물의 영장으로 불리는 사람들은 외물에 미혹되어 벗어나질 못합니다. 주관의 눈으로 부귀와 출세라는 껍데기에서 초탈(超脫)하고, 객관의 눈으로 양생의 도(道)를 살펴야 합니다. 그것이 장자가 일러주는 무위자연입니다.

05

달생 기성자(紀渻子)[97]가 임금을 위해 싸움닭을 길렀다. 열흘이 되자 임금이 물었다. "싸울 만한 닭이 되었는가?" 기성자가 말했다. "아직 아닙니다. 공연히 사나운 척하면서 제 기운만 믿고 있습니다." 열흘이 되자 임금이 또 물었다. 기성자가 말했다. "아직도 아닙니다. 다른 닭의 소리나 모양만 보아도 덤비려고 합니다." 열흘이 되자 임금이 또 물었다. 기성자가 말했다. "아직도 아닙니다. 상대를 노려보며 기운을 뽐내고 있습니다." 열흘이 되자 임금이 또 물었다. 기성자가 말했다. "이제 거의 되었습니다. 상대가 울면서 덤벼들어도 태도에 변화가 없습니다. 그를 바라보면 마치 나무로 만든 닭 같습니다. 그 덕(德)이 온전해진 것입니다. 다른 닭들은 감히 덤비지 못하고 도망쳐 버립니다."

원문 紀渻子爲王養鬪鷄. 十日而問. 鷄已乎. 曰, 未也. 方虛憍而恃氣. 十日又問. 曰, 未也. 猶應嚮景. 十日又問. 曰, 未也. 猶疾視而盛氣. 十日又問. 曰, 幾矣. 鷄雖有鳴者, 已無變矣. 望之似木鷄矣. 其德全矣. 異鷄無敢應者, 反走矣.

자해 • 투계(鬪鷄) : 싸움닭. 교(憍) : 교만하다. 허교(虛憍) : 공연히 허세를 부리다. 시(恃) : 믿다. 향(嚮) : 향(響)과 통용. 경(景) : 영(影)과 통용. 향경(嚮景) : 울림과 그림자. 질시(疾視) : 상대를 노려보다. 성기(盛氣) : 기운이 왕성하다. 기의(幾矣) : 완성에 가깝다. 주(走) : 도주하다.

---

97 기성자(紀渻子)는 성이 기(紀), 성자(渻子)는 이름이다.

해영

세속의 삶은 대체로 경쟁구도 속에 있습니다. 외물(外物)에 사로 잡혀 있기 때문입니다. 따라서 다툼은 어쩌면 당연한 일일 것입니다. 이런 환경에서 벗어나기 위해선 외물에 대한 집착에서 벗어나야 합니다. 집착에서 벗어나 무심(無心)한 상태가 되면, 그 어떤 경쟁도 할 이유가 없습니다. 이른바 '무적(無敵)의 상태'로 전환되는 것입니다. 마음을 감추고 기운을 지킨다는 장신수기(藏神守氣)의 방법이 자리할 것입니다.

06

달생 동야직(東野稷)[98]이 수레 모는 기술로 장공(莊公)을 뵈었다. 그가 말을 부리니 나아가고 물러남이 먹줄을 친 듯 곧았고, 좌우로 돌면 그림쇠로 그린 듯 둥글었다. 장공(莊公)은 천의 무늬도 이처럼 묘할 순 없으리라 생각하고, 그로 하여금 논두렁길을 한 바퀴 돌아오게 했다. 장공의 신하인 안합(顔闔)이 도중에 그를 만나고 들어와 장공에게 말했다. "동야직이 모는 말은 곧 쓰러질 것입니다." 장공은 믿을 수 없어 묵묵히 있었는데, 조금 뒤에 과연 말은 쓰러지고 동야직만 돌아왔다. 장공이 안합에게 말했다. "그대는 어찌하여 그 말이 쓰러질 줄 알았는가?" 안합이 말했다. "그 말의 힘이 다했는데도 계속해서 달리게 했기 때문에 쓰러질 것이라고 한 것입니다."

원문 東野稷以御見莊公. 進退中繩, 左右旋中規. 莊公以爲文弗過也, 使

---

98 동야직(東野稷)은 동야(東野)가 성이고, 직(稷)은 이름이다.

之鉤百而反. 顔闔遇之, 入見曰, 稷之馬將敗. 公密而不應, 少焉, 果敗而反. 公曰, 子何以知之. 曰, 其馬力竭矣, 而猶求焉, 故曰敗.

자해 • 어(御) : 말을 부리다. 승(繩) : 먹줄. 중승(中繩) : 그것이 곧다. 선(旋) : 돌다. 규(規) : 그림쇠. 중규(中規) : 그것이 둥글다. 문(文) : 천의 무늬. 문불과(文弗過) : 조직(組織)의 무늬도 이를 능가할 수 없다. 구(鉤) : 그림쇠, 굽다. 백(百) : 전야(田野)를 일주(一周)하다. 밀이불응(密而不應) : 안합의 말이 믿어지지 않아 답을 안 하다.

해영

말[馬]의 본성(本性)은 멋대로 뛰어놀고 아무 곳에서나 풀을 뜯습니다. 하지만 인위(人爲)가 가해진 말은 전혀 다릅니다. 제한된 길로 달려야 하고, 풀도 마음대로 뜯질 못합니다. 사람도 마찬가지입니다. 본성을 무시하고 인위적인 움직임이 계속되면 쓰러질 수밖에 없습니다. 장자가 노(魯)나라의 현인(賢人)인 안합의 말로 명료하게 논하고 있지만, '천성을 존중하고 구현하는 것'만이 양생의 도(道)임을 일러주고 있습니다.

산목(山木)

환난(患難)을 면하려면 스스로를 공허하게 하고 자연(自然)과 시세(時勢)에 순응해야 함을 일러줍니다. 내편의 인간세를 이어가고, 양생의 도(道)를 관통하고 있습니다. 제자들의 글임에도 문장을 보면 장자가 직접 쓴 글로 착각할 만큼 훌륭합니다. 도덕으로 무장된 순수의 세계인 청허(淸虛)에 깃들라는 게 핵심입니다.

01

산목 장자(莊子)가 산속을 가다가 가지와 잎이 무성한 큰 나무를 보았다. 나무를 베러 온 사람이 그 곁에 멈춰 있으면서도 나무를 베지 않았다. 그 까닭을 물었더니, 나무꾼이 말했다. "이 나무는 쓸모가 없습니다." 장자가 말했다. "이 나무는 쓸모가 없기 때문에 천수(天壽)를 다할 수 있는 것이다." 장자가 산에서 내려와 친구 집에 머물게 되었다. 친구는 기뻐하면서 하인을 시켜 거위를 잡아 요리를 하도록 했다. 그러자 종이 물었다. "거위가 한 놈은 잘 울고 한 놈은 울지 않는데 어떤 놈을 잡을까요?" 그러자 주인이 말했다. "울지 않는 놈을 잡아라." 이튿날 제자가 장자에게 물었다.

"어제 산속에 있는 나무는 쓸모가 없기 때문에 천수(天壽)를 다할 수가 있었고, 오늘 주인의 거위는 쓸모가 없어서 죽었습니다. 선생님은 어느 처지에서 설명하시겠습니까?" 장자가 웃으면서 말했다. "나는 장차 쓸모가 있는 것과 쓸모가 없는 것의 중간에 서리라. 그러나 쓸모가 있는 것과 쓸모가 없는 것의 중간은 도(道)와 비슷하지만 참된 도는 아니다. 때문에 화를 면할 순 없다. 만약 쓸모 있음과 쓸모 없음 따위를 초월한 자연의 도와 덕을 타고 떠다니며 노닐면 그렇지 않다. 명예도 없고 비방도 없으며, 용이 되기도 하고 뱀이 되기도 하며, 때에 따라 변화하여 하나에 집착(執着)하는 일이 없을 것이다. 한번 올라가고 한번 내려오면서 조화로써 도량(度量)을 삼는다."

"마음을 만물의 근원인 도(道)에 노닐게 하여 사물을 사물로써 부리고, 사물에게 사역(使役)당하지 않으면 어찌 사물에게 화를 당하겠는가? 이는 신농(神農)[99]과 황제(黃帝)[100]의 법칙인 것이다. 그러나 만물의 실정이나 인간 세상의 변화는 그렇지가 않다. 합해지면 떨어지고, 이룩되면 무너지며, 날카로우면 꺾이고, 높아지면 비평을 받으며, 하는 일이 있으면 어딘가 이지러지고, 현명하면 모함을 받으며, 어리석으면 속는다. 그러니 쓸모가 있든 없든 어찌 화를 면할 수 있겠는가? 슬프도다! 제자들이여, 이것을 기억해 두어라. 오직 도와 덕이 행해지는 경지에서만 화를 면할 수 있다는 것을!"

원문 莊子行於山中, 見大木枝葉盛茂. 伐木者止其旁而不取也. 問其故. 曰, 無所可用. 莊子曰, 此木以不材得終其天年. 夫子出於山, 舍於故人之家. 故人喜, 命豎子殺鴈而烹之. 豎子請曰, 其一能鳴, 其一不能鳴, 請奚殺. 主

99 전설 속의 제왕(帝王)이다. 민중들에게 농경을 가르쳤으며, 시장을 개설하여 교역(交易)의 길을 열었다. 농업의 신(神), 의약(醫藥)의 신, 불[火]의 신으로도 불린다.

100 상고(上古) 때의 제왕 이름이다. 소전씨(少典氏)의 아들로 헌원(軒轅)의 언덕에서 자랐다고 하여 헌원씨(軒轅氏)라고도 하고, 유웅(有熊)에 나라를 정했다고 하여 유웅씨(有熊氏)로 불리기도 하며, 토덕(土德)으로 왕노릇을 했는데, 흙 색깔이 누런 관계로 황제(黃帝)라고 불린다.

人曰, 殺不能鳴者. 明日, 弟子問於莊子曰, 昨日山中之木, 以不材得終其天年, 今主人之鴈, 以不材死. 先生將何處. 莊子笑曰, 周將處夫材與不材之間. 材與不材之間, 似之而非也. 故未免乎累. 若夫乘道德而浮游則不然. 無譽無訾, 一龍一蛇, 與時俱化, 而無肯專爲. 一上一下, 以和爲量. 浮游乎萬物之祖, 物物而不物於物, 則胡可得而累邪. 此神農黃帝之法則也. 若夫萬物之情, 人倫之傳則不然. 合則離, 成則毁, 廉則挫, 尊則議, 有爲則虧, 賢則謀, 不肖則欺. 胡可得而必乎哉. 悲夫. 弟子志之, 其唯道德之鄕乎.

자해 • 방(旁) : 곁. 사(舍) : 쉬다, 머물다. 수자(豎子) : 동복(童僕), 즉 어린 하인. 안(鴈) : 아(鵝)와 통용, 즉 거위. 팽(烹) : 삶다, 요리하다. 자(訾) : 헐뜯다. 전위(專爲) : 오로지 한 가지 일만 하다. 윤(倫) : 류(類)와 통용. 전(傳) : 전(轉)과 통용, 즉 변화를 뜻한다. 훼(毁) : 무너지다. 염(廉) : 모나다, 날카롭다. 의(議) : 이의(異議)가 있다, 비평하다. 휴(虧) : 비난하다, 이지러지다. 불초(不肖) : 어리석다. 지(志) : 기억하다, 마음에 새기다.

해영

유용(有用), 즉 쓸모 있는 것과 무용(無用), 즉 쓸모없다는 한계를 초월하지 않으면 화(禍)는 언제든 닥칠 수 있습니다. 물론 쓸모 있음과 쓸모없음의 중간쯤에 있다고 하여 안전할 수 있는 것도 아닙니다. 유용과 무용, 시비(是非)를 초월한 대도(大道)의 세계에서 소요(逍遙)할 수 있어야 재앙에서 벗어날 수 있습니다. 『중용(中庸)』에선 때에 적중[時中]해야 유용하다고 봅니다. '때에 적중과 유용'은 불가분의 관계입니다.

02

산목 저자[시장] 남쪽에 사는 의료(宜僚)가 노(魯)나라 임금을 뵈었는데, 노나라 임금이 근심스런 낯빛을 하고 있었다. 의료가 물었다. "임금께선 근심스러운 낯빛이신데 무슨 까닭입니까?" 노나라 임금이 말했다. "나는 선왕(先王)의 도(道)를 배우고, 선군(先君)의 업(業)을 닦으며, 귀신(鬼神)을 공경하고 현인(賢人)을 존중하며, 그들과 친근하게 지내면서 행동하는 것을 잠시도 벗어난 적이 없는데도 여전히 환난을 면치 못하고 있다네. 나는 그 때문에 근심하는 것이네." 의료가 말했다. "임금께서 환난을 제거하려는 방법이 천박해서 그렇습니다. 저 살찐 여우와 무늬가 아름다운 표범이 산림(山林) 속에 숨어 살며 바위 구멍에 엎드려 있는 것은 고요함을 유지하기 위해서입니다."

"밤에 행동하고 낮에 들어앉아[숨어] 있는 것은 경계하기 위함입니다. 비록 굶주리고 목마르며 곤궁한 처지에 있다 하더라도 멀리 떨어진 강호(江湖)에서 먹이를 구하는 것은 마음을 하나로 안정시키기 위함입니다. 그러나 그렇게 주의해도 그물이나 덫이라는 화를 면치 못하는 것은 이것이 어찌 여우나 표범의 죄이겠습니까. 다만 그들의 아름다운 가죽이 재난을 부르는 것입니다. 지금 노나라는 임금에게 있어서 가죽과 같은 것이 아니겠습니까? 바라건대 임금께서는 자신의 몸을 잊어버리고 노(魯)나라라는 가죽을 제거하며, 속마음을 씻고 욕심을 제거한 뒤 사람들이 없는 들로 나가 노십시오."

"배를 나란히 하여 황하를 건널 때에 한쪽의 빈 배가 와서 자기 배에 부딪쳤다면 비록 마음이 좁은 사람이라도 성[怒]을 내지는 않을 것입니다. 그러나 그 배에 한 사람이라도 타고 있었다면 곧 소리쳐 배의 간격을 떼라고 할 것입니다. 한 번 소리쳐 듣지 않으면 두 번 소리치고, 그래도 듣지 못하면 세 번 소리를 치면서 반드시 나쁜 소리가 뒤따르게 될 것입니다. 앞에선 성[怒]을 내지 않다가 지금 성[怒]내는 것은, 앞에 것은 빈 배였으나 지금 것은 사람이 타고 있기 때문입니다. 그와 마찬가지로 사람도 스스로를 텅 비게 하고서 세상에 노닌다면 그 누가 그를 해칠 수 있겠습니까?"

원문 市南宜僚見魯侯, 魯侯有憂色. 市南子曰, 君有憂色何也. 魯侯曰, 吾學先王之道, 修先君之業, 吾敬鬼尊賢, 親而行之, 無須臾離居, 然不免於患. 吾是以憂. 市南子曰, 君之除患之術淺矣. 夫豊狐文豹, 棲於山林, 伏於巖穴, 靜也. 夜行晝居, 戒也. 雖飢渴隱約, 猶且胥疏江湖之上, 而求食焉, 定也. 然且不免於罔羅機辟之患, 是何罪之有哉. 其皮爲之災也. 今魯國獨非君之皮邪. 吾願君刳形去皮, 洒心去欲, 而遊於無人之野.(...) 方舟而濟於河, 有虛船, 來觸舟, 雖有惼心之人不怒. 有一人在其上, 則呼張歙之. 一呼而不聞, 再呼而不聞, 於是三呼邪, 則必以惡聲隨之. 向也不怒而今也怒, 向也虛而今也實. 人能虛己以遊世, 其孰能害之.

자해 • 료(僚) : 벼슬아치. 수유(須臾) : 잠시. 거(居) : 지(止)와 통용, 즉 멈추다. 천(淺) : 천박하다. 풍호(豊狐) : 살찐 여우. 문표(文豹) : 아름다운 무늬를 가진 표범. 암혈(巖穴) : 바위 구멍. 기갈(飢渴) : 굶주리고 목마르다. 약(約) : 고생하다, 얌전하다. 서(胥) : 서로, 기다리다. 소(疏) : 멀다. 망라(罔羅) : 짐승을 잡는 그물. 고(刳) : 가르다, 잊다. 형(形) : 몸. 세(洒) : 씻다. 방(方) : 나란히 하다. 편심(惼心) : 편협한 마음, 좁은 마음, 급한 마음. 흡(歙) : 줄어들다. 장흡(張歙) : 떨어져 물러나다.

해영

세속 사람들은 높은 지위에 오르려 하고 또 부자가 되기 위해 온갖 경쟁을 합니다. 하지만 지위가 높고 많은 부(富)는 오히려 환난(患難)의 원인이 되기도 합니다. 마치 여우와 표범이 그물에 걸리는 것과 같은 경우입니다. 겉으로 드러난 아름다움 때문입니다. 이러한 재앙의 원인을 원천적으로 제거하기 위해선 무위(無爲)와 무심(無心)의 상태로 사는 것입니다. 즉 스스로를 텅 비게 하고서 세상에서 노니는 것입니다.

03

산목 북궁사(北宮奢)[101]가 위나라 영공(靈公)을 위해 민중들로부터 세금을 걷어 종(鐘)을 만들게 되었다. 성곽(城郭) 문밖에 제단(祭壇)을 만들고, 불과 석 달 만에 위아래로 되어 있는 종걸이[鐘架]를 완성했다. 왕자(王子) 경기(慶忌)[102]가 이를 보고 물었다. "그대는 무슨 기술로 이렇게 빨리 완성했는가?" 북궁사가 말했다. "저는 마음의 순일(純一)한 상태를 지켰을 뿐 감히 무슨 방법을 쓰지 않았습니다. 저는 듣건대 옥(玉)은 모난 부분을 깎고 쪼아야 자연의 소박함으로 복귀한다 하였습니다. 결국 저의 방법은 무심한 상태로 아무것도 의식하지 않고, 일체의 생각을 믿어 의심하지 않았습니다. 온갖 것이 생겨나는 대로 가는 것은 전송하고 오는 것은 맞이했습니다. 또 오는 것을 금하지 않고, 가는 것을 붙잡지 않았습니다. 배반하는 사람을 벌주지 않고 그대로 두

101 위(衛)나라 대부(大夫)로 북궁(北宮)에 살았다고 하여 북궁이 호(號)가 되었고, 사(奢)는 이름이다.

102 주나라 왕자였으나 위나라로 망명하여 벼슬했던 것으로 전한다.

며, 유순하게 따르는 사람도 특별히 사랑하지 않고 그대로 두어 스스로 힘을 다하도록 했습니다. 그런 까닭에 밤낮으로 세금을 거두어도 민중들은 터럭만큼도 상처를 입지 않았습니다. 저 같은 사람도 이런데 하물며 자연의 대도(大道)를 터득한 사람이야 말할 것이 있겠습니까?"

원문 北宮奢爲衛靈公賦斂以爲鐘, 爲壇乎郭門之外, 三月而成上下之縣. 王子慶忌見而問焉曰, 子何術之設. 奢曰, 一之間, 無敢設也. 奢聞之, 旣彫旣琢, 復歸於朴. 侗乎其無識, 儻乎其怠疑. 萃乎芒乎, 其送往而迎來. 來者勿禁, 往者勿止. 從其彊梁, 隨其曲傅, 因其自窮, 故朝夕賦斂而豪毛不挫, 而況有大塗者乎.

자해 • 부(賦) : 구실, 매기다. 렴(斂) : 거두다. 부렴(賦斂) : 민중들로부터 세금을 걷다. 현(縣) : 현(懸)과 통용, 즉 매달다. 일지간(一之間) : 순일(純一)함을 지키다. 조(彫) : 탁(琢)과 통용. 동호(侗乎) : 무지(無知)한 모양. 당호(儻乎) : 생각이 없는 모양. 태의(怠疑) : 바보스럽다.

• 췌호망호(萃乎芒乎) : 아무런 의식 없이 자연스럽게 변화하는 대로 맡기다. 종기강량(從其彊梁) : 완강하여 나를 배반하더라도 벌주지 않고 내버려 두다. 수기곡부(隨其曲傅) : 유순하게 따르는 사람은 따르도록 내버려 두다. 인기자궁(因其自窮) : 그 힘을 스스로 다하도록 하다, 즉 감당하지 못할 만큼 강요하지 않다. 대도(大塗) : 자연의 대도(大道).

해영

북궁사(北宮奢)가 종(鐘)을 제작하면서 세금을 과하게 부과했음을 알 수 있는 대목입니다. 예나 지금이나 과한 세금은 갈등요인입니다. 그럼에도 큰 문제

없이 완성한 것은 뭔가 특별함이 그 속에 있기 때문입니다. 그렇습니다. 무슨 일이든 무리수를 두면 반드시 문제가 생깁니다. 일이 어그러질 수밖에 없습니다. 탈피하기 위해선 자연의 순리, 즉 '대도(大道)에 따라 움직여야' 합니다. 양질의 삶을 보장받는 토대입니다.

04

산목 장자가 누더기로 기운 거친 무명옷을 입고 삼끈으로 얽어맨 신을 신고 위왕(魏王)[103]을 찾아가니 위왕이 물었다. "어찌하여 선생은 그렇게 병들고 지쳐 보이는가?" 장자가 말했다. "나는 가난해서 그런 것이지, 병들고 지친 것이 아니오. 선비로서 도덕(道德)을 갖추고 있으면서 이를 실천하지 못하면 병들고 지쳤다고 하오. 옷이 해지고 신에 구멍이 난 것은 가난한 것이지, 병들고 지친 것이 아니오. 이것이 이른바 때를 만나지 못했다는 것이오. 임금께선 나무에 오르는 원숭이를 보지 못했소?"

"원숭이가 굴거리나무[柟]나 가래나무[梓], 녹나무[豫章]에 올라가 나뭇가지를 붙들고 그 사이에서 재주를 부릴 때는 비록 예(羿)[104]나 봉몽(逢蒙)[105] 같은 명궁(名弓)이라도 겨냥할 수 없소. 그러나 원숭이가 산뽕나무[柘]나 가시나무[棘], 탱자나무[枳枸] 사이에 올라갔을 때는 조심스레 걷고 곁눈질을 하면

103 위왕(魏王)은 위(魏)나라 혜왕(惠王)을 가리킨다.

104 예(羿)는 하(夏)나라 때 제후(諸侯)로 궁술(弓術)의 명인(名人)으로 불렸다.

105 봉몽(逢蒙)은 예(羿)의 제자로 활의 명궁(名弓)으로 불렸다.

서 몸을 부들부들 떨며 두려워하오. 이는 원숭이의 힘줄[筋肉]이나 뼈가 위급한 경우를 당하여 부드러움을 잃은 게 아니오. 처한 형세가 편안치 못해 자기의 능력을 제대로 발휘할 수 없기 때문이오. 지금처럼 어리석은 임금과 어지러운 신하들이 있는 사이에선 병들고 지치지 않으려 해도 어찌 그럴 수가 있겠소. 이것은 충신인 비간(比干)[106]이 심장을 도려내게 되었던 일로도 증명되오."

원문 莊子衣大布而補之, 正緳係履, 而過魏王. 魏王曰, 何先生之憊邪. 莊子曰, 貧也, 非憊也. 士有道德不能行, 憊也. 衣弊履穿, 貧也, 非憊也. 此所謂非遭時也. 王獨不見夫騰猿乎. 其得柟梓豫章也, 攬蔓其枝, 而王長其間, 雖羿逢蒙不能眄睨也. 及其得柘棘枳枸之間也, 危行側視, 振動悼慄. 此筋骨非有加急而不柔也. 處勢不便, 未足以逞其能也. 今處昏上亂相之間, 而欲無憊, 奚可得邪. 此比干之見剖心, 徵也夫.

자해 • 대포(大布) : 남루한 옷, 너절한 옷. 정혈(正緳) : 삼베 줄을 손질하다. 계리(係履) : 신을 얽어매다. 비(憊) : 앓다, 고달프다. 의폐(衣弊) : 옷이 해지다.

---

106 비간(比干)은 은(殷)의 28대 태정제(太丁帝) 문정(文丁)의 아들로 주왕(紂王)의 숙부(叔父)다. 이름은 비(比)고, 간(干)이라는 나라에 봉(封)해져 비간(比干)이라 불린다. 주왕(紂王)은 초기 총명하고 용맹했으나 자신의 재능과 철학을 과신하여 형제와 신하들의 충고를 듣지 않았다. 그는 하남성 남부의 호족인 유소씨(有蘇氏)를 토벌하고, 유소(有蘇) 가문의 딸인 달기(妲己)를 얻었다. 그녀로 인해 주색에 빠진 주왕은 날로 광폭해져 신하들의 말을 더욱 무시했다. 충신들은 떠나고 권력을 탐하는 무리들이 주요 직책을 차지했다. 결국 비간(比干)은 주왕(紂王)에게 정치를 바로 잡을 것을 주장하다 죽었다. 민간 설화엔 주왕(紂王)이 숙부 비간을 죽일 때, '성인(聖人)의 심장엔 구멍이 일곱 개나 있다고 들었다'며 진짜 그런지 확인하겠다며 비간의 심장을 꺼내도록 하였다고 전한다. 은나라 정치는 더 이상 회생 불능 상태로 빠져 들었고, 기원전 1046년 주왕(紂王)은 주(周)나라 무왕(武王)과의 목야(牧野) 전투에서 패해 자살하였다.

이천(履穿) : 신발이 뚫어지다. 등원(騰猿) : 나무에 오르는 원숭이. 남(枏) : 굴거리나무. 재(梓) : 가래나무. 예장(豫章) : 녹나무. 람(攬) : 잡다. 만(蔓) : 감다.

• 면(眄) : 곁눈질하다. 예(睨) : 노려보다. 자(柘) : 산뽕나무. 극(棘) : 가시나무. 지구(枳枸) : 탱자나무. 도(悼) : 떨다. 율(慄) : 두려워하다. 도률(悼慄) : 두려워 떨다. 근골(筋骨) : 근육과 뼈. 가급(加急) : 위급한 경우를 당하다. 영(逞) : 다하다, 왕성하다. 부심(剖心) : 심장을 도려내다, 심장을 가르다. 징(徵) : 징험하다.

해영

사람[생명]은 모두가 태어날 때 선택할 수 없습니다. 부유(富裕)[107]한 집안에 태어나든 빈천(貧賤)한 집안에 태어나든 그저 태어날 뿐입니다. 독일의 철학자

---

107 2020년 6월 22일(현지시간), 데일리메일 등 해외 매체들은 스티브 빙(Stephen Bing)이 22일, 아파트에서 투신 사망했다고 보도했다. 빙은 18세 때 부동산 개발업자였던 할아버지로부터 6억 달러(한화 7200억 원)의 재산을 상속 받았다. 영화 제작자로 나서 '할리우드 거물'이 됐다. 빌 클린턴 전 대통령의 열렬한 후원자였고, 롤링스톤즈의 싱어 믹 재거와도 가깝게 지냈다. 모든 것이 갖춰진 집과 개인 제트기를 타고 다니며, 수없이 많은 여성들과 즐겼다. 하지만 그는 행복하지 않았던 것으로 보인다. 그의 한 친구는, "화려한 인맥과 아름다운 여성들과 많이 교유했지만 원만한 관계를 유지하지 못했고, 조울증으로도 고통 받았다."고 전한다. 또 빙은 영화배우인 엘리자베스 헐리와의 사이에 태어난 아들을 두고 DNA 검사까지 하는 갈등 끝에 이혼했다. 가장 큰 문제는 재정 문제였다. 그간 수많은 명사들과의 관계로 인해 줄어든 재산을 만회하기 위해 무리한 투자를 했다가 지니고 있던 재산을 모두 탕진했다. 부잣집 도련님으로 스탠포드대학에 들어갔다가 거액을 상속받은 뒤 대학을 중퇴한 것도 나쁜 환경을 자초했다. 빙의 생애를 보면 소년등과(少年登科), 중년상처(中年喪妻), 노년궁핍(老年窮乏)이란 3대 불행이 떠오른다. 젊어서 억만장자 된 '소년등과'를 경험했고, 배우자 없이 사는 '중년상처'를 겪었으며, 집과 제트기까지 팔아야 하는 '노년궁핍'을 느꼈을 것이다. 이 모든 불행의 근원은 노력 없이 상속받은 7200억 원에서 비롯됐다.

인 하이데거(Heidegger)[108]는 이를 피투성(被投性)으로 표현했습니다. 즉 사람은 누구나 세상에 '던져진 존재'로 본 것입니다. 문제는 삶을 살아감에 있어선 누구나 선택할 수 있다는 점입니다. 환경의 호오(好惡)를 떠나 자연의 삶[道]을 선택하면 그것이 참된 삶입니다.

05

산목 장주(莊周)가 조릉(雕陵)이란 밤나무 숲속을 거닐다 이상한 까치 한 마리가 남쪽으로부터 날아오는 것을 보았다. 날개의 넓이가 일곱 척이나 되고 눈의 크기도 한 치나 되었다. 그 까치는 장주의 이마를 스치고 날아가서 밤나무 숲에 앉았다. 장주가 말했다. "이게 무슨 새인가? 날개는 큰데 높이 날지 못하고, 눈은 크면서도 보지 못하다니." 바지를 걷어 올리고 빠르게 걸어서 탄궁(彈弓)을 잡고 그 녀석을 노려보고 있었다. 이때 살펴보니 매미 한 마리가 시원한 나무 그늘에 앉아 자기 자신도 잊고 노래하고 있었다. 그런데 곁에는 한 마리의 사마귀가 나뭇잎으로 자신을 숨기고 그 매미를 잡으려고 하는데 그 역시 자기 자신을 잊고 있었다. 옆에는 이상한 까치가 이 기회에 사마귀를 잡으려는 이익 때문에 역시 자기 자신을 잊고 있었다.[109] 장주는 두려워하며 말했다.

---

108 하이데거(Heidegger : 1889~1976)는 독일의 철학자로, 마르부르크 대학 교수와 프라이부르크 대학의 교수 및 총장을 지냈다. 키르케고어(Kierkegaard : 1813~1855)의 영향을 받고 후설(Husserl : 1859~1938)의 현상학을 바탕으로 인간의 존재 현상에 관한 실존주의적 존재론을 전개했다. 『존재와 시간』, 『근거의 본질』 등이 있다.

109 사마귀는 매미를 잡기 위해 정신이 팔려 자신의 몸이 위험에 빠진 줄 모르고, 이상한 까치는 사마귀를 잡기 위해 정신이 팔려 역시 자신의 몸이 위험에 빠진 줄 모른다.

"아아! 만물은 본래 서로 해를 끼치고 이(利)와 해(害)는 서로를 부르는구나." 그리고 잡았던 탄궁(彈弓)을 버리고 도망쳐 나왔다. 이때 밤나무 숲을 지키던 우인(虞人)이 쫓아와 장자가 밤을 따가려는 도둑인 줄 알고 꾸짖었다. 돌아온 장주는 삼 개월 동안 불쾌한 모습으로 지냈다. 이때 제자인 인저(藺且)가 따라와 물었다. "선생님께선 요즘 어찌하여 불쾌한 모습을 하고 계십니까?" 장자가 말했다. "나는 그간 외형을 지키느라 내 몸을 잊고 있었다. 마치 흐린 물을 보느라 맑은 연못을 잊는 격이다. 또한 내가 선생님으로부터 들은 바에 의하면, '그 속세에 들어가면 그 속세를 따르라'는 말을 들었는데도 이번에 나는 조릉(雕陵)을 거닐며 자신을 잊었고, 이상한 까치는 내 이마를 스치고 날아가 밤나무 숲에서 노닐다 몸을 잊었으며, 밤나무 숲을 지키던 우인은 나를 도둑으로 여겨 욕보였다. 이것이 내가 불쾌한 까닭이다."

원문 莊周遊乎雕陵之樊, 覩一異鵲自南方來者. 翼廣七尺, 目大運寸. 感周之顙而集於栗林. 莊周曰, 此何鳥哉, 翼殷不逝, 目大不覩. 蹇裳躩步, 執彈而留之. 覩一蟬, 方得美蔭而忘其身. 螳螂執翳而搏之, 見得而忘其形. 異鵲從而利之, 見利而忘其眞. 莊周怵然曰, 噫. 物固相累, 二類相召也. 捐彈而反走. 虞人逐而誶之. 莊周反入, 三月不庭. 藺且從而問之, 夫子何爲頃間甚不庭乎. 莊周曰, 吾守形而忘身, 觀於濁水而迷於淸淵. 且吾聞諸夫子曰, 入其俗從其俗. 今吾遊於雕陵而忘吾身, 異鵲感吾顙, 遊於栗林而忘眞, 栗林虞人以吾爲戮. 吾所以不庭也.

자해 • 조(雕) : 수리. 조릉(雕陵) : 능의 이름. 번(樊) : 울타리. 도(覩) : 보다. 이작(異鵲) : 이상한 까치. 익광(翼廣) : 날개의 넓이. 운촌(運寸) : 직경 일촌. 감(感) : 스치다, 건드리다. 상(顙) : 이마. 율림(栗林) : 밤나무 숲. 은(殷) : 광(廣)과 통용, 크다. 서(逝) : 거(去)와 같음, 높다, 멀다. 건(褰) : 걷다. 건상(褰裳) : 바지를 걷어 올리다. 각보(躩步) : 빠르게 걷다. 탄(彈) : 탄궁(彈弓). 류(留) : 틈을 엿보다. 선(蟬) : 매미. 미음(美蔭) : 시원한 나무 그늘, 무성한 나무 그늘. 당랑(螳螂) : 사마귀.

• 예(翳) : 폐(蔽)와 통용, 즉 가리다, 숨기다. 집예(執翳) : 나뭇잎으로 자신을 가리다. 박(搏) : 잡다. 진(眞) : 신(身)과 통용. 출(怵) : 두려워하다. 이류(二類) : 이(利)와 해(害) 두 가지. 소(召) : 초(招)와 통용, 즉 부르다. 연탄(捐彈) 탄궁을 버리다. 주(走) : 도주하다, 도망치다. 우인(虞人) : 산림을 관장하는 관리. 수(誶) : 꾸짖다. 정(庭) : 유쾌하다, 즐겁다. 인저(藺且) : 장자의 제자 이름. 경(頃) : 이마. 탁수(濁水) : 흐린 물, '자신의 욕망'을 지칭. 청연(淸淵) : 맑은 연못, '자신의 몸'을 지칭. 륙(戮) : 욕보이다.

해영

세속의 삶에선 이해관계로 인해 환난의 원인이 되곤 합니다. 속담에 '산토끼 잡으려다 집토끼 놓친다.'라는 말이 있습니다. 얼마 전까지 진행된 대형 국책 사업의 하나인 '새만금 방조제 공사'가 마무리 되었습니다. 당국에선 산업단지에 양질의 기업들을 유치하기 위해 외국기업에 한해 특혜를 제공키로 했습니다. 자연 국내기업들은 불만을 제기할 수밖에 없는 형국이 됐습니다. 국내기업을 오히려 차별한다는 것입니다.

'산토끼 잡으려다 집토끼 놓친다'는 속담이 어울리게 됐습니다. 그도 그럴 것이 외국기업에 특혜로 제공되는 임대료 인하와 세제 혜택, 자금 지원 등이 국내기업엔 적용하지 않겠다는 건 말이 안 된다는 게 논란의 핵심입니다. 동일성을 요구한 것입니다. 이처럼 세속에서의 이해관계는 어디서나 일어납니다. 목전의 이익만을 위해 몸을 잊는 경우가 이와 다르지 않습니다. 매미와 사마귀, 까치의 관계를 통해 성찰합니다.

06

산목 양자(陽子)[110]가 송(宋)나라에 가서 여관에 묵게 되었다. 여관 주인에게 첩이 두 사람 있었는데, 한 사람은 미녀였고 한 사람은 추녀였다. 그런데 추녀인 첩은 귀염을 받고 미녀인 첩은 천대를 받고 있었다. 양자가 그 까닭을 묻자, 여관 주인이 말했다. "저 미녀인 첩은 스스로 미녀인 체하기 때문에 나는 그녀가 미녀인 줄 모르겠고, 저 추녀인 첩은 스스로 추녀인 것을 알아서 [심덕(心德)이 있기 때문에] 나는 그녀가 추녀인 줄 모릅니다." 양자가 말했다. "제자들아. 잘 기억해 두어라. 어진 행동을 하면서도 스스로 어질다는 태도를 버리면 어디를 가든 사랑받지 않겠는가?"

원문 陽子之宋, 宿於逆旅. 逆旅人有妾二人, 其一人美, 其一人惡. 惡者貴而美者賤. 陽子問其故, 逆旅小子對曰, 其美者自美, 吾不知其美也, 其惡者自惡, 吾不知其惡也. 陽子曰, 弟子記之. 行賢而去自賢之行, 安往而不愛哉.

자해 • 역유(逆旅) : 여관. 미(美) : 예쁘다, 미녀. 오(惡) : 밉다, 추녀. 귀(貴) : 사랑받다. 천(賤) : 천대받다.

---

110 양자(陽子)는 성이 양(陽), 이름은 주(朱)로 진(秦)나라 사람이다.

해영

세속의 사람들이 아름답다[美]고 여기는 것과 진실로 아름다운 것은 어떻게 다를까요? 마찬가지로 세속의 사람들이 추(醜)하다고 여기는 것과 진실로 추한 것은 어떻게 다를까요? 의식(意識)에서 비롯되는 것 아닐까요? 자연의 입장에서 보면 미녀도 추녀도 존재하지 않습니다. 이런 기준으로 보면 인재와 둔재도 나눌 이유가 없습니다. 사랑받고 천대받는 것은 인위(人爲)가 동반된 관점입니다. 이해에서 비롯된 것입니다.

전자방(田子方)

겉모습, 즉 외면과 관계없이 내면을 충실하게 채우는 사람을 지인(至人)이라 합니다. 지인은 세속의 평가나 상식을 초월하여 존재합니다. 사생(死生)이나 존망(存亡)을 잊어버리고, 몸을 티끌처럼 여깁니다. 즉 마음을 지락(至樂)의 경지에 이르게 하는 것입니다. 내편의 「대종사」, 「덕충부」와 유사한 내용을 담고 있습니다.

01

전자방 전자방(田子方)[111]이 위(魏)나라 문후(文侯)[112]를 모시고 앉아 있을 때 자주 계공(谿工)을 칭찬했다. 문후가 말했다. "계공은 그대의 스승인가?" 전자방이 말했다. "아닙니다. 저의 고향 사람입니다. 그가 도(道)를 말하면 매우 합당하여 칭찬하는 것입니다." 문후가 말했다. "그렇다면 그대는 스승이 없는가?" 전자방이 말했다. "있습니다." 문후가 말했다. "그대의 스승은 누구인가?" 전자방이 말했다. "동곽순자(東郭順子)[113]입니다." 문후가 말했다. "그

---

111 전자방(田子方)은 성(姓)이 전(田)이고, 자(字)는 자방(子方)이며, 이름은 무택(無擇)이다. 공자의 제자인 자하(子夏)를 이어 위나라 문후의 스승이 되었고, 유가철학자(儒家哲學者)였으나 후일 도가철학자(道家哲學者)로 전환했다.

112 위(魏)나라 문후(文侯)는 전국시대 초기, 전자방 등의 현인들을 중용(重用)한 명군(名君)으로 불린다. 『전국책(戰國策)』 등에 자세히 기록되어 있다.

113 동곽순자(東郭順子)는 성곽 동쪽에 거주하였다고 하여 동곽(東郭)이 성이 되었고, 순자(順子)는 이름이다.

렇다면 그대는 어찌하여 그를 칭찬하지 않는 것인가?" 전자방이 말했다. "그 분은 사람됨이 진실하여 사람의 모습을 하고 있으면서도 하늘의 마음을 지녔고, 만물에 순응하면서도 천진함을 간직하며, 청렴하면서도 만물을 포용합니다."

"남이 무도(無道)한 일을 하더라도 스스로의 모습을 바로 지님으로써 그로 하여금 깨닫게 하고, 그의 사악한 마음을 사라지게 만듭니다. 제가 어떻게 그런 분을 칭찬할 수 있겠습니까?" 전자방(田子方)이 나가자, 위(魏)나라 문후(文侯)는 멍하니 앉아서 하루 종일 말이 없다가 앞에 서 있는 신하를 불러 말했다. "나는 저 온화(溫和)한 덕을 지닌 군자(君子)와는 거리가 멀구나. 처음에 나는 성인(聖人)이나 지자(智者)의 말과 인의(仁義)의 행동만이 지극한 것으로 여겼는데, 내가 지금 전자방의 스승에 대한 이야기를 들으니 내 몸이 풀려 움직일 수 없고, 입이 굳어져 말이 나오지 않는구나. 내가 배운 것은 진실로 흙으로 만든 사람[人形][114]에 지나지 않는구나. 대체로 위(魏)나라는 바로 나에게 누[장애]가 될 뿐이다."

원문 田子方侍坐於魏文侯, 數稱谿工. 文侯曰, 谿工, 子之師邪. 子方曰, 非也. 無擇之里人也. 稱道數當, 故無擇稱之. 文侯曰, 然則子無師邪. 子方曰, 有. 曰, 子之師誰邪. 子方曰, 東郭順子. 文侯曰, 然則夫子何故未嘗稱之. 子方曰, 其爲人也眞, 人貌而天虛, 緣而葆眞, 淸而容物. 物無道正容以悟之, 使人之意也消. 無擇何足以稱之. 子方出, 文侯儻然終日不言, 召前立臣而

114 흙으로 만든 사람으로, 비가 오면 형체가 부서져 사라진다. 즉 용모는 갖춰져 있어도 정신이 깃들지 않았기 때문에 의미 없는 것이다.

語之曰, 遠矣, 全德之君子. 始吾以聖知之言, 仁義之行, 爲至矣, 吾聞子方之師, 吾形解而不欲動, 口鉗而不欲言. 吾所學者, 直土梗耳. 夫魏眞爲我累耳.

자해 • 삭(數) : 자주. 계공(谿工) : 위나라의 현인. 무택(無擇) : 전자방의 이름. 삭당(數當) : 자주 들어맞다, 매우 합당하다. 연(緣) : 따르다, 순응하다. 보진(葆眞) : 참됨을 기르다, 진실을 보전하다. 당연(儻然) : 뜻을 잃어버린 모양. 겸(鉗) : 다물다, 닫다. 토경(土梗) : 토우(土偶)과 통용, 즉 흙으로 만든 인형. 진(眞) : 직(直)과 통용, 즉 바로. 루(累) : 장애.

해영

전자방이 스승인 동곽순자(東郭順子)에 대해 언급합니다. 사람됨이 진실하여 사람의 모습을 하고 있으면서도 하늘의 마음을 지녔고, 만물에 순응하면서도 천진함을 간직하며, 청렴하면서도 만물을 포용합니다. 또한 사람들이 무도(無道)한 일을 저질러도 바로 지적하지 않고 스스로 깨닫도록 합니다. 진정으로 지덕(至德)을 갖춘 사람이라 아니할 수 없습니다. '일반 사람들의 격(格)을 초월한 인격'이 무엇인지를 일러줍니다.

02

전자방 공자(孔子)가 노자(老子)[115]를 만나러 갔을 때 노자는 머리를 감고 난

115 노자(老子)의 성(姓)은 이(李), 이름은 이(耳), 자(字)는 담(聃)이다.

뒤 흐트러진 머리털을 말리고 있었다. 그런데 꼼짝 않는 모습에 사람 같지 않았다. 공자는 몸을 숨기고 기다리다 조금 뒤에 노자에게 말했다. "저는 눈이 어두워진 것일까요? 아니면 정말 그대로인 것일까요? 조금 전 선생님의 형체는 빳빳한 것이 마치 마른 나무 같아 외물(外物)을 잊고 사람들과 떨어져서 절대적인 독립의 경지에 계신 것 같았습니다." 노자가 말했다. "나는 마음을 만물의 시초에서 노닐게 했소." 공자가 말했다. "무슨 말씀이신지요?" 노자가 말했다. "참된 도(道)는 이를 마음에서 찾아도 고생만 할 뿐 알 수 없고, 입은 무엇을 표현하려 하지만 열리기만 하고 말을 하지 못하고 있소. 그러나 시험삼아 그대를 위해 그 대강을 논해 보겠소. 대체로 지극한 음기(陰氣)는 고요하고 차며, 지극한 양기(陽氣)는 밝고 더운 것이오. 고요하고 찬 음기는 땅에서 나오고, 밝고 더운 양기는 하늘에서 생기는 것이오."

"이 두 가지 기(氣)가 서로 섞이고 서로 왕래하여 화합하면 거기서 만물이 생기오. 이런 현상(現象)은 누군가가 주관(主管)하는 듯하지만 그 형체는 눈으로 볼 수 없소. 만물은 사라지고 생겨나며, 가득 찼다 비워지며, 한 번 어두워졌다가 한 번 밝아지며, 해와 달의 교체(交替)가 있어 하루도 쉬지 않고 진행되지만, 그 조화(造化)의 공(功)을 알아볼 순 없소. 만물의 발생(發生)은 싹을 트게 하는 곳이 있으며, 죽음은 귀결되는 곳이 있소. 이리하여 만물의 시작과 끝은 서로 반복되어 그 끝나는 곳을 알 수가 없는 것이오. 이런 현상을 주관하는 것이야말로 도이며, 이런 도(道)를 제외하고 달리 무엇이 만물의 근원이 될 수 있겠소?" 공자가 물었다. "그런 경지(境地)에서 노닐면 어떻게 되는지요?" 노자가 말했다. "그 경지로 들어가면 지극히 아름답고 지극한 즐거움을 얻게 되오. 지극한 아름다움을 얻어 지극한 경지에서 노니는 사람을 지인(至人)이라 하오." 공자가 물었다. "원컨대 그 방법을 가르쳐 주십시오."

노자가 말했다. “풀을 먹는 짐승은 자기가 살던 숲이 바뀌는 것을 꺼리지 않고, 물에 사는 벌레는 자기가 살던 물이 바뀌는 것을 싫어하지 않소. 조그만 변화가 일어났을 뿐 그의 큰 법도를 잃는 것은 아니기 때문이오. 그래서 기쁨이나 노여움, 슬픔이나 즐거움 같은 감정이 가슴속에 스며들지 못하오. 대체로 천하(天下)란 곳은 만물이 하나 되는 곳이오. 거기에 일체가 되어 동화될 수 있다면, 사지(四肢)나 몸의 각 부분은 티끌이나 때처럼 여겨지게 되고, 죽음과 삶이나 끝과 시작은 낮과 밤이 바뀌듯이 느껴지게 되어 마음이 어지럽혀지지 않는 것이오. 하물며 득실(得失)이나 화복(禍福) 따위가 끼어들 수 있겠소? 종[隸]을 진흙 버리듯이 버리는 사람은 자기 몸이 종보다 귀(貴)하다는 점을 알기 때문이오. 그 가장 값진 도(道)야말로 내 안에 있으며 어떤 외부의 변화에도 잃지 않는 것이오. 또 만물의 변화는 먼 옛날부터 끝없이 계속되는 것이오. 그러니 대체 무엇이 마음을 괴롭힐 수 있겠소? 이미 도(道)를 터득한 사람은 이러한 사실을 이해할 것이오.”

공자가 말했다. “선생님께선 그 덕(德)이 천지(天地)와 짝이 될 만한데도 지극한 말을 빌려 마음을 닦고 계십니다. 옛날의 군자인들 누가 이보다 지극한 말을 할 수 있겠습니까?” 노자가 말했다. “그렇지 않소. 대체로 물이 솟아올라 흐르는 것은 물 스스로가 일부러 그러한 것이 아니고 물의 본성(本性) 때문에 자연히 그렇게 되는 것이오. 마찬가지로 지인(至人)이 덕을 지니고 있는 것도 의식적으로 덕을 닦지 않아도 만물이 다가와서 떠나지 않게 되는 것이오. 하늘이 저절로 높고 땅이 저절로 두터우며, 해와 달이 저절로 밝은 것과 같은데 대체 무슨 수양이 필요하겠소?” 공자가 물러나와 안회(顔回)에게 말했다. “내가 지닌 도(道)란 마치 항아리 속의 벌레 같은 것이었다. 선생님께서 항아리 뚜껑을 열어 주지 않았다면, 나는 천지의 위대한 참모습을 알지 못했을 것이다."

원문 孔子見老聃, 老聃新沐, 方將被髮而乾. 慹然似非人. 孔子便而待之, 少焉見曰, 丘也眩與, 其信然與. 向者先生形體掘若槁木, 似遺物離人而立於獨也. 老聃曰, 吾遊心於物之初. 孔子曰, 何謂邪. 曰, 心困焉而不能知, 口辟焉而不能言. 嘗爲女議乎其將. 至陰肅肅, 至陽赫赫. 肅肅出乎地, 赫赫發乎天. 兩者交通成和, 而物生焉. 或爲之紀, 而莫見其形. 消息滿虛, 一晦一明, 日改月化, 日有所爲, 而莫見其功. 生有所乎萌, 死有所乎歸. 始終相反乎無端, 而莫知乎其所窮. 非是也, 且孰爲之宗. 孔子曰, 請問遊是. 老聃曰, 夫得是至美至樂也. 得至美而遊乎至樂, 謂之至人. 孔子曰, 願聞其方. 曰, 草食之獸, 不疾易藪, 水生之蟲, 不疾易水. 行小變, 而不失其大常也. 喜怒哀樂, 不入於胸次. 夫天下也者, 萬物之所一也. 得其所一, 而同焉, 則四肢百體, 將爲塵垢, 而死生終始, 將爲晝夜, 而莫之能滑. 而況得喪禍福之所介乎. 棄隸者若棄泥塗, 知身貴於隸也. 貴在於我而不失於變. 且萬化而未始有極也. 夫孰足以患心. 已爲道者解乎此. 孔子曰, 夫子, 德配天地, 而猶假至言以修心, 古之君子, 孰能說焉. 老聃曰, 不然. 夫水之於汋也, 無爲而才自然矣. 至人之於德也, 不修而物不能離焉. 若天之自高, 地之自厚, 日月之自明, 夫何修焉. 孔子出, 以告顔回曰, 丘之於道也, 其猶醯鷄與. 微夫子之發吾覆也, 吾不知天地之大全也.

자해 • 담(聃) : 노자(老子)의 자(字). 신(新) : 방금. 목(沐) : 머리를 감다. 피(被) : 피(披)와 통용, 즉 헤치다. 발(髮) : 머리. 집연(慹然) : 꼼짝도 않는 모양. 변(便) : 병(屛)과 통용, 비켜서다. 현(眩) : 어둡다. 굴약(掘若) : 나무가 뻣뻣하게 말라 있는 모양. 벽언(辟焉) : 입이 열리지 않고 닫혀 있음. 상(嘗) : 시험삼다. 장(將) : 대략. 숙숙(肅肅) : 차다, 고요하다. 혁혁(赫赫) : 밝다, 뜨겁다, 활발히 움직이다. 기(紀) : 기강을 다스리다.

• 회(晦) : 어둡다. 맹(萌) : 싹트다. 종(宗) : 대종(大宗), 근원. 질(疾) : 근심하다, 싫어하다. 수(藪) : 숲, 초목이 무성하다. 흉차(胸次) : 가슴 속. 진구(塵垢) : 티끌[먼지]과 때. 활(滑) : 난(亂)과 통용, 즉 어지럽다. 기예(棄隸) : 하인을 버리다, 종을 버리다. 니도(泥塗) : 진흙. 작(汋) : 물결치는 소리, 맑다. 혜계(醯鷄) : 항아리 속에 생기는 작은 벌레. 미(微) : 무(無)와 같음. 발(發) : 계(啓)와 통용. 복(覆) : 항아리 뚜껑. 대전(大全) : 대도(大道).

해영

공자의 물음에 노자가 답하는 형식을 취하고 있지만 논의가 진지합니다. 지극히 아름답고 지극히 즐거운 삶의 경지가 무엇인지를 일러줍니다. 즉 의식이 동반된 수양보다는 무궁한 자연의 변화(變化)에 따라 스스로를 맡기고 사는 것입니다. 물론 여기서 말하는 변화는 인위가 아닌 근원적 변화를 일컫습니다. 대도(大道)를 체득하면, 세속에서 부지불식간에 행해지는 인의나 예의 따윈 항아리 속의 벌레에 불과합니다.

03

전자방 백리해(百里奚)[116]는 벼슬이나 녹봉(祿俸)을 마음에 두지 않았다. 그런 까닭에 소를 기르면 소가 살쪘다. 진(秦)나라 목공(穆公)은 그의 천(賤)한 신분

116 백리해(百里奚)는 진(秦)나라의 현인으로, 자(字)는 정백(井伯)이고, 성은 맹(孟)이다.

을 잊고 그에게 정치를 맡겼다. 또 유우씨(有虞氏)[117]는 항상 그 부모가 죽이려 했으나[118] 죽고 사는 것을 마음에 두지 않았기 때문에 그의 정성이 남을 움직일 수 있었다. 송(宋)나라 원군(元君)이 지도(地圖)를 그리려 하자 화공(畵工)들이 모두 모였다. 그들은 명령을 받자 절하고 일어나 곧 붓을 핥고 먹을 가는데 사람이 너무 많아 방에 들어가지 못한 사람이 반이나 되었다. 한 화공이 늦게 도착했으나 태연하게 서둘지 않고 명령을 받자 절하고 나서 그대로 자기 숙소(宿所)로 돌아가 버렸다. 원군이 사람을 시켜 알아보게 했더니, 옷을 벗고 두 다리를 뻗은 채 벌거숭이로 쉬고 있었다. 이에 원군이 말했다. "됐다. 이야말로 참된 화공이다."

원문 百里奚爵祿不入於心. 故飯牛而牛肥. 使秦穆公忘其賤, 與之政也.

---

117 제순 유우씨(帝舜有虞氏)는 삼황오제(三皇五帝) 신화 가운데 오제의 마지막 군주다. 주로 선대의 요(堯)와 함께 이른바 '요순(堯舜)'이라 하여 성군(聖君)의 대명사로 불린다.

118 순(舜)은 어머니를 일찍 여의고 계모 밑에서 자랐는데, 계모는 무척 악독한 여자였다. 게다가 계모에겐 상(象)이란 아들이 있었는데, 오만하기 짝이 없었다. 그런데도 아버지인 고수(瞽叟 : 장님)는 상을 총애했다. 그런 환경에서 자랐지만 늘 부모님께 효도하고 동생을 사랑했다. 사람들은 순에 대하여 '덕(德)이 높은 사람'이라 칭송했다. 요(堯)임금은 그런 말을 전해 듣고 무척 기뻐하면서 공주인 아황(娥皇)과 여영(女英)을 순에게 시집보내어 사람됨을 지켜보게 했다. 또한 식량 창고를 지어주고 많은 소와 양을 보냈다. 그것을 본 순의 계모와 동생 상은 질투심이 하늘을 찔렀다. 그들은 고수와 함께 순을 죽이기로 공모하고 실행에 옮겼다. 어느 날, 고수는 순에게 식량 창고 지붕을 고치라고 했다. 순이 사다리를 타고 지붕에 이르자 창고에 불을 질렀다. 불이 난 것을 인지한 순은 사다리를 찾았으나 보이지 않았다. 다행히도 순은 햇빛을 가리는 삿갓 두 개를 갖고 있었다. 양 손에 삿갓 하나씩을 들고 새가 날개를 편 것처럼 하여 지붕에서 뛰어내렸다. 계획이 수포로 돌아가자 이번엔 순에게 우물을 파도록 지시했다. 순이 우물 안으로 깊게 들어가자 우물 입구를 아예 메워버렸다. 입구가 봉쇄된 순은 당황하지 않고 옆으로 굴을 파서 나왔다. 이런 악행이 있고 난 이후, 그들은 더 이상 순을 해칠 생각을 못했다. 그럼에도 순은 이전과 다름없이 부모님께 효도하고 동생 상과 사이좋게 지냈다.

有虞氏死生不入於心, 故足以動人. 宋元君將畵圖, 衆史皆至. 受揖而立, 舐筆和墨, 在外者半. 有一史後至者, 儃儃然不趨, 受揖不立, 因之舍. 公使人視之, 則解衣般礴臝. 君曰, 可矣. 是眞畵者也.

자해 • 해(奚) : 종. 작록(爵祿) : 벼슬과 녹봉. 목(穆) : 온화하다. 유우씨(有虞氏) : 순임금. 화도(畵圖) : 그림을 그리다. 사(史) ; 사(師)와 통용. 읍(揖) : 읍하다, 절하다. 지(舐) : 핥다, 빨다. 단단연(儃儃然) : 유유하다, 태연하다. 불추(不趨) : 서둘지 않다. 반박(般礴) : 두 다리를 쭉 펼치고 앉다. 라(臝) : 라(裸)라 통용, 즉 나체, 벌거숭이.

해영

백리해는 진나라의 현인 이전에 우인(虞人)이었습니다. 우가 진(秦)에게 멸망되면서 진나라 사람이 된 것입니다. 빈천(貧賤)했지만 개의치 않고 소를 길렀습니다. 욕심 없이 소만 기르니 무탈하게 성장했습니다. 후일 현자임을 인지한 목공이 국사를 맡기니 조금도 흐트러짐이 없었습니다. 마찬가집니다. 수많은 화공들이 모여들었지만, 한 사람을 제외하곤 이해관계에서 벗어나지 못했습니다. 욕심을 제거해야 하는 이윱니다.

04

전자방 열자(列子)[119]가 백혼무인(伯昏無人)에게 활쏘기 시범을 보였을 때 활시

---

119 열자(列子)는 이름과 동일하게 책으로도 출간이 됐다. 기원전, 400년경에 만들어진

위를 힘껏 당기면 물을 담은 잔을 팔꿈치에 올려놓아도 물이 기울어 쏟아지지 않을 정도로 좌우로 손이 수평(水平)이 되었다. 활을 쏘아 화살이 시위를 떠났는가 하면 다음 화살이 메워지고, 또 화살이 나아가는 순간에 다음 화살이 메워지듯 빠른데, 그 동안 꼼짝도 하지 않아 그 몸이 나무 인형(人形) 같았다. 백혼무인이 말했다. "그대가 쏘는 화살 솜씨는 뛰어나긴 하지만, 유심(有心)의 활솜씨네. 어떤 의식도 없는 무심(無心)의 활솜씨는 아닐세. 시험삼아 그대와 함께 높은 산에 올라 튀어나온 바위에 서서 백 길이나 되는 벼랑 밑을 내려다본다고 하세. 그때도 잘 쏠 수 있겠는가?"

그리고 백혼무인 자신이 드디어 높은 산에 올라가 튀어나온 바위에 서서 백 길이나 되는 벼랑을 내려다보면서 뒷걸음질을 쳐서 발꿈치의 삼분의 이(二)를 바위 밖 공중에 내민 채 손짓해서 열자(列子)를 불렀다. 열자는 땅에 엎드린 채 두려워서 땀을 흘리며 발꿈치에까지 이르렀다. 백혼무인이 말했다. "대체로 덕이 지극한 사람[至人]은 위로는 푸른 하늘 끝까지 살펴보고 아래론 황천(黃泉) 바닥까지 들여다보아 천지팔방(天地八方)을 자유자재로 날아다니면서도 정신이나 기운이 조금도 변하지 않네. 그런데 방금 그대는 두려움에 떨면서 눈이 어지러운 모양이었네. 그래서는 활을 쏘아 과녁을 맞추기 어려울 것이네."

원문 列禦寇爲伯昏無人射, 引之盈貫, 措杯水其肘上. 發之, 適矢復沓, 方矢復寓, 當是時, 猶象人也. 伯昏無人曰, 是射之射, 非不射之射也. 嘗與汝

책으로, 『노자』, 『장자』와 함께 도가(道家)에 속하며, 고대 우화의 보고(寶庫)로 불린다. 대체로 열자(列子 : 이름은 어구禦寇)로 불리지만, 후세 사람들이 열자의 이름으로 저술했다는 설이 유력하다.

登高山, 履危石, 臨百仞之淵. 若能射乎. 於是無人遂登高山, 履危石, 臨百仞之淵, 背逡巡, 足二分垂在外, 揖禦寇而進之. 禦寇伏地, 汗流至踵. 伯昏無人曰, 夫至人者, 上闚青天, 下潛黃泉, 揮斥八極, 神氣不變. 今汝怵然有恂目之志. 爾於中也殆矣夫.

자해 • 어(禦) : 막다. 구(寇) : 도둑, 해치다. 백혼무인(伯昏無人) : 열자의 스승으로, 앞의 「덕충부(德充符)」에도 보인다. 사(射) : 쏘다. 영(盈) : 차다. 만(貫) : 만(彎)과 통용, 즉 당기다. 영만(盈貫) : 활을 힘껏 당기다. 조(措) : 놓다. 주(肘) : 팔꿈치. 적시(適矢) : 화살이 나가자마자. 부답(復沓) : 다시 화살이 깍지에 끼어지다. 부우(復寓) : 화살이 다시 시위에 메겨지다. 상인(象人) : 나무로 만든 인형.

• 사지사(射之射) : 쏠 때 잘 맞추려는 의식을 지니고 있는, 즉 유심(有心)의 사술(射術)로 봄. 상(嘗) : 시(試)와 통용. 위석(危石) : 높이 솟은 바윗돌. 준순(逡巡) : 발로 더듬거리며 나아가다. 이분(二分) : 3분의 2. 규(闚) : 보다. 휘척(揮斥) : 멋대로 휘젓고 다니다. 팔극(八極) : 팔방(八方). 출연(怵然) : 두려워하다. 순(恂) : 현(眩)과 통용, 즉 어두워지다, 두려워하다. 이(爾) : 너. 중(中) : 정신, 과녁에 맞추다.

해영

지인(至人)의 모습은 마치 '무의식 상태'와 유사하다고 할 수 있습니다. 프로이트(Freud)[120]에 따르면, 무의식은 정신활동의 가장 내밀(內密)한 곳에 감추어

120 프로이트(Sigmund Freud : 1856~1939)는 정신분석학으로 유명하다. 그에 의해 개발된 '성격이론' 때문이다. 정신세계의 대부분을 차지하고 있는 '무의식(無意識)'에 초점을 두고, 성적(性的)·공격적(攻擊的) 충동에 의해 발생하는 갈등을 분석했다. 그의 이론

져 있어 기억하지 못하는 부분입니다. 또 무의식은 의식의 하부에 존재하는 정신세계로 본능과 충동, 억압된 관념 등이 잠재되어 있기도 합니다. 즉 정신 활동의 대부분을 차지합니다. 다시 말해 인식되진 않지만 인간의 사고와 행동을 결정하는 주체이자 핵심입니다.[121]

06

전자방 견오(肩吾)가 손숙오(孫叔敖)[122]에게 말했다. "그대는 세 번씩이나 영윤(令尹)[123]이 되었는데도 그것을 영화(榮華)로 여기지 않고, 세 번이나 그 자리에서 물러났어도 그것을 근심하는 빛이 없었네. 처음 나는 그대를 의심했으나 지금 그대의 얼굴을 보니 매우 즐거운 모습이니 그대는 어찌 수양했기에 그러한가?" 손숙오가 말했다. "내가 어찌 남보다 낫겠는가? 나는 자연히 찾아오는 것을 물리치지 못하고, 자연히 가는 것을 잡아 두지 못한다고 생각하네. 즉 나는 이해(利害)와 득실(得失)이 내가 행할 바가 아니라고 여기기에 근심하는 빛이 없을 뿐이네."

"그러니 내가 어찌 남보다 나을 것이 있겠는가? 내가 재상이 되면 남들이 존

이 후학들로부터 비판이 존재하지만, 심리학은 물론 다양한 학문 분야에 크게 영향을 미치고 있다.

121 김해영(2020), 『인간행동이론』, 부크크, 15쪽.

122 『논어(論語)』, 「공야장(公冶長)」에 보이는 영윤(令尹) 자문(子文)을 지칭하며, 초(楚)나라 장왕(莊王)의 재상을 지냈다.

123 영윤(令尹)은 본래 주대(周代) 초나라에 있었던 관명(官名)으로, 상경(上卿)이며 국정을 맡은 사람을 뜻한다.

경하는데, 그 존경이 재상이란 관직 때문에 있는 것인지, 그것이 나 자신에게 있는 것인지 알지 못하네. 그것이 재상이란 관직 때문에 있는 것이라면, 나 자신과는 관계가 없는 것이니 기뻐할 일이 없고, 그것이 나 자신 때문에 있는 것이라면 재상의 지위를 잃는다고 슬퍼할 일이 못되네. 나는 바야흐로 유유자적(悠悠自適)하면서 팔방(八方)을 돌아보려 하는데, 어느 겨를에 사람의 귀천(貴賤)에 대해 마음 쓸 틈이 있겠는가!"

원문 肩吾問於孫叔敖曰, 子三爲令尹, 而不榮華, 三去之而無憂色. 吾始也疑子, 今視子之鼻間栩栩然, 子之用心獨奈何. 孫叔敖曰, 吾何以過人哉. 吾以其來不可卻也, 其去不可止也. 吾以爲得失之非我也, 而無憂色而已矣. 我何以過人哉. 且不知, 其在彼乎, 其在我乎. 其在彼邪亡乎我, 在我邪亡乎彼. 方將躊躇, 方將四顧, 何暇至乎人貴人賤哉.

자해 • 오(敖) : 거만하다. 영윤(令尹) : 초나라의 벼슬 이름으로, 재상을 뜻한다. 허허연(栩栩然) : 기쁘고 즐거운 모양. 주(躊) : 주저하다. 저(躇) : 주저하다. 주저(躊躇) : 여기선 만족하다는 의미, 즉 유유자적하는 모양. 사고(四顧) : 팔방(八方).

해영

세속에서의 평가? 어떻게 이루어지나요? 일반적으론 외물(外物)만으로 평가하는 경향이 강함을 볼 수 있습니다. 예컨대 고급 승용차를 타고 골프장이나 호텔을 방문하면 그에 상응하는 예우를 받으나, 소형 승용차를 타고 가면 예우를 논할 수 없을 만큼 형편이 없습니다. 외물로 사람을 평가한 전형적인 사례라 할 수 있습니다. 공직도 다르지 않습니다. 고위직과 하위직은 천양지

차입니다. 수준을 높여야 하는 이윱니다.

07

전자방 초(楚)나라 임금[124]이 범(凡)나라[125] 임금과 같이 앉아 있었다. 잠시 후 초나라 임금의 좌우에서, "범나라는 망했다."고 세 번이나 말하는 사람이 있었다. 범나라 임금이 말했다. "범나라가 망했다 해도 내 자신의 존재가 사라지는 것은 아니다. 대체로 범나라가 망했다 해도 내 자신의 존재가 사라지지 않은 이상, 즉 초나라가 망하지 않고 있다 해도 내 존재와는 상관이 없는 것이다. 이렇게 본다면, 곧 범나라는 처음부터 망한 적이 없고, 초나라는 아직 존재했다고 할 수 없다."

원문 楚王與凡君坐. 少焉, 楚王左右曰, 凡亡者三. 凡君曰, 凡之亡也, 不足以喪吾存. 夫凡之亡, 不足以喪吾存, 則楚之存, 不足以存存. 由是觀之, 則凡未始亡, 而楚未始存也.

자해 • 좌우(左右) : 근시지인(近侍之人)이라 하여, 임금 옆에서 모시는 시자(侍者)들을 일컫는다. 상(喪) : 잃다, 사라지다. 상오존(喪吾存) : 내 자신의 존재가 사라지다. 부족이존존(不足以存存) : 내 자신의 입장에서 보면 초나라의 존

124 초(楚)나라 임금은 문왕(文王)으로, 범(凡)나라의 희후(僖侯)와 함께 합종회맹(合縱會盟)에 대해 논하고 있었다.

125 범(凡)나라는 주공(周公)의 후국(後國)으로, 급군(汲郡)의 경계에 있었다. 오늘날의 범성(凡城)이 그것이다.

재를 증명할 그 어떤 것도 없다. 유(由) : 말미암다, 좇다.

해영

나라의 흥망성쇠(興亡盛衰)는 지속돼 왔습니다. 하지만 사람은 연면(連綿)히 이어져 왔습니다. 이런 차원에서 보면 사람의 삶은 소속이 없다고도 할 수 있습니다. 도가(道家)가 정치에서 완전 초연할 순 없지만 이 같은 대목에서 비정부(非政府)가 아닌 무정부(無政府)에 가까운 사상임을 느끼게 합니다. 나라의 존재유무와 상관없이 세상과 호흡하는, 자연과 더불어 유유자적(悠悠自適)하는 삶을 이어가면 그만인 것입니다.

지북유(知北遊)

주지하듯 도(道)는 무형(無形)입니다. 이목구비로 확인할 수 없습니다. 때문에 말로 가르치기 어렵습니다. 여기서도 앞에서와 마찬가지로 자연의 도(道)를 중심으로 논하고 있습니다. 「대종사」의 내성(內聖)을 부연한 것이 특징입니다.

01

지북유 지(知)가 북쪽 현수(玄水) 가에서 노닐다 은분(隱弅)의 언덕에 올라갔을 때, 우연히 무위위(無爲謂)를 만났다. 지가 무위위에게 말했다. "나는 그대에게 묻고자 합니다. 무엇을 생각하면 도(道)를 알 수 있습니까? 어떤 곳에서 어떤 행동을 하면 도에 편히 머물 수 있습니까? 무엇을 따르고 무슨 방법을 쓰면 도를 터득할 수 있습니까?" 지가 세 번이나 물었으나 무위위는 대답하지 않았다. 대답하지 않은 것이 아니라 대답할 말을 모르는 것이었다. 지는 자기가 묻고서도 대답을 듣지 못한 채 백수(白水) 남쪽으로 돌아와 호결(狐闋) 위로 올라갔다가 광굴(狂屈)을 만났다. 지가 전과 같은 말을 광굴(狂屈)에게 물었다. 광굴이 말했다. "아! 나는 그것을 안다. 이제 그대에게 말해 주리라!" 그리고 나서 말하려 했으나 말하려던 것을 그만 잊어버리고 말았다. 지는 다시 물을 수 없어서 제궁(帝宮)으로 돌아와 황제(黃帝)를 만나 물었더니 황제가 말했다.

"아무 생각이 없어야 비로소 도를 알게 되오. 처신하는 곳도 없고 행동도 없어야 비로소 도에 편히 머물 수 있소. 아무것도 따르지 않고 어떤 방법도 쓰지 않아야 비로소 도를 얻게 되오." 지가 다시 황제에게 물었다. "나와 그대는 도에 대해서 이와 같이 알지만, 저 무위위와 광굴은 아무것도 모르니 과연 누가 옳은 것인가요?" 황제가 말했다. "저 무위위야말로 진실로 도를 안다고 할 수 있소. 광굴도 그에 가깝소. 그런데 나와 그대는 끝내 참다운 도에는 가까워지지 못하오. 참된 도를 알고 있는 사람은 말로 나타내지 않고, 말하는 사람은 도를 모르는 것이오.[126] 그러므로 성인(聖人)은 말로 표현하지 않는 가르침을 행하는 것이오. 도(道)는 말로 얻어지지 않고, 덕(德)은 인위(人爲)로 이르지 못하는 것이오. 인(仁)은 덕에 가깝기 때문에 실천해도 되고, 의(義)는 분별하기 때문에 행하지 않는 것이 좋으며, 예(禮)는 형식 때문에 서로 속이게 마련이오."

"그러므로 '도(道)를 잃은 뒤에 덕(德)이 생기고 덕을 잃은 뒤에 인(仁)이 생기며, 인을 잃은 뒤에 의(義)가 생기고 의를 잃은 뒤에 예(禮)가 생기는 것이오. 예란 도의 알맹이가 없는 꽃이며, 모든 혼란의 시초라고 하오. 그러므로 도를 닦는 사람은 날로 외면의 가식을 제거하고 이것을 자꾸 되풀이하여 무위의 경지에 이르니, 무위이면서 하지 않는 것이 없게 된다.'고 하오. 지금 이미 각기 하나의 사물로 존재하는 것이 만물의 근본인 무극의 도에 돌아가려 하는 것이 어찌 어려운 일이 아니겠소. 그것을 쉽게 할 수 있는 사람이 있다면, 그는 오직 위대한 사람일 것이오. 삶이란 죽음의 무리이며, 죽음은 삶의 시작이

---

126 참된 도(道)를 터득한 사람은 말로 그것을 표현하지 않고, 말하는 사람은 도(道)를 모르는 것[知者不言, 言者不知]이란 말은 『노자(老子)』, 56장에도 나온다.

오. 삶과 죽음은 끝없이 되풀이되는 것이니, 누가 그 법도를 관장(管掌)하는지 어찌 알겠소? 사람이 사는 것은 기(氣)가 모인 것이며, 기가 모이면 삶이 되고 기가 흩어지면 죽음이 되는 것이오."

"만약 죽음과 삶을 같은 무리로 본다면 내가 또 어찌 근심을 하겠소. 그러므로 만물은 하나요, 아무 차별도 없소. 그런데 사람들은 사물(事物)에 아름답고 추한 것에 차별을 두어 아름다운 것은 신기(神奇)하다 하고, 추한 것은 썩어 냄새가 난다고 하오. 썩어 냄새가 나는 것이 다시 변화해서 신기한 것이 되고, 신기한 것이 다시 변해 냄새가 나게 되는 것이오. 그러므로 천하는 하나의 기(氣)로 통한다고 하오. 성인은 그래서 그런 무차별(無差別)의 경지에 있으며, 유일절대(唯一絶對)의 도를 귀하게 여기는 것이오."

원문 知北遊於元水之上, 登隱弅之丘, 而適遭無爲謂焉. 知謂無爲謂曰, 予欲有問乎若. 可思何慮, 則知道. 何處何服, 則安道. 何從何道, 則得道. 三問而無爲謂不答也. 非不答, 不知答也. 知不得問, 反於白水之南, 登狐闋之上, 而睹狂屈焉. 知以之言也, 問乎狂屈. 狂屈曰, 唉. 予知之, 將語若, 中欲言, 而忘其所欲言. 知不得問, 反於帝宮, 見黃帝而問焉. 黃帝曰, 無思無慮, 始知道. 無處無服, 始安道. 無從無道, 始得道. 知問黃帝曰, 我與若知之, 彼與彼不知也, 其孰是邪. 黃帝曰, 彼無爲謂眞是也. 狂屈似之. 我與汝終不近也. 夫知者不言, 言者不知. 故聖人行不言之敎. 道不可致, 德不可至. 仁可爲也, 義可虧也, 禮相僞也. 故曰, 失道而後德, 失德而後仁, 失仁而後義, 失義而後禮. 禮者道之華, 而亂之首也. 故曰, 爲道者日損, 損之又損之, 以至於無爲, 無爲而無不爲也. 今已爲物也, 欲復歸根, 不亦難乎. 其易也, 其唯大人乎. 生也死之徒, 死也生之始, 孰知其紀. 人之生, 氣之聚也, 聚則爲生,

散則爲死. 若死生爲徒, 吾又何患. 故萬物一也. 是其所美者爲神奇, 其所惡者爲臭腐. 臭腐復化爲神奇, 神奇復化爲臭腐. 故曰, 通天下一氣耳. 聖人故貴一.

자해 ● 지(知) : 지식이나 지혜를 대표하는 사람. 은분(隱弅) : 산 이름, 현수(玄水)와 함께 도가 현묘하고 은밀히 높은 것을 암시. 분(弅) : 높은 언덕. 무위위(無爲謂) : 참으로 알아서 더 말할 것이 없는 이른바 '도가 통한' 사람. 호결(狐闋) : 산 이름, 혹은 언덕. 결(闋) : 끝나다, 빌다. 광굴(狂屈) : 자유롭고 무심하게 마른 나무처럼 도를 터득한 사람. 애(唉) : 탄식하다. 약(若) : 여(汝)와 통용. 휴(虧) : 이지러지다. 위(僞) : 속이다. 손(損) : 덜다, 잃다. 기(紀) : 기강, 법도. 취(臭) : 냄새, 썩다. 부(腐) : 썩다. 취부(臭腐) : 악한 냄새가 남, 썩은 것.

해영

도(道)란 인위로 이루어질 수 없습니다. 무위(無爲)야말로 만물의 어머닙니다. 그런 만물은 모두 기(氣)가 모여서 형성된 것입니다. 기가 모이면 살고, 기가 흩어지면 죽은 것이 됩니다.[127] 여기서 기일원론(氣一元論)이 자연스럽게 도출됨을 볼 수 있습니다. 화담(花潭)[128]은 송대(宋代)의 주돈이(周敦頤), 장재(張載)

---

127 열역학 제2법칙인 엔트로피(Entropy) 법칙은 우주 안의 모든 것은 일정한 구조와 가치로 시작하여 무질서한 상태로 나아가며, 이 방향을 역(逆)으로 되돌리는 것은 불가능하다[不可逆性]. 엔트로피 법칙에 따르면, 지구상 어디서든 질서를 창조하기 위해선 더 큰 무질서를 만들어내야만 한다. 이 법칙은 역사가 진보의 과정이라는 가설뿐만 아니라 과학과 기술이 유질서한 세계를 창조할 것이라는 가설도 부인한다.

128 화담(花潭) 서경덕(徐敬德 : 1489~1546)은 「태허설(太虛說)」에서 우주 공간에 충만해 있는 원기(原氣)를 형이상학적인 대상으로 삼고, 그 기(氣)의 본질을 태허(太虛)라 했다. 기의 본질인 태허는 맑고 형체가 없는 것으로 선천(先天)이라 한다. 크기는 한정이 없고 시초도 없으며, 유래도 추궁할 수 없다. 또 널리 가득 차 한계의 멀고 가까움이 없

등의 철학사상을 조화시켜 독자적인 기일원론(氣一元論)을 제창했습니다. 모두가 장자에서 비롯된 것입니다.

02

지북유 순(舜)임금이 승(丞)에게 물었다. "도를 자기 것으로 소유할 수 있는가?" 승이 말했다. "그대의 몸조차도 그대의 것이 아닌데, 그대가 어찌 도를 소유할 수 있겠는가!" 순이 말했다. "내 몸이 내 것이 아니라면 대체 누구의 것이란 말인가?" 승이 말했다. "그것은 천지(天地)에 딸린 것이네. 생명도 그대의 것이 아니고, 천지 음양(陰陽)의 기(氣)가 화합하여 생긴 것이네. 성명(性命)도 그대의 것이 아니며, 천지 자연(自然)의 이치에 따라 주어진 것이네. 자손도 그대의 것이 아니고, 천지 자연(自然)이 허물을 벗는 것이네. 그러므로 사람은 삶의 길을 가면서도 어디로 가는지 모르고, 살고 있으면서도 어떻게 사는지를 모르며, 먹으면서도 그 맛이 어찌해서 있는지를 모르네. 그것이 천지 자연(自然)의 활기(活氣)라는 것이네. 그러니 어찌 천지의 그 무엇을 소유할 수 있겠는가?"

으며, 꽉 차 있어 비거나 빠진 데가 없으니 털끝만큼도 용납될 틈이 없다. 하지만 실재(實在)하기 때문에 무(無)라 할 수 없다. 따라서 화담의 기는 우주를 포함하고도 남는 무한량(無限量)이며, 시작도 끝도 없는 영원한 존재다. 이런 기(氣)는 모였다가 흩어지는 운동을 하지만 기 자체는 소멸하지 않는다. 기가 한 곳으로 모이면 물건이 되고, 흩어지면 소멸하는 것이다. 물이 얼면 얼음이 되고, 얼음이 녹으면 물로 환원되는 것과 같은 것이다. 한편 '일편향촉(一片香燭)의 기(氣)라도 그것이 눈앞에 흩어지는 것을 보지만, 그 남은 기운은 마침내 흩어지지 않는다.'라고 하여 일기장존설(一氣長存說)을 주장했다. 이는 물리학에서 밝히고 있는 에너지 항존율(恒存律)과 같다.

원문 舜問乎丞曰, 道可得而有乎. 曰, 汝身非汝有也, 汝何得有夫道. 舜曰, 吾身非吾有也, 孰有之哉. 曰, 是天地之委形也. 生非汝有, 是天地之委和也. 性命非汝有, 是天地之委順也. 孫子非汝有, 是天地之委蛻也. 故行不知所往, 處不知所持, 食不知所味. 天地之强陽氣也. 又胡可得而有邪.

자해 • 승(丞) : 순임금의 스승이란 설도 있고, 관명(官名)으로 보는 사람도 있다. 위(委) : 부(付) 또는 촉(囑)의 의미로, 부속되어 있는 것을 뜻한다. 세(蛻) : 매미가 허물을 벗다. 강양(强陽) : 운동 혹은 운행.

해영

도(道)는 사람이 인식할 수 있는 대상이 아닙니다. 생명은 물론 성명(性命)도 모두 자연에 부속된 것에 불과합니다. 따라서 '도'는 소유의 개념이 될 수 없습니다. 순임금과 그 스승의 대화를 통해 천지 자연(自然)의 이치를 알 수 있듯, 자신의 존재 이유를 명확히 통찰할 필요가 있습니다. 즉 사람이 지각(知覺)할 수 있는 것은, 음양(陰陽)의 기(氣)와 운동에 의해 움직이는 그 자체를 확인하고 인식할 수 있을 뿐입니다.

03

지북유 공자가 노담(老聃)에게 물었다. "오늘은 한가하니 감히 지극한 도[至道]에 대해 묻습니다." 노담이 말했다.[129] "사람이 천지(天地) 사이에 살아 있

129 지극한 도[至道]에 대해 논하는 부분에서 중언부언(重言復言)이 없지 않아 대폭 줄여

는 시간이란 마치 준마(駿馬)가 벽의 틈 사이를 잠깐 지나가는 듯 순식간의 일이오. 만물은 모두 자연의 변화에 따라 생겨났다가 다시 변화에 따라 죽는 것이오. 변화하여 생겨나기도 하고 또 변화하여 죽기도 하오. 이것을 생물(生物)이나 인간은 서러워하기도 하고 슬퍼하기도 하오. 하지만 죽음이란 활집이나 옷주머니를 끄르듯 하늘에서 받은 형체를 떠나 육체가 산산이 흩어지고 정신이 형체를 떠나려 할 때, 몸도 따라 위대한 귀착점인 도(道)로 복귀(復歸)하는 것이오."

"무형(無形)에서 유형(有形)이 생기고, 유형이 무형으로 돌아가는 것은 사람들이 모두 알고 있는 바이며, 도에 이르려는 사람이 애써 추구할 일이 되지 못하오. 이는 또 사람들이 다 같이 거론하는 것이지만, 도(道)에 이른 사람은 그런 일을 논하지 않으며, 말하는 사람은 도에 이르지를 못하오. 도(道)란 분명히 보려 하면 만날 수 없고, 변론으로 하는 것은 침묵을 지키는 것만 못하오. 또한 도란 귀로 들을 수 없고, 귀를 막고 몸으로 터득하는 것만 못하오. 이와 같이 하면 지교감각(知巧感覺)을 떠나 자연의 대도(大道)와 하나가 되는, 위대한 이치[大理]를 터득[大得]했다고 하는 것이오."

원문 孔子問於老聃曰, 今日晏閒, 敢問至道. 老聃曰, (...) 人生天地之間, 若白駒之過郤, 忽然而已. 注然勃然, 莫不出焉. 油然漻然, 莫不入焉. 已化而生, 又化而死. 生物哀之, 人類悲之. 解其天弢, 墮其天袠, 紛乎宛乎, 魂魄將往, 乃身從之, 乃大歸乎. 不形之形, 形之不形, 是人之所同知也, 非將至之所務也. 此衆人之所同論也, 彼至則不論, 論則不至. 明見無値, 辯不若默.

서술하였음을 밝힌다.

道不可聞, 聞不若塞. 此之謂大得.

자해 • 안한(晏閒) : 편안하고 한가하다. 구(駒) : 망아지 혹은 준마(駿馬)로 해석하는 경우도 있다. 극(郤) : 극(隙)과 통용, 즉 구멍. 발(勃) : 일어나다. 주연발연(注然勃然) : 변화에 따라 만물이 생겨나는 모양, 여기서 주(注)와 발(勃)은 생출(生出)하는 모양. 료(漻) : 변하다. 유연료연(油然漻然) : 변화에 따라 사물이 사라지는 모양, 여기서 유(油)와 료(漻)는 허무로 돌아가는, 즉 사물이 죽는 모양.

• 해기천도(解其天弢) : 도(弢)는 활집, 자연의 활집을 풀어 놓은 것, 즉 죽음이란 활집을 풀어 놓은 것처럼 자연의 한 가지 변화라는 의미. 질(袠) : 의낭. 천질(天袠) : 자연의 책 껍질. 완(宛) : 작다. 분호완호(紛乎宛乎) : 육체와 혼백이 떨어지다, 즉 사람이 죽는 모양. 장지(將至) : 지극한 도에 도달하려는 사람. 치(値) : 만나다.

해영

공자와 노자의 대화를 통해 '지도(至道)'를 논합니다. 만물은 인위가 아닌 자연히 생깁니다. 그것의 생사(生死) 또한 자연에 따라 움직일 뿐입니다. 그리고 자연에서의 삶과 죽음은 무한 반복됩니다. '지도'를 얻기 위해선 지교(知巧)나 변론(辯論), 견문(見聞) 등을 물리치고 무위(無爲)와 정묵(靜默) 속에서 도달할 것을 일러줍니다. 자연(自然)의 도에 맞춰 순응해야 합니다. '죽음까지도 초월할 수 있는 기제(機制)'입니다.

04

지북유 동곽자(東郭子)[130]가 장자(莊子)에게 물었다. "이른바 도(道)라는 것은 어디에 있습니까?" 장자가 말했다. "없는 곳이 없소." 동곽자가 물었다. "분명히 가르쳐 주십시오." 장자가 말했다. "땅강아지나 개미[螻蟻]에게 있소." 동곽자가 물었다. "어찌하여 그렇게 낮은 것에 있습니까?" 장자가 말했다. "돌피나 피[稊稗]에 있소." 동곽자가 물었다. "어찌하여 그렇게 더 낮아집니까?" 장자가 말했다. "기와나 벽돌[瓦甓]에도 있소." 동곽자가 물었다. "어찌하여 그렇게 더욱 더 낮아집니까?" 장자가 말했다. "똥이나 오줌[屎溺]에도 있소." 동곽자는 말문이 막혀 묻지 않았다. 장자가 말했다.

"그대의 질문은 애당초 본질(本質)에 미치지 못하오. 가령 시장(市場)을 관장(管掌)하는 관리(官吏)가 감독하는 사람에게 돼지를 밟게 하여 그 돼지의 살찐 모양을 물을 때에도 그 밟는 부분이 엉덩이나 다리로 내려가면 내려갈수록 전체를 잘 알 수 있는 것이오. 그대도 도가 어디에 있다고 한정해서는 안 되는 것이오. 도가 사물을 초월한 것이라고 생각해서도 안 되오. 지극한 도[至道]란 이와 같은 것이오. 위대한 가르침도 역시 그런 것이오. 두루[周]·언제나[徧]·모두[咸]라는 세 글자는 이름은 다르나 실제 뜻은 같은 것이오. 이처럼 도를 표현하는 것은 하나인 것이오."

원문 東郭子問於莊子曰, 所謂道, 惡乎在. 莊子曰, 無所不在. 東郭子曰, 期

---

130 앞의 전자방(田子方)에 보이는 동곽순자(東郭順子)다. 성곽 동쪽에 거주하였다고 하여 동곽(東郭)이 성이 되었고, 순자(順子)는 이름이다.

而後可. 莊子曰, 在螻蟻. 曰, 何其下邪. 曰, 在稊稗. 曰, 何其愈下邪. 曰, 在瓦甓. 曰, 何其愈甚邪. 曰, 在屎溺. 東郭子不應. 莊子曰, 夫子之問也, 固不及質. 正獲之問於監市履狶也, 每下愈況. 汝唯莫必, 無乎逃物. 至道若是. 大言亦然. 周徧咸三者, 異名同實. 其指一也.

자해 • 기(期) : 지적하다, 도가 있는 곳을 가리키다. 기이후가(期而後可) : 장자에게 도가 있는 곳을 밝히게 하다. 루의(螻蟻) : 땅강아지와 개미. 제패(稊稗) : 돌피와 피, 논이나 밭에 나는 흔한 잡초. 벽(甓) : 벽돌. 시뇨(屎溺) : 똥과 오줌. 질(質) : 바탕, 본질. 정획(正獲) : 정(正)은 관호(官號), 지금의 시령(市令)이고, 획(獲)은 그 이름이다. 즉 시장을 관리하는 우두머리를 뜻한다. 감시(監市) : 시장에서 매매를 감독하는 사람.

• 이(履) : 밟다. 희(狶) : 돼지. 이희(履狶) : 돼지를 발로 밟아 보며 그 살찐 정도를 감정하는 것. 매하유황(每下愈況) : 돼지의 살이 안 붙은 부분으로 밟아 내려갈수록 다른 부분의 살찐 정도까지도 미루어 알 수 있다는 의미다. 즉 도가 천한 것에 있음을 알게 되면 그 전체도 알 수 있다는 뜻이다. 필(必) : 이것저것 한정하다. 막필(莫必) : 도가 있는 곳을 한정해서는 안 된다는 의미. 무호도물(無乎逃物) : 도가 사물을 초월한 동떨어진 것으로 생각해서는 안 됨. 주(周) : 두루. 편(徧) : 언제나. 함(咸) : 모두.

해영

장자가 말하는 도(道)는 천지 자연(自然)에 존재합니다. 이른바 범신론(汎神論)[131]이라고 하는 이유도 여기에 있습니다. 드러난 모든 현상은 도에 의해

131 범신론(汎神論=pantheism)은 신(神)이란 없고, 대신 현존하는 우주 안에 나타나 있는 실

이뤄졌기 때문입니다. 따라서 자신의 존재를 의식하지 않고 무위할 수 있을 때, 도에 따라 산다고 할 수 있습니다. 이는 『중용(中庸)』의 중화(中和) 논리와도 유사합니다. 도(道)라는 것은 잠시도 떠날 수 없는 것이니, 떠날 수 있으면 '도'가 아니라고 한 것이 그것입니다.

재(實在)와 힘[力], 이법(理法)들의 총합이 있을 뿐이다. 범신론엔 몇 가지 유형이 있다. 의식이 자연으로부터 기인한다고 보는 범심론(汎心論), 세계는 현상에 불과하며 궁극적으론 비실재(非實在)라고 해석하는 비우주적 범신론, 합리적인 신플라톤주의적[유출론적] 범신론, 직관적이고 신비주의적인 범신론 등이 있다. 힌두교와 불교엔 여러 형태의 범신론이 혼합되어 있다. 범신론 유형이 『베다(Vedas)』와 『우파니샤드(Upaniṣad)』, 『바가바드기타(Bhagavadgītā)』에 깊이 뿌리박혀 있다.

잡편

雜篇

경상초(庚桑楚)

노자(老子)의 무위자연(無爲自然)에 부응하는 설화가 전반을 차지하는데, 사려(思慮)와 시비(是非)를 초월하여 천지 자연[無]으로 돌아갈 것을 권합니다. 후반은 잡다한 단장(短章)의 집록(集錄)으로 내편의 「소요유」나 「제물론」의 논지를 많이 인용한 것이 특징입니다. 주자(朱子)는 여기 글을 선적(禪的)이라 평하기도 했습니다.

01

경상초 노담(老聃)의 제자 중에 경상초(庚桑楚)[1]란 사람이 있었다. 그는 노담[노자]의 도(道)를 좀 터득해서 북쪽의 외루(畏壘)라는 산에 살았다. 그는 부하 중에 뛰어나게 지혜가 있는 사람은 내보내고, 온후하고 어진체하는 첩(妾)들도 멀리했다. 추하게 생긴 사람들과 같이 살고 부지런히 일하는 사람들과 살았다. 삼 년이 지나자, 외루(畏壘) 지방엔 큰 풍년이 들었다. 외루 사람들은 서로 말했다. "경상자(庚桑子)가 처음 왔을 때 우리는 놀라며 그를 이상하게 여겼다. 지금 나날이 그가 한 일을 헤아려보면 별것 아닌데, 일 년 사이의 일을 헤아려 보면 놀라운 성과가 있다. 아마도 그는 성인(聖人)일 것이다. 그대들은 어찌 그를 임금으로 모시어 종묘와 사직을 세우고 제사를 지내지 않을 수 있

---

1 경상초(庚桑楚)는 성이 경상(庚桑)이고, 이름은 초(楚)다. 『열자(列子)』, 「중니(仲尼)」엔 항창자(亢倉子)로 나온다.

겠는가?"

경상자(庚桑子)가 이런 말을 듣고 남쪽을 향해 앉아 석연치 않은 표정을 짓자, 제자들은 이상하게 여겼다. 경상자가 말했다. "너희들은 어찌하여 나를 이상하게 여기느냐? 대체로 봄[春] 기운이 일어나면 온갖 풀들이 자라나고, 가을[秋]이 되면 만 가지 열매를 맺는다. 대체로 봄과 가을이 어찌 자연의 도(道)를 얻는 것이 없이 그렇게 되겠는가? 천지 자연(自然)의 대도(大道)가 행해졌기 때문이다. 내가 들으니 지인(至人)은 조그만 방에 숨어살지만, 민중들은 제멋대로 날뛰면서 아무 것도 알지 못한다 하였다. 그런데 지금 이 외루(畏壘) 사람들은 남몰래 나를 현인(賢人)으로 높여 임금으로 삼으려 하는구나. 그러면 나는 표적[자신을 드러냄]이 되는 사람이란 말인가? 나는 이렇게 되면 노담[노자]의 말씀을 거역하게 되는 셈이니 석연치 않게 생각하는 것이다."

제자가 말했다. "그렇지 않습니다. 보통의 작은 개울에선 큰 물고기가 몸을 돌리지 못하지만 작은 물고기는 제맘대로 헤엄칠 수가 있습니다. 낮은 언덕에선 큰 짐승이 그 몸을 숨길 수 없지만 교활한 여우는 살기 좋다고 합니다. 또한 현인을 존중하고 유능한 사람에게 벼슬을 내려 선행(善行)과 이득(利得)을 앞세우는 것은 옛날 요순(堯舜)때부터 그러했습니다. 하물며 외루(畏壘)의 사람들이야 말할 것이 있겠습니까? 그러니 선생님께선 그들의 청을 들어 주십시오." 경상자가 말했다. "너희들은 와서 들어보라. 저 수레를 삼킬 만한 짐승도 짝을 잃고 혼자 산을 내려오면 그물과 올가미의 환난을 면치 못하고, 배를 삼킬 만한 큰 물고기도 펄쩍 뛰어 물 밖으로 나오면 개미에게도 괴로움을 당한다. 그러므로 조수(鳥獸)들은 높은 곳을 싫어하지 않고, 물고기나 자라는 깊은 곳을 싫어하지 않는다."

"따라서 몸과 삶을 온전히 하는 사람은 자신의 몸을 감추는 데에 있어서 깊고 먼 것을 싫어하지 않는다. 또한 저 요(堯)와 순(舜) 두 사람을 어찌 칭찬할 수 있겠는가? 그들의 변론은 망령되이 담을 뚫고 쑥대 같은 잡초를 자라게 한 것과 같다. 머리털을 하나씩 세가면서 빗질을 하고, 쌀을 하나하나 세어서 밥 짓는 것과 같이 깐깐했다. 과연 그래서 얼마나 세상을 구제할 수 있겠는가? 현명한 사람을 등용하면 민중들은 서로 다투고, 지혜로운 사람을 임명하면 민중들은 서로 속일 것[도둑질 등]이다.[2] 즉 이런 것들은 민중들을 순후하게 만들지 못하는 것이다. 민중들이 이익을 구하기에만 눈이 어두워지면, 자식이 어버이를 죽이고, 신하가 임금을 죽이며, 대낮에도 도둑질을 하거나 남의 집 담장을 뚫게 될 것이다. 내가 너희들에게 말하노니, 큰 어려움의 근본은 반드시 요순시대로부터 생긴 것으로 그 끝은 천 년 후에도 계속될 것이다. 그 후에 가서는 반드시 사람과 사람이 서로 잡아먹는 현상도 벌어질 것이다."

원문 老聃之役有庚桑楚者. 偏得老聃之道, 以北居畏壘之山. 其臣之畫然知者去之, 其妾之挈然仁者遠之. 擁腫之與居, 鞅掌之爲使. 居三年, 畏壘大穰. 畏壘之民相與言曰, 庚桑子之始來, 吾洒然異之. 今吾日計之而不足, 歲計之而有餘. 庶幾其聖人乎. 子胡不相與尸而祝之, 社而稷之乎. 庚桑子聞之, 南面而不釋然, 弟子異之. 庚桑子曰, 弟子何異於予. 夫春氣發而百草生, 正得秋而萬寶成. 夫春與秋豈無得而然哉. 天道已行矣. 吾聞, 至人尸居

---

2 유가(儒家)에선 현명한 사람을 등용해야 공정한 사회가 되는 것으로 이해하지만, 장자는 현명한 사람을 등용하면 오히려 민중들은 서로 먼저 등용되기 위해 다툰다고 보았고, 지혜로운 사람을 임명하면 민중들은 지혜로운 척하기 위해 서로 속인다[도둑질 등]고 보았다.

環堵之室, 而百姓猖狂不知所如往. 今以畏壘之細民, 而竊竊焉欲俎豆予於賢人之間. 我其杓之人邪. 吾是以不釋於老聃之言. 弟子曰, 不然. 夫尋常之溝, 巨魚無所還其體, 而鯢鰌爲之制. 步仞之丘陵, 巨獸無所隱其軀, 而孽狐爲之祥. 且夫尊賢授能, 先善與利, 自古堯舜以然. 而況畏壘之民乎. 夫子亦聽矣. 庚桑子曰, 小子來. 夫函車之獸, 介而離山, 則不免於罔罟之患, 呑舟之魚, 碭而失水, 則蟻能苦之. 故鳥獸不厭高, 魚鼈不厭深. 夫全其形生之人, 藏其身也, 不厭深眇而已矣. 且夫二子者, 又何足以稱揚哉. 是其於辯也, 將妄鑿垣墻而殖蓬蒿也. 簡髮而櫛, 數米而炊. 竊竊乎, 又何足以濟世哉. 擧賢則民相軋, 任知則民相盜. 之數物者, 不足以厚民. 民之於利甚勤, 子有殺父, 臣有殺君, 正晝爲盜, 日中穴坏. 吾語汝, 大亂之本, 必生於堯舜之間, 其末存乎千世之後. 千世之後, 其必有人與人相食者也.

자해 ● 역(役) : 학도제자(學徒弟子). 편(偏) : 치우치다, 약간, 조금. 외루(畏壘) : 산 이름. 획연(畫然) : 똑똑하다, 분명하다. 설(挈) : 끌다. 설연(挈然) : 정이 얽힌 모양, 인(仁)을 자랑하다. 옹종(擁腫) : 추하다, 무식하다. 앙장(鞅掌) : 멍청하다, 자득(自得)하다. 대양(大穰) : 크게 풍년이 들다. 선연(洒然) : 놀라다. 서(庶) : 모(慕)와 통용. 기(幾) : 근(近)과 통용, 즉 가깝다. 호(胡) : 어찌. 시(尸) : 주장하다, 신주. 시이축지(尸而祝之) : 제사 때 신주를 모시듯 윗자리에 모시다. 사(社) : 땅 신. 직(稷) : 곡식 신. 사이직지(社而稷之) : 나라의 사직처럼 모시다, 임금처럼 모시다. 불석(不釋) : 불쾌(不快)와 같음. 불석연(不釋然) : 석연치 않다.

● 보(寶) : 실(實)과 통용. 시거(尸居) : 죽은 듯 숨어살다. 환(環) : 두르다. 도(堵) : 담. 환도(環堵) : 여기서 도(堵)는 한 장(丈)을 뜻함, 따라서 한 장 사방의 넓이로 작은 방을 가리킨다. 창(猖) : 미치다. 창광(猖狂) : 멋대로 날뛰다.

소여왕(所如往) : 자기들이 갈 곳, 성인(聖人)이 자기들 삶에 도움이 된다는 사실. 절절언(竊竊焉) : 마음속으로 바라다. 조(俎) : 도마, 적대(炙臺). 조두(俎豆) : 제기(祭器), 여기선 높이 받들어 모시다. 표(杓) : 표(標)와 통용, 즉 자기를 드러내다. 심(尋) : 여덟 자. 구(溝) : 도랑. 예(鯢) : 작은 고기. 추(鰌) : 미꾸라지.

• 얼호(孽狐) : 요호(妖狐)와 통용, 즉 교활한 여우. 상(祥) : 선(善)과 통용. 함거(函車) : 수레를 입으로 삼키다. 개(介) : 짐승이 짝 없이 홀로 되다. 망(罔) : 망(網)과 같음. 고(罟) : 조망(鳥網), 어망(魚網)과 통용. 탕(碭) : 탕(蕩)과 통용, 즉 물고기가 펄떡 뛰는 것. 의(蟻) : 개미. 별(鼈) : 자라. 묘(眇) : 멀다. 원장(垣墻) : 담. 착원장(鑿垣墻) : 남의 집 담을 뚫다, 즉 비뚤어진 주장을 비유. 식봉호(殖蓬蒿) : 쑥대를 무성하게 하다, 혼란하게 함을 비유. 절절호(竊竊乎) : 조그만 일에 얽매이다. 알(軋) : 다투다, 충돌하다. 배(坏) : 담.

해영

작은 이익을 추구하지 말라고 일러줍니다. 그럼에도 여기서 눈여겨 볼 점은 역시 유가(儒家)와 도가(道家)의 확연한 차이를 알 수 있는 대목입니다. 가령 공자(孔子)는 현명한 사람을 등용해야[3] 나라가 안정됨을 강조합니다. 하지만 장자는 현명한 사람을 등용하면, 민중들은 오히려 먼저 등용되기 위해 다툰다고 보았습니다. 순자(荀子) 사고와 유사함을 볼 수 있습니다. 그럼에도 인위(人爲)를 멀리하란 말씀은 여전합니다.

---

3 『논어(論語)』, 「위정(爲政)」 : 子曰, 哀公問曰, 何爲則民服. 孔子對曰, 擧直錯諸枉則民服, 擧枉錯諸直則民不服.

02

경상초 마음이 태연하고 안정되어 있는 사람은 자연의 빛을 발한다. 자연의 빛을 발하는 사람은 인간 본연의 참된 모습을 나타낸다. 남과 서로 친해지는 도를 닦은 사람은 항구(恒久)적인 도를 얻는다. 이 도를 얻은 사람에게 민중들은 사모하여 모여들고 하늘도 그를 돕는다. 민중을 모여들게 하는 사람을 천민(天民)이라 하고, 하늘이 도와주는 사람을 천자(天子)라 한다.

학자들은 그 배울 수 없는 것을 배우려 하고, 일을 행하는 사람들은 행할 수 없는 것을 행하려 하며, 변론하는 사람들은 변론할 수 없는 것을 변론하려 한다. [이들은 모두 자연의 도에 위배되는 사람들이다] 참된 지혜는 그 알 수 없는 곳에 머무는 것이, 지극한 앎이다. 만약 이렇게 하지 않는다면, 자연의 균형인 본성(本性)을 무너뜨리는 결과가 된다.

원문 宇泰定者, 發乎天光. 發乎天光者, 人見其人. 人有修者, 乃今有恒. 有恒者, 人舍之, 天助之. 人之所舍, 謂之天民, 天之所助, 謂之天子. 學者, 學其所不能學也, 行者, 行其所不能行也, 辯者, 辯其所不能辯也. 知止乎其所不能知, 至矣. 若有不卽是者, 天鈞敗之.

자해 • 우(宇) : 심우(心宇), 마음. 기인(其人) : 인간 본연의 참된 모습. 유항(有恒) : 항구적인 도를 얻다. 사지(舍之) : 그에게 의존하다, 그에게 모여들다. 균(鈞) : 균(均)과 통용, 즉 자연 균평(均平)의 이치.

유가(儒家)와 유사성이 두드러지는 대목이 나옵니다. 장자의 생각보단 후학들의 작품으로 보는 것이 옳다고 하겠습니다. 아마도 후학들 중에 유가 사상에 밝은 학자들이 포함되어 그럴 것입니다. 가령 '민중을 모여들게 하는 사람을 천민(天民)이라 하고, 하늘이 도와주는 사람을 천자(天子)라 일컫는 것'은 거의 유가 사상으로 볼 수 있습니다. 한편 '천균(天均)'이란 개념은 노자의 '절학무우(絶學無憂)'[4]와 다르지 않습니다.

03

경상초 자기 마음속에 있는 진실에 비추어 보는 일 없이 함부로 움직이면, 아무리 움직여도 정당함을 얻지 못한다. 또 밖에서 일어나는 일이 마음으로 들어올 때, 그것을 버리지 못하면 차츰 자기의 진실을 상실하게 된다. 자기를 상실하면 다음엔 악[不善]을 행하게 되는데, 그 악을 남의 눈에 띄는 곳에서 행하면 사람들이 벌을 내리며, 악을 남의 눈에 띄지 않는 곳에서 행하면 귀신이 벌을 내린다. 사람에 대해서도 분명하고, 귀신에 대해서도 분명하게 된 연후에야 독자적으로 도(道)에 알맞은 움직임이 될 것이다.

---

4 『노자(老子)』, 20장에 나오는 말로, '배움을 물리치면 근심이 없다'고 주장한다. 유사한 내용으론 48장에 "학문을 하는 것은 날마다 더하는 것이요, 도(道)를 구하는 것은 날마다 덜어내는 것이다.(爲學日益, 爲道日損.)"라고 하였다. 즉 위학일익(爲學日益)은 '자기가 능한 것을 능숙하게 하고, 그 익히는 바를 늘리고자 힘쓴다'는 뜻이고, 위도일손(爲道日損)은 '허무(虛無)로 돌아가고자 힘쓴다'는 의미다.

원문 不見其誠己而發, 每發而不當, 業入而不舍, 每更爲失. 爲不善乎顯明之中者, 人得而誅之, 爲不善乎幽間之中者, 鬼得而誅之. 明乎人, 明乎鬼者, 然後能獨行.

자해 • 성기(誠己) : 자기 마음을 진실 되게 하다. 매(每) : 수(雖)와 통용. 업(業) : 사(事)와 통용, 외부의 작용, 즉 밖에서 일어나는 일. 사(舍) : 사(捨)와 통용. 주(誅) : 벌주다. 유(幽) : 그윽하다, 숨다.

해영

마음을 태연(泰然)하게 한다는 것은 참으로 어렵습니다. 한눈 팔면 쉽게 외물(外物)에 딸려가기 때문입니다. 그래서 수양(修養)하는 것이지만, 결코 쉽지 않은 일입니다. 게다가 단기간이 아닌 자연으로 돌아가기 전까지 수양을 통해 절제한다는 건 말처럼 쉽지 않습니다. 유가(儒家)에선 수양 방법의 하나로 경(敬)을 강조합니다. '경'은 한 가지 일에 정신을 집중시키는 수양입니다. 주자(朱子)[5]가 강조한 경(敬)은 이렇습니다.

주자는 경(敬)으로 마음을 바르게 할 수 있으면, 의(義)로써 일을 반듯하게 할 수 있다고 주장합니다. 가령 '경'에 '의'가 없으면 일에 착오가 일어나고, '의'만 있고 '경'이 없다면 근본이 없어 '의'라 할 수 없는 것이라 합니다. 즉 마음

---

5 송(宋)나라 주희(朱熹 : 1130~1200)의 존칭이다. 공맹(孔孟) 이후, 유학을 집대성한 인물이다. 그는 "공경(恭敬)을 근본으로 삼고, 이치를 끝까지 궁구하여 경지에 이른 후, 자신의 입장에 대입하여 생각하고 실천해야 한다."고 강조했다. 명나라와 청나라 시대[明淸時代] 유학의 정통으로 자리 잡았다. 그의 사상과 교육 등은 조정과 민중들의 존경을 받았다. 공자와 맹자 다음으로 숭배되었고, 풍부한 독서와 세밀한 분석을 중시하는 그의 학풍은 후세 학자들뿐 아니라 한국과 일본 등에 영향을 크게 미쳤다.

의 본성은 움직임에 따라 선악(善惡)이 드러나므로 마음을 언제나 고요하게 해야 합니다. '경'은 순수한 내면적 원리이면서 외면의 용모를 바로하고 엄숙한 태도를 갖는 것과 관련됩니다.

다시 말해 '마음을 오직 한 곳에 집중시키는 것'이 중요합니다. 정이(程頤)[6]는 경(敬)에 대해 사특함을 막는 것이 도(道)요, 주일무적(主一無適)이라 했습니다. 주일(主一)은 '한 가지 일에 전념'하는 것이고, 무적(無適)은 '다른 일에 마음을 기울이지 않는 것'을 뜻합니다. 말하자면 '경'은 마음을 어느 곳에도 가지 않게 하여 한 가지 일에 정신을 집중시키는 상태를 뜻합니다. 언제나 깨어 있는 수양 방법이라 할 수 있습니다.

04

경상초 뜻을 어지럽게 하는 것을 없애고, 마음의 속박을 풀어헤치며, 덕(德)을 번거롭게 하는 것을 제거하고 도(道)가 막히는 것을 뚫어야한다. 귀(貴)·부(富)·유명[顯]·존경[嚴]·명예[名]·이익[利]의 여섯 가지는 뜻을 어지럽힌다. 용모[容]·동작[動]·안색[色]·논리[理]·기분[氣]·생각[意]의 여섯 가지는 마음을 속박한다. 미움[惡]·욕망[欲]·기쁨[喜]·성냄[怒]·슬픔[哀]·즐거움[樂]의 여섯 가지는 덕(德)을 번거롭게 한다. 떠남[去]·나아감[就]·취함[取]·줌[與]·지혜[知]·능력[能]의 여섯 가지는 도(道)를 막는다. 이 네 종류의 여섯 가지가 가슴속을 어지럽히지 않으면 곧 올바르게 될 것이다.

---

6 정이(程頤 : 1033~1107)는 송나라의 대표적인 유학자 가운데 한 사람이다.

올바르면 고요해지고, 고요해지면 분명해지며, 분명해지면 텅 비게[虛] 되고, 텅 비면 무위(無爲)로서 곧 하지 않는 일이 없게 된다. 도(道)란 덕(德)을 늘어놓은 것이고, 삶[生]은 덕의 빛이며, 성(性)은 삶의 바탕이다. 성(性)의 움직임을 행위[爲]라 하고, 행위가 인위적(人爲的)이면 본성을 잃은 것이다. 앎[知]은 만물과의 접촉에서 생겨나고, 앎[知]은 생각함으로써 이루어진다. 그러나 지혜로운 사람이 알지 못하는 것은 곁눈질[睨]로 물건 전체를 보지 못하는 것과 같은 이유다. 행동하되 자연에 따라 부득이 움직이는 것을 덕(德)이라 하고, 행동하되 외물에 사로잡히지 않고 자기 본성을 잃지 않는 것을 치(治)라 한다. 명성을 추구하는 것은 인위가 되어 서로 반대가 되지만 실제적인 것을 추구하는 것은 자연에 서로 순응한다.

원문 徹志之勃, 解心之謬, 去德之累, 達道之塞. 貴富顯嚴名利, 六者勃志也. 容動色理氣意, 六者謬心也. 惡欲喜怒哀樂, 六者累德也. 去就取與知能, 六者塞道也. 此四六者, 不盪胸中則正. 正則靜, 靜則明, 明則虛, 虛則無爲而無不爲也. 道者, 德之欽也, 生者, 德之光也, 性者, 生之質也. 性之動, 謂之爲, 爲之僞, 謂之失. 知者接也, 知者謨也. 知者之所不知, 猶睨也. 動以不得已之謂德, 動無非我之謂治. 名相反而實相順也.

자해 ● 철(徹) : 버리다. 발(勃) : 움직이다, 어지럽다. 류(謬) : 얽혀 있다, 속박되다. 달(達) : 뚫다. 색(塞) : 막히다. 현(顯) : 유명, 저명. 엄(嚴) : 존경. 오(惡) : 미움. 탕(盪) : 움직이다, 어지럽히다. 흉중(胸中) : 가슴 속. 무위이무불위(無爲而無不爲) : 인위를 쓰지 않고 자연스럽게 행동하여 도(道) 자체를 구현하는 것. 흠(欽) : 진열하다, 늘어서다. 위(僞) : 인위. 모(謨) : 생각하다, 도모하다. 예(睨) : 흘겨보다, 곁눈질.

해영

혼란한 마음을 버리고, 도(道)를 터득하는 방법을 논합니다. 아울러 도(道)와 덕(德), 본성의 관계에 대해 논합니다. 추가하면 무위(無爲)의 반대인 '인위', '지혜로움'에 대해 간단히 서술하고 있음을 볼 수 있습니다. 육장경(陸長庚)은 장자(莊子)를 평함에 있어 노자(老子)에 대한 주석서라 말한 이유가 여기에 있다 하겠습니다. 즉 '도와 덕의 의미'를 논하고, 구현하는 방식이 『도덕경(道德經)』을 벗어나지 않기 때문입니다.

05

경상초 명궁(名弓)인 예(羿)는 작은 것을 화살로 적중시키긴 잘했지만, 사람들로 하여금 자기를 칭찬하지 못하게 하는 데는 졸렬했다. 성인(聖人)[7]은 자연스런 일엔 능하지만, 인위적인 일엔 졸렬하다. 대개 자연스런 일에도 뛰어나고 인위적인 일에도 능한 것은 오직 전인(全人)[8] 만이 가능하다. 저 짐승들은 오직 짐승노릇만 하기 때문에 짐승들은 자연스러울 수 있는 것이다. 전인이 자연을 미워하는 경우가 있는데, 그것은 인위의 자연을 미워하는 것이다. 그러니 하물며 우리처럼 자연과 인위를 구별하는 사람들이야 말할 것이 있겠는가? 한 마리의 참새가 예(羿) 앞으로 날아가면, 예는 반드시 그 녀석을 쏘아 맞힐 것이니, 그것은 화살의 위력 때문이다. 그러나 천하로써 새장[鳥籠]을 삼는다면 참새는 더 이상 도망칠 곳이 없을 것이다. 그러므로 은(殷)나라

---

7 일반적으로 성인(聖人)은 요순(堯舜) 이하를 지칭한다.

8 일반적으로 전인(全人)은 복희(伏羲) 이상을 지칭한다.

의 탕(湯)임금은 숙수(熟手)[9]라는 새장으로 이윤(伊尹)[10]을 가두었고, 진(秦)나라의 목공(穆公)은 오양의 가죽[五羊之皮][11]이란 새장으로 백리해(百里奚)[12]를 가두었다. 그러므로 그가 좋아하는 것을 미끼로 쓰지 않고서 성공하는 일은 있을 수 없는 것이다.

형벌로 발이 잘린 사람이 형벌에 구애받지 않는 것은 세상의 비난이나 칭찬을 도외시하기 때문이고, 사형수(死刑囚)들이 높은 곳에 올라가도 두려워하지 않는 것은 삶과 죽음을 초월했기 때문이다. 대개 남과 친하게 지내면서 선물 따위를 하지 않는 것은 남과 나의 구별을 잊었기 때문이고, 남과 나의

---

9 숙수(熟手)는 잔치 때 음식을 장만하는 사람, 즉 요리사를 뜻한다. 일찍이 이윤(伊尹)이 음식 만드는 것을 좋아하자, 탕임금이 그것을 인지하여 수단으로 삼아 인재를 얻은 것이다.

10 이윤(伊尹)은 도리(道理)에 충실한 사람이다. 정치를 함에 있어서 '모두가 자신의 탓'으로 여겼다. 일찍이 '지도자가 이루게 할 도리(道理)가 자신에게 있으니, 어느 지도자를 섬긴들 자신의 지도자가 아니며, 민중을 기름지게 할 도리가 자신에게 있으니, 어느 민중을 부린들 자신의 민중이 아니겠는가!'라고 하여 세상이 다스려져도 나아가 벼슬하고, 세상이 혼란해도 나아가 벼슬했다. 그가 벼슬에 나가면서 자신의 뜻을 설파한 일이 있다. '하늘이 이 민중을 낸 것은 먼저 깨달은 이로 하여금 뒤에 깨닫는 사람을 깨닫게 하고자 하는 것이니, 자신이 장차 이 도리(道理)로써 뒤에 알고 깨닫는 민중들을 깨닫게 하여 하늘의 부탁을 져버리지 않으리라!'라고 한 것이다. 그의 말을 미뤄보면, 알지도 깨닫지도 못하여 요순시대(堯舜時代)의 삶을 누리지 못했다면, 모두가 '자신의 탓'으로 여긴 것이다.

11 오양(五羊)은 다섯 장의 양가죽을 뜻한다. 백리해(百里奚)가 진(秦)나라를 좋아했으나, 초나라 완(宛)땅에 붙잡혀 있는 것을 인지한 진(秦)나라 목공(穆公)이 양가죽 다섯 장을 주고 데려와 진나라의 정치를 맡겼다.

12 춘추(春秋) 때 사람으로, 자는 정백(井伯), 우(虞)나라 출신이다. 제나라 관중(管仲)에 비견될 만한 탁월한 책략과 경천위지(經天緯地)의 재능을 지녔으나 빈천한 가문에서 태어난 데다 불운하여 오랫동안 능력을 인정받지 못한 채 걸식하며 천하를 유람했다. 한때 제나라에서 건숙(蹇叔)의 도움을 받았고, 우(虞)나라의 우주(愚主)를 섬기기도 했으나, 늘그막에 진나라 목공에게 발탁되었다. 그가 재상이 된 지 칠 년 만에 진나라는 강국이 됐다.

구별을 잊은 사람은 자연과 하나인 천인(天人)이다. 그러므로 그런 사람은 남이 공경해도 기뻐하지 않고, 남이 모욕해도 성내지 않는데, 이는 오직 자연과 하나 된 사람만이 그렇게 할 수 있다. 성[怒]낼 경우를 당하여도 성내지 않으면 성냄도 성내지 않음으로 귀결되고, 행동함에 무위(無爲)하면 행동은 무위로 귀결된다. 고요[靜]하고자 하면 기(氣)를 평온히 해야 하고, 신(神)처럼 무심하고자 하면 마음이 자연에 순응해야 한다. 행동에 합당하게 하고자 하면 자연에 따라 부득이하게 행해야 하고, 자연에 따라 부득이하게 행하는 것이 성인(聖人)의 도(道)이다.

원문 羿工乎中微, 而拙乎使人無己譽. 聖人工乎天, 而拙乎人. 夫工乎天而俍乎人者, 唯全人能之. 唯蟲能蟲, 唯蟲能天. 全人惡天, 惡人之天. 而況吾天乎人乎. 一雀適羿, 羿必得之, 威也. 以天下爲之籠, 則雀無所逃. 是故湯以胞人籠伊尹, 秦穆公以五羊之皮籠百里奚. 是故非以其所好籠之, 而可得者, 無有也. 介者拸畫, 外非譽也, 胥靡登高而不懼, 遺死生也. 夫復謵不餽, 而忘人, 忘人, 因以爲天人矣. 故敬之而不喜, 侮之而不怒者, 唯同乎天和者爲然. 出怒不怒, 則怒出於不怒矣, 出爲無爲, 則爲出於無爲矣. 欲靜則平氣, 欲神則順心. 有爲也欲當, 則緣於不得已, 不得已之類, 聖人之道.

자해 • 예(羿) : 사람이름, 즉 '예'는 옛날에 활을 잘 쏘기로 유명한 사람. 공(工) : 교(巧)와 통용. 미(微) : 작은 표적[과녁]. 졸(拙) : 옹졸하다, 졸렬하다. 천(天) : 여기선 자연으로 해석한다. 양(俍) : 양(良)과 통용, 즉 어질다. 충(蟲) : 일반적으론 벌레지만, 여기선 '짐승의 총칭'으로 해석했다. 작(雀) : 참새. 농(籠) : 대그릇, 삼태기, 새장. 포(胞) : 포(庖)와 통용, 즉 부엌에서 일하는 요리사.

• 개자(介者) : 발을 잘리는 월형(刖刑)을 받은 사람. 치(拸) : 버리다, 옮

기다. 치화(誃畵) : 법도에 구애받지 않다, 형벌에 구애받지 않다. 서미(胥靡) : 형도인(刑徒人), 죄수. 습(謵) : 익히다. 복습(復謵) : 복은 복(伏)과 통하고, 습은 습(慴)과 통하여, 외부사람들의 협박에 굴복하는 것을 뜻한다. 괴(餽) : 보내다, 괴(愧)와 통용, 즉 부끄러워하다. 모(侮) : 업신여기다. 연(緣) : 순(順)과 통용, 즉 자연의 대도에 순응하다.

해영

도가(道家)의 전형이지만 역시 인위는 한계가 있음을 지적합니다. 하지만 성인(聖人)의 도를 언급하는 부분에선 또한 장자 후학들의 작품임을 알 수 있습니다. 물론 앞부분에선 노자(老子)의 말씀을 부연하고 있지만, 뒷부분엔 유가(儒家)의 냄새가 확연합니다. 특히 은(殷)나라의 탕은 숙수란 새장으로 이윤을 가두었고, 진(秦)나라의 목공은 오양의 가죽이란 새장으로 백리해를 가둔 것은 양가(兩家)의 논리로 볼 만합니다.

서무귀(徐無鬼)

앞의 경상초와 마찬가지로 잡다한 내용으로 전개됩니다. 핵심적인 이론을 꼽는다면 상급의 덕(德)은 인위(人爲)적인 덕이 아니라는 말씀입니다. 그럼에도 좀 더 부연하면 소지(小知)를 버리고 조화(調和)에 몸을 맡기라는 점입니다.

01

서무귀 서무귀(徐無鬼)[13]가 여상(女商)[14]의 소개로 위나라 무후(武侯)를 만났다. 무후가 서무귀를 위로하면서 말했다. "선생은 병이 나셨구려. 산림 속에서 수고하다 지쳐서 그 때문에 일부러 과인을 찾아왔구려." 서무귀가 말했다. "오히려 제가 임금님을 위로하고 싶은데, 어찌하여 저를 위로하겠단 말씀입니까? 임금님께선 욕망을 채우시고, 좋고 싫은 감정에 따라 모든 일을 처리하려 하니까 성명(性命)의 본바탕이 병들 것입니다. 또 임금님께선 욕망을 버리고 좋고 싫은 감정을 없애려 하니까 귀와 눈이 병들 것입니다. 그래서 제가 임금님을 위로하러 왔는데, 임금님께서는 어찌하여 저를 위로할 필요가 있겠습니까?" 무후는 몹시 불쾌하여 아무 말도 하지 않았다. 잠시 후 서무귀

13 서무귀(徐無鬼)는 덕이 많은 위나라 사람으로 산에 숨어 살았다.

14 여상(女商)은 성이 여(女), 이름은 상(商)이다. 위나라의 대신 이름이다.

가 말했다. "그러면 제가 시험삼아 개[狗]를 감정하는 이야길 해보겠습니다. 개들 중에서 가장 질이 낮은 개[下之質]는 먹기 싫어질 때까지 먹이를 찾아 먹고야 그치는데 이는 고양이의 본성과 같습니다. 중간의 개[中之質]는 해를 바라보듯 그 뜻이 원대(遠大)합니다.

최상의 개[上之質]는 자기 자신을 잃은 것처럼 언제나 한결 같습니다. 저는 개를 감정하는 것 이상으로 말[馬]을 잘 감정합니다. 제가 말을 감정해 가장 뛰어나다고 생각되는 놈을 골라 수레에 매어 몰면, 그 똑바로 나아감은 마치 먹줄로 선을 친 위를 달리는 듯 정확하고, 말이 곧장 나아갈 때는 직선으로 먹줄에 맞고, 한 바퀴 돌 때에는 그림쇠로 원을 그리듯 훌륭하며, 꺾어져서 갈 때에는 곡척(曲尺)으로 잰 듯 어긋남이 없고, 둥글게 돌 때는 컴퍼스로 원을 치듯 선명합니다. 이런 말이 나라에 제일가는 말입니다. 그러나 이런 말도 천하에서 제일가는 말에는 미치지 못합니다. 천하에서 제일가는 말은 자연적인 재질이 있어 모든 것을 마음속에서 잊어버리고 제 몸 자체도 잊어버립니다. 이런 말은 달렸다 하면 뭇 말들을 앞질러 질풍같이 달려도 먼지조차 일으키지 않고, 어디서 멈추는지 모릅니다." 이 말에 무후는 크게 기뻐하며 웃었다.

원문 徐無鬼因女商見魏武侯. 武侯勞之曰, 先生病矣. 苦於山林之勞, 故乃肯見於寡人. 徐無鬼曰, 我則勞於君, 君有何勞於我. 君將盈耆欲, 長好惡, 則性命之情病矣. 君將黜耆欲, 掔好惡, 則耳目病矣. 我將勞君, 君有何勞於我. 武侯超然不對. 少焉, 徐無鬼曰, 嘗語君, 吾相狗也. 下之質執飽而止, 是狸德也. 中之質若視日. 上之質若亡其一. 吾相狗, 又不若吾相馬也. 吾相馬, 直者中繩, 曲者中鉤, 方者中矩, 圓者中規. 是國馬也. 而未若天下馬也. 天

下馬有成材, 若卹若佚, 若喪其一. 若是者, 超軼絶塵, 不知其所. 武侯大說而笑.

자해 ●병(病) : 괴로워하다, 피로하다. 영기욕(盈耆欲) : 욕망을 채우다. 장호오(長好惡) : 좋고 싫은 감정에 따르다. 출(黜) : 물리치다. 출기욕(黜耆欲) : 욕망을 버리다. 견(掔) : 끌다, 버리다. 견호오(掔好惡) : 좋고 싫은 감정을 없애다. 초연(超然) : 심사가 좋지 않은 모양. 상구(相狗) : 개의 관상을 보다, 개를 감정하다. 집포(執飽) : 배부를 때까지 아무거나 먹다. 이(狸) : 묘(猫)와 통용. 이덕(狸德) : 고양이의 덕, 고양이 같은 성질. 직자(直者) : 말이 수레를 똑바로 끌고 가다. 곡자(曲者), 방자(方者), 원자(圓者) 등은 모두 수레를 끄는 것을 뜻한다. 휼(卹) : 진휼하다. 약휼(若卹) : 고요한 듯하다. 일(佚) : 편안하다, 없어지다. 초일(超軼) : 수레를 끌고 추월하다. 일(軼) : 앞지르다, 지나다.

해영

흔히 괴로움에 대해 논할 때, 육체와 정신을 기준으로 말합니다. 즉 세속의 잣대로 판단하는 것입니다. 몸에 병이 들거나 고된 생활이 지속되면 그것을 고통으로 여깁니다. 외물(外物)에 붙잡힌 결과입니다. 정신 역시 마찬가지입니다. 자신의 주관이 아닌 부귀(富貴)를 기준으로 삼아 우열을 논하다 보니 고통이 끊이지 않습니다. 이 또한 외물에서 벗어나지 못한 것입니다. 자신의 '존재를 의식하지 않는 것이 해답'입니다.

02

<u>서무귀</u> 황제(黃帝)가 대외(大隗)[15]를 만나려고 구자산(具茨山)[16]으로 갔다. 방명(方明)[17]은 어자[마부]가 되고, 창우(昌寓)는 참승이 되고, 장약(張若)과 습붕(謵朋)은 선도[前馬]가 되고, 곤혼(昆閽)과 골계(滑稽)는 수레 뒤[後車]를 따랐다. 양성(襄城)의 벌판에 이르자, 일곱 명의 성인(聖人)은 모두 길을 잃었는데, 길을 물은 만한 데가 없었다. 마침 지나가는 목동을 만나 길을 물었다. "너 혹시 구자산을 아니?" 목동이 말했다. "알고 있습니다." "그럼 대외가 어디 있는지도 알고 있니?" "알고 있습니다." 황제가 말했다. "이상한 아이로구나. 구자산뿐 아니라 대외가 있는 곳까지 알고 있다니, 그러면 천하를 다스리는 일을 알고 싶구나." 목동이 말했다. "천하를 다스리는 것은 지금 이런 경지에 있으면 됩니다. 어찌 다른 일이 있겠습니까?"

"저는 어려서부터 이런 대자연 속에 묻혀 살았습니다. 그런데 갑자기 눈이 보이지 않는 병에 걸렸습니다. 그때 어떤 어른이 가르쳐주기를, 너는 태양의 수레를 타고[乘日之車][18] 이 양성의 들판에서 놀라는 것이었습니다. 지금 제 병은 조금 나아졌습니다. 그래서 저는 다시 대자연의 밖으로 가서 살려고 합

---

15 대도(大道)는 광대(廣大)하며, 높고 쓸쓸하다는 의미로 쓰이나, 지인(至人)으로 썼다는 설도 있다.

16 구자산(具茨山)은 후세에 태외산(泰隗山)으로 불렸으며, 형양(滎陽) 밀현(密縣) 동쪽에 있다.

17 방명(方明), 창우(昌寓), 장약(張若), 습붕(謵朋), 곤혼(昆閽), 골계(滑稽)는 모두 인명(人名)이다.

18 태양의 수레를 타다[乘日之車]는 것은, 해가 뜨면 나와서 놀고 해가 지면 들어가는 것을 뜻한다.

니다. 대체로 천하를 다스리는 일도 이와 같을 뿐, 제가 무슨 다른 일이 있겠습니까?" 황제가 말했다. "천하를 다스리는 일은 진실로 자네의 일이 아니지만, 천하를 다스리는 방법을 알고 싶네." 목동이 사양하자, 황제가 또 물었다. 그러자 목동이 말했다. "저 천하를 다스리는 방법은 이 말[馬]을 기르는 것과 어찌 다르겠습니까? 그저 말의 본성을 해치는 요소들만 제거해 줄 뿐입니다." 황제는 두 번 절하고는 목동을 우러러 천사(天師)라 부른 뒤 물러갔다.

원문 黃帝將見大隗乎具茨之山. 方明爲御, 昌寓驂乘, 張若謵朋前馬, 昆閽滑稽後車. 至於襄城之野, 七聖皆迷, 無所問塗. 適遇牧馬童子, 問塗焉曰, 若知具茨之山乎. 曰, 然. 若知大隗之所存乎. 曰, 然. 黃帝曰, 異哉小童. 非徒知具茨之山, 又知大隗之所存, 請問爲天下. 小童曰, 夫爲天下者, 亦若此而已矣, 又奚事焉. 予少而自遊於六合之內, 予適有瞀病. 有長者敎予曰, 若乘日之車, 而遊於襄城之野. 今予病少痊. 予又且復遊於六合之外. 夫爲天下亦若此而已, 予又奚事焉. 黃帝曰, 夫爲天下者, 則誠非吾子之事. 雖然, 請問爲天下. 小童辭, 黃帝又問. 小童曰, 夫爲天下者, 亦奚以異乎牧馬者哉. 亦去其害馬者而已矣. 黃帝再拜稽首, 稱天師而退.

자해 • 외(隗) : 높다. 자(茨) : 가시나무. 어(御) : 마부. 우(寓) : 집. 참(驂) : 곁말. 습(謵) : 익히다. 혼(閽) : 문지기. 도(塗) : 길. 육합지내(六合之內) : 대자연 속. 무(瞀) : 흐리다, 어지럽다. 무병(瞀病) : 눈이 어두워지는 병. 전(痊) : 낫다, 고치다. 육합지외(六合之外) : 대자연 밖.

해영

황제를 포함한 일곱 명의 성인(聖人)이 도(道)를 찾아 나섰습니다. 하지만 모두들 정신을 잃고 말았습니다. 순수한 목동(牧童)을 만났습니다. 목동을 통해 천하 다스림[다살림]에 대해 알았습니다. '양성의 들판'이야말로 우리가 찾는 '어떤 인위도 없는 자연 그대로의 세계'인 무하유지향(無何有之鄕)입니다. 진실한 도(道)는 특별하지 않습니다. 세속의 삶도 성인의 삶도 아닌 하늘의 삶, '목동이 일러주는 대자연의 삶'입니다.

03

서무귀 지식을 지닌 선비는 생각[思慮]의 변화가 없을 때 즐겁지 않고, 변론을 잘하는 선비는 자신의 의견을 주장을 기회가 없으면 즐겁지 않으며, 일을 잘 살피는 선비는 논쟁하며 상대방의 잘못을 공격할 일이 없으면 즐겁지 않다. 이런 사람들은 모두 외물(外物)에 얽매인 사람들이다.

원문 知士無思慮之變, 則不樂, 辯士無談說之序, 則不樂, 察士無凌誶之事, 則不樂. 皆囿於物者也.

자해 • 서(序) : 서(緖)와 통용, 즉 실마리, 꼬투리. 능(凌) : 업신여기다. 수(誶) : 꾸짖다. 능수(凌誶) : 논쟁하고 공격하다. 유(囿) : 얽매이다.

해영

사람마다 고유의 재능이 있습니다. 하지만 그것을 인식하면서 뽐내게 되면, 결국 외물(外物)에 사로잡힐 수밖에 없습니다. 자신도 모르는 사이 본성을 잃게 됩니다. 즉 세속에서의 명예나 재능들은 자연에서 큰 의미가 되지 못합니다. 그것은 순전히 인위적이기 때문입니다. 생각을 정리하여 말을 잘하는 것, 변론을 잘하는 것, 농사를 잘 짓는 것 등은 잊고 사는 삶이 좋습니다. 무위자연(無爲自然)의 삶이기 때문입니다.

04

서무귀 오왕(吳王)이 강을 건너 원숭이가 사는 산으로 올라갔다. 여러 원숭이들은 오왕을 보자 두려워 모든 것을 버리고 깊은 숲으로 도망갔다. 그런데 한 마리의 원숭이는 유유히 왔다 갔다 하면서 물건을 던지는 등 오왕에게 온갖 재주를 부렸다. 오왕이 원숭이에게 화살을 날리자, 원숭이는 재빨리 오왕이 쏜 화살을 잡았다. 오왕은 신하들에게 계속 화살을 날리라 명했다. 이리하여 원숭이는 화살을 손에 쥔 채 죽었다. 오왕은 그의 친구 안불의(顔不疑)[19]를 돌아보며 말했다. "이 원숭이는 자기 재주를 자랑하며 민첩함을 믿고 오만하게 굴다 이렇게 죽게 된 것이네. 이것을 경계해야 하네. 아! 그대도 교만한 안색으로 남들을 대하지 마시게." 안불의는 돌아가 동오(董梧)[20]를 스승으로 삼아 수양하여 교만한 안색을 버린 채 이목(耳目)의 즐거움을 버리고 높은 지위도 사퇴했다. 삼 년이 지나자, 나라 사람들이 그를 칭찬했다.

원문 吳王浮於江, 登乎狙之山. 衆狙見之, 恂然棄而走, 逃於深蓁. 有一狙焉, 委蛇攫抓見巧乎王. 王射之, 敏給搏捷矢. 王命相者趨射之. 狙執死. 王

---

19 안불의(顔不疑)는 환공(桓公)의 친구다. 성은 안(顔), 불의(不疑)는 이름이다.

20 동오(董梧)는 오(吳)나라의 현인(賢人)이다.

顧謂其友顔不疑曰, 之狙也, 伐其巧, 恃其便以敖予, 以至此殛也. 戒之哉. 嗟乎, 無以汝色驕人哉. 顔不疑歸而師董梧, 以鋤其色, 去樂辭顯. 三年而國人稱之.

자해 • 저(狙) : 원숭이. 순(恂) : 두려워하다. 순연(恂然) : 놀라는 모양. 진(蓁) : 총림(叢林), 풀과 나무가 우거진 것. 위이(委蛇) : 유유히 가지에서 가지로 왔다갔다 하는 모양. 확(攫) : 움키다. 조(抓) : 움키다. 확조(攫抓) : 물건을 집어 내던지다. 민급(敏給) : 재빠르다. 박(搏) : 잡다. 첩시(捷矢) : 빠른 화살. 상자(相者) : 왕의 사냥을 돕는 사람들. 추(趨) : 계속 쫓다. 집(執) : 기(旣)의 잘못된 글자. 벌(伐) : 자랑하다. 시(恃) : 민첩함을 믿다. 극(殛) : 죄를 주다. 서(鋤) : 조(助)와 통용, 즉 없애버리다. 현(顯) : 영현(榮顯). 사현(辭顯) : 고관의 자리에서 물러나다.

해영

자동차 운전에 뛰어난 사람들이 있습니다. 그것을 업으로 삼는 사람도 존재합니다. 하지만 그것이 지나쳐 사망에 이르는 경우도 다반사입니다. 오토바이도 마찬가집니다. 고상돈(高相敦 : 1948~1979)이란 산악인이 있었습니다. 우리나라에서 최초로 에베레스트 등정에 성공한 사람입니다. 누구도 생각지 못한 에베레스트 등정과 알래스카 매킨리 등정 이후 하산하다 숨지고 말았습니다. 재능이 극(極)에 달한 결과였습니다.

법을 무척 신봉하는 이가 있었습니다. 상앙(商鞅)이란 사람입니다. 그는 사람들이 법을 잘 지키지 않는 원인을 두 가지로 진단했습니다. 첫째, 민중들이 정부에서 하는 일을 믿지 못하고, 둘째, 고관대작들이 법률을 지키지 않기 때문으로 보았습니다. 상앙은 위(衛)나라 왕의 서자로 태어났으나 위나라에선 자신의 이상을 펼칠 수 없음을 알고, 위(魏)나라로 건너가 공숙좌의 가신이 되었습니다. 하지만 등용되지 못했습니다.

그는 벼슬을 얻기 위해 진(秦)나라로 건너갑니다. 우여곡절 끝에 진나라에서 인정을 받습니다. 관중(管仲)의 사상에 입각하여 준법정신을 강조했던 그는 진나라 왕 효공의 신임을 받아 법령과 제도를 개혁하고 부국강병을 꾀했습니다. 자신의 재능을 유감없이 뽐냈습니다. 후일 누구도 대적할 수 없는 지경에 이르렀습니다. 법을 기치로 거의 독선정치로 일관했습니다. 반대하는 사람은 왕족도 법의 이름으로 처벌했습니다.

많은 성과를 올렸습니다. 하지만 지나친 법령 지상주의로 수많은 사람들을 적(敵)으로 돌렸습니다. 물극필반(物極必反)[21]이라고, 세상이 변했습니다. 지도자가 바뀌었습니다. 위기 의식을 느끼자, 도망을 다니다 결국 자신이 만든 법에 저촉돼 거열형(車裂刑)이란 무시무시한 벌(罰)로 생을 마감했습니다. 때문에 '자신이 만든 법령에 의해 죽은 자'라는 조롱을 받았습니다. 빼어난 법을 생산하여 기교를 부린 결과였습니다.

---

21 '물(物)이 극하면 반드시 반전한다'는 뜻으로, 흥망성쇠는 반복하는 것이므로 어떤 일을 할 때 지나치게 욕심을 부리선 안 된다는 의미다. 『노자(老子)』에 물장즉노(物壯則老), 즉 '만물은 장성하면 곧 쇠퇴한다'는 내용과 '화무십일홍(花無十日紅)' 같은 속담과도 다르지 않다.

05

서무귀 설결(齧缺)이 허유(許由)를 만나 말했다. "그대는 장차 어디로 가려 하는가?" 허유가 말했다. "장차 요(堯)임금을 피해 도망치려 하네." 설결이 말했다. "그것은 무슨 뜻인가?" 허유가 말했다. "저 요임금은 어진 일을 위해 악착스럽게 일하고 있으나, 나는 그 사람이 천하의 웃음거리가 될까 걱정이네. 그렇게 되면 후세엔 사람들끼리 서로 잡아먹게 될 것이네. 대체로 민중을 모으기란 그다지 어려운 일이 아니네. 민중들을 사랑하면 친해지고, 민중들을 이롭게 해주면 몰려오며, 민중들을 칭찬해주면 서로 힘쓰길 권하네. 하지만 그들이 싫어하는 일을 하면, 곧 흩어지네. 민중을 사랑하고 이롭게 하는 것은 인의(仁義)에서 나오네. 인의란 명분을 버리고 진실로 사랑하고 이롭게 하는 사람은 적고, 인의란 명분을 이용하는 사람은 많네. 대체로 인의의 행위란 실질적인 성실함은 없고, 저 탐욕스런 위정자들에게 이용되는 기구네. 이 때문에 한 사람의 전제(專制)가 천하를 이롭게 한다는 것은, 비유하면 마치 한 모퉁이만 보는 것과 같네. 저 요임금은 어진 사람이 천하를 이롭게 하는 것만 알고, 천하를 해친다는 것은 알지 못하네. 오직 현자(賢者)의 범위를 넘어선 성자(聖者)라야 그것을 알 수 있네.

원문 齧缺遇許由曰, 子將奚之. 曰, 將逃堯. 曰, 奚謂邪. 曰, 夫堯畜畜然仁, 吾恐其爲天下笑. 後世其人與人相食與. 夫民不難聚也. 愛之則親, 利之則至, 譽之則勸. 致其所惡則散. 愛利出乎仁義, 損仁義者寡, 利仁義者衆. 夫仁義之行, 唯且無誠, 且假夫禽貪者器. 是以一人之斷制利天下, 譬之猶一覕也. 夫堯知賢人之利天下也, 而不知其賊天下也. 夫唯外乎賢者知之矣.

자해 • 축축연(畜畜然) : 한창 애쓰는 모양, 즉 인(仁)을 행하는 모양. 예(譽) : 칭찬하다. 금탐(禽貪) : 금(禽) : 음(淫)과 통용, 즉 탐욕스럽다. 비(譬) : 이유하다. 별(覞) : 가르다.

해영

도가(道家)는 역시 유가의 통치 방법을 완전히 뒤엎는 것이 특징 중의 하나입니다. 요(堯)임금은 종종 신화(神話)로 논의되곤 합니다만 후임인 순(舜)임금과 함께 이른바 요순(堯舜)이라 하여 성군(聖君)의 대명사[22]로 일컬어지고 있습니다. 이것을 비판하는 것입니다. 인위(人爲)의 행위는 성실함도 없을 뿐더러 탐욕스런 위정자들의 도구에 불과할 뿐이라는 것입니다. 무위(無爲)가 아닌 인위의 결정체이기 때문입니다.

06

서무귀 발이 땅을 밟을 때 그 부분은 매우 좁다. 하지만 밟지 않은 넓은 곳을 믿은 후에야 안심하고 걸을 수 있다. 이처럼 사람의 지식도 매우 적다. 그 적은 것에 사람이 알 수 없는 넓은 지식이 있음을 믿은 후에야 천도(天道)의 자연을 알 수 있다. 대일(大一)을 알고 대음(大陰)을 알며, 대목(大目)을 알고 대균(大均)을 알며, 대방(大方)을 알고 대신(大信)을 알며, 대정(大定)을 알아야 지극한 경지에 이른 것이다. '대일'은 만물에 능통하고, '대음'은 일체의 분규를

22 현재까지 요(堯)임금의 역사적 실존성은 정확히 밝혀진 것이 없으나, 우왕(禹王)과의 관계에서 하(夏)나라 이전에 국가 비슷한 실체가 형성되어 있었음을 보여주는 자료는 존재한다.

해결하며, '대목'은 우주를 달관하고, '대균'은 각자의 본성에 따라 자득(自得)하며, '대방'은 각자의 분수에 따라 머물도록 하고, '대신'은 자연의 대도(大道)에 이르며, '대정'은 하나가 되어 움직이지 않는다.

원문 足之於地也踐. 雖踐, 恃其所不蹍, 而後善博也. 人之於知也少, 雖少, 恃其所不知, 而後知天之所謂也. 知大一, 知大陰, 知大目, 知大均, 知大方, 知大信, 知大定, 至矣. 大一通之, 大陰解之, 大目視之, 大均緣之, 大方體之, 大信稽之, 大定持之.

자해 • 천(踐) : 천(淺)과 통용, 즉 밟는 땅의 범위가 좁은 것. 시(恃) : 믿다. 전(蹍) : 밟다. 선박(善博) : 잘 걷다, 잘 달리다. 연지(緣之) : 본성에 따라 각기 자득하게 하다. 체지(體之) : 만물로 하여금 스스로 보게 하다. 계(稽) : 지(至)와 통용. 대정(大定) : 참되며 굽히지 않다. 지지(持之) : 참되게 굽히지 않으면 곧 스스로 안정된다.

해영

사람이 걸을 때 땅을 밟는 면적은 협소합니다. 하지만 밟지 않는 대다수의 땅으로 인해 편안한 마음으로 걸을 수 있다는 사실을 우리는 잊고 삽니다. 사람의 지식도 이와 다르지 않습니다. 한 사람이 모든 지적 자산을 보유할 순 없습니다. 수많은 집단 지성이 존재함으로써 우린 편안한 마음으로 삶을 이어갑니다. 지금 우리가 사는 이곳도 광대한 우주가 존재한다는 것 때문에 편안할 수 있습니다. 자연의 특징입니다.

즉양(則陽) · 외물(外物)

「즉양(則陽)」에서 논하는 이치는 이렇습니다. 대도(大道)는 사람들의 지혜를 초월하기 때문에 비언비묵(非言非默) 속에서 그 묘리(妙理)를 찾아야 함을 일러줍니다. 그리고 「외물(外物)」은 밖에서 몸에 미치는 것을 의미합니다. 따라서 사람들의 지력(知力)으로 이를 해결할 수 없기 때문에 외물에 붙잡히지 말 것을 강조합니다.

01

즉양 대진인(戴晉人)[23]이 말했다. "이른바 달팽이라는 것이 있는데, 임금님께선 그것을 아십니까?" 혜왕이 말했다. "알고 있소." 대진인이 말했다. "달팽이의 왼쪽 뿔 위에 나라가 있는데 촉씨(觸氏)라 하고, 달팽이 오른쪽 뿔 위에도 나라가 있는데 만씨(蠻氏)라 합니다. 두 나라는 때때로 땅을 가지고 다투다 전쟁을 하는데, 죽은 사람이 수만 명이나 되고, 패군(敗軍)을 쫓아갔다가 십오 일이나 지난 뒤에야 돌아왔습니다." 혜왕이 말했다. "그것은 거짓말이네." 대진인이 말했다. "제가 임금님을 위해 사실을 말씀드리겠습니다. 임금님께선 이 사방 위아래에 끝이 있다고 생각하십니까?" 혜왕이 말했다. "끝이 없네." 대진인이 말했다. "그럼 마음을 무한(無限)한 공간에서 노닐게 할

23 대진인(戴晉人)은 양(梁)나라의 현자(賢者)로, 성은 대(戴), 진인(晉人)은 자(字)이다. 혜시(惠施)가 위(魏)나라 혜왕에게 추천했다.

줄 알면서, 유한(有限)한 땅을 돌이켜본다면 이 나라 따위는 있을까 말까 한 아주 하찮은 것이 아니겠습니까?"

혜왕이 말했다. "그렇겠네." 대진인이 말했다. "유한한 이 땅에 위(魏)나라가 있고, 위나라 안에 양(梁)이란 도읍이 있으며, 이 양이란 도읍 안에 임금님이 계십니다. 그러면 임금님께선 저 만씨(蠻氏)와 다른 것이 있습니까?" 혜왕이 말했다. "아무런 다를 바가 없네." 대진인이 물러나자, 혜왕은 멍하니 정신이 나간 것 같았다. 대진인이 나간 뒤, 혜자가 들어와 뵙자 혜왕이 말했다. "그 나그네는 위대한 사람이네. 성인(聖人)이라도 그를 당하지 못할 것이네." 혜자가 말했다. "피리를 불면 높고 큰 소리가 나지만, 칼자루 끝의 구멍을 불면 작은 소리가 납니다. 요(堯)임금과 순(舜)임금을 사람들이 칭송하지만, 이 분들을 대진인 앞에서 말하는 것은 비유컨대 작은 소리를 내는 것과 같습니다."

원문 戴晉人曰, 有所謂蝸者, 君知之乎. 曰, 然. 有國於蝸之左角者, 曰觸氏, 有國於蝸之右角者, 曰蠻氏. 時相與爭地而戰, 伏尸數萬, 逐北旬有五日而後反. 君曰, 噫, 其虛言與. 曰, 臣請爲君實之. 君以意在四方上下有窮乎. 君曰, 無窮. 曰, 知遊心於無窮, 而反在通達之國, 若存若亡乎. 君曰, 然. 曰, 通達之中有魏, 於魏中有梁, 於梁中有王, 王與蠻氏有辯乎. 君曰, 無辯. 客出而君惝然若有亡也. 客出, 惠子見, 君曰, 客大人也. 聖人不足以當之. 惠子曰, 夫吹筦也, 猶有嗃也, 吹劍首者, 吷而已矣. 堯舜人之所譽也, 道堯舜於戴晉人之前, 譬猶一吷也.

자해 • 와(蝸) : 달팽이. 축배(逐北) 패배자를 쫓다. 통달지국(通達之國) : 인적이 통하는 나라, 즉 배나 수레가 오갈 수 있는 한정된 국토를 말한다. 변(辯) : 별(別)과 통용, 나누다. 창연(惝然) : 멍한 모양, 망연자실한 모양, 기대에 어긋나 맥이 풀린 모양. 관(莞) : 관(管)과 통용, 피리. 효(嗃) : 피리나 퉁소 같은 큰 소리. 검수(劍首) : 칼 손잡이 끝에 뚫린 구멍. 혈(吷) : 입으로 바람을 불어서 나는 작은 소리.

해영

유명한 와각지쟁(蝸角之爭)에 관한 이야깁니다. 양(梁)나라 혜왕(惠王)과 제(齊)나라 위왕(威王)이 상호 침략하지 않기로 굳게 맹약했습니다. 그런데 제나라 위왕이 맹약을 깹니다. 화가 난 양나라 혜왕이 자객을 보내 제나라 위왕을 죽이고자 합니다. 결단하기 전, 대신들과 이 문제를 논의합니다. 공손연(公孫衍)은 군사를 일으켜서 쳐야 한다고 주장했고, 계자(季子)는 민중들을 수고롭게 하므로 안 된다고 반대했습니다.

화자(華子) 또한 이 문제를 논한다는 것 자체가 민심을 혼란에 빠뜨리는 것이라며 반대했습니다. 양혜왕이 물었습니다. "그러면 어떻게 하면 좋겠는가?" 화자가 답하길, "왕께선 도(道)를 구해야 합니다."라고 하자, 혜자가 이 말을 듣고 대진인(戴晉人)을 데리고 와 왕을 만나면서 위와 같은 이야기가 전개된 것입니다. 그렇습니다. 나라 간 전쟁도 우주적으로 보면 달팽이 뿔에서의 전쟁에 불과합니다. 어리석은 일입니다.

02

즉양 소지(少知)가 대공조(大公調)[24]에게 물었다. "고을의 여론이란 무엇입니까?" 대공조가 말했다. "여론을 구성하는 고을이란 열 가지 성(姓)과 온갖 이름을 가진 사람들이 모여 풍속을 형성한 것이네. 각기 다른 것이 합해져 하나가 되었다가, 흩뜨리면 각기 다른 것이 되네. 지금 한 필의 말[馬]을 각각 분리하여 가리키면 말이라 할 수 없지만, 말을 우리 앞에 매어 놓고 각 부분을 합한다면 말이라 할 수 있네. 그러므로 언덕이나 산은 낮은 흙과 돌이 쌓여서 높아진 것이며, 양자강(揚子江)이나 황하(黃河)도 개울물이 합해져 커진 것이네. 그것처럼 위대한 사람은 모든 개인을 합해서 공(公)을 이루는 것이네. 그러므로 밖에서 어떤 의견이 제시되면 자기의 다른 생각이 있다 하더라도 자기 생각에만 집착하지 않는 것이네. 그리고 자기가 제시한 의견이 올바르다 하더라도 남의 의견을 막지 않는 것이네. 춘하추동[四時]은 각기 기(氣)가 다르지만 하늘은 한편에만 치우치지 않기 때문에 한 해가 이뤄지는 것이네."

"다섯 가지 관직은 직분이 각기 다르지만, 임금이 편애하지 않기 때문에 나라가 다스려지는 것이고, 문인(文人)과 무인(武人)은 기능이 다르지만, 위대한 사람은 한편으로 치우치지 않기 때문에 덕(德)이 완비되는 것이네. 만물은 이치가 서로 다르지만, 도(道)는 사사로이 치우치는 일이 없기 때문에 이름이 없고[無名], 이름이 없기 때문에 하는 일이 없으며(無爲), 하는 일이 없음에도

---

24 소지(少知)와 대공조(大公調)는 둘 다 가공의 인물이다. '소지'는 지력(知力)이 보잘 것 없고 견문(見聞)이 좁은 사람을 비유하고, '대공조'는 공정무사(公正無私)하여 만물을 순조롭게 하는 사람을 일컫는다.

하지 않는 일이 없는 것[無爲而無不爲]이네. 시간은 끝과 시작이 있고, 세상엔 무한한 변화가 있네. 화(禍)와 복(福)은 번갈아 유동(流動)하는 것으로 한편에서 어그러지면 다른 편에선 마땅하기 마련이네. 각기 자기의 의견을 내세워 각기 방향을 달리하면, 한편에선 옳다고 하는 일이 다른 편에선 잘못된 것일 수도 있네. 큰 택지에 비유하면, 갖가지 동물과 식물이 한데 어울려 살고 있는 것과 같고, 큰 산에 비추어 본다면, 나무나 바위들이 다 같이 자리 잡고 있는 것과 같네. 이것을 고을의 여론이라 하는 것이네."

원문 少知問於大公調曰, 何謂丘里之言. 大公調曰, 丘里者, 合十姓百名而爲風俗也. 合異以爲同, 散同以爲異. 今指馬之百體而不得馬, 而馬係於前者, 立其百體而謂之馬也. 是故丘山積卑而爲高, 江河合水而爲大. 大人合併而爲公. 是以自外入者, 有主而不執. 由中出者, 有正而不距. 四時殊氣, 天不賜, 故歲成. 五官殊職, 君不私, 故國治. 文武大人不賜, 故德備. 萬物殊理, 道不私, 故無名, 無名故無爲, 無爲而無不爲. 時有終始, 世有變化. 禍福淳淳, 至有所拂者而有所宜. 自殉殊面, 有所正者有所差. 比於大澤, 百材皆度, 觀乎大山, 木石同壇. 此之謂丘里之言.

자해 • 대공(大公) : 대(大)는 태(太)로, 공(公)은 정(正)을 의미한다. 즉 도덕이 광대(廣大)하고 공정하여 사적인 것이 없으며 만물을 순조롭게 한다. 구리(丘里) : 네 고을이 모여 한 구(丘)를 이루고, 스물다섯 집이 모여 한 리(里)를 이룬다. 구리지언(丘里之言) : 공론, 여론. 합병이위공(合併而爲公) : 군소(群小)의 것들을 합하여 공(公)에 이르게 하다. 자외입자(自外入者) : 외부의 의견이 있을 경우엔 비록 자기주장이 있어도 고집하지 않다. 정(正) : 정당하다. 거(距) : 거(拒)와 통용. 오관(五官) : 행정부의 중요한 다섯 개 부처.

• 사(賜) : 여(與)와 통용. 불사(不賜) : 한편에 치우치지 않다. 순(淳) : 순박하다, 맑다. 순순(淳淳) : 이리저리 유행하다. 불(拂) : 거스르다, 어긋나다. 순(殉) : 구하다. 면(面) : 향하다. 수면(殊面) : 각기 다른 성향. 비(比) : 비(譬)와 통용. 택(澤) : 택(宅)과 통용, 즉 큰 집을 지을 때 목수는 재목에 따라 재서 쓰므로 모든 걸 지배할 수 있다. 도(度) : 동물과 식물이 한데 어울려 살다. 단(壇) : 단, 터전, 즉 돌은 크고 작은 것이 있고, 나무는 거칠고 가는 것이 있지만 다함께 대산(大山)에 모여 기본이 된다는 것.

해영

소지(少知)와 대공조(大公調)란 가공의 인물을 설정해 여론 혹은 공론에 대해 논하고 있습니다. 산이나 언덕은 흙과 온갖 돌들이 모여 형성된 것이고, 양자강이나 황하도 수많은 개울이 모여 이뤄진 것처럼, 사람들의 삶도 온갖 주장이 존재함을 일러주고 있습니다. 함께 살아가기 위해선 자신의 의견이 중요한 것처럼 타인의 의견도 존중할 것을 강조합니다. 다양한 여론이란 구성원들이 살아있음을 반증하는 것입니다.

03

외물 밖에서 자신에게로 닥쳐오는 이해(利害)란 반드시 뜻대로 되지 않는다.[25] 그런 까닭에 용봉(龍逢)은 하나라 걸왕(桀王)에게 죽임을 당했고, 비간(比

25 선(善)과 악(惡)은 필연이 아니다. 즉 선(善)을 쌓으면 선으로, 악(惡)을 쌓으면 악으로 돌아온다는 필연은 성립되지 않는다는 의미다.

干)은 충간(忠諫)하다 은나라 주왕(紂王)에게 죽임을 당했다. 그리고 주왕의 서숙(庶叔) 기자(箕子)는 미친 체하며 살았고, 주왕의 간신인 오래(惡來)도 죽임을 당했으며, 걸왕과 주왕도 결국은 망했다. 임금으로서 신하들의 충성을 바라지 않는 경우는 없지만, 충성스럽다고 반드시 임금에게 신임을 받는 것은 아니다. 그런 까닭에 오나라의 오운(伍員)[26]은 강물에 뜨게 되었고, 주(周)나라의 장홍(萇弘)[27]은 촉(蜀) 땅에서 죽었는데, 그를 장사지낸 지 삼 년 만에 그의 피가 변화하여 푸른 옥돌이 되었다. 부모로서 자식들의 효도를 바라지 않는 경우는 없지만, 효도한다고 반드시 부모에게 사랑을 받는 것은 아니다. 그런 까닭에 은나라의 효기(孝己)는 계모로 말미암아 근심했고, 증삼(曾參)도 아버지의 미움을 사서 슬퍼했다.

나무와 나무가 마찰하면 불이 일어나고, 쇠와 불이 서로 버티면 쇠가 녹아 흘러내린다. 음양(陰陽)이 뒤섞여 행해지면 천지에 큰 변동(變動)을 일으킨다. 여기서 천둥과 번개가 생기고 비가 내리는 중에도 불을 일으켜 큰 회나무를 태우기도 한다. 사람에게는 이해(利害)라는 매우 근심스런 두 개의 함정이 있어서 그 어느 쪽으로든 떨어지기 마련이며, 도피할 수가 없다. 늘 두려워 아무 일도 이루지 못하고, 마음은 하늘과 땅 사이에 매달린 것 같이 불안하다. 또 언제나 마음이 답답하고 근심에 빠져 이해에 대한 관념이 서로 마찰하다 불이 심하게 붙으면, 많은 사람들은 마음속에 있던 화평(和平)한 기운을 태워 버린다. 사람의 마음은 달과 같이 청명(淸明)하지만 불[같은 욕망]을 이길 순 없

26 오운(伍員)의 자는 자서(子胥), 오왕 부차(夫差)에게 충간했으나 받아들여지지 않고 오히려 모함을 받고 자살하자, 부차는 그 시체를 가죽 부대에 넣어 강에 던져버렸다.

27 장홍(萇弘)은 모함을 받고 추방되어 촉으로 돌아갔는데, 스스로 충성스러웠음에도 모함을 받은 것에 대해 괴로워하다 끝내 배를 가르고 죽었다.

다. 여기서 모든 것은 무너져 내리고, 천리(天理)는 사라져 육체도 정신도 소멸된다.

원문 外物不可必. 故龍逢誅, 比干戮. 箕子狂, 惡來死, 桀紂亡. 人主莫不欲其臣之忠, 而忠未必信. 故伍員流於江, 萇弘死於蜀, 藏其血三年, 而化爲碧. 人親莫不欲其子之孝, 而孝未必愛. 故孝己憂, 而曾參悲. 木與木相摩則然, 金與火相守則流. 陰陽錯行, 則天地大絯. 於是乎有雷有霆, 水中有火, 乃焚大槐. 有甚憂兩陷而無所逃. 螴蜳不得成, 心若縣於天地之間. 慰暋沈屯, 利害相摩, 生火甚多, 衆人焚和. 月固不勝火, 於是乎有僓然而道盡.

자해 • 주(誅) : 베다. 육(戮) : 죽이다. 장(萇) : 양도. 벽(碧) : 푸른 옥돌. 마(摩) : 연마하다, 마찰하다. 대해(大絯) : 크게 놀라 움직이다. 뢰(雷) : 천둥. 정(霆) : 번개. 수중(水中) : 빗물 속. 양함(兩陷) : 이해란 두 가지 우환에 빠지다. 진(螴) : 설레다. 돈(蜳) : 설레다. 진돈(螴蜳) : 두려워 불안한 모양. 민(暋) : 번민하다. 위민(慰暋) : 걱정과 고민하다. 둔(屯) : 어렵다. 침둔(沈屯) : 근심에 잠겨 마음이 어지럽다. 화(火) : 욕망. 월(月) : 텅 빈 고요한 마음. 퇴연(僓然) : 무너져 망하는 모양.

해영

『명심보감(明心寶鑑)』에 "어리석고 귀먹고 고질이 있으며, 벙어리라도 집안은 부자요, 지혜롭고 총명해도 오히려 가난한 경우가 있다."[28]는 말이 있습니다. 이해(利害)란 것도 다르지 않습니다. 충성한다고 반드시 지도자로부터 신임

---

28 『명심보감(明心寶鑑)』, 「순명(順命)」: 列子曰, 痴聾痼啞, 家豪富, 智慧聰明, 却受貧.

을 받는 것도 아니요, 효도한다고 반드시 부모로부터 사랑을 받는 것도 아닙니다. 삶이란 이렇습니다. 따라서 이로움과 해로움이란 의식에서 초월한 무위자연의 삶이라야 외물에서 벗어날 수 있습니다.

04

외물 장자가 집이 가난하여 감하후(監河侯)[29]에게 곡식을 빌리러 갔다. 감하후가 말했다. "그럽시다. 내가 장차 봉읍(封邑)에서 세금을 거둬들일 텐데, 그 돈에서 삼백 금(金)을 빌려드리겠소. 그러면 되겠소?" 장자는 화가 나 얼굴빛이 변하면서 말했다. "내가 어제 여기 오는데 도중에 나를 부르는 이가 있었습니다. 돌아보니 수레바퀴 자국 가운데에 한 마리의 붕어가 있었습니다. 제가 그 붕어에게 물었습니다. '붕어야, 무슨 일로 그러느냐?' 붕어가 대답하기를, '저는 동해(東海)의 파신(波臣)입니다. 선생께서 약간의 물이면 저를 살릴 수 있습니다.'라고 했습니다. 그래서 저는, '좋다. 내가 이제 남쪽으로 오(吳)나라와 월(越)나라로 가서 임금을 설득하여 서강(西江)의 물을 끌어다 너를 마중토록 하겠다. 그러면 되겠느냐?'라고 했습니다. 그랬더니 그 붕어는 화를 내며 얼굴빛을 고치고서 말하기를, '저는 늘 함께 있던 물을 잃어서 있을 곳이 없습니다. 저는 약간의 물만 있으면 살 수 있습니다. 그런데 선생께서 이렇게 말씀하시다니, 차라리 건어물전(乾魚物廛)에 가서 저를 찾는 편이 나을 것입니다.'라고 했습니다."

---

29 위(魏)나라의 문후(文侯), 혹은 감하(監河)의 관(官)이 후(侯)를 칭하거나 후(侯)가 그의 성이란 설도 있으나 정확하진 않다.

원문 莊周家貧, 故往貸粟於監河侯. 監河侯曰, 諾. 我將得邑金, 將貸子三百金. 可乎. 莊周忿然作色曰, 周昨來, 有中道而呼者. 周顧視, 車轍中有鮒魚焉. 周問之曰, 鮒魚來. 子何爲者邪. 對曰, 我東海之波臣也. 君豈有斗升之水而活我哉. 周曰, 諾. 我且南遊吳越之王, 激西江之水而迎子. 可乎. 鮒魚忿然作色曰, 吾失我常與, 我無所處. 吾得斗升之水然活耳. 君乃言此, 曾不如早索我於枯魚之肆.

자해 • 속(粟) : 곡식. 감(監) : 보다, 감찰하다. 낙(諾) : 허락하다. 읍금(邑金) : 자기 영지에서 거두는 세금. 분연(忿然) : 성내는 모양, 화내는 모양. 차철(車轍) : 수레바퀴 자국. 부어(鮒魚) : 붕어. 동해지파신(東海之波臣) : 동해의 물결 속에 놀던 붕어. 두승지수(斗升之水) : 한 말이나 한 되쯤의 물, 약간의 물. 격(激) : 물을 막았다가 한 번에 터져나가게 하는 것. 증(曾) : 일찍, 곧. 색(索) : 찾다. 고어(枯魚) : 건어(乾魚)와 같음, 즉 건어물전(乾魚物廛). 고어지사(枯魚之肆) : 마른 생선을 파는 가게. 사(肆) : 가게.

해영

평생 직장이 사라지고 있습니다. 의지와 관계없이 정을 붙이고 살던 곳에서 벗어나는 사람들이 부지기수입니다. 나라 사정이 어려워지면 이런 현상은 더합니다. 지도층이나 구성원들은 궁여지책으로 온갖 지혜를 짜내 보지만 만만치 않습니다. 약간의 물이면 살아갈 수 있다지만 이 또한 잠시 연명한다는 점에서 근본적인 해결책이 되진 못합니다. 역시 인위에서 무위(無爲)가 답입니다. 자연으로 돌아가는 것이 핵심입니다.

05

외물 혜자(惠子)가 장자(莊子)에게 말했다. "그대의 말은 쓸모가 없네." 장자가 말했다. "쓸모없는 것을 알아야 비로소 쓸모 있는 것을 알게 되네. 대체로 땅은 광대(廣大)하지만, 사람이 필요한 것은 겨우 발을 용납할 수 있는 좁은 범위뿐이네. 그렇다고 발로 밟고 있는 땅만 남겨 놓고 그 나머지를 파내려가 황천(黃泉)에까지 이른다면, 과연 사람들에게 쓸모 있다고 할 수 있겠는가?" 혜자가 말했다. "그것만으론 쓸모가 없네." 장자가 말했다. "그렇다면 쓸모가 없다는 것은 쓸모가 있다는 것이 분명하네."

원문 惠子謂莊子曰. 子言無用. 莊子曰, 知無用, 而始可與言用矣. 夫地非不廣且大也, 人之所用容足耳. 然則厠足而塹之致黃泉, 人尙有用乎. 惠子曰, 無用. 莊子曰, 然則無用之爲用也亦明矣.

자해 • 측(厠) : 측(測)과 통용. 측족(厠足) : 발을 재다. 점(塹) : 파다, 깎아 내다.

해영

사람이 길을 걸을 때 차지하는 면적은 극히 적습니다. 하지만 편안히 걷습니다. 눈을 감고도 걸을 수 있습니다. 이는 걸을 때 자신에게 쓸모없다고 여겨지는 여지(餘地) 때문입니다. 즉 쓸모없는 땅이 마음을 안정시키는 기제[無用之用]입니다. 모두가 직접 생필품을 만들어 사용할 순 없습니다. 보이지 않는 수많은 사람들의 수고 덕분에 편히 삽니다. 쓸모없는 땅이 편안함을 제공하듯, 세상엔 쓸모없는 사람이 없습니다.

06

외물 덕(德)은 명예를 추구하다 잃게 되고, 명예는 자기를 드러내다 잃게 되며, 책모(策謀)는 다급한 데서 비롯된다. 지혜는 다투는 데서 나오고, 삶의 보호는 자기의 관능(官能)을 지키는 데서 생겨나며, 일의 성과는 모든 조건이 알맞을 때 나타난다. 봄비가 오고 날이 따뜻해지면 초목이 무성하게 자라는데, 이때가 되면 사람들은 호미를 들고 밭매기를 시작한다. 하지만 초목들은 경작하지 않아도 다시 살아나 자라는데, 왜 그렇게 되는 것인지는 알지 못한다.

통발[筌]은 물고기를 잡는 도구인데, 물고기를 잡고 나면 잊어버린다. 올무[蹄]는 토끼를 잡는 도구인데, 토끼를 잡고 나면 잊어버린다. 말[言]은 뜻을 표현하는 도구이지만, 뜻을 표현하면 말을 잊어버린다. 우리는 어찌하면 말을 잊은 사람들과 더불어 말을 할 수 있겠는가?"

원문 德溢乎名, 名溢乎暴, 謀稽乎誸. 知出乎爭, 柴生乎守, 官事果乎衆宜. 春雨日時, 草木怒生, 銚鎒於是乎始修. 草木之到植者過半, 而不知其然. (...) 筌者所以在魚, 得魚而忘筌. 蹄者所以在兎, 得兎而忘蹄. 言者所以在意, 得意而忘言. 吾安得夫忘言之人, 而與之言哉.

자해 • 계(稽) : 상고하다. 현(誸) : 급하다. 시(柴) : 막다, 홀로 지키다. 조(銚) : 가래, 깎다. 호(鎒) : 호미, 김매다. 도식(到植) : 경작하지 않아도 시절에 맞춰 스스로 생장하다. 전(筌) : 물고기를 잡는 도구, 통발. 제(蹄) : 토끼를 잡는 도구, 올무.

해영

이른바 지인(至人)은 자연이 준 방식 그대로 살아갑니다. 조작하지 않습니다. 사물이나 정욕(情欲)에도 사로잡히지 않고, 덕이나 명예에도 초연(超然)합니다. 달리 표현하면 자득(自得)한 사람이라 할 수 있습니다. 즉 자득한 사람은 밖의 물건이나 자기의 형적(形迹)을 추구하지 않습니다. 통발과 올무가 존재하지만 결코 거기에 매이지 않습니다. 말을 하지 않고도 말을 충분히 합니다. 그것은 무위자연에서 가능합니다.

우언(寓言)

장자의 서문(序文)과 같은 성격의 글을 담고 있습니다. 물론 잡다한 내용도 없지 않습니다. 하지만 교만한 태도를 버리고 자연에서 일러주는 순박함에 따를 것을 강조하는 것은 여전합니다. 무위자연(無爲自然)의 삶이 그것입니다.

01

우언 내 글에는 우언(寓言)[30]이 십 분의 구 정도이고, 중언(重言)[31]이 십 분의 칠 정도이며, 치언(卮言)[32]은 날마다 생겨나 시비(是非)를 초월한다. 십 분의 구나 되는 '우언'은 밖의 사물을 인용해 도(道)를 논한다. 가령 아버지는 아들의 중매를 할 수 없다. 아버지가 아들을 칭찬하는 것은 효과가 아버지가 아닌 사람의 칭찬보다 못하기 때문이다. 이는 아버지의 칭찬이 나쁘기 때문이 아니라 사람들의 선입견 때문이다. 사람들은 자기와 입장이 같으면 순응하고,

---

30 우언(寓言)은 우화(寓話)로, 다른 사물에 비유하여 의견이나 교훈을 은연중에 나타내는 말이다.

31 중언(重言)은 사람들이 중시하는 말이다. 주로 성현(聖賢)의 말씀을 인용하는 것 등을 지칭한다.

32 치언(卮言)은 자연의 변화에 따르는 말을 뜻한다. 치(卮)는 둥근 술잔으로서 술이 가득 차면 기울어지고, 잔이 비면 엎어지듯 자연의 변화에 따른다. 즉 치언은 자기의 의견을 내세우지 않고 무아(無我)의 경지에서 설명하는 말이라 할 수 있다.

자기와 입장이 다르면 반대한다. 자기와 생각이 같으면 옳다고 하고, 자기와 생각이 다르면 그르다고 한다.

그중에서 십 분의 칠을 차지하는 '중언'은 사람들의 논쟁을 없애기 위한 것이다. 이는 일반적으로 노인의 말을 중요하게 여기기 때문이다. 나이가 앞서면서도 일에 대한 경위(經緯)와 이치[本末]를 모르고 나이에만 의존한다면, 이는 참된 선배가 아니다. 선배임에도 남보다 앞선 덕을 갖추지 못했다면, 사람으로서의 도(道)가 없는 것이며, 사람으로서의 도가 없다면 이를 진부(陳腐)한 사람이라 한다. '치언'은 날마다 쓰는 말로 시비를 초월하여 속박이 없는 자유로운 경지에서 노닐면서 천수(天壽)를 다하기 위한 것이다. 말하지 않으면 조화를 유지하게 되니, 조화를 지니는 것과 말하는 것은 서로 같을 순 없다. 말하는 것과 조화를 유지하는 것은 서로 같을 수 없는 것이니, 때문에 말하지 않는 것이다.

원문 寓言十九, 重言十七, 巵言日出, 和以天倪. 寓言十九, 藉外論之. 親父不爲其子媒. 親父譽之, 不若非其父者也. 非吾罪也, 人之罪也. 與己同則應, 不與己同則反. 同於己爲是之, 異於己爲非之. 重言十七, 所以已言也. 是爲耆艾. 年先矣, 而無經緯本末, 以期年耆者, 是非先也. 人而無以先人, 無人道也, 人而無人道, 是之謂陳人. 巵言日出, 和以天倪, 因以曼衍, 所以窮年. 不言則齊, 齊與言不齊. 言與齊不齊也, 故曰無言.

자해 • 치(巵) : 잔. 예(倪) : 나누다, 끝다. 자(藉) : 차(借)와 통용, 즉 빌다, 인용하다. 매(媒) : 중매하다. 이언(已言) : 논쟁을 그치게 하다. 기(耆) : 늙은이. 애(艾) : 늙은이. 기애(耆艾) : 옛날의 훌륭한 사람들. 경(經) : 길, 날실. 위(緯) :

묶다, 씨실. 기(期) : 대(待)와 통용, 즉 나이에만 의존하다. 진(陳) : 묵다, 진부하다. 화이천예(和以天倪) : 시비를 초월한 자유로운 경지. 만(曼) : 없다. 연(衍) : 편다, 남다. 인이만연(因以曼衍) : 자연을 좇아[曼] 무궁히 계속[衍]되다. 제(齊) : 화(和)와 통용, 즉 조화.

해영

장자의 주장을 분석할 수 있는 대목입니다. 우화(寓話)가 사용되는 이유에 대해 설명하면서, 그 가운데 '중언'을 통해 삶을 논합니다. 이밖에도 '치언'을 통해 시비의 경지를 초월한 자연의 참다운 삶을 논합니다. 주장하지 않고도 주장하는, 말하지 않고도 말하는 삶을 일러줍니다. 그것은 무위자연(無爲自然)으로 일관합니다. 있는 그대로, 자연 그대로의 삶이 그러한 것을 보여줍니다. 따라하면 그대로 적중되는 삶입니다.

02

우언 안성자유(顔成子遊)[33]가 스승인 동곽자기(東郭子綦)[34]에게 말했다. "제가 선생님의 말씀을 들은 뒤로 일 년이 되자 소박해졌고, 이 년이 되자 세상을 따르게 되었으며, 삼 년이 되자 남들과 소통됐고, 사 년이 되자 사물과 하나가 되고, 오 년이 되자 도(道)가 저에게로 왔고, 육 년이 되자 귀신처럼 일을 아는 경지에 들었고, 칠 년이 되자 천지(天地) 자연이 하나로 이뤄졌고, 팔 년

33 안성자유(顔成子遊)는 동곽자기(東郭子綦)의 제자다. 서무귀(徐無鬼)에선 안성자(顔成子)로 나온다.

34 동곽자기(東郭子綦)는 집이 곽(郭)의 동쪽에 있었기 때문에 동곽(東郭)으로 불렸다.

이 되자 죽는 것도 알지 못하고, 사는 것도 알지 못하게 되었으며, 구 년이 되자 큰 도[妙境]를 깨달았습니다."

사람이란 태어나면 언젠가 죽게 마련이다. 차별과 공평한 도를 권하는 것은, 죽음은 유에서 무로 돌아가므로 이유가 되지만, 삶은 무에서 유가 되므로 그 이유를 알 수 없다. 과연 이러한 생각이 맞는 것인가? 사람은 죽은 뒤에 어디로 가는 것일까? 아무데도 가지 않고 머물러 있는 것일까? 하늘엔 해와 달, 별들의 운행 법도[歷數]가 있고, 땅엔 이목구비(耳目口鼻)의 작용[人據]이 있어서 사물을 알 수 있지만, 나는 어디에서 그 까닭을 구하겠는가? 사람은 그 끝나는 것을 알지 못하는데, 어찌 그 천명(天命)이 없는 것을 알 수 있으랴? 그 시작한 것을 알지 못하는데, 어찌 그 천명이 있는 것을 알 수 있으랴? 서로 응하는 것이 있으니, 어찌 귀신이 없다고 하며, 서로 응하는 것이 없으니 어찌 귀신이 있다고 하랴?

원문 顔成子遊謂東郭子綦曰, 自吾聞子之言, 一年而野, 二年而從, 三年而通, 四年而物, 五年而來, 六年而鬼入, 七年而天成, 八年而不知死, 不知生, 九年而大妙. 生有爲死也. 勸公以其死也有自也, 而生陽也無自也. 而果然乎. 惡乎其所適. 惡乎其所不適. 天有歷數, 地有人據, 吾惡乎求之. 莫知其所終, 若之何其無命也. 莫知其所始, 若之何其有命也. 有以相應也, 若之何其無鬼邪, 無以相應也, 若之何其有鬼邪.

자해 ● 야(野) : 꾸밈이 없다, 소박하다. 귀입(鬼入) : 신명이 모여 물리(物理)에 통달해 귀신같은 경지에 이르다. 대묘(大妙) : 큰 도. 오(惡) : 어찌. 역(歷) : 다니다. 수(數) : 운수. 역수(歷數) : 천체운행의 법도. 인거(人據) : 이목구비(耳

目口鼻)의 작용.

해영

먼저 큰 도[妙境]를 터득하는 순서를 논하고, 뒤엔 생사(生死)의 근원을 알 수 없는 것임에도 삶과 죽음의 근원에 대해 논하고 있습니다. 삶이란 무엇일까요? 죽음이란 또 무엇일까요? 삶이되었든 죽음이 되었든 모두가 대자연의 작용(作用)일 뿐입니다. 집착할 이유가 없는 것입니다. 집착한다고 '생사'가 달라지지 않기 때문입니다. 즉 생사는 불가역적이기 때문에 그것을 잊는 데에 깨달음의 경지가 있음을 일러줍니다.

03

우언 여러 망량(罔兩)[35]이 그림자에게 물었다. "그대는 조금 전 구부리고 있더니 지금은 위를 향하고 있고, 조금 전엔 머리를 묶고 있더니 지금은 흩뜨리고 있으며, 조금 전엔 앉아 있더니 지금은 서 있고, 조금 전엔 가더니 지금은 멈추어 있으니 어찌해서 그런가?" 그림자가 말했다. "어찌해서 그런 쓸데없는 말을 하는가? 나는 존재하지만 그 까닭을 알지 못하네. 나는 마치 매미 껍질이나 뱀의 껍질[허물]과 비슷하지만 똑같지는 않네. 불과 햇빛이 비칠 때, 나는 나타나지만, 그늘이나 밤엔 사라지네. 나는 그것들을 의지해 이루어지네. 하물며 내가 의지하는 물건들이야 더 말할 게 있겠는가? 그가 오면 나도 함께 오고 그가 가면 나도 따라가네. 그가 힘차게 움직이면 나도 따라서 힘

35 망량(罔兩)은 그림자 바깥쪽에 생기는 엷은 그늘을 뜻한다.

차게 움직이네. 움직이는 것에 대해 어찌 나에게 묻는가?"

원문 衆罔兩問於景曰. 若向也俯, 而今也仰, 向也括, 而今也被髮, 向也坐, 而今也起, 向也行, 而今也止, 何也. 景曰, 搜搜也, 奚稍問也. 予有而不知其所以. 予蜩甲也, 蛇蛻也, 似之而非也. 火與日, 吾屯也, 陰與夜, 吾代也. 彼吾所以有待邪. 而況乎以有待者乎. 彼來則我與之來, 彼往則我與之往. 彼强陽則我與之强陽. 强陽者, 又何以有問乎.

자해 • 망(罔) : 어둡다. 경(景) : 영(影)과 통용, 그림자. 약(若) : 그대, 너. 향(向) : 접때, 조금 전. 괄(括) : 머리를 묶다. 수수(搜搜) : 무심하게 움직이다. 초(稍) : 작다. 조갑(蜩甲) : 매미 껍질. 태(蛻) : 허물[껍질]. 둔(屯) : 모여서 이뤄지다. 대(代) : 교대하다, 사라지다. 강양(强陽) : 움직이다.

해영

망량과 그림자와의 대화를 통해 삶을 돌아봅니다. 그림자는 본질인 사람의 움직임을 그대로 따릅니다. 그렇다면 사람은 어떤 것에 따라 움직일까요? 자연에 따라 움직입니다. 따지고 보면 그림자나 사람이나 무엇에 의지해 따르는지를 잘 모르고 그간 움직였던 것입니다. 때문에 의식을 통해 움직인다는 것은 옳다고 할 수 없습니다. 빛이 있음으로써 그림자가 존재하듯, 자연이 있음으로 사람의 움직임도 존재합니다.

양왕(讓王) · 도척(盜跖) · 설검(說劍) · 어부(漁父)

일찍이 소동파는 『장자사당기』에서 양왕 이하 도척, 설검, 어부에 대해 장자가 지은 글이 아니라고 한 바 있습니다. 현존하는 곽상(郭象)의 『장자주』에도 이 네 편과 「천하」편 일부에 거의 주(注)가 없고 있어도 약간만 부기되어 있을 뿐입니다. 따라서 「양왕」과 「도척」, 「설검」, 「어부」 편에서 시대에 적합한 부분만 발췌하여 서술했습니다.

01

양왕 대왕단보(大王亶父)[36]가 빈(邠)[37] 땅에 살 때, 북쪽의 오랑캐[狄人]가 공격해 왔다. 대왕단보는 가죽과 비단을 보냈으나 받지 않고, 개와 말을 보내도 받지 않았다. 또 구슬과 옥을 보내도 받지 않았다. 그들이 요구하는 것은 토지였다. 대왕단보는 민중들에게 말했다. "나는 남의 형과 같이 살면서 그 아우를 죽이고, 남의 아비와 살면서 그 자식을 죽게 하는 일은 차마 할 수 없다.

---

36 고공단보(古公亶父)라고도 한다. 여기서 보(父)는 보(甫)와 통한다고 보기 때문에 '보'로 발음한다. 그는 주(周)의 우두머리로 주(周)의 전설상 시조로 여겨지는 후직(后稷)의 12대 손이고, 공유(公劉)의 9대 손이다. 고공단보는 주(周)의 무리를 이끌고 섬하(陜下)로 옮겨 성곽(城郭)과 집을 짓고 관리를 두어 오랑캐[戎狄]의 풍습을 개혁했다. 또한 생산을 늘려 주(周)의 번영을 이룩했다.

37 대왕단보가 빈(邠) 땅에 살고 있었는데, 오랑캐[狄人]로부터 공격을 받았다. 그는 주(周)나라 왕계(王季)의 아버지이자 문왕(文王)의 할아버지 희단보(姬亶父)다. 무왕(武王)이 주(周)나라를 세운 뒤 추존해서 태왕으로 호칭한 것이다. 『맹자(孟子)』, 「양혜왕(梁惠王)」에 자세한 내용이 나온다. 빈(邠)은 지명(地名)인데, 빈(豳)으로 표기하기도 한다.

그대들은 모두 힘써 일하면서 살도록 하라. 내 신하가 되는 것이나 오랑캐의 신하가 되는 것이나 무엇이 다르겠는가? 또 내가 들으니, 민중을 기르는 땅 때문에 길러야 할 민중들에게 해를 끼쳐서는 안 된다."

이렇게 말하고 그는 채찍을 지팡이 삼아 그곳을 떠났다. 이에 민중들도 서로 줄지어 그를 따르므로 드디어 기산(岐山) 아래에 나라를 세웠다. 대체로 대왕 단보는 진정으로 민중들의 생명을 존중하였다고 할 수 있다. 참으로 남의 목숨을 소중히 여기는 사람은, 비록 부귀(富貴)한 자리에 있더라도 의식주(衣食住)로 인해 자신의 몸을 상하게 하지 않고, 비록 빈천(貧賤)하더라도 이익을 위해서 몸을 괴롭히진 않는다. 그런데 지금 세상의 높은 벼슬이나 높은 지위에 있는 사람들은 모두 의식주 따위를 잃을까 중시한다. 이익을 보면 가볍게 그 몸을 망치니 어찌 미혹(迷惑)이 아니라 하겠는가?

원문 大王亶父居邠, 狄人攻之. 事之以皮帛而不受, 事之以犬馬而不受, 事之以珠玉而不受. 狄人之所求者土地也. 大王亶父曰, 與人之兄居而殺其弟, 與人之父居而殺其子, 吾不忍也. 子皆勉居矣. 爲吾臣與爲狄人臣, 奚以異. 且吾聞之, 不以所用養害所養. 因杖筴而去之. 民相連而從之, 遂成國於岐山之下. 夫大王亶父, 可謂能尊生矣. 能尊生者, 雖貴富不以養傷身, 雖貧賤不以利累形. 今世之人, 居高官尊爵者, 皆重失之, 見利輕亡其身, 豈不惑哉.

자해 • 빈(邠) : 빈(豳)과 통용, 땅 이름으로 오늘날 섬서성(陝西省)에 있다. 백(帛) : 비단. 소용양(所用養) : 민중을 기르는데 쓰이는 물건, 즉 땅이나 재물을 말한다. 소양(所養) : 길러주다, 즉 민중들을 가리킨다. 책(筴) : 지팡이, 채찍, 짚다. 장책(杖策) : 지팡이를 짚고 가다. 수(遂) : 드디어, 비로소. 중실지(重失之) : 생활수단인 재물이나 이익을 잃는 것을 중시하다.

해영

확실히 유가(儒家) 냄새가 짙은 문장입니다.[38] 예나 지금이나 나라를 다스리는데 반드시 선행돼야 할 부분이 지도자입니다. 지도자는 어질고 현명해야 합니다. 특히 나라를 경영하는데 있어선 핵심입니다. 그리고 지도자가 존재한다면 신뢰해야 합니다. 신뢰가 담보되지 않으면, 사람이 없는 것처럼 공허해질 수밖에 없습니다. 그런 지도자를 꼽는다면 인명(人命)을 중시한 대왕단보를 빼놓을 수 없습니다. 참 지도자입니다.

그는 참다운 민중들로부터 신뢰를 한 몸에 받은 지도자입니다. 남의 목숨을 소중히 여기는 지도자라는 것을 민중들이 알았기 때문입니다. 부귀한 자리에 있어도 의식주(衣食住) 따위로 자신을 손상시키지 않았고, 빈천한 자리에 있을 지경에 놓여서도 이익을 위해 몸을 쓰지 않았기에 민중들과 하나가 된 것입니다. 명분이나 이익을 위해서는 전쟁도 불사하는 지도자들이 차고 넘치는 세상에서 진실로 빛나는 교훈입니다.

---

38 『여씨춘추(呂氏春秋)』, 「심위(審爲)」, 『회남자(淮南子)』, 「도응(道應)」에 유사한 내용들이 보인다.

02

양왕 한(韓)나라와 위(魏)나라는 서로 땅을 가지고 다투었다. 자화자(子華子)[39]가 한나라의 소희후(昭僖侯)[40]를 만났는데, 소희후의 얼굴에 근심하는 빛이 있었다. 자화가가 말했다. "지금 천하로 하여금 임금님 앞에서 증서를 쓰게 하는데, 그 증서에는, '왼손으로 이 증서를 잡으면 오른손이 잘리고, 오른손으로 잡으면 왼손이 잘린다. 그러나 이 증서를 잡는 사람은 반드시 천하를 소유한다.'라고 하면 임금님께선 이 증서를 잡으시겠습니까?" 소희후가 말했다. "과인은 잡지 않겠소." 자화자가 말했다. "매우 좋습니다. 이로 미루어 보면 두 팔은 천하(天下)보다 소중한 것이고, 몸은 또한 두 팔보다 소중합니다. 따라서 한나라는 천하에 비하면 훨씬 가벼운 것이고, 지금 위나라와 서로 다투고 있는 땅은 한나라보다도 훨씬 가벼운 것입니다. 그렇다면 임금님께선 자기 생명을 해쳐서까지 그 조그만 땅을 얻지 못할까 걱정해야 되겠습니까?" 소희후가 말했다. "좋은 말씀이오. 지금까지 과인을 가르쳐 준 사람은 많지만 이런 말씀은 들어본 일이 없었소." 자화자야말로 일의 경중을 아는 사람이라고 할 수 있다.

원문 韓魏相與爭侵地. 子華子見昭僖侯, 昭僖侯有憂色. 子華子曰, 今使天下書銘於君之前, 書之言曰, 左手攫之則右手廢, 右手攫之則左手廢. 然而攫之者必有天下. 君能攫之乎. 昭僖侯曰, 寡人不攫也. 子華子曰, 甚善. 自是觀之, 兩臂重於天下也, 身又重於兩臂. 韓之輕於天下亦遠矣, 今之所

---

39 자화자(子華子)는 위(魏)나라의 현인(賢人)이다.

40 소희후(昭僖侯)는 한후(韓侯) 또는 희왕(僖王)은 존재하나, 소희후는 나타나지 않는다. 여기저기 자료를 종합하면 한후(韓侯)로 보는 것이 타당하다.

爭者, 其輕於韓又遠. 君固愁身傷生以憂戚之不得也. 僖侯曰, 善哉. 教寡人者衆矣, 未嘗得聞此言也. 子華子可謂知輕重矣.

자해 • 수(搜) : 찾다. 서명(書銘) : 증서, 서약서. 확(攫) : 잡다, 붙들다. 심선(甚善) : 임금의 말이 매우 도리에 합당하여 감탄하다. 비(臂) : 팔. 우척(憂戚) : 걱정하다, 근심하다.

해영

『노자(老子)』에 명예와 몸을 비교하는 이야기가 있습니다. 몸과 재물을 비교하는 문구도 있습니다.[41] 지극히 평범한 구절이지만, 자신을 명확히 인식할 수 있도록 문형(文型)으로 구축하여 일러주고 있습니다. 그렇습니다. 몸 없이 명예가 무슨 소용이 있으며, 몸 없는 재물 따위가 어떤 가치가 있겠습니까? 자기의 몸을 소중히 할 수 있다면 외물(外物)에 쉽게 딸려가지 않습니다. 하물며 전쟁은 더 논할 게 없는 일입니다.

03

양왕 옛날 주(周)나라가 일어날 때 선비 두 사람이 고죽(孤竹)에 살았다. 백이(伯夷)와 숙제(叔齊)라고 했다. 두 사람이 서로 말했다. "내가 들으니 서쪽 지방에 사람이 있는데, 도(道)를 터득한 사람인 듯하니 시험삼아 가보도록 하

41 『노자(老子)』, 44장 : 名與身孰親. 身與貨孰多. 得與亡孰病. 是故甚愛必大費, 多藏必厚亡. 知足不辱, 知止不殆, 可以長久.

자.” 그리고 기양(岐陽)에 이르니, 무왕(武王)이 이 말을 듣고 숙단(叔旦)[42]으로 하여금 가서 만나게 했다. 숙단은 그들에게 맹세했다. “봉록(俸祿)은 이등(二等) 이상을 주고, 벼슬[官等]은 일등(一等) 자리를 주겠다.” 그리고 희생(犧牲)의 피를 땅에 묻었다. 두 사람은 서로 쳐다보고 웃으면서 말했다. “아! 이상하다! 이건 우리가 말하는 도가 아니다. 옛날 신농씨(神農氏)가 천하를 다스릴 땐 사시(四時)에 따른 제사에 공손한 마음을 다하였으나 행복을 빌진 않았다. 또 민중들에겐 충신(忠信)으로 정성을 다해 다스렸으나 행복을 추구하진 않았다. 즐겁게 정치에 참여하면 정치를 했고, 즐겁게 다스림에 임하면 즐겁게 다스렸으며, 남의 실패를 근거로 자신의 성공을 바라지 않았고, 남을 낮추면서 자신이 높아지려 하지 않았으며, 때를 만났다고 해서 자기의 이익만을 얻으려 하지 않았다.”

“지금 주(周)나라는 은(殷)나라의 어지러움을 보고 갑자기 선정(善政)을 하려 한다. 윗사람은 꾀를 부리고 아랫사람은 뇌물을 쓰며, 군사를 막아서 위엄을 보존하며, 희생(犧牲)을 잡아 맹세하여 신용을 나타나고, 행동을 드날려서 민중들을 기쁘게 하며, 죽이고 정벌하는 것으로 이익을 얻으려 하니, 이는 어지러움을 가지고 사나운 정치와 바꾸는 것이다. 내가 들으니, ‘옛날의 선비는 다스려지는 세상을 만나면 그 책임을 피하지 않고, 어지러운 세상을 만나면 구차하게 살지 않는다.’고 했다. 그런데 지금은 천하가 어둡고 주나라의 덕도 쇠하고 있는데, 이 주나라와 함께 살면서 우리의 몸을 더럽히는 것보다는 이를 피하여 몸을 깨끗하게 하는 것만 못하다.” 그리고 두 사람은 북쪽으로 수양산(首陽山)에 이르러 마침내 굶어 죽었다. 백이와 숙제 같은 사람은 부귀(富

42 숙단(叔旦)은 주나라 무왕(武王)의 아우인 주공(周公) 단(旦)을 지칭한다.

貴)에 대하여 진실로 마지못해 얻은 벼슬이라도 기필코 받지 않고 높은 절의도 세상 사람들과 행동이 같지 않았다. 그러나 홀로 그 뜻을 즐거워하고 세상을 섬기지 않았으니, 이는 두 선비의 절의였던 것이다.

원문 昔周之興, 有士二人處於孤竹. 曰伯夷叔齊. 二人相謂曰, 吾聞, 西方有人, 似有道者, 試往觀焉. 至於岐陽, 武王聞之, 使叔旦往見之. 與之盟曰, 加富二等, 就官一列. 血牲而埋之. 二人相視而笑曰, 唏, 異哉. 此非吾所謂道也. 昔者神農之有天下也, 時祀盡敬而不祈喜, 其於人也, 忠信盡治而無求焉. 樂與政爲政, 樂與治爲治, 不以人之壞自成也, 不以人之卑自高也, 不以遭時自利也. 今周見殷之亂而遽爲政. 上謀而下行貨, 阻兵而保威, 割牲而盟以爲信, 揚行以說衆, 殺伐以要利, 是推亂以易暴也. 吾聞, 古之士, 遭治世不避其任, 遇亂世不爲苟存. 今天下闇, 周德衰, 其竝乎周以塗吾身也, 不如避之以絜吾行. 二子北至於首陽之山, 遂餓而死焉. 若伯夷叔齊者, 其於富貴也, 苟可得已, 則必不賴高節戾行. 獨樂其志, 不事於世, 此二士之節也.

자해 • 고죽(孤竹) : 나라 이름, 백이와 숙제의 아버지가 고죽군(孤竹君), 요동(遼東)의 영지현계(令支縣界)에 있다. 기양(岐陽) : 기산의 남쪽 기슭으로, 문왕(文王)이 도읍을 정한 곳이다. 혈생(血牲) : 맹세를 할 때 짐승의 피를 입에 발라 맹세를 어기지 않을 것을 서약하는 것. 기희(祈喜) : 행복을 빌다. 행화(行貨) : 뇌물을 쓰다. 불뢰(不賴) : 부귀에 의뢰하지 않다, 취하지 않다. 여행(戾行) : 남들과 다른 행동.

해영

백이와 숙제에 대한 이야기는 많은 사람들이 알고 있습니다. 두 임금을 섬길 수 없다고 수양산으로 들어가 고사리를 뜯어 먹다 굶어죽은 이야깁니다. 『여씨춘추(呂氏春秋)』, 「성렴(誠廉)」에도 보입니다. 논의의 맥락에 대해 논란이 없지 않은 부분입니다. 절의(節義)나 청렴(淸廉)을 위해 강물에 몸을 던지거나 산속에 들어가 굶어 죽는 행위는 장자의 사상과는 거리가 있기 때문입니다. 그럼에도 눈여겨 볼 점은 존재합니다.

04

도척 세상에서 이른바 어진 선비[賢士]라고 한다면 백이(伯夷)와 숙제(叔齊)만한 사람이 없다. 백이와 숙제는 고죽국의 임금 자리를 사양하고 수양산에서 굶어 죽어 골육조차 장사지내지 못했다. 포초(鮑焦)[43]는 자기의 행동을 꾸미고 세상을 비난하다가 나무를 껴안고 죽었다. 신도적(申徒狄)[44]은 임금에게 간(諫)해도 듣지 않자 돌을 지고 스스로 황하에 몸을 던져 물고기의 밥이 되었다. 개자추(介子推)[45]는 지극히 충성스러워 자기의 다리를 베어서 진(晉)나

---

43 포초(鮑焦)는 주나라의 은자(隱者)다. 자공이, "그 정치를 비난하는 자는 그 나라 땅을 밟지 않고, 그 나라 임금을 욕하는 자는 그의 이익을 받지 않아야 합니다. 그런데 선생께선 그러한 땅을 밟고 그 이익으로 살고 있으니 되겠습니까?"라고 하자, 그는 나무를 끌어안은 채 말라 죽었다.

44 신도적(申徒狄)은 주나라의 현자(賢者)로, 신도(申屠)와 같은 사람이다.

45 개자추(介子推)는 춘추시대 진(晉)나라 사람이다. 문공(文公)을 따라 도망 다니며 고생하다 십구 년 만에 돌아왔으나, 문공이 소홀히 대하자, 면산(綿山)으로 들어가 숨었다. 후에 문공이 불러도 나오지 않자, 문공은 산에 불을 질렀다. 그는 나무를 끌어안은 채 타죽고 말았다. 오늘날 한식(寒食)이 여기서 비롯되었다.

라 문공(文公)을 먹였다. 그러나 문공이 후에 그를 배반하자, 개자추는 노하여 그곳을 떠나 산으로 들어가 나무를 껴안고 불타 죽었다. 미생(尾生)[46]은 여자와 다리 밑에서 만나기로 약속했는데, 여자는 오지 않고 물은 불어나도 떠나지 않다가 다리 기둥을 껴안고 죽었다. 이 네 사람은 제사에 쓰려고 찢어 놓은 개나 물에 던져진 돼지, 표주박을 들고 구걸하는 거지와 다를 것이 없다. 모두가 명분에 얽매여 죽음을 가벼이 하고, 근본으로 돌아가 수명을 보양할 생각을 하지 않은 사람들이다. 세상에서 이른바 충신이란 사람은 왕자 비간(比干)[47]이나 오자서(伍子胥)[48] 만한 사람이 없는데, 오자서는 강에 빠졌고, 비간은 심장이 쪼개지는 형벌을 당했다. 이 두 사람은 세상에서 말하는 충신이지만 끝내 천하의 웃음거리가 되었다. 저 위로는 황제부터 오자서와 비간에 이르기까지 모두 귀할 것이 없다.

원문 世之所謂賢士, 莫若伯夷叔齊. 伯夷叔齊辭孤竹之君, 而餓死於首陽之山, 骨肉不葬. 鮑焦飾行非世, 抱木而死. 申徒狄諫而不聽, 負石自投於河, 爲魚鼈所食. 介子推至忠也, 自割其股以食文公. 文公後背之, 子推怒而去, 抱木而燔死. 尾生與女子期於梁下, 女子不來, 水至不去, 抱梁柱而死. 此四

---

46 미생(尾生)은 춘추시대 노(魯)나라 사람으로 약속을 잘 지키기로 유명했다.

47 주왕(紂王)의 숙부로 주왕의 폭정을 간하다 죽임을 당했다. 주왕이 숙부 비간을 죽일 때, 성인(聖人)의 심장엔 구멍이 일곱 개가 있다는데, 정말 그런지 확인하자며 가슴을 찢어 죽였다.

48 오자서(伍子胥)는 오(吳)나라 왕 합려(闔閭)를 보좌하여 오나라의 국력을 신장시키고, 제나라로부터 패권(霸權)을 빼앗아 춘추오패(春秋五霸)의 하나로 등극했다. 본래 초(楚)나라 사람이었으나 아버지와 형이 초나라 평왕에게 억울하게 죽임을 당하고, 자신도 생명의 위협을 받자, 오나라로 망명했다. 초나라를 멸망시킨 오나라의 공신이 되었으나, 합려의 뒤를 이어 부차(夫差)가 왕위에 오르자 국정운영에 대한 견해 차이로 중용되지 못했다. 후일 부차가 내린 검(劍)으로 자결했다.

者, 無異於磔犬流豕, 操瓢而乞者. 皆離名輕死, 不念本養壽命者也. 世之所謂忠臣者, 莫若王子比干伍子胥, 子胥沈江, 比干剖心. 此二子者, 世謂忠臣也, 然卒爲天下笑. 自上觀之, 至于子胥比干, 皆不足貴也.

자해 • 어별(魚鼈) : 고기와 자라. 번(燔) : 불사르다. 책(磔) : 찢다. 시(豕) : 돼지. 유시(流豕) : 제물로 강물에 던져진 돼지. 조표(操瓢) : 표주박을 잡다. 리(離) : 붙다, 얽매이다.

해영

유가(儒家)에서 논하는 도척(盜跖)과 유하혜(柳下惠)는 춘추시대 사람으로 형제지간입니다. 하지만 두 사람의 평가는 극과 극입니다. 완전히 다른 길을 걸었기 때문입니다. 도척은 대도(大盜)라는 오명(汚名)을 얻은 반면, 유하혜는 성인(聖人)으로 간주되고 있습니다. 대도인 도척의 주장에 눈여겨 볼 점은 유가의 기본인 '인의'나 '충효' 등을 비판한다는 것입니다. 이러한 사상이 사람의 본성을 오히려 말살한다는 것입니다.

가령 비간은 심장이 찢기고, 자서가 자결하게 된 것은 지나친 충성으로 화(禍)를 당한 것이고, 직궁(直弓)[49]이 아버지의 도둑질을 증언한 것과 미생이 익사한 것은 신뢰를 지나치게 강조한 것 때문입니다. 또 포초는 선 채로 말라

49 섭공이 공자에게 말했다. "우리 고을에 정직하게 행동[直躬]하는 자가 있습니다. 그의 아버지가 양을 훔쳤는데, 아들이 그것을 증언하였습니다." 공자가 이르기를, "우리 고을의 정직한 자는 이와 다르다. 아버지는 자식을 위해 숨겨주고 자식은 아버지를 위해 숨겨주니, 정직함은 그 가운데 있는 것이다."(『논어(論語)』, 「자로(子路)」: 葉公語孔子曰, 吾黨, 有直躬者, 其父攘羊, 而子證之. 孔子曰, 吾黨之直者, 異於是, 父爲子隱, 子爲父隱, 直在其中矣.)

죽게 하고, 백이와 숙제가 수양산으로 들어가 굶어죽게 한 것은 지나친 청렴과 절의 때문으로 풀이합니다. 모두가 명분에 사로잡혀 죽음을 경시하게 된 것이라 지적합니다. '인위의 결과'입니다.

05

설검 옛날 조(趙)나라 문왕(文王)[50]이 칼싸움을 좋아하여 문하(門下)에 검객들이 삼천여 명이나 모여들었다. 밤낮으로 어전(御前)에서 서로 칼싸움을 하여 죽거나 다치는 사람이 한해에 백여 명이나 되었다. 왕은 이것을 좋아하고 싫어할 줄 몰랐다. 이렇게 삼 년이 지나자, 나라가 쇠약해져서 제후(諸侯)들이 공격해 오려고 했다. 이에 태자 회(悝)가 이를 근심하여 좌우(左右)의 시자(侍者)를 불러 말했다. "누구든 능히 왕의 마음을 기쁘게 하면서 칼싸움을 멈추게 하는 사람이 있다면 천금(千金)의 상을 내리리라." 그러자 시자가 말했다. "장자(莊子)라면 능히 할 수 있을 것입니다." 이에 태자는 사람을 시켜 천금을 장자에게 보냈다. 그러나 장자는 받지 않고 사자와 함께 와서 태자를 뵙고 말했다. "태자께서는 저에게 무엇을 시키려고 천금을 주십니까?" 태자가 말했다. "선생은 매우 현명한 분이라고 들었기 때문에 삼가 천금을 종자(從者) 편에 예물로 바친 겁니다. 선생께서 받지 않으니 제가 무슨 할 말이 있겠습니까?"

---

50 조(趙)나라의 문왕(文王)은 혜왕(惠王)을 지칭하는 것으로, 이름은 하(何), 무령왕(武靈王)의 아들이다.

이에 장자가 말했다. "태자께서 저를 쓰려고 하는 것은 왕이 좋아하고 즐기는 것을 끊게 하려는 것이라고 들었습니다. 가령 저로 하여금 위로 왕을 설득하려다 왕의 뜻을 거역하게 되고, 아래로 태자의 분부를 이행하지 못한다면, 몸이 형벌을 받다가 죽을 것입니다. 제가 어찌 돈을 위해 일할 수 있겠습니까? 만일 신(臣)으로 하여금 위로 왕을 설득하고 아래로 태자의 뜻에 맞게 할 수 있다면, 이 조나라에서 무엇을 구한들 얻지 못하겠습니까?" 태자가 말했다. "그렇습니다. 우리 왕께서 만나는 이는 오직 검객뿐입니다." 장자가 말했다. "좋습니다. 저도 칼싸움은 잘합니다." 태자가 말했다. "그러나 우리 왕께서 만나는 검객들은 모두 쑥대머리에 살쩍이 삐져나오고, 관을 낮게 눌러 쓰고, 장식이 없는 거친 관끈을 매고, 뒤가 짧은 저고리를 입고, 눈을 부릅뜨며 더듬더듬 말을 합니다. 왕께선 그래야 좋아하십니다. 그런데 지금 선생께서 선비의 옷으로 왕을 뵈면, 일이 반드시 크게 어긋날 것입니다."

원문 昔趙文王喜劍, 劍士夾門而客三千餘人. 日夜相擊於前, 死傷者歲百餘人. 好之不厭. 如是三年國衰, 諸侯謀之. 太子悝患之, 募左右曰, 孰能說王之意, 止劍士者, 賜之千金. 左右曰, 莊子當能. 太子乃使人以千金奉莊子. 莊子弗受, 與使者俱往見太子曰, 太子何以敎周, 賜周千金. 太子曰, 聞夫子明聖, 謹奉千金以幣從者. 夫子弗受, 悝尙何敢言. 莊子曰, 聞太子所欲用周者, 欲絶王之喜好也. 使臣上說大王而逆王意, 下不當太子, 則身刑而死. 周尙安所事金乎. 使臣上說大王, 下當太子, 趙國何求而不得也. 太子曰, 然, 吾王所見, 唯劍士也. 莊子曰, 諾. 周善爲劍. 太子曰, 然, 吾王所見劍士, 皆蓬頭, 突鬢, 垂冠, 曼胡之纓, 短後之衣, 瞋目而語難. 王乃說之. 今夫子必儒服而見王, 事必大逆.

자해 ● 협(夾) : 끼다. 상격(相擊) : 서로 치받고 싸우다. 회(悝) : 태자 이름. 봉(蓬) : 흐트러지다. 봉두(蓬頭) : 쑥대머리, 머리가 헝클어지다. 빈(鬢) : 살쩍. 돌빈(突鬢) : 살쩍이 길게 뻗어 있다. 수관(垂冠) : 바로 싸우려는 자세로 관을 아래로 눌러 쓴다. 만(曼) : 없다. 호(胡) : 턱밑 살. 만호(曼胡) : 장식도 없는 거친 끈. 영(纓) : 갓끈. 진목(瞋目) : 눈을 부릅뜨다. 어난(語難) : 노여움에 겨운 듯 말을 더듬거리다.

해영

「설검」에선 논할 만한 구절이 많이 부족합니다. 장자의 글이라 할 수 없는 문장입니다. 그럼에도 장자는 '천자의 검'과 '제후의 검', '서인의 검'이라는 삼검(三劍)을 통해 문왕을 설득하고 있습니다. 결국 설득 당한 문왕은 석 달 동안이나 궁중에 나가질 않았습니다. 즉 칼싸움에 탐닉하던 임금이 칼을 멀리한 것입니다. 이에 따라 칼을 통해 삶을 유지하던 사람들은 모두 자살하고 말았습니다. 인위를 행한 결과였습니다.

06

어부 공자(孔子)가 울창한 숲속을 노닐다가 살구나무가 있는 높고 평탄한 곳에 앉아 쉬었다. 제자들은 책을 읽고 공자는 노래를 하며 거문고를 타고 있었다. 한 곡조가 끝나기도 전에 어부(漁夫) 한 사람이 배에서 내려 공자에게로 왔다. 그는 수염과 눈썹이 희고 머리털은 흐트러뜨리고, 소매자락을 휘날리면서 강 언덕으로 올라와 멈추었다. 왼손을 무릎에 얹고 오른손으로 턱을 괴고서 곡을 듣고 있었다. 곡조가 끝나자 자공(子貢)과 자로(子路) 두 사람을 불러 앞에 세우고는 공자를 가리키면서 말했다. "저 분은 무엇하는 분이오?" 자로가 말했다. "노나라의 군자입니다." 어부가 그의 씨족[姓氏]을 묻자, 자로가 말했다. "성은 공 씨(孔氏)입니다." 어부가 말했다. "공 씨는 무엇을 하는 사람이오?"

자로가 미처 대답하기도 전에 자공이 말했다. "공 씨란 분의 본성은 충신(忠信)을 일삼고 몸으론 인의(仁義)를 행하며, 예악(禮樂)을 수식하고 인륜(人倫)을 정해 놓았습니다. 위로는 임금께 충성하고 아래로는 민중들을 교화시킴으로써 장차 천하를 이롭게 하려 합니다. 이것이 공 씨가 하는 일입니다." 어부가 또 말했다. "그는 영토를 가진 임금인가요?" 자공이 말했다. "아닙니다." 어부가 말했다. "임금을 보좌하는 사람인가요?" 자공이 말했다. "아닙니다." 이에 어부는 웃고 돌아가면서 말했다. "인(仁)은 인임에 틀림이 없으나 아마도 그의 몸은 화를 면치 못할 것이오. 마음을 괴롭히고 몸을 지치게 하여 자기의 참된 본성을 위태롭게 할까 두렵소. 아! 대도(大道)로부터 멀리도 떨어져 있구나."

원문 孔子遊於緇帷之林, 休坐乎杏壇之上. 弟子讀書, 孔子絃歌鼓琴. 奏曲未半, 有漁父者, 下船而來. 須眉交白, 被髮揄袂, 行原以上, 距陸而止. 左手據膝, 右手持頤, 以聽. 曲終而招子貢子路二人俱對, 客指孔子曰, 彼何爲者也. 子路對曰, 魯之君子也. 客問其族, 子路對曰, 族孔氏. 客曰, 孔氏者何治也. 子路未應, 子貢對曰, 孔氏者, 性服忠信, 身行仁義, 飾禮樂, 選人倫. 上以忠於世主, 下以化於齊民, 將以利天下. 此孔氏之所治也. 又問曰, 有土之君與. 子貢曰, 非也. 侯王之佐與. 子貢曰, 非也. 客乃笑而還, 行言曰, 仁則仁矣, 恐不免其身. 苦心勞形, 以危其眞. 嗚呼遠哉, 其分於道也.

자해 • 치(緇) : 검다. 유(帷) : 장막, 휘장. 치유(緇帷) : 검은 장막, 숲이 무성한 것을 비유한 말. 행(杏) : 살구. 행단(杏壇) : 살구나무가 서 있는 높은 단. 수미(須眉) : 수염과 눈썹. 교백(交白) : 교(交)는 교(皎)와 통용, 새하얗다. 유(揄) : 끌다. 메(袂) : 소매자락. 유메(揄袂) : 소매자락을 휘날리다. 슬(膝) : 무릎. 거슬(據膝) : 무릎에 얹다. 이(頤) : 턱. 지이(持頤) : 턱을 괴다. 식(飾) : 수식하다, 장식하다. 오(嗚) : 탄식하다.

해영

「어부(漁父)」 편도 「설검(說劍)」 편과 마찬가지로 논할 만한 구절이 많이 부족합니다. 그럼에도 논의를 해봅니다. 자공이 이와 같은 논의를 공자에게 이르자, 공자는 거문고를 밀치면서, "그는 성인(聖人)이다"라고 말합니다. 그리곤 그를 찾아가 배우길 청합니다. 어부는 말합니다. 같은 유(類)끼리는 서로 통하고, 같은 소리도 통한다고 합니다. 천자와 제후, 대부, 서인 등 네 가지 사람들의 바름을 논하면서 비판을 아끼지 않습니다.

그럼에도 공자는 더 배우길 청하자, 어부는 빨리 깨닫지 못한다고 공박합니다. 그러면서 '그림자를 두려워하고 발자국을 싫어해서 달아나는 사람'에 대해 논합니다. 발자국이 싫어 발을 자주 들수록 발자국은 더욱 많아지고, 달아나길 빠르게 해도 그림자는 결코 몸에서 떠나지 않는다고 일러줍니다. 오히려 달리다 에너지가 소진돼 죽는다고 말합니다. 이보다는 그늘 속에 있으면 그림자는 저절로 사라진다고 가르칩니다.

또 움직이지 않고 조용히 있으면 발자국도 더 이상 존재하지 않는다고 설파합니다. 공자의 지금과 같은 행위는 어리석은 일이 아닐 수 없다는 것입니다. 인의(仁義)를 위해 무던히도 수양(修養)하는 자세야말로 본성을 깨는 행위라고 일러주는 것입니다. 이에 공자는 슬픈 눈으로 더 배우길 청합니다. 어부는 세속의 희로애락(喜怒哀樂)에서 파생되는 현상에서 빨리 벗어날 것을 말해 줍니다. 즉 인위에서 멀어지라고 권합니다.

공자는 어부의 가르침에 대해 천행(天幸)이라 합니다. 그리고는 대도(大道)에 대한 가르침을 청합니다. 하지만 어부는 거부하고 떠납니다. 그러면서 한마디 남깁니다. "내가 들으니 함께 갈 수 있는 사람은 함께 가서 오묘한 도[妙道]에 이를 수 있으나, 함께 가지 못할 사람과는 그 도(道)를 알지 못하는 것이라 했으니, 삼가 함께하지 말아야 몸에 허물이 없는 것이오."[51] '도가와 유가의 관점'입니다. 인위의 결과입니다.

---

51 『장자(莊子)』, 「어부(漁夫)」: 吾聞之, 可與往者與之, 至於妙道, 不可與往者, 不知其道, 愼勿與之, 身乃無咎.

열어구(列禦寇)

인위적인 지(知)를 떠나 무위자연의 신지(神知)를 터득하라고 일러줍니다. 짧은 문장으로 각각 독립해서 이루어져 있습니다. 같은 잡편이지만 문장이 빼어난 데가 적지 않습니다. 「양생주」와 유사하기도 합니다. 소동파는 마지막에 나오는 장자의 임종(臨終)이야기에 대해 몰지각한 사람이 잘못 삽입한 글이라고 비평했습니다.

01

열어구 열어구[列子][52]가 제나라로 가다가 중도에 돌아오는 길에 백혼무인(伯昏瞀人)[53]을 만났다. 백혼무인이 말했다. "어찌하여 가다가 돌아오는가?" 열어구가 말했다. "놀라서 돌아옵니다." 백혼무인이 물었다. "무엇에 놀랐는가?" 열어구가 말했다. "제가 일찍이 열 집에서 음식을 사먹었는데, 다섯 집에서는 돈도 내기 전에 먼저 식사를 제공했기 때문입니다." 백혼무인이 말했다. "그대는 그런 것을 가지고 어찌 놀랐다는 것인가?" 열어구가 말했다. "그것은 저의 속마음의 정성됨이 풀려지지 않고 육체 밖으로 새어나와 빛을 이룸으로써, 밖으로 사람들의 마음을 진압했기 때문입니다. 사람들로 하여금 노

52 열어구(列禦寇)는 전국시대 정(鄭)나라 사람이다. 그의 학문은 황로(黃老)에 바탕을 두었고, 『열자(列子)』 12권의 저술이 있다.

53 백혼무인(伯昏瞀人)은 초나라의 현사(賢士)이자 은자(隱者)로 호(號)가 백혼무인이다. 열자(列子)의 스승이기도 하다.

인들을 저보다도 가볍게 여기고 공경하지 않도록 한 것이니, 자기 자신의 환난을 기른 것과 같습니다. 음식점 주인은 다만 음식을 팔아 이익을 남기는 사람들입니다. 그리고 이익이란 보잘것없고 그들의 권한도 가볍기 짝이 없습니다. 그런데도 저에게 예우하니, 하물며 만승(萬乘)의 군주야 어떻겠습니까? 군주는 나랏일에 수고롭고, 지혜는 정사를 처리하는데 다 쓰고 있습니다. 군주는 제게 나라 일을 맡겨 제가 공로를 세우길 바랄 것입니다. 그래서 놀랐다는 것입니다." 백혼무인이 말했다. "훌륭한 생각이로다. 그대가 그런 생각으로 처신하면 사람들이 장차 그대에게 몰려들 것이네."

그런 뒤 얼마 되지 않아 백혼무인이 열어구를 찾아갔더니 문밖에 신들이 가득했다. 백혼무인이 북쪽을 향해 서서 지팡이를 세워 턱을 괴고 한동안 있다가 아무 말 없이 나갔다. 문지기가 열어구에게 알리자, 열어구가 신을 들고 맨발로 달려가 말했다. "선생님께서 일부러 오셨는데 약이 될 만한 가르침을 주시지 않으십니까?" 백혼무인이 말했다. "그만두게. 내가 그대에게 말하기를, 사람들이 장차 그대에게 몰려들 것이라고 했는데, 과연 그대에게 모여들었군! 이는 그대가 사람들로 하여금 그대에게 몰려들게 한 것은 아니지만, 그대는 사람들로 하여금 그대에게 몰려들지 못하게 하지는 못했네. 그렇다면 더 가르쳐 봐야 어디에 쓰겠는가? 남을 감동시키거나 기쁘게 만드는 것은 뭔가 남과 다른 특이한 점을 겉으로 드러냈기 때문이네. 따라서 남을 감동시키거나 기쁘게 만들려면 그대 본성이 흔들리게 될 뿐 아무런 뜻도 없네. 그대와 사귀는 사람들은 그대에게 충고할 만한 사람들이 못되네. 그들이 말하는 쓸모없는 말은 모두 사람들에게 독이 되는 것이네. 남을 깨닫게 하지도 스스로도 깨닫지 못하는 사람들과 어찌 서로 사귀겠는가? 재주가 있는 사람과 지혜가 있는 사람은 수고롭고 근심이 많은 법이네. 반대로 무능한 사람은 아무것도 구하는 것이 없이 배불리 먹고 한가로이 놀아 마치 매어 놓지 않은 배[舟]와 같이 무심히 놀고 있는 것이네."

원문 列禦寇之齊, 中道而反, 遇伯昏瞀人. 伯昏瞀人曰, 奚方而反. 曰, 吾驚焉. 曰, 惡乎驚. 曰, 吾嘗食於十漿, 而五漿先饋. 伯昏瞀人曰, 若是則汝何爲驚已. 曰, 夫內誠不解, 形諜成光, 以外鎭人心. 使人輕乎貴老, 而韲其所患. 夫漿人特爲食羹之貨, 多餘之贏. 其爲利也薄, 其爲權也輕. 而猶若是, 而況於萬乘之主乎. 身勞於國, 而知盡於事, 彼將任我以事, 而效我以功. 吾是以驚. 伯昏瞀人曰, 善哉觀乎. 汝處已, 人將保汝矣. 無幾何而往, 則戶外之屨滿矣. 伯昏瞀人北面而立, 敦杖蹙之乎頤, 立有間, 不言而出. 賓者以告列子, 列子提屨, 跣而走, 曁乎門曰, 先生旣來, 曾不發藥乎. 曰, 已矣. 吾固告汝曰, 人將保汝, 果保汝矣. 非汝能使人保汝, 而汝不能使人無保汝也, 而焉用之, 感豫出異也. 必且有感, 搖而本性, 又無謂也. 與汝遊者, 又莫汝告也. 彼所小言, 盡人毒也. 莫覺莫悟, 何相孰也. 巧者勞而知者憂. 無能者無所求, 飽食而遨遊, 汎若不繫之舟, 虛而遨遊者也.

자해 • 지(之) : 가다. 무(瞀) : 흐리다. 오(惡) : 어찌, 무엇. 장(漿) : 마실 것을 파는 주막. 궤(饋) : 권하다. 선궤(先饋) : 돈을 내기도 전에 먼저 가져다주다. 첩(諜) : 겉으로 새다. 제(韲) : 기르다, 조성하다, 어지럽히다. 즉 세속에 섞여 눈에 띄지 않게 해야 하는데, 오히려 위엄을 보여 두려워하게 만들면 결국 화(禍)가 된다는 의미다. 갱(羹) : 국. 영(贏) : 이윤, 이익, 남다. 보여(保汝) : 보(保)는 부(附)와 통용, 그대에게 모여들다.

• 구(屨) : 신, 신발. 돈(敦) : 세우다. 돈장(敦杖) : 지팡이를 세우다. 축(蹙) : 찡그리다. 축지호이(蹙之乎頤) : 지팡이로 턱을 괴다. 빈자(賓者) : 손님의

출입을 맡은 사람, 문지기. 선(跣) : 맨발. 기(曁) : 미치다. 감예(感豫) : 남을 감동시키고 기쁘게 하다. 출이(出異) : 특이한 방법을 쓰다. 요(搖) : 흔들리다, 움직이다. 상숙(相孰) : 서로 친숙하다, 서로 사귀다. 오(遨) : 놀다. 오유(遨遊) : 놀다. 불계지주(不繫之舟) : 매어 놓지 않은 배.

해영

열어구와 스승인 백혼무인과의 대화를 통해 무위와 무심에 관해 논합니다. 외편(外篇), 「마제(馬蹄)」에서도 일부 다뤘지만 유사성이 있어 부연합니다. 천리마(千里馬)가 있습니다. 말 그대로 한번 뛰었다 하면, 천리를 달릴 수 있는 능력의 말을 뜻합니다. 천리마가 세상에 전하면서 온갖 잔학한 행위들이 마구 펼쳐집니다. 말의 본성 따위는 무시합니다. 오히려 길을 들이기 위해 털을 지지거나 발굽을 조작하기도 합니다.

사람들 입장에선 천리마가 매우 쓸모가 있습니다. 하지만 천리마의 입장에선 속박당하는 삶일 수밖에 없습니다. 본래 자연에서의 말은, 마음 가는 데 가서 풀을 뜯을 수 있고, 물마시고 싶을 때 마시며, 깡충거리며 뛰어놀고 싶을 때 놉니다. 그러나 길들여진 천리마는 오로지 천리를 달릴 수 있는 능력 말고는 아무 것도 아닙니다. 천리마와 같은 인재(人材)로 발탁된 이들도 마찬가집니다. 본성과 배반될 수밖에 없습니다.

자신의 삶은 존재하지 않습니다. 천리마처럼 길들여진 채로 움직일 뿐입니다. 세속에서 요구하는 대로 움직여야 합니다. 놀고 싶을 때 놀 수 없고, 여행하고 싶을 때도 마음대로 할 수 없습니다. 본성을 철저히 무시당합니다. 자신의 삶을 인식할 수 없습니다. 창조적 파괴가 필요하듯 과감하게 자신을 부정하는 무위자연의 삶으로 변화해야 합니다. 그렇지 않으면 속박은 불가피합니다. 고통은 지속될 수밖에 없습니다.

02

열어구 장자가 말했다. "도(道)를 알기는 쉽지만 그것을 말하지 않긴 어렵다. 도를 알면서도 말하지 않음은 자연을 좇는 것이고, 알면서 말하는 것은 인위로 가는 것이다. 옛날의 지인(至人)은 자연을 좇고 인위로 가지 않았다. 주팽만(朱泙漫)[54]은 용(龍) 죽이는 법을 지리익(支離益)[55]에게서 배웠다. 천금의 가산을 탕진하여 삼 년 만에 그 기술이 이뤄졌으나 그 재주를 쓸 곳이 없었다. 성인(聖人)은 필요한 것을 필요로 하지 않기 때문에 군사가 필요치 않고, 평범한 사람들은 필요치 않은 것을 필요로 하기 때문에 군사가 많이 필요하다. 군사를 따르기 때문에 행동에 추구하는 것이 있는 것이니, 군사를 의지하면 망하게 된다. 소인의 지혜는 선물이나 편지와 같은 자질구레한 일에서 떠나지 못하기 때문에 공연한 일에 정신이 가려져서 도(道)와 물건을 겸하고 태일(太一)과 형허(形虛)의 도를 겸해 깨치고자 한다. 이러한 사람들은 우주의 일에 미혹되고 형체가 얽매여 태초(太初)를 알지 못한다. 그러나 지인(至人)은 정신을 무시(無始)로 귀일(歸一)시키고 형체를 어떤 인위도 없는 자연 그대로의 세계[無何有之鄕]에서 단잠을 자며, 어떤 형체도 남기지 않은 채 물처럼 흐르며, 태청(太淸)의 텅 비고 밝은 경지로 나아간다. 슬프도다. 너의 지혜가 털

---

54 주팽만(朱泙漫)은 가상의 인물로 주(朱)가 성이고, 이름은 팽만(泙漫)이다.

55 지리익(支離益)은 가상의 인물로 지리(支離)가 성이고, 이름은 익(益)이다.

끝에 있어서 크게 편안한 도를 모르다니."

원문 莊子曰, 知道易, 勿言難. 知而不言, 所以之天也, 知而言之, 所以之人也. 古之人, 天而不人. 朱泙漫學屠龍於支離益. 單千金之家, 三年技成, 而無所用其巧. 聖人以必不必, 故無兵, 衆人以不必必之, 故多兵. 順於兵, 故行有求, 兵恃之則亡. 小夫之知, 不離苞苴竿牘, 敝精神乎蹇淺, 而欲兼濟道物太一形虛. 若是者, 迷惑於宇宙, 形累不知太初. 彼至人者, 歸精神乎無始, 而甘冥乎無何有之鄕, 水流乎無形, 發泄乎太淸. 悲哉乎. 汝爲知在毫毛, 而不知太寧.

자해 • 이(易) : 쉽다. 팽(泙) : 물결이 세다. 단(單) : 탄(殫)과 통용, 즉 다하다. 필(必) : 반드시 필요한 것. 병(兵) : 군사, 무력. 시(恃) : 믿다, 의지하다. 포(苞) : 풀이름, 싸다. 저(苴) : 꾸러미. 포저(苞苴) : 꾸러미로 싸다, 즉 주고받는 선물. 간(竿) : 대쪽, 편지, 장대. 독(牘) : 서찰. 간독(竿牘) : 선물과 서신. 건(蹇) : 절뚝거리다. 건천(蹇淺) : 불완전하고 천박한 것. 태일형허(太一形虛) : 물건[形]과 도[虛]가 크게 합일되다. 감명(甘冥) : 감면(酣眠)과 통용, 즉 달게 자다. 설(泄) : 일어나다. 발설(發泄) : 발동하다, 나아가다. 호(毫) : 잔털. 태녕(太寧) : 크게 안정되어 있는 허(虛)의 경지.

해영

유가(儒家)와 유사성이 있습니다. 소인(小人)은 자질구레한 일에 능숙하나, 대도(大道)를 깨닫기에는 부족합니다. 반대로 대인(大人)은 자질구레한 일엔 미숙하지만, 어떤 삶이 참된 삶인 줄은 잘 압니다. 도를 알기는 쉬워도 말하지 않기는 어렵다고 하는 것은 실제 구현하지 못함을 이릅니다. 인위의 삶을 따르지 말고 무위의 삶이 올바른 삶이라고 가르쳐도 쉽게 따르지 못하는 것은 역시 세속에 얽매이기 때문입니다.

03

열어구 송나라 사람 중에 조상(曹商)[56]이란 사람이 있었다. 그는 송나라 임금[57]을 위하여 진(秦)나라에 사신으로 갔다. 그가 갈 때 수레 몇 대를 얻어 갔다. 진나라 임금[58]은 기뻐서 수레 백 대를 더 보태 송나라로 돌려보냈다. 그가 장자를 만나 말했다. "대체로 비좁고 누추한 곳에 거처하면서 곤궁하게 신[屨]이나 삼고 비쩍 마른 목덜미에 얼굴빛까지 누렇게 된 것은 저의 부족한 점입니다. 하지만 만승(萬乘)의 임금을 일깨워 일백 대의 수레를 얻은 것은 제가 잘하는 점입니다." 장자가 말했다. "진나라 임금은 병이 나면 의사를 불렀네. 종기를 째고 고름을 빼는 사람은 수레 한 대를 주었고, 치질을 핥는 사람은 수레 다섯 대를 주었네. 이처럼 치료하는 방법이 천할수록 수레 수는 많았네. 그대가 그의 치질을 고쳐주었단 말인가? 어떻게 그렇게 많은 수레를 얻었는가? 그대는 어서 돌아가게."

원문 宋人有曹商者. 爲宋王使秦. 其往也, 得車數乘. 王說之, 益車百乘, 反於宋. 見莊子曰, 夫處窮閭阨巷, 困窘織屨, 槁項黃馘者, 商之所短也. 一悟

56 조상(曹商)은 송나라 사람으로, 성이 조(曹), 이름은 상(商)이다.

57 송나라 언왕(偃王)을 일컫는다.

58 진나라의 혜문왕(惠文王)을 가리킨다.

萬乘之主, 而從車百乘者, 商之所長也. 莊子曰, 秦王有病召醫. 破癰潰痤者, 得車一乘, 舐痔者, 得車五乘. 所治愈下, 得車愈多. 子豈治其痔邪. 何得車之多也. 子行矣.

자해 • 승(乘) : 수레를 세는 수사. 열(說) : 기뻐하다. 려(閭) : 마을. 애(阨) : 좁다. 항(巷) : 거리. 애항(阨巷) : 옹색한 곳, 누추한 곳. 군(窘) : 군색하다. 직구(織屨) : 신을 삼다. 고(槁) : 마르다. 경(項) : 목, 목덜미. 황혁(黃馘) : 부황기의 얼굴, 누렇게 된 얼굴. 옹(癰) : 악창, 종기. 좌(痤) : 부스럼. 궤좌(潰痤) : 고름을 짜다. 지(舐) : 핥다. 치(痔) : 치질. 지치(舐痔) : 고름을 짜다, 치질을 핥다.

해영

과연 장자다운 발상입니다. 세속의 삶을 정면으로 비판합니다. 맹자는 일찍이 사소주의(事小主義), 즉 큰 나라가 작은 나라를 섬길 때, 작은 나라는 마땅히 큰 나라를 섬긴다고 했습니다. 그런데 오늘날엔 사대주의(事大主義), 즉 작은 나라가 큰 나라 섬기는 것만 알고 예우하기 바쁩니다. 이런 현상이 강화되다 보니 온갖 아첨이 판을 칩니다. 부끄러움을 넘어 비열함도 모릅니다. 장자의 비판이 빛을 발하는 순간입니다.

04

열어구 어떤 사람이 송나라 임금을 뵈자, 임금이 수레 열 대를 하사했다. 그는 수레 열 대를 가지고 장자에게 자랑했다. 장자가 말했다. "황하(黃河) 가에 가난하게 사는 집이 있었는데, 갈대로 발을 짜서 그것을 팔아 생계를 유지했네. 그 아들이 못[淵] 속으로 들어가 천금 값이 나가는 구슬을 얻었네. 그러자 그 아버지가 아들에게 말하길, '돌을 가져다가 그 구슬을 깨뜨려 버려라. 대체로 천금의 구슬은 반드시 아홉 길이 되는 깊은 못[淵] 속에 있는 검은 용[驪龍]의 턱 밑에 있는 것인데, 네가 그 구슬을 얻은 것은 반드시 용이 자고 있을 때 가져온 것일 게다. 만일 그 검은 용이 깨면 네 몸이 어찌 조금이라도 남아 있겠느냐?'라고 했네. 지금 송나라의 깊은 것은 아홉 길의 못[淵]뿐만이 아니요, 송나라 임금의 사나움은 비단 검은 용에 비할 바가 아닌데, 그대가 능히 수레를 얻은 것은 송나라 임금이 자고 있었기 때문일 것이네. 만일 송나라 임금이 깨어 있었다면 그대는 가루가 되었을 것이네."

원문 人有見宋王者, 錫車十乘. 以其十乘驕穉莊子. 莊子曰, 河上有家貧, 恃緯蕭而食者. 其子沒於淵, 得千金之珠. 其父謂其子曰, 取石來鍛之. 夫千金之珠, 必在九重之淵, 而驪龍頷下, 子能得珠者, 必遭其睡也. 使驪龍而寤, 子尙奚微之有哉. 今宋國之深, 非直九重之淵也, 宋王之猛, 非直驪龍也, 子能得車者, 必遭其睡也. 使宋王而寤, 子爲韲粉矣.

자해 • 석(錫) : 사(賜)와 통용, 즉 하사하다, 내려주다. 교(驕) : 교만하다. 치(穉) : 어리다, 교만하다. 교치(驕穉) : 뽐내다, 자랑하다. 위소(緯蕭) : 갈대로 발을 짜다. 단(鍛) : 때리다, 깨서 부수다. 려(驪) : 검다. 함(頷) : 턱. 오(寤) : 깨다. 미(微) : 없어지다. 제(韲) : 부수다. 제분(韲粉) : 가루가 되다.

해영

지도자로부터 사랑을 독차지 하는 건 좋은 일이 아닙니다. 즉 지도자가 특정인을 총애한다는 것은 상응하는 반대급부를 기대하기 때문입니다. 따라서 기대에 부응하지 못한다면, 어떤 형태로든 책임을 지게 됩니다. 지도자에게 아첨하여 사랑받기보다는 자연과 벗 삼으며 유유자적하는 것이 좋습니다. 장자가 일러주는 지혜입니다. 복(福)에는 반드시 화(禍)가 따르는 만큼, 그것이 동반되지 못하도록 성찰이 필요합니다.

05

열어구 장자가 장차 죽게 되자, 제자들이 장례를 후하게 지내려 했다. 장자가 말했다. "나는 하늘과 땅을 관곽(棺槨)으로 삼고, 해와 달을 한 쌍의 옥으로 삼으며, 성신(星辰)을 장식하는 구슬로 삼고, 만물을 부장품으로 삼으려 하니, 나의 장례 도구는 다 갖추어진 것이 아닌가? 무엇을 여기에 더한단 말인가?" 제자가 말했다. "저희들은 까마귀나 솔개가 선생님의 시체를 먹을까 두려워 그런 것입니다." 장자가 말했다. "땅 위에 놓아두면 까마귀나 솔개가 먹고, 땅 아래에 묻으면 땅강아지나 개미가 먹는 것이네. 저쪽에서 빼앗아 이쪽에 주자고 하니 어찌 그리 편벽되는가? 불공평한 것으로 공평하게 하려면 공평한 것조차 공평하지 않게 되네. 올바로 감응되지 않은 사람의 마음으로 사물에 감응하려 하면, 올바로 감응될 것조차 제대로 감응하지 않네. 명철한 사람[明者]은 오직 외물에 따라 부림을 당하며, 신령스런 사람[神者]은 외물에 따라 감응해 나가네. 그러나 명철한 것이 신령스런 것을 이겨내지 못하는 것은 오래된 사실이네. 그런데도 어리석은 사람들은 그들이 본 것에 의지하여 인위적인 일에 빠져드네. 그들의 공로란 모두 외면적인 것들이니, 어찌 슬픈 일이 아니겠는가?"

원문 莊子將死, 弟子欲厚葬之. 莊子曰, 吾以天地爲棺槨, 以日月爲連璧, 星辰爲珠璣, 萬物爲齎送, 吾葬具豈不備邪. 何以加此. 弟子曰, 吾恐烏鳶之食夫子也. 莊子曰, 在上爲烏鳶食, 在下爲螻蟻食. 奪彼與此, 何其偏也. 以不平平, 其平也不平. 以不徵徵, 其徵也不徵. 明者唯爲之使, 神者徵之. 夫明之不勝神也久矣. 而愚者恃其所見, 入於人. 其功外也, 不亦悲乎.

자해 ● 관곽(棺槨) : 내관과 외관. 연벽(連璧) : 한 쌍의 둥근 옥, 관 위에 구개의 큰 구슬 장식. 주(珠) : 둥근 진주. 기(璣) : 둥글지 않은 구슬. 주기(珠璣) : 모두가 장식으로 쓰는 구슬. 재(齎) : 주다. 재송(齎送) : 부장품, 향전(香典), 예물 따위를 보내다. 오연(烏鳶) : 까마귀와 솔개. 루(螻) : 땅강아지. 의(蟻) : 개미. 평(平) : 공평하다. 징(徵) : 응(應)과 통용, 감응하다. 시(恃) : 의지하다. 입어인(入於人) : 사람 속에 빠지다, 인위적인 일에 빠지다.

해영

장자가 자신의 임종(臨終) 때 제자들에게 일러준 이야깁니다. 세속의 사람들은 조그만 지혜에 의지하여 일을 처리하기 바쁩니다. 외물(外物)에 딸려가는 것임에도 그것을 인지하지 못합니다. 인위적인 행위가 얼마나 일을 그르치게 하는지 조차 모릅니다. 사물을 제대로 파악해야 합니다. 사물을 무심하게 보고 거기에 감응해야 진정한 도(道)의 세계에서 살 수 있습니다. 인위(人爲)에서 '무위(無爲)로 빠르게 전환할 때'입니다.

천하(天下)

여기서 눈여겨 볼만한 것은 장자의 후서(後序) 형식을 지닌다는 점입니다. 고대의 순일(純一)하고 무위한 이상적 시대에서 시작하여 학술이 분화되고 당시의 혼란을 초래하게 된 배경을 논합니다. 이에 대한 비판은 물론입니다.

01

천하 천하엔 도술(道術)을 닦은 사람들이 많다. 모두가 자기가 닦은 것에 더 할 것이 없다고 여긴다. 옛날의 이른바 도술이란 과연 어디에 있는가? 있지 않은 데가 없다. 그러면 신(神)은 어디로부터 내려왔으며, 명(明)은 어디로부터 나왔는가? 성덕(聖德)도 나온 곳이 있고, 왕도(王道)도 이뤄진 곳이 있으니, 모두 하나에 근원한다. 이 도의 근원[大宗]으로부터 떨어지지 않은 것을 천인(天人)이라 하고, 정수(精粹)로부터 떨어지지 않은 것을 신인(神人)이라 하며, 참된 것으로부터 떨어지지 않은 것을 지인(至人)이라 한다. 하늘을 근원[大宗]으로 삼고, 덕을 근본으로 삼으며, 도(道)를 드나드는 문으로 삼고, 모든 변화를 초월하는 것을 성인(聖人)이라 한다.

인(仁)을 은혜로 삼고, 의(義)를 원리로 삼으며, 예(禮)를 행동기준으로 삼고, 악(樂)을 조화의 방법으로 삼으며, 훈훈한 향기[薰然]로 인자하게 하는 것을 군자(君子)라 한다. 법을 질서로 삼고, 명분을 의표(意表)로 삼으며, 다양하게 참고함을 징험으로 삼고, 고찰을 시비의 판단으로 삼는다. 그 정연함은 1·2·3·4의 숫자와 같이 분명하다. 모든 관리는 이 질서에 따라 위치가 정해지고, 일로써 정상(正常)을 이루며, 의식(衣食)을 생활의 주체로 삼는 것이다. 가축을 길러 재산을 늘리고 노약자나 고아, 과부 등 의지할 데 없는 사람들을 마음에 두고, 모두를 부양하는 일, 이것이 민중이 살아가는 방법이다.

원문 天下之治方術者多矣. 皆以其有爲不可加矣. 古之所謂道術者, 果惡乎在. 曰, 無乎不在. 曰, 神何由降. 明何由出. 聖有所生, 王有所成, 皆原於一. 不離於宗, 謂之天人, 不離於精, 謂之神人, 不離於眞, 謂之至人. 以天爲宗, 以德爲本, 以道爲門, 兆於變化, 謂之聖人. 以仁爲恩, 以義爲理, 以禮爲行, 以樂爲和, 薰然慈仁, 謂之君子. 以法爲分, 以名爲表, 以參爲驗, 以稽爲決. 其數一二三四是也. 百官以此相齒, 以事爲常, 以衣食爲主. 蕃息畜藏, 老弱孤寡爲意, 皆有以養, 民之理也.

자해 • 방(方) : 도(道)와 통용. 방술(方術) : 도술(道術). 오(惡) : 어디. 조(兆) : 도(逃)와 통용, 초월하다. 훈(薰) : 향기롭다, 훈훈하다. 참(參) : 참고하다. 험(驗) : 징험하다. 계(稽) : 상고하다, 고찰하다. 상치(相齒) : 서로 질서 있게 나라를 위해 일하다. 번(蕃) : 불어나다. 번식(蕃息) : 가축을 기르다, 가축을 늘리다. 축장(畜藏) : 재산을 모으다, 재물을 늘리다. 민지리(民之理) : 민중이 살아가는 이치, 민중이 살아가는 방법.

해영

도가(道家)와 유가(儒家)의 냄새가 겸하는 부분이 존재합니다. 천인(天人)과 신인(神人), 지인(至人)이 도가의 전형이라 한다면, 성인(聖人)과 군자(君子), 인(仁), 의(義), 예(禮), 악(樂), 훈훈한 향기로 인자하게 하는 것 등은 유가의 전형이라 할 수 있습니다. 그럼에도 중시할 수 있는 것은 근원적인 부분에 뜻을 두어야 한다는 점입니다. 즉 말단적인 도술보다는 근원적인 도의 체득과 그 운용에 관심을 두라는 것입니다.

02

천하 후세(後世)에 사치를 가르치지 않고, 만물을 꾸미지 않으며, 수(數)와 법도(法度)를 나타내지 않고, 인의(仁義)의 규제로 스스로를 격려하며 재물을 저축하여 위급한 일에 대비한다. 옛날의 도술(道術)은 이러한 경향이 있었다. 묵적(墨翟)[59]과 금골리(禽滑釐)[60]는 그러한 가르침을 듣고 기뻐하였다. 그러나 그것을 행하는 것이 너무 지나쳐 그 실천함이 크게 어긋났다. 음악(音樂)은 틀렸다는 말을 만들어 절용(節用)이라 명명(命名)했다. 아이가 새로 태어나도 노래를 부르지 않고, 죽어도 상복(喪服)을 입지 않았다. 묵자(墨子)[61]는 널리

59 묵적[墨翟 : B.C.470(?)~B.C.391(?)]은 보편적 사랑, 즉 겸애(兼愛)를 기본 이념으로 삼았다. 그의 철학과 사상은 수백 년 동안 유가(儒家)와 맞섰고, 묵가(墨家)라고 하는 학파를 탄생시켰다.

60 금골리(禽滑釐)는 묵자의 제자로, 성은 금(禽)이고 골리(滑釐)는 자(字)다.

61 묵자가 주장한 것을 책으로 출간한 것이 『묵자(墨子)』다. 책은 기원전 390년경에 만들어졌는데, 난세에 겸애(兼愛)와 비공(非攻)을 주장하며 천하를 누빈 그의 실천 강령이 담겨 있다. 전국시대에 유가(儒家)에 대항한 묵자의 언행을 모은 것이다. 모두 71편이었으나, 오늘날 전하는 것은 「상현(尙賢)」, 「상동(尙同)」, 「겸애(兼愛)」, 「비공(非攻)」, 「절용(節用)」, 「절장(節葬)」, 「천지(天志)」, 「명귀(明鬼)」, 「비악(非樂)」, 「비명(非命)」의 10대 주장과 묵자의 인물상을 전하는 「공륜(公輪)」, 후기 묵가의 윤리적 사유인 「경

사람을 사랑하고 두루 사람들을 이롭게 하며 투쟁을 잘못이라 한다. 그의 도(道)는 노여워하지 않고 또 학문을 좋아하여 널리 배우며 남과의 구별을 부정하였다. 그러나 이것은 선왕(先王)의 도와 같지 않고, 옛날의 예의와 음악을 폄훼한 것이다. 황제는 함지(咸池)란 음악이 있고, 요(堯)에겐 대장(大章)이란 음악이 있으며, 순(舜)에겐 대소(大韶)란 음악이 있었고, 우(禹)에겐 대하(大夏)란 음악이 있었으며, 탕(湯)에겐 대호(大濩)란 음악이 있었고, 문왕은 벽옹(辟雍)이란 음악이 있었으며, 무왕과 주공은 무(武)란 음악을 만들었다.

옛날의 상례(喪禮)는 귀천에 따라 의식이 있고, 신분의 상하에 따라 등급이 있어서, 천자의 관곽(棺槨)은 일곱 겹이요, 제후는 다섯 겹이며, 대부는 세 겹, 선비는 두 겹이었다. 그런데 지금은 묵자만이 홀로 사람이 태어나도 노래하지 않고, 죽어도 상복을 입지 않으며, 오동나무 관 세치에 곽(槨)이 없는 것을 법식으로 삼았다. 이런 식으로 사람을 가르치니 사람을 사랑하지 않을까 두렵고, 이런 식으로 스스로 행하면 진실로 자신을 사랑하지 않는 것이다. 묵자의 도를 탓할 것은 아니지만, 노래할 때 노래하지 않고, 곡해야 할 때 곡하지 않으며, 즐겨야 할 때 즐기지 않는 것이 과연 인정에 가까울까? 살아있을 때는 부지런히 일하게 하고, 죽어선 박대하니 그 도(道)가 크게 잘못된 것이다. 사람으로 하여금 근심하게 하고 사람으로 하여금 슬프게 하면 그것은 행하기가 어려운 일이니, 아마도 이러한 것은 성인의 도라 할 수 없다. 또 천하의 인심에 반대되는 일이니, 천하가 견딜 수 없는 일이다. 묵자가 비록 능히 홀로 책임을 진다고 하더라도 천하를 어떻게 하겠다는 말인가? 천하 사람들의 마음에서 떨어져 있으니, 이는 왕도(王道)와 거리가 먼 것이다.

(經)」, 「경설(經說)」, 「수비 방법」 등 53편이 있다.

원문 不侈於後世, 不靡於萬物, 不暉於數度, 以繩墨自矯, 而備世之急. 古之道術有在於是者. 墨翟禽滑釐聞其風而說之. 爲之大過, 已之大循. 作爲非樂, 命之曰節用. 生不歌, 死無服. 墨子氾愛兼利而非鬭. 其道不怒, 又好學而博不異. 不與先王同, 毁古之禮樂. 黃帝有咸池, 堯有大章, 舜有大韶, 禹有大夏, 湯有大濩, 文王有辟雍之樂, 武王周公作武. 古之喪禮, 貴賤有儀, 上下有等, 天子棺槨七重, 諸侯五重, 大夫三重, 士再重. 今墨子獨生不歌, 死不服, 桐棺三寸而無槨, 以爲法式. 以此敎人, 恐不愛人, 以此自行, 固不愛己. 未敗墨子道, 雖然, 歌而非歌, 哭而非哭, 樂而非樂, 是果類乎. 其生也勤, 其死也薄, 其道大觳. 使人憂, 使人悲, 其行難爲也, 恐其不可以爲聖人之道. 反天下之心, 天下不堪. 墨子雖獨能任, 奈天下何. 離於天下, 其去王也遠矣.

자해 • 치(侈) : 사치하다. 미(靡) : 화려하다. 휘(暉) : 빛나다, 밝히다. 승묵(繩墨) : 목수들이 쓰는 먹줄, 즉 인의(仁義)와 같은 규범을 말함. 교(矯) : 려(厲)와 통용, 즉 격려하다. 리(釐) : 다스리다, 주다. 순(循) : 좇다. 불이(不異) : 남과 구별이 없다, 남과 구별을 부정하다. 소(韶) : 풍류이름. 호(濩) : 은나라 풍류. 곡(觳) : 엷다, 다하다, 마르다. 대곡(大觳) : 크게 각박하다. 감(堪) : 견디다.

해영

여기선 유가(儒家) 정서가 듬뿍 묻어 있음을 볼 수 있습니다. 즉 아이가 태어나도 즐거워하지 않고, 사람이 죽어도 슬퍼하지 않는다는 등의 구절을 통해 묵가(墨家)를 비판합니다. 묵자(墨子)가 주장하는 겸애(兼愛)와 전쟁 반대[非攻], 유가의 예악(禮樂) 비판 등에 관해 살펴보겠습니다. 우선 묵자는 겸애에 대해 이렇게 주장합니다. "천하의 해악(害惡)을 제거하고 천하의 이익(利益)을 추구하는 것이 인자(仁者)의 사명이다."

"천하의 해악 가운데 묵과할 수 없는 것은 무엇인가? 대국이 소국을 공격하고, 큰 씨족이 작은 씨족을 괴롭히고, 강자가 약자를 치고, 다수가 소수를 무시하고, 가짜 군주가 민중을 속이고, 귀족이 평민을 경멸하는 일 등이 거기에 속한다. 군주가 횡포를 부리고, 신하가 충성하지 아니하며, 부모가 애정이 없고, 자식이 효도하지 않는 것도 천하의 해악이다. 무기를 들고, 독약을 뿌리고, 물과 불로 공격하는 것도 그렇다."

"수단을 가리지 않고 살육하는 것도 천하의 해악이다. 이처럼 수많은 '해악'은 어디서 비롯되는가? 그것은 사람을 사랑하고, 사람에게 이익을 주었기 때문인가? 아니다. '사람을 미워하고, 사람에게 불이익을 주었기 때문'에 생겨난 것이다. 사람을 미워하고 사람에게 해악을 주는 행위, 그것은 '모든 사람을 평등하게 보아야 한다'라는 겸애에서 생기는 것인가? 아니면 '사람을 차별해야 한다'라는 별애에서 생기는 것인가?"

"말할 것도 없이 후자 때문이다. 그렇다면 '별애[差別愛]'야말로 '천하의 해악'이며, 그 원천이다. 내가 '별애'를 대신해 겸애를 주장하는 것은 무엇인가? 만일 제후가 자기 나라처럼 다른 나라를 위해 힘을 쓴다면, 전쟁은 일어나지 않을 것이다. 왜냐하면 상대를 내 몸과 같이 여기기 때문이다. 만일 경대부(卿大夫)가 자신의 일족을 대하는 것과 마찬가지로 다른 씨족을 위해서 힘을 쓴다면 분쟁은 일어나지 않을 것이다."

"그것은 곧 상대가 내 몸과 같은 존재이기 때문이다. 전쟁이나 내분이 일어나지 않는 상태, 그것은 천하의 '이익'인가, '해악'인가? 말할 것도 없이 그것은 '천하의 이익'이다. 이렇게 수많은 '이익'은 어디서 생기는가? 사람을 미워하고 사람에게 해악을 주기 때문에 생기는 것인가? 아니다. '사람을 사랑하고 사람에게 이익을 주기 때문'에 생기는 것이다. 그렇다면 '겸애'야말로 '천하의 이익'을 가져다주는 원천이다."

"그럼에도 여전히 겸애(兼愛)에 반대하는 의견은 끊이질 않는다. 그들은 이렇게 주장한다. '겸애의 입장은 우리 부모의 이익에 반하는 것이며, 효도를 방해하는 것이다.' 도대체 자기 부모를 소중히 여기는 사람은 다른 사람이 자기 부모를 소중히 여겨 주기를 바라는 것일까, 아니면 무례(無禮)하게 대해 주기를 바라는 것일까? 당연히 그는 전자가 옳다고 할 것이다. 남에게 소중한 취급을 받으려면 어떻게 해야 할까?"

"먼저 나 자신이 다른 사람의 부모를 소중히 여겨야 하지 않겠는가? 남의 부모라고 아무렇게나 대해도 좋은가? 아니다. 먼저 자기 자신이 다른 사람의 부모를 소중히 여길 때, 비로소 다른 사람에게도 똑같은 태도를 기대할 수 있다. 그러므로 자기 부모에게 정성을 다하려면, 무엇보다 먼저 다른 사람의 부모를 소중히 여겨야 한다." 묵자는 겸애에 대해 이처럼 주장합니다. '전쟁을 반대'하는 주장을 살펴보겠습니다.

"여기 한 남자가 있다. 이 남자가 남의 과수원(果樹園)에 몰래 숨어들어가 복숭아와 자두를 마구 훔쳤다고 하자. 만일 누군가가 이 사실을 알았다면, 그를 도둑이라고 비난할 것이고, 관리가 그 사실을 알았다면 이 남자를 잡아서 벌(罰)을 주었을 것이다. 왜냐하면 이 남자는 '자신의 이익'을 위해 '남에게 해

(害)를 끼쳤기 때문'이다. 만일 이 남자가 남의 집의 개[견]나 양(羊), 닭[鷄]이나 돼지[豚]를 훔쳤다면 어떤가?"

"그 불의(不義)는 과수원에 숨어들어 복숭아나 자두를 훔친 것보다 더 심하다. 왜냐? 남자는 다른 사람에게 더 심각한 해를 끼쳤기 때문이다. 그 행위는 불인(不仁)이다. 따라서 그 죄는 더 무겁다. 만일 남자가 죄 없는 사람을 죽이고 옷이나 칼을 빼앗았다면 어떨까? 그 죄는 남의 집에 들어가 말[馬]이나 소[牛]를 훔친 것보다 더 크다. 왜냐? 사람에게 돌이킬 수 없는 해를 끼쳤기 때문이다. 그 행위는 심한 불인이다."

"따라서 그 죄는 더 무겁다. 이처럼 천하의 군자는 모두가 다 이 남자를 비난하고, 그것이 불의임을 인정할 것이다. 그러나 그런 군자라 하더라도 다른 나라를 침략하는 커다란 불의에 대해서는 비난하려 하지 않는다. 오히려 그 행위를 찬양하고, 다른 나라를 침략하는 그 자체를 '정의'라고 한다. 대체 그들은 정의(正義)와 불의를 구분할 능력이나 있는 것일까? 사람 하나를 죽이면 불의라 하여 반드시 사형에 처한다."

"만일 이 논리에 따른다면, 사람을 열 명 죽이면 열 번, 백 명을 죽이면 백 번 사형에 처해야 할 것이다. 이런 범죄에 대해 천하의 군자들은 한결같이 그 행위를 비난하고 그것이 불의임을 인정한다. 그런데 다른 나라를 침략하는 행위에 대해선 불의(不義)라고 하지 않는다. 오히려 '정의'라고 말한다. 그들은 침략 행위가 불의라는 도리를 모르고 있다. 그렇기 때문에 전쟁의 공적을 기록하여 후세에 전하려 하는 것이다."

"만일 그것이 불의라는 사실을 안다면, 전쟁이나 그 업적을 기록해 후세에 전하려 하지 않을 것이다. 작은 불의에 대해서는 비난하면서도 다른 나라를 침략하는 큰 불의에 대해서는 비난하지 않고 오히려 그것을 '정의'라고 하는 자, 그는 정의와 불의를 구별하지 못하고 있다. 이것이 지금의 군주 모습이다. 그들은 정의와 불의의 구별을 얼버무리고 있다." 묵자는 이와 같이 '전쟁을 하면 안 된다'는 논리를 펼칩니다.

'유가의 예악(禮樂) 비판'에 관해서도 살펴보겠습니다. "고대의 성왕이 세상을 떠나고 천하에 정의가 사라지자, 후세의 군자들 사이에선 죽은 사람을 성대(盛大)히 보내고, 오래도록 복상(服喪)하는 것이 인의(仁義) 도리에 맞으며, 효자가 할 일이라는 주장이 나왔다. 오늘날 사회 지배층의 대부분은 후장구상(厚葬久喪)[62] 풍습을 지키고 있다. 그 풍습의 내용은 이렇다. 관곽(棺槨)은 반드시 이중 구조로 만들어야 한다."

"매장(埋葬)할 때는 반드시 땅을 깊이 파야 한다. 죽은 자에게는 반드시 여러 벌의 옷을 입히고, 아름다운 문양(文樣)이나 자수(刺繡)를 한 복식품(服飾品)을 함께 넣어야 하며, 무덤은 반드시 흙을 높이 쌓아 구릉(丘陵)처럼 만들어야 한다. 신분이 높은 사람이 이렇게 함으로 평민이나 천민(賤民)도 그것을 따라해 장례를 치르고 나면, 재산을 모두 탕진하고 만다. 사정이 이러니 제후가 죽으면 국고가 텅 비어 버린다."

"국고(國庫)를 모두 죽은 자를 위해 장식하는 금은(金銀)과 주옥(珠玉)을 구입

62 후(厚)하게 장사를 지내고, 오랫동안 복상(服喪)하는 것을 말한다.

하는 데 쏟아 붓고, 나아가 막이나 휘장, 솥과 곡식 그릇, 책상, 방석, 항아리, 물그릇, 창, 검, 새의 깃털, 쇠꼬리로 장식한 깃발, 상아나 코뿔소 가죽 등을 죽은 자와 함께 묻는다. 더 나아가 죽은 자를 보낼 때는 거대한 희생(犧牲)도 따른다. 천자(天子)가 붕어(崩御)했을 경우, 순장자(殉葬者)가 많을 때는 수백 명에서 적을 땐 수십 명에 이른다."

"장군이나 대부(大夫)의 경우는 많을 땐 수십 명, 적을 때도 여러 명이 희생된다. 이는 어떤 결과를 가져오는가? 위정자는 조정에서 소송과 정치를 담당할 수 없고, 사대부(士大夫)는 오관육부(五官六府)에서 보아야 할 나라의 행정을 돌보지 못함은 물론이고, 간척 사업으로 국고를 가득 채울 수 없게 된다. 농부는 이른 아침부터 밤까지 농사를 지을 수 없게 되고, 장인(匠人)은 배나 수레, 기구 등을 제조할 수 없다."

"부인도 이른 아침부터 잠자리에 들 때까지 베를 짤 수 없게 된다. 이른바 후장구상(厚葬久喪)의 풍습이 정치에 파고들면 나라는 가난해지고, 인구는 줄어들며, 질서도 무너진다. 이러한 풍습은 성왕이 걷는 길이 아니다." 묵자의 겸애(兼愛)와 전쟁 반대[非攻], 유가의 예악(禮樂) 비판 등을 살펴보았습니다. 당시의 민중들이 왜 묵자가 주장하는 사상에 동조했는지, 그의 인기가 어찌 형성된 것인지를 알 수 있습니다.

03

천하 만물의 근본을 정(精)한 것이라 하고, 형체 있는 물건을 조잡(粗雜)한 것이라 하며, 부(富)가 쌓여 있는 것을 부족(不足)한 것이라 하고, 담담하게 홀로 신명(神明)과 함께 산다. 옛날의 도술(道術)엔 이런 것이 있었다. 관윤(關尹)[63]과 노담(老聃)[64]은 그런 가르침을 듣고 기뻐했다. 그들은 항상 아무 것도 없는 허무(虛無)의 경지를 세우고, 태일(太一)의 절대적인 도(道)를 중심 사상으로 삼았다. 연약하고 겸손한 태도를 외표(外表)로 삼고, 자신을 공허(空虛)하게 해서 만물을 손상하지 않음을 마음의 실질(實質)로 삼았다. 관윤이 말했다. "자기에겐 일정한 입장이 없고, 외물의 형편에 따라 자기를 나타낸다. 움직임은 물과 같고, 고요함은 거울과 같으며, 사물에 호응함은 메아리와 같고, 황홀(恍惚)함은 아무 것도 없는 것 같으며, 적막함은 물이 맑은 것과 같다. 이런 경지에 동화되는 사람은 화합할 수 있지만, 의식적으로 이런 경지를 얻고자 하면 잃을 것이다." 그는 일찍이 남 앞에 서지 않고 항상 남의 뒤를 따라 움직였다.

노담이 말했다. "자기의 강함을 알면서도 약한 입장을 지킨다면 천하의 사람들이 계곡에 물이 모이듯 몰려든다. 자기의 결백함을 알면서도 그 욕된 것 같은 입장을 지킨다면 천하의 사람들이 계곡으로 물이 흐르듯 모여들 것이다." 사람들은 모두 남의 앞장을 서려 하는데 자기만 홀로 남의 뒤에 서려 한다. 또 말했다. "천하의 모든 더러움[치욕]을 다 받아들인다." 세상 사람들은 모두 실질[재물]을 취하려 하는데, 자기만은 홀로 텅 빈[虛] 것을 취하려 한다. 그는 저장하는 것이 없기 때문에 여유가 있고, 홀로 자립하여 여유가 있다. 행동에 다툼이 없기 때문에 심신을 허비하지 않고, 무위(無爲)의 입장에서 사

---

63 관윤(關尹)은 노자(老子)의 제자로, 윤(尹)은 성이고, 이름은 희(熹), 자(字)는 공도(公度)다. 함곡관(函谷關)의 책임자를 지내 '관윤'이라 부른다.

64 도가(道家) 시조(始祖)로 불린다. 성은 이(李), 이름은 이(耳), 자(字)는 담(聃).

람들의 교묘함을 비웃는다. 사람들은 모두 행복을 추구하는데 자기만 홀로 온전하길 힘쓴다. 그는 말했다. "진실로 허물[재앙]만 면하면 된다." 그는 심원(深遠)함을 근본으로 삼고, 간략함을 벼리로 삼았다. 또 말했다. "굳으면 깨어지고 예리한 것은 꺾어진다." 그는 항상 외물에 관용적이고 남에게 각박하지 않았다. 이는 지극하다고 할 수 있다. 관윤이나 노담은 옛날의 널리 아는 것이 많은 위대한 진인(眞人)이다.

원문 以本爲精, 以物爲粗, 以有積爲不足, 澹然獨與神明居. 古之道術有在於是者. 關尹老聃聞其風而悅之. 建之以常無有, 主之以太一. 以濡弱謙下爲表, 以空虛不毁萬物爲實. 關尹曰, 在己無居, 形物自著. 其動若水, 其靜若鏡, 其應若響, 芴乎若亡, 寂乎若淸. 同焉者和, 得焉者失. 未嘗先人, 而常隨人. 老聃曰, 知其雄, 守其雌, 爲天下谿. 知其白, 守其辱, 爲天下谷. 人皆取先, 己獨取後. 曰, 受天下之垢. 人皆取實, 己獨取虛. 無藏也, 故有餘, 巋然而有餘. 其行身也, 徐而不費, 無爲也而笑巧. 人皆求福, 己獨曲全. 曰, 苟免於咎. 以深爲根, 以約爲紀. 曰, 堅則毁矣, 銳則挫矣. 常寬容於物, 不削於人. 可謂至極. 關尹老聃乎, 古之博大眞人哉.

자해 • 조(粗) : 조잡하다. 담(澹) : 담담하다. 태(太) : 광대하다. 유약(濡弱) : 연약하다. 무거(無居) : 자기의 일정한 입장이 없다. 홀(芴) : 홀(惚)과 통용, 황홀하다. 홀호(芴乎) : 황홀한 모양. 웅(雄) : 수컷, 힘이 강한 것을 뜻한다. 자(雌) : 암컷, 힘이 약한 것을 뜻한다. 계(谿) : 계곡, 계곡으로 물이 모여 흐르듯 천하 사람들이 모두 모이다.

• 곡(谷) : 계곡, 계곡으로 물이 모여 흐르듯 천하 사람들이 모두 모이다. 구(垢) : 때, 치욕. 귀(巋) : 우뚝 서다. 귀연(巋然) : 산이 우뚝 솟은 모양. 서

(徐) : 안여(安餘)와 통용, 즉 편안하기 때문에 남과 다투지 않다. 구(咎) : 허물, 재앙. 견(堅) : 굳다. 훼(毁) : 깨지다. 예(銳) : 예리하다. 좌(挫) : 꺾이다, 부러지다. 삭(削) : 각박하다.

해영

노자(老子)와 제자인 관윤의 사상을 통해 도(道)의 극치에 대해 말합니다. 즉 노자와 관윤은 인위적(人爲的)인 것을 조잡한 것으로 여깁니다. 세속에서 중시하는 부(富)가 쌓여 있는 것을 오히려 부족(不足)한 것이라 규정하고, 담담하게 만물과 상응하며 연약하고 겸손한 태도로 자연에 몸을 맡길 것을 일러줍니다. 거기엔 유위(有爲)와 다툼이 존재하지 않습니다. 심신(心身)이 편안합니다. 진인(眞人)이 사는 경지입니다.

04

천하 황홀하고 적막(寂寞)하여 아무 형체가 없고, 변화는 일정치 않다. 죽었는지 살았는지 알 수 없으나 천지(天地)와 나란히 존재하고, 신명(神明)에 따라 움직인다. 망연[芒乎]한데 어디로 가는 것인가? 황홀[忽乎]한데 어디로 가는 것인가? 만물을 망라하고 있으나 돌아갈 만한 데가 없다. 옛날의 도술엔 이런 경향이 있었다. 장주가 그런 학설을 듣고 기뻐했다. 그는 아득한 이론과 황당무계한 말, 종잡을 데 없는 말로 이를 논했다. 때로 자기 멋대로 논했지만 치우치는 일이 없었고, 한 가지에만 적용되는 견해를 내세우지 않았다. 천하가 침체하고 혼탁하므로 올바른 이론을 펼칠 수 없다고 생각했다. 일에 따라 전개되는 치언(卮言)[65]으로 모든 사물에 대해 논하고, 사람들이 중시하는 옛사람의 말[重言][66]을 써서 진실을 논하고, 우언(寓言)[67]으로 세상에 널리 알렸다.

홀로 천지의 정신과 오가며, 만물을 얕보지 않았으며, 옳고 그름을 따져 꾸짖지 않고, 세속에 순응하며 살았다. 그의 책은 굉장하지만 원활하여 남의 마음을 해치진 않는다. 그의 말은 비록 복잡하긴 하지만 재미있어 읽어볼 만하다. 그는 자신의 마음속이 충실해서 어쩔 수 없이 밖으로 흘러나오는 것을 써내지 않을 수 없었다. 위로는 조물자와 더불어 노닐고, 아래론 사생(死生)을 도외시하며, 시종(始終)을 모르는 사람과 벗삼았다. 그는 근본적인 도(道)에 대해서는 광대하게 열어 놓고, 깊숙이 시원스레 뻗어나가며, 도의 종지(宗旨)에 대해선 조화되고 쾌적하여 위로 현묘한 도[玄道]에 도달해 있다. 그러나 그는 자연의 변화에 순응하면서 외물에 대한 집착을 풀어헤치지만 그 이치는 다함이 없고, 장래에도 대도(大道)를 벗어나지 않는다. 또 망연하고 아득하여 다함이 없을 것이다.

원문 芴寞無形, 變化無常, 死與生與, 天地竝與, 神明往與. 芒乎何之, 忽乎何適, 萬物畢羅, 莫足以歸, 古之道術有在於是者. 莊周聞其風而悅之. 以

---

65 치언(卮言)은 자연의 변화에 따르는 말을 뜻한다. 치(卮)는 둥근 술잔으로서 술이 가득차면 기울어지고, 잔이 비면 엎어지듯 자연의 변화에 따른다. 즉 치언은 자기의 의견을 내세우지 않고 무아(無我)의 경지에서 설명하는 말이라 할 수 있다.

66 중언(重言)은 사람들이 중시하는 말이다. 주로 성현(聖賢)의 말씀을 인용하는 것 등을 지칭한다.

67 우언(寓言)은 우화(寓話)로, 다른 사물에 비유하여 의견이나 교훈을 은연중에 나타내는 말이다.

謬悠之說, 荒唐之言, 無端崖之辭, 時恣縱而不儻, 不以觭見之也. 以天下爲沈濁, 不可與莊語. 以巵言爲曼衍, 以重言爲眞, 以寓言爲廣. 獨與天地精神往來, 而不敖倪於萬物, 不譴是非, 以與世俗處. 其書雖瓌瑋, 而連犿無傷也. 其辭雖參差, 而諔詭可觀. 彼其充實不可以已. 上與造物者遊, 而下與外死生無終始者爲友. 其於本也, 弘大而辟, 深閎而肆, 其於宗也, 可謂稠適而上遂矣. 雖然, 其應於化而解於物也, 其理不竭, 其來不蛻. 芒乎昧乎, 未之盡者.

자해 • 홀(芴) : 홀(惚)과 통용, 황홀하다. 막(寞) : 쓸쓸하다. 라(羅) : 벌려 놓다, 망라하다. 유(謬) : 요(寥)와 통용, 즉 쓸쓸하다. 유유(謬悠) : 아득하다. 부당(不儻) : 치우치지 않다. 기(觭) : 홀수, 일의 일단에만 적용되는 말. 장어(莊語) : 올바른 말. 오(敖) : 거만하다. 예(倪) : 흘겨보다. 오예(敖倪) : 얕보다, 시원찮게 내려다 보다. 견(譴) : 따지다, 꾸짖다.

• 괴(瓌) : 진귀하다. 위(瑋) : 진귀하다. 괴위(瓌瑋) : 굉장하다, 위대하다. 변(犿) : 빙빙돌다. 연변(連犿) : 부드럽다, 빈틈이 없다. 숙(諔) : 속이다. 괴(詭) : 괴이하다. 숙궤(諔詭) : 재미있다, 우습다. 벽(辟) : 열다. 굉(閎) : 크다. 사(肆) : 펴다, 길다. 조(稠) : 조(調)와 통용. 세(蛻) : 허물을 벗다. 불세(不蛻) : 잘못이 없다, 근본을 벗어나지 않다.

해영

『장자(莊子)』를 마무리하는 시점입니다. 노자(老子)나 장자 자신의 주장을 제외한 제(諸) 학파의 논리들은 일견 긍정할 만한 점도 없지 않다고 봅니다. 하지만 모두가 한쪽으로 치우쳤다고 규정합니다. 즉 대도(大道)를 밝히지 못하고, 자기들의 도(道) 만을 구현하기 위한 철학과 사상이라고 비판하는 것입니다. 정리하면 장자의 입장과 그의 가르침이 무엇인지 알 수 있는 대목입니다. 『장자』의 후서(後序)로 불리는 이웁니다.

1. 한국

『栗谷集』, 『聖學輯要』, 『擊蒙要訣』, 『箕子實記』, 『氣測體義』, 『明心寶鑑』, 『大乘起信論疏)』.

강성률(2009), 『서양철학사 산책』, 평단.
계환(2014), 『중국불교』, 민족사.
기세춘(2008), 『동양고전산책1』, 바이북스.
김교빈(2018), 『화담집』, 풀빛.
김동화(1980), 『불교학 개론』, 보련각.
김석근 · 김용천 · 박규태(2003), 『중국사상문화사전』, 민족문화문고.
김성원 · 안길환(2002), 『노자와 장자의 철학사상』, 명문당.
김충렬(1999), 『노장철학 강의』, 예문서원.
김학주(2000), 『장자』, 을유문화사.
김해영(2013), 『지금은, 정조를 읽어야 할 시간』, 안티쿠스.
______(2014), 『공직자, 논어를 읽다』, 안티쿠스.
______(2014), 『손에 잡히는 철학』, 도서출판 문화문고.
______(2017), 『사서강의』, 안티쿠스.
______(2020), 『인간행동이론』, 부크크.
김형호 역(2007), 『장자, 우화를 말하다』, 에버리치홀딩스.
남경태(2001), 『한눈에 읽는 현대철학』, 광개토.
박종현 역(2001), 『국가』, 서광사.
박종호(1993), 『장자철학』, 일지사.

소운(2014), 『하룻밤에 읽는 불교』, 알에이치코리아.
송항룡(1993), 『동양인의 철학적 사고와 그 삶의 세계』, 명문당.
______(1998), 『맹랑선생전』, 동인서원.
______(1999), 『지금 바로 여기』, 동인서원.
안동림 역(2001), 『장자』, 현암사.
안병주 · 전호근(2002), 『장자1』, 전통문화연구회.
오강남(2003), 『도덕경』, 현암사.
유교사전편찬위원회(2002), 『유교대사전』, 박영사.
윤무학(2005), 『순자』, 성균관대학교출판부.
______(2015), 『묵자』, 길.
이거룡(2005), 『인도철학사』, 한길사.
이기동(1998), 『장자에서 얻는 지혜』, 동인서원.
______(1999), 『논어강설』, 성균관대학교출판부.
______(2000), 『대학 · 중용강설』, 성균관대학교출판부.
______(2001), 『맹자강설』, 성균관대학교출판부.
______(2001), 『장자』, 동인서원.
______(2007), 『서경강설』, 성균관대학교출판부.
______(2014), 『노자』, 동인서원.
이기상 역(1999), 『존재와 시간』, 까치.
이민수(1994), 『장자』, 혜원출판사.
이운구(2002), 『한비자』, 한길사.
이정희 역(2009), 『동물철학』, 지만지고전천줄.
이창희 역(2010), 『엔트로피』, 세종연구원.
이현구(2000), 『최한기의 기철학과 서양과학』, 성균관대학교 대동문화연구원.
______(2014), 『고전의 품격』, 도서출판 문화문고.
전동렬(2005), 『기호학』, 연세대학교출판부.
조남진(2006), 『헬레니즘 지성사』, 신서원.
조민환(2002), 『노장철학으로 동아시아 문화를 읽는다』, 한길사.

조수형(2017), 『장자』, 풀빛.

천병희(2013), 『이솝 우화』(원전으로 읽는 순수 고전 세계), 숲.

______(2015), 『플라톤, 소크라테스』, 숲.

최진석 역(1990), 『장자철학』, 소나무.

한국철학사상연구회(1997), 『철학대사전』, 동녘.

홍사성(1993), 『불교상식백과』, 불교시대사.

황의동(1999), 『율곡학의 선구와 후예』, 예문서원.

2. 중국

『小學』, 『大學』, 『論語』, 『孟子』, 『中庸』, 『詩經』, 『書經』, 『禮記』, 『春秋左氏傳』, 『周易』, 『道德經』, 『莊子』, 『荀子』, 『墨子』, 『史記』, 『列子』, 『管子』, 『淮南子』, 『呂氏春秋』, 『漢書』, 『後漢書』, 『韓非子』, 『戰國策』, 『孝經』, 『山海經』, 『楚辭』, 『高士傳』, 『喪服傳』, 『竹書紀年』, 『摩訶止觀』, 『釋文』, 『宋史』, 『司馬法』.

3. 기타

『Vedas』, 『Upaniṣad』, 『Bhagavadgītā』.

찾아보기

—— ㄹ

—— ㅁ

—— ㅈ

—— ㅊ

—— ㅋ

—— ㅌ

—— ㅍ

—— ㅎ

장자 강의

발행일 | 초판 1쇄 2020년 9월 25일
지은이 | 김해영
펴낸이 | 김종만 · 고진숙
펴낸곳 | 안티쿠스
책임편집 | 김종만
북디자인 | 장원석
CTP출력 · 인쇄 | 천일문화사
제본 | 대흥제책
물류 | 문화유통북스
출판등록 | 제300-2010-58호(2010년 4월 21일)
주소 | 03021 서울시 종로구 자하문로 41길 6, 가동 102호
전화 | 02-379-8883
팩스 | 02-379-8874
이메일 | mbook2004@naver.com
값은 뒤표지에 있습니다.

ISBN 978-89-92801-42-3 03140

이 도서의 국립중앙도서관 출판시도서목록(CIP)은 서지정보유통지원시스템 홈페이지(http://seoji.nl.go.kr)와 국가자료공동목록시스템(http://www.nl.go.kr/kolisnet)에서 이용하실 수 있습니다.(CIP제어번호:2020037954)